俊秀

青年书系

策划人 郝宁

严文华 胡婷 等 \ 著

婚恋大数据

当代中国青年的爱情观念与行为调查报告

上海教育出版社
SHANGHAI EDUCATIONAL
PUBLISHING HOUSE

序言

研究的实施和特点

本书内容来自一个受机构委托的横向学术项目,目的是了解当今中国青年人的爱情观念和行为。在前期沟通中,项目负责人提出项目要保持学术独立性,委托机构不仅答应了,而且履行了承诺。我们最终确定开展一项全国性问卷调查和质性研究,了解中国城市中 19—39 岁青年人爱情、婚姻方面的观念和行为,主要包括:情感状态、经历和意愿,爱情类型,择偶标准,关系调适,关系破裂,改变目前情感状态的意愿,性行为和性观念,成人依恋,亲密关系经历,自尊,社会支持,主观社会阶层,与原生家庭的关系,主观幸福感,亲密关系满意度,等等。

整个项目按照严格的学术规范设计和实施。为确保研究结论的科学性,研究设计和实施的每一个步骤都具有严谨性和专业性。

一是所有项目研究人员都具有专业背景。这项研究是一项跨学科的研究,项目组成员的专业分别为心理学、社会学和传播学,他们都接受过本学科理论和方法的专业训练。值得一提的是，在访谈实施之前，所有访谈人员都参加了一个学期的"心理学质性研究方法"课程学习，以及为期一周的访谈技术强化训练。在训练中，项目负责人做访谈示范，其他人观摩；然后成员做访谈，负责人观摩和点评。每做一轮访谈都要完成一份访谈手记，以提高访谈技术。在质性研究中，研究者本人是研究工具之一。这些专业训练确保了访谈的标准化和资料收集的严谨性，让研究人员拥有专业敏感性。

二是量化研究和质性研究都经过了内部测试、专家审核和预备测试三道关卡。在问卷的内部测试中，首先由研究人员对量表的适切性、问题的表面效度、问卷的逻辑、答卷所需时间等提出意见。在设计抽样时，每一个步骤的设计都依据中国统计局公布的官方数据。抽样步骤设计好之后，由一个没有参与抽样设计的研究人员核查，运用原始数据再次运算，审核抽样结果是否一致，避免抽样设计人员的主观性，增强抽样设计的可重复性和科学性。最后，心理统计专家参与讨论，审核抽样设计是否标准，及时纠正出现的问题，并在多种方案中选取最可行的方案。问卷和访谈提纲形成后，先进行预备测验，根据结果进一步修改问卷和访谈提纲，最后确定正式问卷和访谈提纲。要特别说明一点：与很多研究关注高学历的精英阶层不同，本项目的问卷调查对象严格按照中国人口调查的比例进行抽样，所以样本的受教育程度也符合中国人口分布状况，高中、中专和技校毕业的调查对象占60.9%，超过一半。

三是运用个人分工和团队协作的方式，确保研究的客观性和无偏差性。设计问卷时，由研究成员组成文献小组进行地毯式文献阅读，查找已有文献和爱情观念的理论来确定研究变量。每个星期定时召开研讨会，在会上每个研究成员分别报告阅读文献的情况以及在阅读过程中的发现、心得和收获，确保资料的全面性和客观性，使得调查研究具有较为坚实的理论基础。在资料分析阶段，每个研究者有各自负责的研究领域，每周都会在研讨会上汇报进展，介绍自己的思考，大家共同讨论，一些有共性的点在讨论中呼之欲出，最终成为研究报告的一部分。这样的研究机制最大限度地激发了每个人的创造性，又利用了团体的动力，防止出现个人偏差。

四是严格把控实施过程。在质性研究的过程中，对受访者的招募、访谈场地、材料等都有严格的要求。由于我们按研究目的来设计访谈抽样方案，因此在挑选受访者时要求其符合抽样条件。实地访谈时再次依据受访者的资料进行面对面沟通，核查受访者是否符合最初的设计要求。如果发现了不符合要求的受访者，就及时沟通，更换或补充受访者。另外，在量化研究中也设计了测谎题，并记录了网上答题的时间，以确保数据的有效性。

五是研究过程不断迭代。好的研究项目并不是一蹴而就的，而是经过反复的思考、改进、完善，在不断迭代中完成研究。以质性研究为例，仅仅是访谈提纲，在研究过程中就进行过四次修订：在预备测试完成后进行第一次修订；在上海地区访谈结束后进行第二次修订；在完成第二批四个城市的访谈之后进行第三次修订；在全部访谈完成之后进行第四次修订。对质性资料的分析更是有过多次改进，最初提出的概念和范畴，在个人分析和团队讨论中，可能被强化，可能被推翻，也会有一些分析框架被推倒重来。

六是研究成员参与研究的全过程。研究团队的核心成员从查找文献到实施访谈，收集问卷数据，分析访谈资料和数据，参与了研究的每一个环节，确保研究成员深入理解研究主题，在质性研究中能够还原研究对象的内在世界，在量化研究中能够理解数字背后的含义。除了用数据和资料说话，研究成员还把自己在研究过程中的感觉、洞察和觉察作为研究的有机组成部分，以更好地把控研究。

七是项目接受华东师范大学人类受试者保护委员会的管理和监督。本调查以人为研究对象，凡涉及人类受试者的研究必须考虑伦理问题，任何研究任务都不得损害受试者的安全和利益，要自觉、主动地接受伦理委员会的审核和监督。在研究设计完成之后，调查研究开始实施之前，研究团队向华东师范大学人类受试者保护委员会递交了《人体实验伦理审查申请表》和相关审核资料，获得委员会的批准。在之后开展研究的过程中，也严格遵守伦理要求，按照伦理规范操作。

项目的实施过程

在将近一年的项目实施过程中，研究团队完成了以下工作：

第一步，确定研究主题，查找并阅读国内外相关文献，了解相关的实证研究。

第二步，提出问题与研究假设。研究聚焦于与爱情有关的核心变量，比如爱情类型理论、成人依恋理论、择偶标准、亲密关系调适、亲密关系破裂、亲密关系满意度、性观念和行为等，同时关注其他重要变量，比如社会支持、自尊水平、主观社会阶层、主观幸福感等。

第三步，研究设计。本研究采用量化研究和质性研究相结合的方法。分为两大部分，第一部分是线上问卷调查，第二部分是线下实地访谈。数据采集的时间为2019年7月至10月。

第四步，伦理申请。研究团队向华东师范大学伦理委员会递交了《人体实验伦理审查申请表》和相关审核资料，获得伦理委员会批准。

第五步，确定研究群体和取样。考虑到问卷数据的收集方式是线上调查，最终确定本次社会调查对象为全国20—39岁的城市人口，共收集到回答完所有项目的问卷5513份，最终得到有效问卷5089份。为了保障抽样的随机化,本次调查使用第六次全国人口普查的数据计算每个省份、每个城市应该抽取样本的数量,并且综合考虑性别、年龄、居住地和出生地、收入水平、受教育水平和婚姻状况等,回收有效问卷。在质性研究方面,在全国 10 个城市共选择 240 名参与者作为访谈对象。访谈对象分为 6 个类别,分别为单身群体、恋爱个体、成对恋人、已婚群体、成对夫妻、离婚群体。

第六步,实施访谈,获得文本资料。访谈小组由 8 名专业人员组成,在全国 10 个城市进行实地访谈,完成 12490 分钟的访谈,约合 208 小时。

第七步,发放问卷,收集数据。问卷形成后,先进行预备测试。根据预备测试结果修订问卷。最后按抽样方案在全国发放问卷。

第八步,处理资料和数据。问卷调查数据使用 SPSS23.0、Mplus 6 和 R 语言进行数据分析。质性研究使用扎根理论对 263.48 万字的文本资料进行分析。

第九步,撰写报告。撰写提交给委托机构的报告,耗时 6 个月。

第十步,完成本书的撰写。从报告到正式成书,经过不断提炼、深化和规范化,通过深入分析数据和资料,阅读更多文献,得出更具学术性的思考,撰写为书稿。

本书的逻辑结构和分工

本书的前两章为总体介绍。其中,第 1 章为主要研究变量概述,第 2 章为研究设计和方法介绍,包括量化研究和质性研究。

第 3 章到第 4 章呈现量化研究结果。其中,第 3 章介绍预备测试和正式测试的研究对象,第 4 章呈现异性恋群体与"LGBT+"群体的数据结果。

第 5 章到第 10 章呈现质性研究的分析结果,根据研究对象的类别依次为：第5章，已婚者；第6章，成对夫妻；第7章，离婚者；第8章，恋爱者；第9章，成对恋人；第10章，单身者。

第11章是用图画分析的方式，呈现作画者的图画及其爱情和婚姻状况。

第12章是对整个研究的讨论和总结。

另外，由于本书的信息量很大，图表非常多，为了便于读者第一时间找到感兴趣或需要的资料，特意增加了图与表的目录。读者可以根据自己的需要阅读相关章节或全书。

本书的统稿工作由胡婷、严文华完成。本书第12章的第一作者为严文华，其余章节的第二作者均为严文华。其他作者分工如下：第1章，胡婷；第2章，黄承仕、陈岚、金若水；第3章，黄承仕、陈岚；第4章，黄承仕、陈岚；第5章，吴璇；第6章，孙笑颖、金若水；第7章，黄承仕；第8章，周星月；第9章，陈岚；第10章，董凤然；第11章，胡婷、李思贤、叶艺、余小曼；第12章，吴璇、董凤然。

爱情是人类发展中一种重要的情感，也是一种重要的能量。希望本书能让读者了解中国当代城市中的爱情和婚姻百态，同时对如何理解真爱有更多的思考。

严文华
2020年金秋

简要目录

1	第1章	研究什么？爱情观念和行为概述
25	第2章	怎样研究？爱情观念和行为的数据获取
49	第3章	研究谁？预备研究结果与正式测试对象
57	第4章	性和爱情观念与行为
95	第5章	归船弄长笛，心与白鸥盟：已婚者
185	第6章	江流大自在，坐稳兴悠哉：成对夫妻
221	第7章	孤帆天际看，迷津欲有问：离婚者
279	第8章	飞花两岸照船红，风和日晴人意好：恋爱者
333	第9章	满船清梦压星河：成对恋人
361	第10章	中流何寂寂，孤舟也依依：单身者
445	第11章	一张图画意万重，道尽平生情感事
507	第12章	可乘明月，看花江船：中国人的爱情与婚姻
543	参考文献	
562	附录	
593	后记	

详细目录

1 第1章 研究什么？爱情观念和行为概述

3 用什么来描述爱情？
4 爱情类型
7 选择恋人/配偶的标准
9 恋爱/婚姻关系的调适
11 关系破裂
12 性观念和行为
13 成人的依恋和恋爱
16 影响爱情观念和行为的主要因素
20 爱情带给我们什么？
22 "LGBT+"群体的纳入

25　第2章　怎样研究？爱情观念和行为的数据获取

26　青年人自述的爱情观念和行为：问卷调查
26　　问卷调查的抽样设计
33　　问卷预备测试的抽样设计
34　　问卷调查工具
41　青年人自述的爱情观念和行为：质性研究
41　　访谈城市的选择
44　　受访者的选择
45　　质性研究工具
46　　访谈的具体实施

49　第3章　研究谁？预备研究结果与正式测试对象

50　预备研究
50　　预备测试抽样信息核查
51　　量表信度和效度的检验
52　　问卷修改建议
53　　问卷校准结果
54　正式测试中参与者的基本信息

详细目录

57　第 4 章　性和爱情观念与行为

58　第一部分：异性恋群体

58　　性行为与性观念

64　　择偶标准、情感状态、情感经历和意愿

69　　爱情元素、成人依恋情况和关系满意度

78　　影响亲密关系的因素

83　　小结

84　第二部分："LGBT+"群体

84　　"LGBT+"群体的基本信息

85　　与性和爱情有关的观念

88　　择偶标准、情感状态、情感经历和意愿

90　　爱情元素、依恋状况和关系满意度

92　　影响亲密关系的因素

94　　小结

95　第 5 章　归船弄长笛，心与白鸥盟：已婚者

96　已婚群体与相关研究现状

98　研究参与者的基本信息

99　研究结果：已婚之旅的起起伏伏

100　　中国当代婚姻群像

121　　婚姻中的爱情之花

136	走过婚姻的坎坷之路
150	婚姻的"1+1>2"定理
156	性观念与性行为
167	婚姻中的性别差异
172	讨论与反思：已婚者爱情背后的力量
172	中国青年追求的婚姻
175	做婚姻中爱情的花匠
176	婚姻中的个人成长
177	潜移默化的社会文化
178	超越想象的性力量
178	已婚者的爱情故事
183	结论

185　第6章　江流大自在，坐稳兴悠哉：成对夫妻

186	所谓婚姻
189	参与者的基本信息
189	研究结果：婚姻的世界
189	婚姻的建立与发展
199	婚姻的冲突与维持
205	对婚姻关系的认知
210	婚姻关系中的权力与依恋
211	性观念与性行为

213	讨论
213	家庭对于婚姻的意义：中国传统文化与家庭系统的视角
215	爱情与现实需求的权衡
216	认知与婚姻的经营
218	结论

221　第 7 章　孤帆天际看，迷津欲有问：离婚者

222	中国的离婚现象
227	研究参与者的基本信息
229	研究结果：一别两宽的选择
229	关系发展的历程
242	有关爱情的观点
243	爱情构念的变化
245	离婚后对前一段关系的情感及其留存
247	特别议题：原生家庭、城市发展和离婚污名
266	结论：各生欢喜的背后
266	浮现的自主离婚决定
268	进化心理学的观点
270	中国传统意识形态的影响
272	地方文化和大都市的特殊性
273	走向离婚的婚姻关系
274	结论

279　第8章　飞花两岸照船红，风和日晴人意好：恋爱者

- 280　每个人都活在自己的爱情故事中
- 283　研究参与者的基本信息
- 284　研究结果：爱河中的万象
- 284　　爱情的开始
- 286　　爱情——需要培育和经营的花园
- 288　　爱情中的权力追逐
- 295　　爱情中的风浪
- 299　　爱情中的唇齿相依
- 303　　因爱情而改变
- 304　　性行为与性观念
- 307　　恋爱满意度
- 311　　理想中的爱情
- 318　讨论：现象阐释
- 318　　爱情观念的性别差异
- 320　　中国文化浸润下的爱情
- 323　　当代爱情故事描摹
- 329　结论：沉浸于恋爱的背后
- 331　恋爱小贴士

333　第9章　满船清梦压星河：成对恋人

- 334　所谓恋爱
- 335　研究参与者的基本信息
- 335　研究结果：恋爱的世界
  - 335　　爱情的萌芽与成长
  - 342　　恋爱中的风雨
  - 346　　恋爱中的依赖与亲近
  - 347　　恋爱中的我们：恋爱关系的双方认知
  - 352　　恋爱中的性观念
  - 354　　恋爱中的期待：未来心愿
- 355　讨论
  - 355　　恋爱关系中女方的依附
  - 357　　大家庭对恋爱关系的影响
  - 358　　恋爱关系中的性客体化
- 359　结论：恋爱，别怕

361　第10章　中流何寂寂，孤舟也依依：单身者

- 362　中国青年单身状态一览
- 364　研究参与者的基本信息
- 365　研究结果：单身青年心中的爱情
  - 365　　追寻爱情还是享受自由：单身群体分类

376	当代中国的单身生活群像：单身生活状态及其影响因素
391	中意的"Ta"：单身群体择偶观与未来规划
402	爱情中的冷暖：依恋
415	性与爱：性观念与性行为
425	逝去之爱的遗痕：爱情改变了什么？
428	遇见爱情的一切可能：单身群体对恋爱形式的看法
430	讨论与反思
434	单身群体的爱情故事
442	结论

445　第11章　一张图画意万重，道尽平生情感事

446	为什么选择图画的方法？
448	图画方法的具体介绍
448	图画材料和指导语
449	作画过程
450	图画的挑选和分析
451	典型图画的解读
451	连枝比翼，相偎知冷热——已婚者
458	伉俪情深，同德同心——成对夫妻
464	东南雀飞，回眸与前行——离婚者
476	似水如鱼，两情相悦——恋爱者
482	一生一世，心有灵犀——成对恋人

489	落花人独立，微雨燕双飞——单身者
500	讨论
502	结论

507　第12章　可乘明月，看花江船：中国人的爱情与婚姻

508	爱情和亲密关系的关键变量
508	爱情观念
510	亲密关系描述
515	性观念与性行为
516	关系满意度
517	个体特征
519	家庭系统和社会影响
522	深入讨论：理论、分析与展望
522	爱情观念
524	亲密关系描述
530	性观念与性行为
532	关系满意度
533	个体特征
535	家庭系统和社会影响
537	结论

543　参考文献

562　附录

- 562　附录1　"第一财经"中国城市分级完整表（2017）
- 564　附录2　"第一财经"城市分级的评价标准（2017）
- 566　附录3　区域内的城市分级
- 569　附录4　问卷调查预备测试抽样城市
- 571　附录5　问卷调查预备测试抽样细分表
- 572　附录6　数据有缺失的城市列表
- 572　附录7　各区域或城市的样本量
- 574　附录8　问卷调查抽样各条件具体人数
- 577　附录9　个体访谈抽样类别、地区和人数细分表
- 578　附录10　质性研究中焦点小组访谈抽样细分表
- 580　附录11　质性研究中已婚者的基本信息
- 583　附录12　质性研究中成对夫妻的基本信息
- 584　附录13　质性研究中离婚者的基本信息
- 587　附录14　质性研究中恋爱者的基本信息
- 590　附录15　质性研究中成对恋人的基本信息
- 591　附录16　质性研究中单身者的基本信息

593　后记

图目录

55	图 3-1	问卷调查中有收入参与者的税前年收入情况
56	图 3-2	问卷调查中所有参与者的主观收入评价
56	图 3-3	问卷调查中所有参与者对主观社会阶层的评分
67	图 4-1	问卷调查中无双向恋爱经历参与者的具体年龄对比
68	图 4-2	问卷调查中离婚群体的婚姻持续时间统计
82	图 4-3	问卷调查中单身者获得经济支持和情感支持的来源
87	图 4-4	非顺性别或非异性恋、顺性别异性恋和全体参与者的爱情和性关系观念比较
92	图 4-5	不同年龄组的非顺性别或非异性恋参与者在《自尊量表》上的打分情况
105	图 5-1	婚姻阶段分类
206	图 6-1	成对夫妻眼中双方的付出
206	图 6-2	成对夫妻眼中双方的收获

207	图 6-3	成对夫妻眼中双方的优点
208	图 6-4	成对夫妻眼中双方的缺点
209	图 6-5	成对夫妻希望双方出现的改变
212	图 6-6	不同城市的成对夫妻性观念接受程度分布图
228	图 7-1	离婚组访谈参与者的年收入情况
274	图 7-2	离婚者走向离婚的重要因素：个人、家庭和社会文化三个圈层
348	图 9-1	成对恋人眼中双方的收获
349	图 9-2	成对恋人眼中双方的付出
350	图 9-3	成对恋人眼中双方的优点
350	图 9-4	成对恋人眼中双方的缺点
351	图 9-5	成对恋人希望双方改变的方面
352	图 9-6	不同城市成对恋人的性观念接受程度分布图
452	图 11-1	$1+1=1\frac{1}{2}$（现实画）
452	图 11-2	家（理想画）
455	图 11-3	孤独的婚姻（现实画）
455	图 11-4	理想的后半生（理想画）
459	图 11-5	幸福一家人（现实画）
459	图 11-6	理想与目标（理想画）
461	图 11-7	幸福一家人（现实画）
461	图 11-8	我们的工作（理想画）
465	图 11-9	自给自足的农村生活（过去画）
465	图 11-10	自由自在（理想画）

图目录

468	图 11-11	被迫分离（过去画）
468	图 11-12	只有三个人的家（理想画）
473	图 11-13	祝她幸福（过去画）
473	图 11-14	幸福之家（理想画）
476	图 11-15	与爱同行（现实画）
476	图 11-16	家和万事兴（理想画）
479	图 11-17	我想到的最浪漫的事（现实画）
479	图 11-18	陪着你走（理想画）
482	图 11-19	二人世界（现实画）
482	图 11-20	合家欢（理想画）
485	图 11-21	每天都很幸福、开心（现实画）
485	图 11-22	陪伴彼此到老（理想画）
489	图 11-23	希望（现实画）
489	图 11-24	所爱（理想画）
492	图 11-25	初恋（现实画）
492	图 11-26	理想（理想画）
496	图 11-27	某个夏天的中午（现实画）
496	图 11-28	一个悠闲的下午（理想画）
538	图 12-1	整体研究脉络
539	图 12-2	研究变量之间的关系

表目录

42 表 2-1 问卷抽样中各地区各类型的城市数量/抽样人数

59 表 4-1 男性和女性的性吸引情况

61 表 4-2 性观念的描述统计（$M±SD$）

62 表 4-3 爱情观念和态度的描述统计（$M±SD$）

63 表 4-4 不同年龄段参与者的爱情观念和态度主效应、事后检验均显著项目的描述统计（$M±SD$）

70 表 4-5 不同性别参与者在《爱情态度短版量表》各分量表上的打分情况（$M±SD$）

71 表 4-6 不同年龄组在《爱情态度短版量表》上的打分情况（$M±SD$）

71 表 4-7 不同城市的参与者在《爱情态度短版量表》上的打分情况（$M±SD$）

72 表 4-8 不同城市类型的参与者在《爱情态度短版量表》上的打分情况（$M±SD$）

74	表 4-9	不同婚姻状态的参与者在《爱情态度短版量表》上的打分情况（$M \pm SD$）
74	表 4-10	不同关系状态的参与者在《爱情态度短版量表》上的打分情况（$M \pm SD$）
75	表 4-11	不同性别／年龄组的参与者在《亲密关系经历量表》上的打分情况（$M \pm SD$）
76	表 4-12	不同婚姻状态的参与者在《亲密关系经历量表》上的打分情况（$M \pm SD$）
76	表 4-13	不同关系状态的参与者在《亲密关系经历量表》上的打分情况（$M \pm SD$）
77	表 4-14	不同关系稳定状态的参与者在《亲密关系满意度量表》上的打分情况（$M \pm SD$）
77	表 4-15	不同婚姻状态的参与者在《亲密关系满意度量表》上的打分情况（$M \pm SD$）
78	表 4-16	不同年龄组在《自尊量表》上的打分情况（$M \pm SD$）
78	表 4-17	不同类型城市的参与者在《自尊量表》上的打分情况（$M \pm SD$）
79	表 4-18	不同地域的参与者在《自尊量表》上的打分情况（$M \pm SD$）
79	表 4-19	不同婚姻状态的参与者在《自尊量表》上的打分情况（$M \pm SD$）

表目录

页码	表号	标题
79	表 4-20	不同关系稳定状态的参与者在《自尊量表》上的打分情况（$M \pm SD$）
80	表 4-21	爱情主要变量之间的皮尔逊相关
85	表 4-22	"LGBT+"群体部分性观念的描述性统计
86	表 4-23	"LGBT+"群体有关爱情、婚姻和性关系的观念的描述性统计
91	表 4-24	"LGBT+"群体不同性别参与者在主要变量上的描述性统计（$M \pm SD$）
91	表 4-25	"LGBT+"不同年龄群体在主要变量上的描述性统计（$M \pm SD$）
93	表 4-26	"LGBT+"群体在主要变量上的皮尔逊相关
101	表 5-1	已婚者提到的谈婚论嫁的标志及其频数
103	表 5-2	已婚者提到的结婚的标志及其频数
106	表 5-3	已婚者处于不同婚姻阶段的比例
108	表 5-4	已婚者婚姻中的权力模式的类别与数量统计
110	表 5-5	已婚者婚姻中的依恋情况统计
112	表 5-6	已婚者关系中的依赖和亲近的匹配性统计
117	表 5-7	已婚者的疏离和忽视的感受及其应对方式统计
121	表 5-8	异地婚姻中双方依赖和亲近的评分
122	表 5-9	已婚者的择偶行为现状
123	表 5-10	已婚者的结婚动机现状
125	表 5-11	已婚者的主导结婚动机与婚姻状态

126	表 5-12	已婚者婚姻关系中存在的感情及对应的平均关系满意度
130	表 5-13	已婚者维持关系的方式和策略
135	表 5-14	已婚者理想与现实的差异及其影响因素
137	表 5-15	已婚者婚姻关系中出现冲突的原因及其影响
141	表 5-16	已婚者的冲突应对方式及其破坏性
148	表 5-17	已婚者过去的情感经历的影响
151	表 5-18	子女对已婚者婚姻关系的影响
154	表 5-19	双方父母对已婚者婚姻关系的影响
157	表 5-20	不同城市的已婚者对不同性行为的接受度
160	表 5-21	不同类型城市的已婚者对不同性行为的接受度的顺序及其平均顺序
161	表 5-22	已婚者眼中性行为的意义以及相关因素
165	表 5-23	已婚者的生育控制措施及其影响因素
190	表 6-1	成对夫妻的认识途径、恋爱的建立与促进因素范畴及其概念频次统计
193	表 6-2	成对夫妻婚姻的促成、准备与确立的因素范畴及其概念频次统计
197	表 6-3	成对夫妻婚姻与爱情的关系范畴及其概念频次统计
199	表 6-4	婚姻中冲突原因的范畴及其概念频次统计
204	表 6-5	婚姻的经营方式范畴及其概念频次统计
211	表 6-6	成对夫妻双方亲近和依赖程度统计($M \pm SD$)

表目录

页码	表号	表题
230	表 7-1	离婚者范畴编码 1：关系确立
231	表 7-2	离婚者范畴编码 2：婚姻确立
232	表 7-3	离婚者范畴编码 3：关系中的主要应激源
235	表 7-4	离婚者范畴编码 4：应激源的处理与应对
237	表 7-5	离婚者范畴编码 5：压力感受
238	表 7-6	离婚者范畴编码 6：离婚的过程
239	表 7-7	离婚者范畴编码 7：离婚后的压力与应对
241	表 7-8	离婚者范畴编码 8：离婚后的生活
242	表 7-9	离婚者范畴编码 9：与离婚有关的污名
242	表 7-10	离婚者与爱情相关的典型观点
289	表 8-1	恋爱者对恋爱中权力的感知
292	表 8-2	恋爱者在恋爱中的权力体现
297	表 8-3	恋爱者的冲突应对策略
305	表 8-4	不同城市恋爱者的性观念
311	表 8-5	恋爱者的理想爱人形象侧写
336	表 9-1	成对恋人的恋爱关系促进因素范畴
340	表 9-2	成对恋人的恋爱经营方式范畴
342	表 9-3	成对恋人在恋爱关系中的冲突原因范畴
344	表 9-4	成对恋人在恋爱关系中的冲突应对范畴
347	表 9-5	成对恋人双方亲近和依赖程度统计（$M \pm SD$）
354	表 9-6	成对恋人的未来心愿范畴
366	表 10-1	三种类别单身群体单身满意度与改变强度的比较
367	表 10-2	理想爱人的追寻者：单身状态

页码	表号	标题
368	表 10-3	理想爱人的追寻者：单身满意度与改变强度的整合
370	表 10-4	习惯单身的自由者：单身状态
370	表 10-5	习惯单身的自由者：单身满意度与改变强度的整合
372	表 10-6	尚未恋爱的空白者：单身状态
373	表 10-7	尚未恋爱的空白者：单身满意度与改变强度的整合
374	表 10-8	三类单身者的恋爱态度
375	表 10-9	三类单身者对未来的规划
377	表 10-10	不同性别单身者的单身观
381	表 10-11	三类单身者单身观的影响因素
385	表 10-12	媒体对单身者的影响
387	表 10-13	有过恋爱经历者曾经关系破裂的原因
391	表 10-14	单身群体的择偶观
399	表 10-15	三类单身者对未来生活的期望
402	表 10-16	理想爱人的追寻者的依恋关系打分及原因
406	表 10-17	习惯单身的自由者的依恋关系打分及原因
409	表 10-18	尚未恋爱的空白者的依恋关系打分及原因
412	表 10-19	有过恋爱经历者的疏离感受打分及原因
413	表 10-20	尚未恋爱的空白者的疏离感受打分及原因
415	表 10-21	单身者对性的看法
420	表 10-22	单身者的性观念
429	表 10-23	单身者对不同恋爱形式的看法

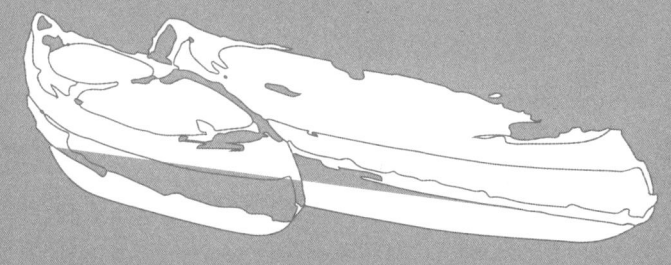

第1章

研究什么?
爱情观念和行为概述

爱情是人类永恒的主题之一。从最早的"关关雎鸠,在河之洲。窈窕淑女,君子好逑"(《国风·周南·关雎》),到现代的"根,紧握在地下;叶,相触在云里。每一阵风过,我们都互相致意"(舒婷《致橡树》),爱情成为一个经久不衰的话题,跨越年龄和阶层。它是人际吸引的最强烈形式和最高形式,具有五大特点:相异性、成熟性、高级性、生理性、利他性。它可以产生亲近的需要,伴随强烈的情感,促进我们体验最强烈的情感状态。爱情会使我们对另一个人产生无法抑制的依赖,正如停止满足进食需求就会饥饿,"戒断"爱情、丧失爱情也会产生不良反应,甚至会强化爱情的动机,类似成瘾机制,比吕纳(Burunat,2016)因此提出,"爱情就是对特定人的成瘾"。

爱情观念(love attitude)是对爱情的基本信念和态度,亦是影响爱情关系的重要因素(Sternberg,1988)。什么是爱情,爱情的本质以及爱情在社会生活和个人生活中的位置,择偶标准,如何对待失恋,等等,都是对爱情观念的阐述。爱情观念是人生观的反映,颇具个性化,同时受社会文化的影响,在不同的时期有着不同的内容。随着现代社会的不断发展,爱情观念体现出商业化的时代特点。

爱情观念本身是无形的,但它会体现为外显的行为:人们会如何接近对方,表达爱意,体验亲密、激情或心碎的感受。爱情观念和爱情行为是相互作用的,爱情观念会渗透到爱情行为中,爱情行为也会影响爱情观念的形成。

爱情是每个人成长过程中健康、必要的情感。对爱情的憧憬和理解会影响人们建立、维护或修复亲密关系的行为。虽然人们在任何年龄都可能和爱情相遇,但青年人是恋爱的重要群体,探索他们的爱情观念和行为具有不可忽略的重要意义。青年人在择偶时会有怎样的考虑，处在亲密关系中的青年人会有怎样的感受，他们的关系会经历怎样的变化，这些变化中有哪些因素至关重要，青年人在亲密关系中会如何经营爱情，两个人关系的进一步发展又会带来怎样的影响，这些都是值得探索的内容。当然，亲密关系也会出现裂痕，从亲密无间到老死不相往来，其中又有哪些情节在不断上演？同样值得思考的还有那些从来不愿意走进亲密关系的人，他们会有怎样的想法和感受？他们为什么不顾世俗的眼光，坚持自己的单身想法？单身率、离婚率上升以及结婚率下降的现实背后究竟有怎样的原因，这些都让人好奇和思考。

用什么来描述爱情？

说到爱情，我们会想到什么？是"入我相思门，知我相思苦"的两相情愿，是"愿得一心人，白头不相离"的海誓山盟，还是"结发为夫妻，恩爱两不疑"的伉俪情深？

有些人爱得轰轰烈烈，有些人爱得细水长流，不同的爱情类型会表现在我们和恋人或配偶的相处中。我们会因为环境和价值观的变化而拥有不同的选择恋人或配偶的标准。每个爱情故事也不都拥有美好的结局，公主和王子最后可能不会幸福地生活在一起。面临亲密关系的破裂时，我们或许可以依靠双方的力量修复关系，但也有可能从此形同陌路，这些都是爱情真实的样子。爱情就像一棵参天大树，而爱情类型、选择恋人/择偶的标准、恋爱/婚姻关系的调适、关系破裂、性观念和行为、成人的依恋和恋爱，这些都是我们说到爱情时会想到的分枝，是爱情这棵大树必不可少的枝丫。

爱情类型

"爱情"这个概念之所以永恒,不仅在于它是人类内在的需要和生命发展所必需的,而且在于它的内涵丰富,值得探究。爱情到底是什么?每个人的爱情一样吗?这些问题推动着心理学家努力探寻爱情的秘密,在探寻的过程中,曾经出现过许多重要的理论,其中之一就是爱情类型理论,这是我们认识爱情、探索爱情的首要指南。不同的心理学家因其对爱情不一样的解读,提出了不同的模型和理论。

早期的二分理论认为,爱情可以分为两种不同的类型。美国社会心理学家马斯洛(Maslow,1962)提出将爱情分为 D 型爱和 B 型爱。D 型爱主要以双方的依赖为基础,而 B 型爱主要以双方的相互独立为基础,但双方也会为彼此付出。鲁宾(Rubin,1970)认为,爱情由从属和依赖的需要(依恋)、助人的倾向(关心)、排他性和专注性(亲密感)这三个重要部分组成。哈特菲尔德和沃斯特(Hatfield & Walster,1978)在鲁宾三成分的基础上,将爱情分为伙伴型(companionate)爱情和激情型(passionate)爱情。这样的分类被大多数社会心理学家接受,并在此基础上发展出更多的类型,如费尔(Fehr,1994)总结了爱情的两个大类别、四个小类别,即伙伴型爱情中包含友谊爱情(companion love)和实用爱情(pragmatic love),而激情型爱情中包含浪漫爱情(romantic love)和激情爱情(passionate love)。此外,还有学者提出,激情之爱可以分为两类,分别是浪漫爱(romantic love)和迷恋爱(obsession love)(Aron et al.,2008)。

第 1 章 研究什么？爱情观念和行为概述

除了二分理论，同样重要的还有三维度理论。将爱情类型划分为三维度受到很多学者的追捧，最为著名的是美国认知心理学家斯滕伯格（Sternberg，1986）提出的爱情三角理论。该理论指出，爱情由三个要素组成：（1）亲密（构成爱的核心），包括亲密感、连通性，以及一个人在爱情关系中经历的束缚感，包含能从本质上引起温暖体验的感觉。（2）激情，爱情关系中引发浪漫、身体吸引、性满足和相关现象的驱动力，包括性动机的来源和其他形式的唤起，促进在爱的关系中体验激情，性需求很可能在这种体验中占主导地位。其他需求，如自尊、成功、养成、归属、支配、服从和自我实现，也可能有助于体验激情。爱的激情成分与亲密成分会充分互动，但两者不一定总是同时发生变化。（3）决定/承诺，爱情的决定/承诺包括短期和长期两个方面。短期的决定是一个人爱另一个人，但从长期的角度来看，它是维持爱的承诺。

一个人经历的爱情次数取决于以上三个要素的绝对强度，一个人经历的爱情种类则取决于它们之间的相对强度。这三个要素相互作用，并与它们产生的行为相互作用，形成许多不同种类的爱情体验，即不同的爱情类型。主要包括八种：（1）无爱，亲密、激情和承诺的体验都不是很强烈；（2）喜爱，只包括亲密，如友谊关系；（3）迷恋的爱，主要是激情，没有亲密和承诺，在少男、少女的初恋中常见到这种爱；（4）空洞的爱，以承诺为主，缺乏亲密和激情，如中国古代依媒妁之言形成的婚姻关系中的爱；（5）浪漫的爱，情侣在身体和情感上相互吸引，有激情和亲密，但没有承诺；（6）伴侣的爱，有亲密和承诺，但没有激情，伴侣之间感情平淡、细水长流，如激情过后的长久婚姻中的爱；（7）愚昧的爱，有激情和承诺，但没有亲密，这种爱情中情侣从相识到坠入爱河速度很快，但因缺乏亲密，激情过后感情迅速消退；（8）完美的爱，这是爱情的最高体验，激情、承诺和亲密并存，但一般来说这种完美的爱很难实现。

基于上述理论，后继研究者发展出更多的爱情类型理论。比如，爱情四维度理论包括伴侣式爱情（companionate love）、浪漫爱情（romantic love）、奉献式爱情（compassionate love）和成人依恋的爱（adult attachment love）（Berscheid，2010）。伴侣式爱情建立在深厚友谊的基础上，包括陪伴和享受共同的活动、共同的兴趣和共同的欢乐，它可能是许多关系的"生命支柱"，比浪漫爱情更能让婚姻美满；人们认为同伴间的爱发展得相对较慢，性欲有时可能会提供建立并维持关系的火花，直到友谊与性欲结合，即产生浪漫爱情；奉献式爱情强调双方对这段关系的"共同响应"（Clark & Monin，2006），即伴侣对彼此幸福真正关心的程度，以及伴侣对关爱的接受程度；成人依恋的爱则强调爱情是源于某种"依恋"，但这种理论假说还有待进一步考证。

随着爱情理论的不断发展，更多、更丰富的爱情类型得以建构。李（Lee，1973）使用色轮的类比作为建立其爱情类型学的概念框架，提炼出爱情的六种类型。李认为，爱情中的三原色就是三种主要的爱情风格——激情型、游戏型和友谊型。三原色的两两组合就可以产生另外三种爱情——实用型、占有型和利他型。基础类型和衍生类型共同构成了爱情的六种类型，即激情型（激情的、性爱的）、游戏型（游戏式的、无承诺的）、友谊型（友谊）、实用型（实际的、工于心计的）、占有型（强迫性的）和利他型（利他主义的、给予的）。

在众多研究中，最为人们广泛接受并在实证研究中用得较多的是李的六种爱情类型和斯滕伯格提出的爱情三角理论。这两个理论为许多后续研究（包括本研究）提供了坚实的理论基础。

选择恋人/配偶的标准

爱情观念透露出的不仅仅是人们对爱情的看法，还彰显着选择恋人和配偶的标准。在人们决定发展一段关系前，是什么驱动他们作出选择？为什么有些人会日久生情，有些人会一见钟情？为什么有些人享受单身，有些人苦苦寻找却无法遇见满意的人？择偶观影响着人们的择偶行为。有很多理论研究尝试从不同角度解释人们的择偶行为，寻找择偶行为的规律。

婚姻匹配的同质性理论认为，人们在选择配偶时倾向于选择与自己的年龄、受教育水平、社会阶层、价值观、社会认同等相近的异性（Chasteen，1994），也就是传统观念中的"门当户对"，这种观念在当代是否仍然流行呢？在选择配偶时，人们主要会关注社会属性（能力、经济、地位等）和自然属性（相貌、性格、脾气、道德品质）（张巍，2014），但卡塞尔和夏尔马（Kasser & Sharma，1999）提出，在不同条件下，人们有不同偏好，如受教育程度低的女性更看重男性的资源、地位和经济状况，但如果女性已经获取或者能够自己获取这些物质条件，她们会降低对物质的要求。在女性受教育水平较高的当代社会，是否还存在看重男性物质条件的现象呢？对于经济高速发展社会中的爱情和婚姻，学者们有不同的见解。凯泽尔和科姆特（Keizer & Komter，2015）提到，社会经济差异小，夫妻生活满意度会比较高，当代青年对物质的看法或许也从男性物质保障进化到男女物质匹配的阶段。莱勒（Lehrer，2008）发现，20岁以后，晚结婚并不会显著增强婚姻稳定性。

性策略理论（sexual strategies theory，SST）认为，在历史发展过程中，男性和女性为了获得配偶或资源以实现最终的生育成功，各自面临着不同的适应性问题。正是在解决各自不同的问题的过程中，出现了不同的择偶偏好或行为模式，即分别进化出不同的性策略，可分为短期性策略和长期性策略。其中，短期性策略是在短时间内寻找到性伴侣或者和某位异性保持短期的性关系，长期性策略则与之相反。对男性来说，他们更倾向于采用短期性策略，获得更多伴侣，进而获得更多把基因传递下去的机会（Buss，1998）。

男性和女性的择偶观会有生物进化过程遗留下来的痕迹（唐利平，黄希庭，2005）。男性在择偶时比较看重配偶的身体吸引力，如年龄、面容、身材等，这一点是他们择偶时考虑的最基本且必要的因素（Langlois et al.，2000）。男性比较喜欢年轻的女性（Buss，1998），因为年轻的女性具有生育潜力，繁衍后代的可能性更高（Berry，2000）。女性的面容也是男性择偶的一个重要依据（Berry，2000），面容姣好的女性通常被认为有更好的遗传基因，男性希望能和配偶将良好的基因传递给下一代。另外，考虑到生育的可能性，男性会比较偏好身材苗条的女性，有研究发现，育龄期女性腰臀比指数比育龄前后女性腰臀比指数要低（Singh，1993a）。除了身体吸引力外，女性的人格魅力也是男性择偶的一个重要因素（Li, Bailey, Kenrick, & Linsenmeier，2002），其中包括善解人意、温柔、孝顺、包容、有较好的看护能力等。

女性在择偶时，会更关心投资资源。有研究表明，社会经济地位是女性择偶的重要标准，有时甚至是首要标准，这一标准具有跨文化、跨历史一致性（Buss，1998）。女性认为，具有一定经济地位的男性在保护自己和下一代时更有力量。除此之外，男性的受教育水平、是否有婚姻经历、身体特征、人格等也会影响女性的择偶行为。她们比较容易接受比自己教育水平更高的男性（Geary，2000），未婚或离异且没有小孩的男性对女性来说会更有吸引力（钱铭怡，王易平，章晓云，等，2003），身体健硕、高大的男性比瘦小的男性更受欢迎（Geary，2000；Singh，1993b），热情、可信任、勤奋、有进取心的男性更受女性青睐（钱铭怡，王易平，章晓云，等，2003）。

每个人都有自己的选择标准，让人们对自己心中的标准排序，可以窥见当代青年不同的择偶要素，并预测择偶行为。

恋爱 / 婚姻关系的调适

关系的调适是恋人或夫妻在一定时间内对彼此的适应（Locke & Wallace，1959），包括恋爱关系的调适和婚姻关系的调适。人们从陌生到相识，从相识到相知，从相知到相恋，从相恋再到结合，往往是一个漫长的过程。在此之前，关系双方有着不同的生活环境、家庭背景、生活习惯，甚至有着不同的人生观、价值观和世界观，如此不同的两个人彼此融合、接纳是双方要共同面临的挑战。

在这个挑战中，是单独作战还是并肩作战对关系的维持具有很大的影响。如果双方都主动、积极地解决关系中遇到的问题，关系就会是比较健康的，即使遇到问题也能够顺利解决，并将关系延续下去。

如果双方都被动地面对问题，都不愿意积极解决矛盾，亲密关系很快就会走向消亡。除此之外，如果一方积极，但另一方非常被动，即使关系可以发展下去，也不会太持久，因为火焰终究会被冰山吞没。

关系的调适往往和双方的依恋特质有关。通常，不安全依恋类型的人更容易将对关系的满意程度与自己和伴侣对冲突的认知联系起来（Brassard, Lussier, & Shaver, 2009），进而在冲突中感受到更多的敌意（Muris, Meesters, Morren, & Moorman, 2004; Overall, Fletcher, Simpson, & Fillo, 2015），影响在调适关系时采取的策略。比如，回避型依恋的人在发生冲突后会采用抑制怒气、不主动交流等消极的方法来处理矛盾（Mikulincer & Shaver, 2007）。

人际情绪调节能力也会影响关系的调适，在恋爱或者婚姻当中是积极还是消极地与伴侣磨合，建立在人们感受到的伴侣的支持频率和互动性质的基础上（Schuster, Kessler, & Aseltine, 1990）。人际情绪调节是人际互动中对自我或互动对象的情绪的调节。一方面，自我的情绪会因为互动情境中他人的接纳、理解、安慰、赞赏或拒绝等因素增强或减弱；另一方面，自我也会通过表达接纳、理解、安慰、赞赏或拒绝等增强或减弱互动对象的情绪（卢家楣，孙俊才，2008）。根据韩琼（2016）的研究，如果情侣双方的人际情绪调节能力都较强，这对情侣就有较好的亲密关系；如果有一方的人际情绪调节能力较弱，或者双方的人际情绪调节能力都较弱，这对情侣就有较差的亲密关系。其中，男性的人际情绪调节能力的强弱影响更大。因此，在恋爱时，男性要更加积极主动地调节人际情绪，促使双方的情绪都达到较为理想的状态。

在关系中，你在多大程度上愿意改变自己来适应对方？对方在多大程度上愿意改变自己来适应你？当你们意见不一致时，会导致什么结果？你们会一起从事感兴趣的业余活动吗？如果再有一次选择的机会，你还会选择对方吗？你会希望没有开始这段关系吗？这些问题不仅透露出亲密关系中的双方是否愿意努力将自己与对方融合，形成一个关系共同体，而且投射出亲密关系的未来发展趋势。

关系破裂

不是所有的爱情都可以走向天荒地老，不是在所有的爱情阶段都能两情相悦。关系的破裂和修复是亲密关系中的重要一环。乐等人（Le et al., 2010）对非婚性浪漫关系破裂进行研究，探索关系破裂的预测因子。他们对33年间的137项研究进行元分析，根据37761名研究对象的数据，总结出关系破裂的预测因子，并将其归纳为三个方面，即个人因素、关系因素和外部因素。个人因素是个体差异变量，既包括一般变量，如大五人格和自尊，也包括特定关系的变量，如依恋和关系的内隐部分。关系因素通常被视为稳定性的预测因素，其中许多变量都源于相互依赖理论，如亲密度、承诺、满意度、替代方案和投资。关系因素还包括其他情感、关系的认知和行为层面，如爱、伴侣间的融合或亲近、冲突、信任、不确定性、调整，以及积极的幻想。外部因素包括社交网络成员的认可或支持、与伴侣社交网络重合的程度等。

关系破裂后个体在情绪上会经历类似的三个典型阶段（Bowlby,1980）：反抗期（protest）、绝望期（despair）和恢复期（full-recovery/psychological reorganization）。个体在关系破裂后体验到的对前任的爱、生气和悲伤情绪是分开的、独立的，并不必然有所交汇（Emery, 1994）。

离婚或者与初恋分手这种重大的关系破裂会给当事人带来情绪上的巨变（Davis, Shaver, & Vernon, 2003），常见的消极影响有情绪低落、对前任的留恋、自我怀疑、感到无助和愤怒、对爱情和人生感到失望等。这些体验很有可能会使人陷入情绪—认知上的适应不良（Emery, 1994）。另外，研究发现，关系破裂后的情绪体验与依恋类型也有关系：安全型依恋的个体在关系破裂后的心理恢复远远好于不安全型依恋的个体；而焦虑型和占有型个体更有可能沉浸在悲伤、愤怒，以及对前任的思念中（Davis et al., 2003）。

关系破裂带来的并不只有消极影响，也有积极影响，特别是对安全型依恋的人而言，直面事实可以提高他们调节低落情绪的能力。关系破裂可以使人们重新认识和建构自己，寻求情感上的支持，变得更加独立，心智上更加成熟（Kobak & Sceery, 1988; Mikulincer, Florian, & Weller, 1993）。

性观念和行为

爱情由社会、生理、心理三部分共同组成（陈少华，2008）。爱情的生理因素是人的性欲，是繁衍后代的本能。人类的性欲有别于低级动物的性本能，它表现为对异性的渴求和吸引，是男女之间建立倾慕、爱恋关系的原始动力和基础。爱情有两种驱动力，即性爱和情爱。很多人认为，柏拉图式精神恋爱很少存在，爱情和性不可以分割，只有存在爱情才会发生性行为，性爱分离在很多人眼里是一种道德问题。对于性的态度会影响人们很多方面的行为，包括爱情行为。

对性持有更正面态度的人会在性活动中采取避孕措施和更安全的性行为（Sanders et al., 2006），性活动更加频繁（Lemer, Salafia, & Benson, 2013; Luster, Nelson, Poulsen, & Willoughby, 2013），性功能更强（Nobre & Pinto-Gouveia, 2008）。并且，性观念与个体的性经历（Murray-Swank et al., 2005）、浏览色情读物的频率有关（Carroll et al., 2008）。

广义的性观念包含性别认同、性态度、性行为等，具体体现为性观念的开放程度、性行为中是否会采取保护措施、第一次性行为的年龄和经历、性行为的满意度和频率，以及对待新型性关系的态度。研究者对性观念的测评包括对临时性伴侣的态度（Hendrick, Hendrick, & Reich, 2006）、对长期性伴侣的态度，以及对性的热衷程度（Reiss, 1964）等。对性的态度可以帮助研究者了解参与者的爱情观念。

本书在量化研究和质性研究中都涉及性观念和性行为。性观念包括对性的态度、对性与爱的关系以及对性的满意度的看法等；性行为包括性经历、性行为的频率、性关系的对象等。

成人的依恋和恋爱

依恋（attachment）的概念最早由鲍尔比（Bowlby, 1973）提出，他试图通过依恋理解婴儿和父母分离时产生的分离焦虑。依恋是婴儿与其主要养育者之间形成的一种紧密的情感关系，这种关系虽然产生于婴儿期，但会影响人的一生。安斯沃思（Ainsworth, 1985）

使用陌生情境法对 12—18 个月大的婴儿的依恋进行研究，将婴儿的依恋类型分为三个类别：（1）安全型依恋（secure attachment）。拥有安全型依恋的婴儿将母亲视为安全基地，母亲在场时婴儿体验到足够的安全感，能够在陌生的环境中积极探索，对陌生人的反应也比较积极。母亲离开时，婴儿会表现出苦恼、不安；母亲回来时，婴儿立即寻找与母亲的接触，通过安抚也很容易平静下来。（2）回避型依恋（avoidant attachment）。拥有回避型依恋的婴儿对于母亲在不在场都无所谓，母亲离开时不会反抗，母亲回来时也不会过多理睬，这类婴儿与母亲尚未形成特别密切的情感联结。（3）反抗型依恋（ambivalent attachment）。拥有反抗型依恋的婴儿在母亲离开时表现得非常苦恼，极度反抗；母亲回来时，对母亲的态度又是矛盾的——既寻求与母亲的接触，又反抗与母亲的接触。母亲接近他时，他会生气地拒绝，但又不太容易让他重新回到游戏中。

哈赞和谢弗（Hazan & Shaver, 1987）在已有的依恋研究上进一步探索，比较恋爱关系和亲子关系后得出结论：在恋爱关系中，成人伴侣之间的情感纽带和婴儿与主要抚养者之间的情感联结都是依恋的表现。他们把成人依恋类型分为安全型、焦虑—矛盾型和回避型，认为安全型约占 60%，回避型和焦虑—矛盾型各占 20%。基于此，梅因（Main, 1985）采用成人依恋访谈，对不同个体的依恋差异进行研究，在原本的三种类型上增加了第四种依恋类型——未解决型，又可分为两种亚型：未解决—安全型和未解决—不安全型。巴塞洛缪和霍罗威茨（Bartholomew & Horowitz, 1991）通过关系问卷和关系测量问卷进一步研究依恋，提出依恋的两维度—四类型模型。两维度分别是自我模型和他人模型，按照这两个维度的正性与负性分为四个类型,即安全型、迷恋型、恐惧回避型和淡漠回避型。这也是目前大多数学者同意的划分方法。后来,施佩林和伯曼(Sperling & Berman,1994)基于已有研究,对成人依恋作出如下定义:成人依恋是个体的一种稳定的倾向,促使个体靠近自己主观认为能满足生理需求和提供安全感的特定对象,作出寻求和维持亲近的实质努力,这种稳定的倾向受依恋内部工作模式的调节,建基于个体在人际世界中的认知—情感—动机模型。

综上所述,成人依恋理论主要有三个模型:由鲍尔比提出的儿童依恋类型发展而来的成人依恋模型、梅因对成人依恋作出的四种分类,以及巴塞洛缪提出的成人依恋的四种类型。

谢弗等人(Shaver, Hazan, & Bradshaw, 1988)认为,李提出的爱情六类型中的四种类型(不包含实用型、友谊型)契合成人依恋理论。具体地讲,安全型依恋与激情型爱情、轻度利他型爱情匹配;回避型依恋与游戏型爱情匹配;焦虑—矛盾型依恋与占有型爱情匹配。之后,研究者不断质疑和挑战这一理论框架。另外,有研究发现,安全型依恋的人会更加相信自己的感情,也更有自信;回避型依恋的人在恋爱关系中会避免提升亲密度;焦虑—矛盾型依恋的人会要求亲密关系中有更多的承诺和依赖(Feeney & Noller, 1990)。除此之外,在处理冲突情境时,回避型依恋的成人在两性关系中,由于害怕被拒绝而不去寻找解决问题的方法;焦虑型依恋的成人在发生冲突时,会强势地避免与对方有更深入、更亲密的互动与交流,以保护自己不会承受潜在的情感伤害(Lin, 2003)。

根据成人依恋理论,不同依恋类型的人会有不同的爱情观念和行为。例如,在自我表露上,安全型依恋和焦虑型依恋的人相比回避型依恋的人，有更多的自我表露，更愿意向伴侣表露自己的想法和情绪。在处理关系中的矛盾时，安全型依恋的人更倾向于使用积极的方式归因，使用更有效的方式应对冲突和矛盾，关系满意度会更高，婚恋观会更积极；焦虑型和回避型依恋的人应对冲突和矛盾的方式则更加刻板，他们往往会以控制或者强迫的方式来解决问题，在关系中更少体验到积极情绪，更多体验到消极情绪（Simpson，1990）。除此之外，回避型依恋的人偏好使用更多的防御机制，回避伴侣的依恋信息，不自主地避免与他人保持紧密关系，很难与他人建立信任关系，抑制自己对对方积极情绪的认同。焦虑型依恋的人更专注于从依恋对象那里获得安全感和亲密感，在关系中对恋人的行为有更多的监督。

影响爱情观念和行为的主要因素

爱情观念并不是与生俱来的，而是在社会化的过程中不断形成的。在爱情观念的形成过程中，很多因素使得人们的爱情观念各具特点，这些因素大部分来自我们身边的人或事物。男性和女性会因为不同的信息加工方式和进化的影响而形成不同的婚恋观。不同年龄群体的婚恋观也会存在差异。在婚恋观的形成过程中，20—30岁的群体会更多受到社会主流文化的影响，比如主流影视剧、文学作品，30—39岁的群体则更少受到此类作品的影响。父母的婚恋观、情感状况和婚恋模式会对子女的婚恋观造成一定影响。子女在某种程度上是父母的缩影，他们秉承父母的婚恋主线，在此基础上加入属于自己的元素。

地域对于个人的婚恋观也是一个重要的影响因素。这一影响因素涉及社会文化背景、经济发展水平。例如，有些地区坚持着"男大当婚，女大当嫁"的观念，对"大龄剩女""大龄剩男"持有偏见。在这些地区，年龄因素会成为人们决定结婚的一个重要因素。

除此之外，个人的自尊、社会支持、主观社会阶层、父母幸福感、家庭认同等深层因素对爱情观念和行为有着更为深远的影响。

第一，自尊的影响。利里（Leary，2000）认为，自尊是指个体全面的自我评价。自尊是"社会关系的测量仪"，它可以有效地测量我们与他人关系的质量。研究表明，个体会因为对异性有吸引力而自我感觉良好（Brase & Guy，2004），同时他人的评价也会影响个体的自尊水平（Lemay & Ashmore，2006）。低自尊的人会对伴侣的坏情绪作出消极应对，由此对自己产生更低的评价（Bellavia & Murray，2003）。低自尊的人有时还会低估伴侣对自己的爱意，从而损害亲密关系。当亲密关系遭遇挫折时，高自尊的人会努力修复亲密关系，而低自尊的人会防御性地把自己保护起来，不会努力维护关系（Murray et al.，2001）。

另外，自我效能感是针对特定任务领域的自信心水平，是一种心理状态（刘晓明，曾天德，2015），也是自尊的一种表现。赵晶等人（2008）的研究提到，个体的自我效能感与人际交往存在较高的相关：自我效能感越高的人，对于自己的人际交往能力拥有更多信心，确信人际交往能获得有价值的回报，从而增强人际交往；相反，自我效能感低的人，担心自己应对能力不足，在人际交往中胆怯、畏缩。爱情本身就是一种人际关系，且是最强烈的人际吸引，所以自我效能感高的人，其婚恋观也会更积极、主动；自我效能感低的人，其婚恋观会更消极、被动。

第二，社会支持的影响。社会支持（social support）是指个体从他人或社会网络中获得的一般或特定的支持性资源，这种资源可以帮助人们应对工作和生活中的问题和危机（Cobb et al., 2001）。社会支持对青年人的婚恋观有一定的影响。社会支持越多，人们的婚恋观会越积极、乐观，在婚恋过程中遇到的问题越少；即使有问题，也容易解决。

社会支持可以分为主观支持和客观支持。主观支持是指个体由于在社会中被尊重、支持和理解而产生的情感体验和满意程度，与个体的主观感受密切相关。客观支持是指物质上的直接援助和社会网络、团体关系的存在。可以从三个维度评价人们的社会支持（冯霞，2008）：社会支持的数量、对获得的社会支持的满意程度、对社会支持的利用情况。从总体上看，女性感受到的社会支持多于男性，女性对获得的社会支持的利用度以及满意程度也高于男性。社会支持会影响人们在婚恋中采取的行为，也会影响人们婚恋观的形成。

第三，主观社会阶层的影响。社会阶层是人们相对于他人的资源或声望，分为主观社会阶层和客观社会阶层（赵玉芳，黄金华，陈冰，2019）。客观社会阶层是根据人们受教育水平和职业等客观因素来确定的。主观社会阶层是一种自我感知的等级排名，是将自己的收入、受教育水平、职业地位等与社会中其他人比较而获得的主观感受（Adler & Epel, 2000）。有研究显示，主观社会阶层在预测人们的主观幸福感上准确性较高，主观社会阶层高的人体验到较高的满意度，主观社会阶层低的人体验到较低的满意度（黄婷婷，刘莉倩，王大华，等，2016）。

第四，父母幸福感的影响。父母是子女最亲近的人，关于代际传递的研究发现，父母的幸福感会影响子女的幸福感。例如，崔等人（Tsui et al., 1995）的研究发现，父母的主观幸福感与子女的主观幸福感之间存在相关。张兴惠、董爱波和王耘（2015）在幸福感的代际传递中发现，母亲的主观幸福感可以显著正向预测子女的主观幸福感。20世纪80年代，帕里什和多斯塔尔（Parish & Dostal, 1981）等学者发现，父母的幸福感、家庭的经济水平、子女与父母的关系都会影响子女的幸福感。因此，父母的幸福感可能会对子女的幸福感和价值观等个体适应和发展的很多方面产生影响。贾晓姣（2017）的研究发现，子女的心理幸福感受父母的婚姻质量的影响。父母婚姻关系和谐，其子女的心理幸福感明显更高；父母经常吵架以及父母离异，其子女的心理幸福感明显更低。因此，我们也将父母的幸福感纳入影响青年人的爱情观念和行为的因素。

第五，家庭认同的影响。学者上野千鹤子（2004）提出家庭认同的概念。她将家庭的构成分为现实和意识两个方面，认为只有当人们主动承认家庭的事实并具有家庭意识的时候，家庭才真正成立。也就是说，家庭认同就是人们在主观上认定自己与其他家庭成员是一个群体。

在日常生活中，家庭认同涉及诸多关系和角色，其中是否将父母纳入家庭范畴或者将自己纳入家庭范畴具有重要意义（徐海东，2016）。虽然当今社会存在青年人与父母共同居住或分开居住的现实，但是否将对方视为家人取决于人们的主观选择，这种选择反映了子代与亲代之间的联系和亲近程度。

家庭认同代表了关系的亲疏程度，可以理解为亲密关系发展到一定程度后将对方视为家庭成员。从这个角度来看，良好的家庭认同会带给人们良好的家庭亲密关系体验，这种亲密关系体验会延续到家庭之外，使人们在其他亲密关系中也有比较强的认同感（Holtzman，2008）。因此，我们将家庭认同这一因素纳入研究范畴。

爱情带给我们什么？

爱情是人生历程中不可或缺的一段旅途，它有时候让人痴迷，有时候又让人成长。爱情到底给我们带来了什么？我们该如何了解恋爱或婚姻的结果？心理学家提出两个视角，即主观幸福感和亲密关系满意度，我们可以从这两个视角窥见爱情给我们带来的影响。

迪纳（Diener，1984）对主观幸福感的理解被许多研究者接受，他认为主观幸福感是指个人对于整体生活的认知性评价，包括积极情感的呈现和消极情感的缺乏。早期的研究者安德鲁和威西（Andrew & Withey，1976）也提出，主观幸福感是指个体积极情绪的增多和消极情绪的减少，以及对整体生活的满意程度。迈尔斯和迪纳（Myers & Diener，1995）再次确认主观幸福感由三个不同但相关的因素组成：积极情绪的呈现、消极情绪的减少、对生活的满意度。也有研究者指出，主观幸福感是指人们对自己是否幸福的主观感受，是依据自己的标准对生活满意度和个人情绪状态的一种综合评价，是衡量生活质量的综合心理指标（张艳红，胡修银，2009）。

通常来说，已婚人士的主观幸福感最强，接着依次是同居的人、拥有稳定约会关系的人、拥有非正式约会关系的人，以及不经常约会或根本不约会的人。不管感情状况如何，感情幸福的人比感情不幸福的人的主观幸福感更强（Dush & Amato，2005）。对情侣来说，他们对恋情的满意度越高，主观幸福感就会越强（Love & Holder, 2016）。情侣处于恋情中、与伴侣的互动交往，以及在恋情中投入一定时间，都可以显著增强个体的主观幸福感（Drigotas et al., 1999）。在中国，已婚群体幸福感最强，非婚群体次之，分居群体、离婚群体的幸福感较弱，丧偶者幸福感最弱（池丽萍，2016）。此外，与结婚时年龄较小相比，在适当年龄结婚和结婚较晚的个体会报告更强的主观幸福感。婚姻对幸福感有显著的正向影响，女性的婚姻幸福感要强于男性，孩子会减弱婚姻幸福感，收入会影响幸福感（袁正，李玲，2017）。与门当户对相比，经济状况为"男低女高"的婚配结构会使人们更加幸福（王智波，李长洪，2014）。

亲密关系满意度是人们对恋爱和婚姻的期望值与实际体验之间的差异，它是衡量人们的亲密关系质量的一个重要指标。格雷厄姆（Graham，2011）运用元分析得出，爱的因素与关系满意度和关系持续时间存在正相关，痴迷与关系满意度和关系持续时间存在负相关，即拥有代表亲密承诺之爱的伴侣的人更有可能获得令人满意和长久的关系，而痴迷的因素，如躁狂、强迫和占有则可能预示着较低的关系满意度和更为短暂的关系。痴迷因素影响关系满意度的原因也许与早年的不安全型依恋有关，焦虑—矛盾型依恋可能导致痴迷，使人不断对关系感到焦虑和担忧，长久以往，关系满意度便会下降。

已有研究发现，在关系中，关系长久度与关系满意度存在负相关。代表亲密和激情的爱预示着更长久的关系，激情随时间推移而逐渐减少，但陪伴、亲密和承诺随之不断增加（Graham，2011）。这是因为，为了维持长久的关系并尽可能提高关系满意度，随着时间推移，人们开始注重用亲密和承诺来弥补激情的减少。

"LGBT+"群体的纳入

"LGBT+"群体是指四个及更多少数性别取向的群体,分别为女同性恋者(lesbian)、男同性恋者(gay)、双性恋者(bisexual)和跨性别者(transgender),"+"号则表示其他情况的性取向,比如无性取向者、对性取向有怀疑者、间性者等。性别角色是人在社会化过程中通过模仿学习获得的一套与自己的性别相应的行为规范。有研究显示,性别角色会影响同性恋态度和爱情态度,因此可以通过性别角色来预测同性恋态度和爱情态度(刘燊,2013)。两性化者有较少不适应的爱情观念(追逐游戏和浪漫憧憬),其爱情关系最佳(王庆福,王郁茗,2003)。

在中国文化背景下,同性恋常常被认为是"心理异常"或"个人品质问题"(庾泳,肖水源,向莹,2010),处于边缘化状态。在中国,承认自己属于"LGBT+"群体的青年人的数量明显少于美国(Garofalo et al.,1998;Saewyc et al.,2006)。

近年来,"LGBT+"群体受到越来越多的关注。有许多研究从健康、心理、生理等方面对这个群体进行探索,寻找他们与异性恋者的异同点,推动社会对这个群体的接纳,促进这个群体的合法利益受到保护(Dean et al.,2000)。有研究表明,由于中国农村地区的生殖教育和咨询服务比城市地区少,农村青年更容易被各种信息误导,这也可能导致更宽松的性态度和更高的非异性恋取向(Chen et al.,2010)。青年女性非异性恋认同率明显高于青年男性的原因还有待进一步研究(Saewyc et al.,2006)。还有研究发现,不管是男性还是女性，正面的男性化或女性化都有助于心理健康，男性化尤其有利于心理健康。从不同性别角色类型来看，双性化者与男性化者的心理健康状况更好，而未分化者和女性化者的心理健康状况较差（袁立新，卢声达，2002）。

由于"LGBT+"群体性别取向与异性恋群体有所不同，他们的爱情观念也与异性恋群体存在差异，因此，我们将"LGBT+"群体纳入调查范围，关注该群体的恋爱类型、成人依恋、择偶标准、性观念和行为、亲密关系满意度等。

爱情是非常复杂的。它既是非常个人化的观念和行为，也受到时代、社会和文化的影响。要把它说清楚，几乎是一件不可能的事情。作为研究者，我们尝试通过科学的研究设计和取样、严格控制实施过程、精准分析数据得到较为可信的结论。

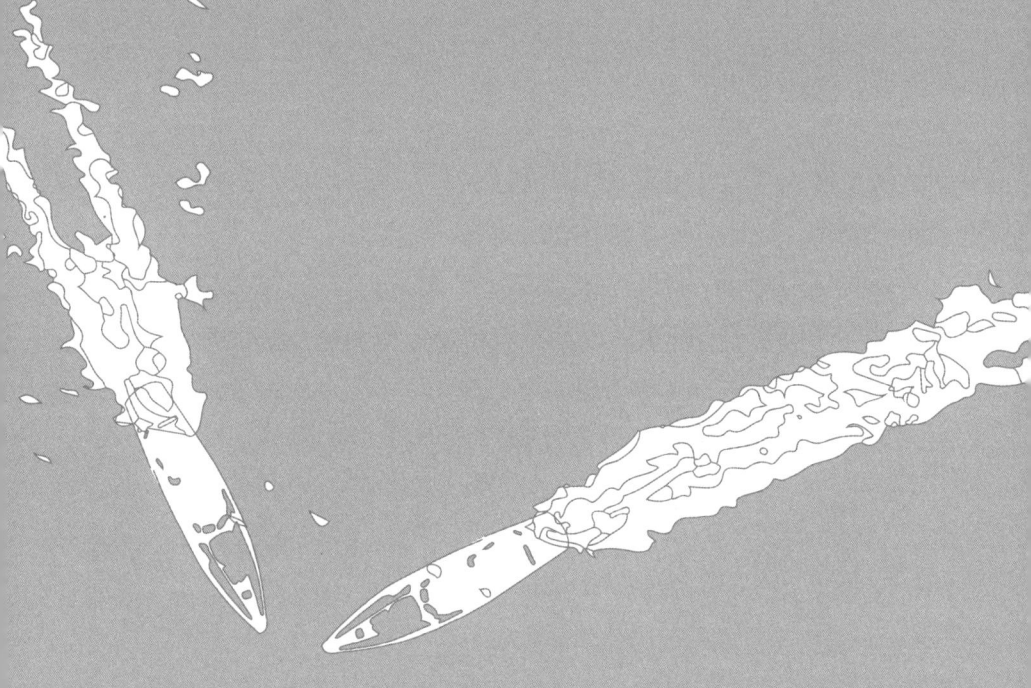

第 2 章

怎样研究？
爱情观念和行为的数据获取

本研究采用量化研究和质性研究相结合的方法，收集有关中国当代青年的爱情观念和行为的信息，数据收集的时间为 2019 年 7 月至 10 月。

青年人自述的爱情观念和行为：问卷调查

量化研究采取线上问卷调查，问卷包含涉及爱情观念和行为的问题。在全国进行城市人口抽样，抽样时考虑的人口统计学变量主要为性别、年龄、婚姻状况和受教育水平。在研究过程中，考虑到少数群体，把"LGBT+"群体也纳入抽样。为了保证抽样的随机化，使用第六次全国人口普查的数据计算每个省份、每个城市应该抽取多少样本，同时综合考虑性别、年龄、居住地和出生地、收入水平、受教育水平和婚姻状况。先进行预备测试，根据预备测试的结果确定正式问卷。通过问卷网发放问卷，收集数据之后，使用 SPSS23.0、Mplus 6 和 R 语言分析数据。

问卷调查的抽样设计

调查的目标总体为全国 31 个省、自治区、直辖市（不含港澳台）各层级的城市常住人口①，年龄为 20—39 岁，学历为高中及以上。

---

① 根据国家统计局的定义，判断是否为常住人口的时间标准为半年。主要包括：调查时居住在本乡、镇、街道，户口也在本乡、镇、街道的人；调查时居住在本乡、镇、街道，户口不在本乡、镇、街道，离开户口登记地半年以上的人；调查时居住在本乡、镇、街道，尚未办理常住户口的人；户口在本乡、镇、街道，调查时居住在中国港澳台地区或国外的人。

第 2 章 怎样研究？爱情观念和行为的数据获取

抽样设计主要遵循三个原则。首先，作为全国性抽样调查，整体方案必须是严格的概率抽样，要求样本对于全国各层级的城市人口具有代表性。其次，抽样方案必须具有较高的效率，在相同样本量的条件下，方案设计应使抽样误差尽可能小。最后，方案必须具有较强的可操作性，便于具体实施。

综合考虑总体目标及抽样原则，我们选择分层随机抽样，它可以使样本在总体中分布更均匀，更具代表性。

城市分层

其一，初级抽样单元的界定。

初级抽样单元（primary sampling units，PSUs）是中国所有城市（不含港澳台地区）的城区人口，根据 2010 年第六次全国人口普查使用的定义，城区是指在市辖区和不设区的市、区、市政府驻地的实际建设连接到的居民委员会和其他区域，共 337 个（第六次全国人口普查以来，三沙市的行政区划分发生了变化，不利于统计，故删除，删除后共 337 个城市）。

其二，初级抽样单元的分层。

对 PSUs 进行分层有两个主要标准：一是在同一层内各 PSUs 具有很大的相似性，而且层与层之间差异大；二是各层规模接近，即每一层中的人口数量接近。有些 PSUs 人口密度很大，应考虑将 PSUs 分为必选层和抽选层，并将人口密度很大的 PSUs 划入必选层。

除了城市人口密度，本研究还参考国内"第一财经"发布的"2017 中国城市商业魅力排行榜"和国际研究组织全球化与世界级城市研究团队与网络（Globalization and World Cities Study Group and Network，GaWC）发表的"世界城市名册"进行城市分层，将那些具有代表性的城市作为必选层。

"第一财经"旗下的新一线城市研究所依据 2017 年的 160 个品牌商业数据、17 家互联网公司的用户行为数据，以及数据机构的城市大数据，对中国 338 个地级以上城市再次排名。该分层使用了商业资源集聚度、城市枢纽性、城市人口活跃度、生活方式多样性和未来可塑性这五大指标。"第一财经"邀请了新一线城市研究所专家委员会综合评价城市商业魅力，解读五大指标的具体考量维度和计算方式，为五大指标的权重赋值，以专家打分法的方式计入评分体系，并在二级指标以下的数据中采用主成分分析法客观赋权。

本研究对象是城市 20—39 岁群体，该群体在城市中比较活跃，是较大的消费群体，对于商品的选择有较高的要求，生活方式比较多样，寻求更丰富的业余生活。随着互联网的不断发展，该群体也倾向于线上活动，例如线上购物、线上阅读、网络约车、线上运动等。他们不仅追求眼前生活的质量，而且考虑自己未来发展的可能性，所以在选择一个城市时必然会考虑该城市的未来发展前景。由此看来，商业资源集聚度、城市枢纽性、城市人口活跃度、生活方式多样性和未来可塑性这五大指标与本项目研究对象密切相关，采用这五个指标得出的城市排名具有一定的参考价值。

1999 年，GaWC 以英国拉夫堡大学为基地，尝试定义和分类世界级城市。尽管根据不同的标准，对城市的排名有多个不同的版本，但 GaWC 是全球最著名的城市评级机构之一，其发布的"世界城市名册"系列榜单被认为是全球划分一线、二线、三线、四线城市最权威的排名之一。

自 2000 年起，GaWC 不定期发布"世界城市名册"，通过检验城市间金融、专业技术、创新知识流情况，确定一座城市在世界城市网络中的位置。该机构的排名主要依据以下几点：（1）国际性，为人熟知；（2）积极参与国际事务且具有影响力；（3）相当多的人口；（4）有重要的国际机场，是国际航线的中心；（5）先进的交通系统，如高速公路或大型公共交通网络，提供多元化的运输模式；（6）亚洲城市要吸引外来投资，设立相关的移民社区，西方城市要设立国际化的社区；（7）有重要的国际金融机构、律师事务所、公司总部（尤其是企业、集团）和股票交易所，并对世界经济起关键作用；（8）先进的通信设备与服务，如光纤、无线网络、移动电话服务及其他高速电信线路，有助于国际合作；（9）有蜚声国际的文化机构，如博物馆和大学；（10）浓厚的文化气息，如电影节和众多音乐厅、剧院、美术馆，以及交响乐团、歌剧团和街头表演者；（11）强大且有影响力的媒体，着眼于世界；（12）强大的体育社群，如众多体育设施、本地联赛队伍和举办国际体育赛事的能力和经验；（13）近海城市，拥有大型且繁忙的港口。

2018年，GaWC在"世界城市名册"中将全球361个主要城市分为Alpha（世界一线城市）、Beta（世界二线城市）、Gamma（世界三线城市）和Sufficiency（自给型城市）四大类型。其中，中国的城市划分如下：

Alpha： 北京、上海、广州（广东）、深圳（广东）

Beta： 成都（四川）、杭州（浙江）、天津、南京（江苏）、武汉（湖北）、重庆、苏州（江苏）、大连（辽宁）、厦门（福建）、长沙（湖南）、沈阳（辽宁）、青岛（山东）、济南（山东）

Gamma： 西安（陕西）、郑州（河南）、昆明（云南）、合肥（安徽）、福州（福建）

Sufficiency： 宁波（浙江）、石家庄（河北）、长春（吉林）、南昌

（江西）、兰州（甘肃）、贵阳（贵州）、无锡（江苏）、珠海（广东）、南宁（广西）、西宁（青海）、潍坊（山东）、南通（江苏）、哈尔滨（黑龙江）、海口（海南）。

其三，初级抽样单元分层的确定。

综合考虑城市人口密度和"第一财经"、GaWC 的排名，把 337 个 PSUs 划分为两类。一类是具有自代表性质的必选层 PSUs，自然进入抽样，共 4 个城区，分别为北京市、上海市、广州市、深圳市；另一类是非自代表性质的 PSUs，包含 333 个城市或地区。

其四，初级抽样单元的抽选。

4 个自代表性质的 PSUs 自然进入样本，而非自代表性质的 PSUs 将进一步分层。首先，将非自代表性质的 PSUs 按地区分为 6 个区域，该分类为国家统计局官网的常规分类：华东（江苏省、浙江省、安徽省、福建省、江西省和山东省）、中南（河南省、湖北省、湖南省、广东省、广西壮族自治区和海南省）、华北（天津市、河北省、山西省和内蒙古自治区）、东北（辽宁省、吉林省和黑龙江省）、西北（陕西省、甘肃省、青海省、宁夏回族自治区和新疆维吾尔自治区）和西南（重庆市、四川省、贵州省、云南省和西藏自治区）。

根据"第一财经"的城市分级（在非自代表性质的 PSUs 中为 5 级），在每个区域内对城市进行分层标记，即在每个区域内根据"第一财经"的城市分级将城市分为 5 层。

至此，完成所有 PSUs 的分层，接着根据目标样本量大小对 PSUs 进行抽样。

根据第六次全国人口普查的结果，将统计的各省市城市人口数与全国城市人口数的比值作为估算各省市及其各层级的样本量。此次抽样的预计样本量为 5000，由此估算各省理论样本量 = $\left(\dfrac{\text{各省 20—39 岁城市人口数}}{\text{全国 20—39 岁城市人口数}}\right) \times 5000$，省内各层级理论样本量 = $\left(\dfrac{\text{各层级 20—39 岁城市人口数}}{\text{该省 20—39 岁城市人口数}}\right) \times 5000$。对于直辖市，每个城市的理论样本量即各省理论样本量。由于部分地区没有城市人口统计信息（被纳入乡镇）或统计信息不全，为了避免在地域上对少数群体的忽视，确定非自代表性质的 PSUs 样本量时，使用城乡人口进行计算。最终按以下方案确定样本量：

（1）根据各省或直辖市的目标人口占全国目标人口的比例确定必选层的城市人口比例，并乘以预计样本量，即必选层样本量 = $\left(\dfrac{\text{必选层各市 20—39 岁城市人口数}}{\text{全国 20—39 岁城市人口数}}\right) \times 5000$，得到必选层（北京、广州、上海、深圳）的最终样本量。

（2）根据各层城乡人口数占非自代表性质的 PSUs 城乡总人口数的比例估算各层的样本量，即各层样本量 = $\left(\dfrac{\text{各层 20—39 岁城乡人口数}}{\text{非自代表性质 PSUs 的 20—39 岁城乡人口数}}\right) \times 5000$。根据这一方案，确定各区域或城市人口的抽取情况。

最终样本的形成

在已知区域或城市抽取人数的基础上，根据样本条件确定最终抽样单元（ultimate sampling units，USUs）。

抽样时考虑性别、年龄、受教育程度、婚姻状况四个条件，根据这四个条件下的人口比例计算每种条件下应该抽取的人数。

由于"LGBT+"群体的研究和实践往往是被忽视的部分（黄盈盈，潘绥铭，2013），本研究特别纳入"LGBT+"群体，在预抽样中，按照人群中估计占比3%的比例进行抽样（刘明华，2015），即150人属于性少数者，包括男同性恋者、女同性恋者和跨性别者（考虑到在中国双性恋者性取向的流动性，此处只包含同性恋者和跨性别者）。由于大量性少数群体流入大型城市（边防，2015），因此，在大型城市适当增加样本量。

参考2016年联合国开发计划署发布的《中国性少数群体生存状况——基于性倾向、性别认同及性别表达的社会态度调查报告》，确定各区域性少数人群占比，以及性少数人群内部出生性别、性别认同和表达、性倾向的具体情况。在本次抽取的150名性少数者中，出生性别为女性者46人，出生性别为间性者（间性者的性别特征包括染色体、性腺、性激素或生殖器的变异，导致其不符合典型的男性或女性的身体概念）3人，出生性别为男性者101人；顺性别者（性别认同和表达与出生时的生理性别相符的人）138人，跨性别者12人；异性恋（跨性别或间性）者3人，男同性恋者88人，女同性恋者21人，双性恋者25人，泛性恋者6人，其他或不确定者7人。

该报告中，研究者使用滚雪球线上调查的方式，得到的性少数者的学历情况为：高中及以下占比25.4%，专科占比17.2%，大学本科及以上占比57.4%；性少数者中"80后"（30—39岁）和"90后"（20—29岁）的占比分别为19.8%和77.2%。本研究更多考虑使用互联网的活跃人群，故参考该报告的调查数据，预计高中及以下为38人，大学专科为26人，大学本科及以上为86人；30—39岁者为31人，20—29岁者为119人。

根据以上抽样方案，共收集问卷 5513 份。由于通过网络分发问卷，为避免参与者重复答卷以获得报酬，删去选项和开放题答案均雷同的问卷 52 份，得到有效问卷 5461 份。参与者平均作答时间为 29.92 ± 4.77 分钟，从 52 分 11 秒到 22 分 2 秒不等，将作答时间在 2 个标准差以下，即作答时间在 20 分 23 秒以下的参与者删除，共删除 196 人，剩下 5265 人。问卷中设有一道对参与者是否阅读问题的筛查题，为"这道题请选择非常不同意"，所有参与者均正确作答；问卷中设有两道题目测试掩饰性，分别为"我所有的习惯都是好的"和"我从未讲过别人的坏话"，穿插在《自尊量表》中，采用从"完全不符合"到"完全符合"的 5 点计分，将这两道题目均回答"完全符合"的参与者删除，共删除 149 份问卷。将在同一区域回答集中且具有同质性的参与者删除，共删除 27 份问卷。最终得到有效问卷 5089 份，删去的问卷占所有问卷的 7.7%。

问卷预备测试的抽样设计

预备测试抽样选取全国目标群体 200 人、"LGBT+"群体 6 人。

在 PSUs 必选层中选取上海。由于上海处在华东地区，在非自代表性抽样单元中排除华东地区，选择西南、东北、华北、中南和西北五个地区进行预备测试抽样。

选择每一分级城市数量最多的地区指派每个地区的抽选分级，从第 5 级向第 1 级筛选。例如，在第 5 级城市中，东北、华北、华东、西北、西南、中南地区的城市数量分别为 18、12、7、42、30、19 个，西北地区最多，故指定西北地区抽选第 5 级，在之后的筛选中不再考虑西北地区，接下来考虑第 4 级，以此类推。

最后选择上海和西南 1 级、东北 2 级、华北 3 级、中南 4 级、西北 5 级作为预备抽样的地区。其中，上海抽选 50 个样本，其他地区各抽选 30 个样本。

根据前面的数据介绍，在预备测试阶段抽取"LGBT+"群体 6 人。高中及以下学历者 2 人，大学专科学历者 1 人，大学本科及以上学历者 3 人；年龄 30—39 岁者 2 人，20—29 岁者 4 人。

问卷调查工具

线上问卷调查围绕爱情观念和行为展开。使用的问卷既包括信度和效度较高的成熟问卷，也包括围绕研究主题自编的问卷。具体变量如下。

重要个人信息的收集

人口统计学变量包括生理性别、性别认同、年龄、民族、户籍所在地的省或市、现居住地的居住年限、受教育水平、目前的受教育状态、职业、职位、宗教信仰和政治面貌。

收入和阶层：包括实际年收入或每月可以支配的财产、主观收入判断和主观社会阶层。

爱情观念和行为核心变量的测量

其一，情感状态、经历和意愿的测量。

这部分采用自编问卷测量，目的在于收集受测者的恋爱和婚姻经历。

当下的情感状态涉及当下的恋爱状况、婚姻状况、情感持续时间

第 2 章 怎样研究？爱情观念和行为的数据获取

（已婚者为当前婚姻持续的时间，离婚者为上一段婚姻持续的时间，恋爱者为目前恋爱关系持续的时间）。

对已婚者而言，考察已婚者在结婚前是否先恋爱再结婚，恋爱关系维持的时间，结婚前是否同居（如果是，需提供同居的时间），是否有孩子（如果有，需提供孩子的数量及年龄），家中的财务管理权，夫妻双方收入的比较，婚姻关系的稳定性。

对恋爱者而言，考察目前是否正在同居（如果是，需提供同居的时间），为恋爱关系支出的费用（自己的支出和恋人的支出），双方花费的比较，恋爱关系的稳定性。

过去的情感经历涉及曾经有过几段亲密关系，过去的亲密关系是如何建立、发展和结束的，过去的情感经历产生的影响，它是否会改变参与者当前的爱情观念和行为。

其二，爱情类型的测量。

使用《爱情态度短版量表》（The Love Attitudes Scale: Short Form，LAS-SF）测量李的六种爱情类型（Hendrick & Hendrick，1986）。LAS-SF 有 6 个分量表，由 24 个项目组成，项目回答使用 5 点计分，从 1（强烈不同意）到 5（强烈同意）。

原版量表有 42 个项目，包含 6 个分量表，每个分量表有 7 个项目。亨德里克（Hendrick，1998）从每个分量表中挑取出 4 个项目，进行预备测试，检验其标准化程度，最后得到 2 个《爱情态度短版量表》，它们都包含 6 个分量表，但一个短版量表的每个分量表有 4 个项目，另一个则有 3 个项目。数据显示，《爱情态度短版量表》比原版《爱情态度量表》有更高的心理测量信度和效度。原版量表只能解释测量结果 48% 的变异，而分量表有 4 个项目的短版量表可以解释测量结果 66% 的变异，分量表有 3 个项目的短版量表可以解释测量结果 73% 的变异。鉴于《爱情态度短版量表》能有效测量爱情态度，仔细阅读项目内容后，研究者选择了分量表有 4 个项目的英文短版量表，共 24 个项目。经多次校对翻译和预备测试，确定了整个量表的中文译本。

其三，择偶标准的测量。

这部分测量既包含自编题，也借鉴了"中国综合社会调查"（Chinese General Social Survey）中的题目。

有些研究结果验证了西方的"同类匹配""择偶梯度"等理论，说明当今社会仍然认同门当户对或者男高女低的婚配模式；男性更偏好面容姣好、温柔贤惠、善于操持家务的异性，女性则较看重配偶的学历、职业和才能，"郎才女貌"的传统择偶标准在现代社会仍然占据主导地位（费涓洪，1995；沈崇麟，等，1987；刘炳福，1996；徐安琪，1997）。除此之外，有些研究者从社会变迁的角度考察择偶标准，得出了一些相同的研究结论：青年人在择偶时较少关注对方的家庭背景，更看重对方的个人素质；文化程度较高的人也更看重配偶的教育背景；青年人、文化或职业层次比较高的人考虑感情因素的概率会更高（李银河，1989；秦季飞，1995；杨善华，1988）。

基于以上研究成果，我们提取和修改了择偶标准，最终形成适用于当前研究的择偶标准，并让人们对年龄、健康、身材、身高、容貌、性格特质、职业、学历、籍贯、操持家务与管理家庭的能力、办事能力、收入与积蓄、住房、事业发展潜力、对方父母的社会经济地位、贞操、婚姻历史、自己父母对这段关系的看法和意见、是否有或考虑要孩子、对方父母通情达理的程度、双方的相容互补性这些标准

第2章 怎样研究？爱情观念和行为的数据获取

作出选择并排序。

其四，关系调适的测量。

使用《简版关系调适量表》（Short Marital-Adjustment Test）测量关系调适。洛克等人（Locke et al., 1959）开展了一项研究，旨在开发简短但有效的婚姻调适和预测量表。该量表有 15 个关于关系调适的项目、35 个关于关系预测的项目。量表的分半信度经斯皮尔曼—布朗公式修正为 0.90，且关系调适良好组和不良组之间的得分有显著差异，量表具有较好的效度。

其五，关系破裂的测量。

这一部分测量使用自编题，涉及关系破裂经历（包括恋爱关系的破裂和婚姻的破裂）、经历过几次关系破裂、关系破裂时的年龄、关系破裂的原因和影响（包含积极影响和消极影响两方面）、应对关系破裂的方式。

其六，改变意愿的测量。

这一部分测量使用自编题，涉及改变目前情感状态的意愿、建立恋爱关系的意愿、步入婚姻生活的意愿，以及如果愿意改变，改变的理由主要是什么。这一部分的测量可以从侧面反映参与者对当前情感状态的满意程度。

其七，性行为和性观念的测量。

关于性行为的测量使用自编题，涉及性取向、恋爱对象的性别、性取向的变化、性行为的对象、性吸引的对象、性行为的频率、性行为的满意度和性行为过程中的生育控制。

关于性观念的题目既有自编题，又有借鉴"中国综合社会调查"的题目，涉及性观念和性态度。"中国综合社会调查"是中国第一个全国性、综合性、连续性的大型社会调查项目。从 2003 年开始，每年一次，对全国 28 个省、自治区、直辖市，125 个县（区），500 个街道（乡、镇），1000 个居（村）民委员会，10000 户家庭中的个体进行调查。通过定期、系统地收集社会各个方面数据，总结社会变迁的趋势，探讨具有重大理论和现实意义的社会议题，推动国内社会科学研究的开放性与共享性，为国际比较研究提供数据资料，具有较好的专业性和权威性（中国人民大学中国调查与数据中心中国综合社会调查项目，2009）。

其八，成人依恋的测量。

使用《亲密关系经历量表》（Experiences in Close Relationship Questionnaire，ECR）测量成人依恋，此量表由布伦南、克拉克和谢弗（Brennan，Clark，& Shaver，1998）编制，用于了解处于恋爱中或曾经有过恋爱经历的个体在亲密关系中的体验。它包括两个分量表，分别为"依恋回避分量表"和"依恋焦虑分量表"。回避是指对与恋人的亲近感到排斥或者不自在、不舒服的程度；焦虑是指个体害怕和担忧被恋人抛弃的程度。量表共有 36 个项目，每个分量表由 18 个项目组成，采用 7 级评分（从非常不赞同到非常赞同）。两个分量表的内部一致性信度系数都为 0.91（李同归，加藤和生，2006）。

分析中文版《亲密关系经历量表》的信度，发现它有较好的内部一致性（"依恋回避分量表"和"依恋焦虑分量表"的 alpha 系数分别为 0.82 和 0.77），重测信度也在可接受范围之内（"依恋回避分量表"和"依恋焦虑分量表"的重测信度分别为 0.71 和 0.72）。经检验，其效度指标也表现良好（田瑞琪，2004）。

第 2 章 怎样研究？爱情观念和行为的数据获取

爱情观念和行为主要影响因素的测量

其一，自尊的测量。

在测量参与者的自尊水平时，采用《自尊量表》（The Self-Esteem Scale，SES）。该量表是罗森堡（Rosenberg，1965）编制的用于测量自我价值与自我接纳的总体感受的评定量表。目前，这个量表是我国心理学界使用最多的自尊测量工具。量表由 10 个项目组成，具有良好的信度。采用利克特 5 点计分，1 代表完全不符合，5 代表完全符合。分值越高，代表自尊水平越高。

其二，社会支持的测量。

本研究使用《社会支持评定量表》测量单身者感受到的社会支持。该量表由肖水源于 1986 年编制，并于 1990 年修订。量表有 10 个条目，包括 3 个维度：客观支持（3 个条目）、主观支持（4 个条目）和对社会支持的利用度（3 个条目）。自 1986 年以来，《社会支持评定量表》已在国内 20 多项研究中得到应用，根据反馈意见，量表的设计基本合理，条目易于理解，无歧义，具有较好的信度和效度（肖水源，1994）。肖水源 1987 年曾运用《社会支持评定量表》对 128 名大二学生进行测量，获得较好的重测信度（$r=0.92$，$p<0.01$）（肖水源，杨德森，1987）。

其三，主观社会阶层的测量。

测量主观社会阶层最具有代表性的工具是《麦克阿瑟主观社会阶层量表》（MacArthur Scale of Subjective Social Status）。具体的测量方式是：给参与者呈现一个 10 级阶梯，梯子代表具有不同收入、教育水平和职业声望的人所处的社会阶层，数字 1 代表社会最低阶层，数字 10 代表社会最高阶层。让参与者根据自己真实的主观感受，判断自己的主观社会阶层（Adler，Epel，Castellazzo，& Ickovics，2000）。

与原生家庭关系的测量

这部分测量包括父母的幸福感和家庭认同。父母幸福感的测量借鉴"中国综合社会调查"中的两道题目，家庭认同的测量采用特罗普和赖特（Tropp & Wright，2001）等人的图片测量法。该测量由大圆小圆八点等距量表组成，8个大圆和8个小圆的位置关系从1到8发生变化：1为两个圆完全分离，8为两个圆完全重叠。要求参与者就以下问题作出选择：如果大圆代表您的家庭，小圆代表您，那么哪张图形最能表示您与家庭的关系？

结果变量的测量

其一，主观幸福感的测量。

主观幸福感由生活满意度和情感成分（正性—负性情绪）组成，在测量参与者的主观幸福感时，生活满意度的测量采用迪纳（Diener，1984）等人编制的《生活满意度量表》，该量表通过5个项目测量参与者主观幸福感的认知成分，采用7点计分。得分越高，则生活满意度越高。该量表的内部一致性信度为0.84。情感成分的测量采用森胁（Moriwaki，1974）的《情感平衡量表》，该量表共有8个项目，采用7点计分。得分越高，相应的情感体验也越强烈。其积极情感和消极情感量表的信度分别为0.77和0.79。另外，还借鉴了"中国综合社会调查"中总体生活满意度的题目（1道题）。

其二，亲密关系满意度的测量。

采用《亲密关系满意度量表》（The Quality of Relationship Index，QRI）测量参与者的亲密关系满意度。该量表考察参与者对自己当前恋爱关系的感知和评价，包含6个条目，采用7点计分。分数越高，表示对当前亲密关系的满意度越高。该量表的内部一致性系数达到 0.92，效标效度介于 0.40—0.70 之间。本研究采用了《亲密关系满意度量表》的中文翻译版（邱莎莎，2010）。

"LGBT+"群体爱情观念的测量

对"LGBT+"群体爱情观念的探索是本研究的亮点之一。在测量该群体的爱情观念时，同样收集了该群体有关爱情的看法和观点，包括婚恋观、性观念、性态度等，这部分的题目和非"LGBT+"群体使用的题目是一样的，但考虑到"LGBT+"群体的特点，通过查阅文献，又编制了适用于该群体的题目，涉及性取向和性行为等（Badgett, 2009; Wolff, 2017），例如："您认为自己是同性恋者、异性恋者、双性恋者还是泛性恋者？""您现在的恋爱对象性别是什么？""您过去的恋爱对象的性别是什么？""您的性别取向是否发生过变化？"

青年人自述的爱情观念和行为：质性研究

质性研究方式为线下访谈。访谈小组由 8 名项目成员组成，都接受过心理学质性研究方法的训练，而且在项目开始前接受了为期一周的访谈技术强化训练，包括：项目负责人作访谈示范，其他人观摩；成员作访谈，项目负责人观摩和点评；访谈结束后的总结和讨论。每作一轮访谈都要完成访谈手记，确保项目成员掌握专业访谈技术。

访谈城市的选择

访谈城市抽样的基本原则是：样本要覆盖东北、华北、华东、西北、西南、中南六个地区，以及特大、一线到五线等类型的城市；根据每个地区不同类型的城市数量、人口以及文化代表性来确定访谈城市；访谈城市抽样的必选层、人口数据和问卷抽样保持一致。

综合考虑不同地区不同类型的城市的数量和城均人口，选出除必选层的 4 个特大城市之外的 6 个访谈城市。问卷抽样中各地区各类型的城市数量和抽样人数见表 2-1，加粗的为较突出的城市数量和抽样人数。

表 2-1　问卷抽样中各地区各类型的城市数量 / 抽样人数

	东北	华北	华东	西北	西南	中南	总计
一线	1/27	1/43	**6/167**	1/28	2/143	4/112	15/520
二线	3/83	3/85	**16/343**	2/22	2/36	4/72	30/641
三线	3/37	8/146	25/411	3/31	4/67	**27/454**	70/1146
四线	**11/99**	**11/134**	23/266	3/41	**16/195**	26/361	90/1096
五线	**18/119**	12/76	7/35	**42/197**	**30/203**	19/148	128/778
总计	36/365	35/484	77/1222	51/319	38/644	80/1147	332/4181

根据表 2-1 可以看出，东北地区四线和五线城市在城市数量与抽样人数上较突出，因为四线城市的城均人口较多。华北地区虽然城市数量总体较少，但二线城市的城均人口非常多，排名第二。华东地区一线到四线城市的数量与城均人口都非常多，都是可以选择的对象。西北地区五线城市的数量远多于其他类型城市的数量，城均人口仅以微小差距少于西南地区的五线城市。西南地区的四线和五线城市的数量和城均人口较多。中南地区与华东地区相似，城市数量和城均人口

第 2 章 怎样研究？爱情观念和行为的数据获取

都很多，其中三线和四线城市的数量和城均人口最为突出。

综合考虑后决定：西北地区选择一个五线城市进行访谈。西南地区选择一个四线城市进行访谈。由于四线城市的城均人口排名第二，且除西北地区之外的其他地区四线城市的数量和城均人口都很多，因此再选择一个四线城市进行访谈。东北地区四线和五线城市的数量和城均人口最多，但西北地区已经抽取了五线城市，因此东北地区选择一个四线城市进行访谈。以此类推，中南地区三线和四线城市的数量和城均人口较多，由于四线城市已经抽取完，故在中南地区选择一个三线城市进行访谈。接下来，由于华北地区在二线城市中城均人口排名第二，并且华北地区二线城市的城均人口多于华东地区二线城市的城均人口，因此在华北地区选择一个二线城市进行访谈。最后，在华东地区选择一个一线城市进行访谈。

在选择具体城市时，首先在地区上要和必选的四个特大城市有一定距离，其次根据人口数来筛选城市，最后根据经济和文化的重要性确定城市。

东北地区的四线城市中，齐齐哈尔的人口为 547 万，远多于其他四线城市，因此确定齐齐哈尔为抽样城市。华北地区石家庄的人口为 1033 万，保定的人口为 1159 万，保定市辖区的人口为 285 万，石家庄市辖区的人口为 413 万，且石家庄为河北省会，因此确定石家庄为抽样城市。华东地区一线城市有杭州、苏州、南京、青岛、宁波、无锡。考虑到已经确定上海作为访谈城市，因此不考虑江、浙、沪地区的城市，此外青岛人口最多（787 万），所以选择青岛为抽样城市。西北地区五线城市中汉中、哈密人口较多，但综合考虑地域分散性，选择哈密为抽样城市。西南地区四线城市中毕节人口最多，南充第二，但南充市辖区人口更多，因此选择南充为抽样城市。中南地区由于已经确定了广州、深圳两个城市，因此优先考虑河南、湖南和湖北三个省的城市。其中，河南人口较多的城市为南阳、商丘、信阳、驻马店和洛阳。考虑到洛阳有悠久的历史文化，在5个城市中国内生产总值最高，因此选择洛阳作为访谈城市。

最终确定北京（华北特大城市）、上海（华东特大城市）、广州（中南特大城市）、深圳（中南特大城市）、青岛（华东一线城市）、石家庄（华北二线城市）、洛阳（中南三线城市）、齐齐哈尔（东北四线城市）、南充（西南四线城市）、哈密（西北五线城市）10个城市进行访谈。

受访者的选择

确定质性研究的抽样城市后，进一步确定抽样人数。通过问卷网发放招募受访者的通知，在招募广告上留下联系方式，若愿意参与研究便可与研究者取得联系。

受访者的具体要求为：（1）年龄为20—39岁。（2）城市人口。（3）可以大致归为四类群体：从来没有谈过恋爱；曾经有亲密关系但现在没有亲密关系（恋爱过但分手，结过婚但离婚或丧偶）；处于恋爱中；处于婚姻中（初婚或再婚）。

综合以上要求和抽样过程，最终确定个体访谈受访者和焦点小组访谈受访者。

质性研究部分的受访者共有240人，其中男性121人，女性119人；年龄为20—39岁，平均年龄为30岁；已婚85人，未婚

155 人；研究生学历 2 人，本科学历 83 人，大专学历 87 人，中专学历 31 人，高中学历 37 人（含技校毕业 2 人）。

质性研究工具

图画

绘画作为表达性艺术治疗的一种方法，在评估个体认知方面有很大作用。绘画是一种投射技术，不仅可以解决文化差异和受教育水平不高的难题，而且可以降低作画者的心理防御，使他们在相对安全的环境中表达自己的观点。绘画可以提供部分无法用言语表达的场景和想法，研究者可以通过处理这些具体的形象了解作画者的内心世界。图画的内容、结构、线条、笔触、色彩等都透露出作画者的真实想法和感受（Oster & Gould，2004）。

在本研究中，根据研究主题要求作画者画两幅画。根据作画者的不同情况，第一幅画的主题为，画出你现在的婚姻生活 / 你曾经的婚姻生活 / 你和配偶在一起做事的情景 / 你现在的恋爱生活 / 你印象最深刻的恋爱经历 / 你现在的单身生活 / 你上一段的婚姻生活；第二幅画的主题为，画出你理想的婚姻生活 / 理想的恋爱生活。

访谈提纲

质性研究部分运用的研究工具是访谈提纲，访谈提纲是根据研究目的编制的一系列结构化问题，使得访谈更有逻辑性和针对性，收集资料更为准确和高效。

根据不同类型的群体，访谈提纲可相应地分为六个不同的类别，即单身组提纲、恋爱组提纲、已婚组提纲、离婚组提纲、成对夫妻组提纲、成对恋人组提纲，然后针对个体访谈和焦点小组访谈进行更为细致的划分，可分为个体访谈单身者访谈提纲、个体访谈离婚者访谈提纲、个体访谈恋爱者访谈提纲（包括恋爱者和成对恋人）、个体访谈已婚者访谈提纲（包括结婚者和成对夫妻）、焦点小组结婚组访谈提纲、焦点小组离婚组访谈提纲、焦点小组未婚组访谈提纲。访谈提纲主要关注受访者的情感经历、维持恋爱或婚姻关系的行为、对冲突的处理、对关系的评价等问题。对于从未有过恋爱经历的单身群体，主要询问其单身的观念、行为及理想的恋爱关系。

访谈的具体实施

正式访谈前，全部成员分别完成个别访谈和焦点小组访谈的预访谈。预访谈结束后对访谈提纲进行第一轮修改。

在正式访谈时，访谈小组先共同完成上海地区的访谈。随后，每个人完成访谈手记的撰写。集体讨论访谈提纲，完成对访谈提纲的修订。

随后2人一组，共4组，同时从上海出发，前往9个城市进行访谈。来到当地城市后，访谈者首先查看访谈场所，确保场所符合访谈标准，检查访谈室的物资准备和座位、空间、环境布置。在受访者进入访谈室前，必须将访谈所需的图画指导语、蜡笔、铅笔、橡皮、A4白纸、知情同意书、饮用水、零食、录音笔准备好，并且在座位安排上使主访者和受访者成45度角，给受访者提供一个相对安全的空间来表达自己。

在访谈的过程中，首先讲解知情同意书，在受访者充分理解后让

第 2 章 怎样研究？爱情观念和行为的数据获取

其签署。尽管预约受访者时已介绍过知情同意书，但在访谈现场，依然有必要向受访者详细介绍调查研究的内容和保密性原则，这样既可以激发受访者的参与兴趣，又能降低其心理防御，使数据资料更有效和丰富。在访谈过程使用录音笔进行录音，以便收集资料和后期分析处理。访谈结束后，询问受访者对于本次访问的感受和要补充的东西，了解受访者的反馈，这有利于增强研究结论的生态性。

访谈对象有 240 人，分为个体访谈和焦点小组访谈。参与个体访谈的受访者共 120 人，包括四类：从来没有谈过恋爱；曾经有亲密关系但现在没有亲密关系（恋爱过但分手，结过婚但离婚或丧偶）；处于恋爱中；处于婚姻中（初婚或再婚）。参与焦点小组访谈的受访者共 120 人，包括三类：未婚组（从来没有谈过恋爱，处于恋爱中，恋爱过但分手）；已婚组（初婚、再婚）；有过婚姻关系，但现在不处于婚姻中组（离婚、丧偶）。个体访谈为 60—120 分钟，访谈的内容涉及爱情观念和行为。焦点小组访谈为 90—120 分钟，每组 6 人，访谈内容也涉及爱情观念和行为。

整个访谈环节包括让受访者画两张画（画出现实的和理想的亲密关系，包括恋爱关系或婚姻关系），然后根据访谈提纲提问。作画过程：由访谈者呈现书面的图画指导语，提供蜡笔、铅笔、橡皮、A4 白纸，只有在受访者不理解指导语或需要帮助时才介入。

所有受访者在访谈结束后完成线上问卷，但这些问卷并未计入量化研究总样本中加以分析，而是单独分析。

访谈过程被录音，共计 12490 分钟的有效访谈录音（120 个个体访谈、20 组焦点小组访谈），这里的录音时间是指被誊录的录音时间，不包含开场时对知情同意书的介绍和结束部分。所有录音都被誊录为逐字稿，共计 263.48 万字的访谈资料。此外，分析的资料还包括每一次访谈结束后由访谈者撰写的访谈手记，包括访谈印象、访谈中的感受、重要细节等。

进行质性分析时，既用到访谈的逐字稿、访谈手记，又用到图画资料。质性分析的主要方法是扎根理论、主题框架法等。扎根理论（grounded theory，GT）是自下而上的分析方法，经由系统化的资料搜集与分析，发掘、发展被暂时验证过的理论（李志刚，2007）。扎根理论强调理论的发展，而且该理论根植于搜集到的现实资料，以及资料与分析的持续互动（Strauss & Corbin，1994），主要宗旨是在经验资料的基础上建立理论（Strauss，1987）。研究者在研究开始之前一般没有理论假设，而是直接从实际观察入手，从原始资料中归纳和概括经验，然后上升为系统的理论。采用主题框架法（thematic framework）分析访谈资料，要先熟悉资料，反复阅读所有访谈资料，全面认识所有资料的特点，并在此过程中记录脑海中浮现出的主题和概念。明确主题以后，按照确定的分析主题标记、归类和分析文本资料，进一步分类及汇总主题，形成总主题和相应的分主题，从而使主题框架更精练、有序。

根据伦理要求，没有收集受访者的姓名等个人信息。所有受访者的命名均使用格式统一的编号，编号格式为"I"（个体访谈）或"G"（焦点小组讨论）+ "_" + "城市首字母拼写" + "该分类下的序号"，例如"I_SH01"表示"上海个体访谈受访者中的第 1 位"。

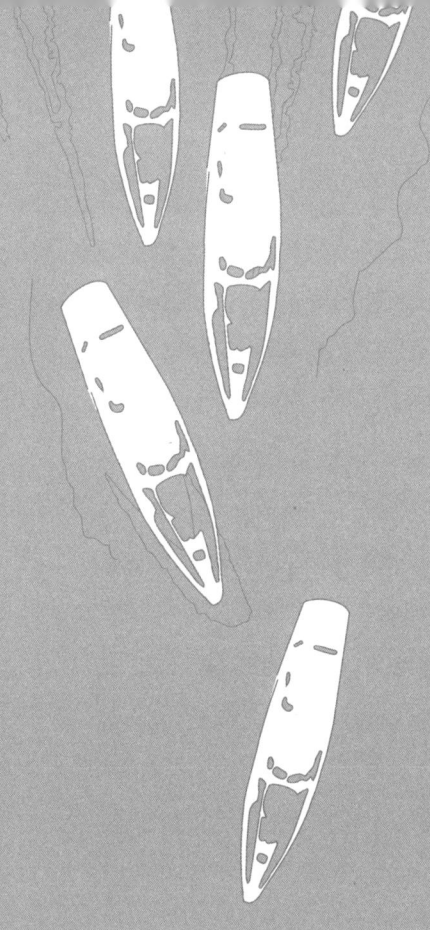

第 3 章

研究谁?
预备研究结果与正式测试对象

预备研究

预备测试抽样信息核查

预备测试有以下三方面目标：一是确认能够按研究的抽样设计获得数据，包括能够获取"LGBT+"群体的数据；二是检验问卷的信度和效度，提出具体的修改建议；三是测试问卷题目的表面效度和量表之间的逻辑性，形成更符合逻辑的正式问卷。

预备测试共抽选 206 名参与者，其中"LGBT+"群体 6 人。由于有 1 名参与者（非"LGBT+"群体）在两道测谎题上均得 5 分，故将其删除，共得到有效数据 205 份。

与抽样设计比照，发现参与者在年龄、性别、居住地、性取向等重要人口统计学变量上与设计吻合。这表明，依据抽样设计能够抽到符合研究要求的参与者，包括"LGBT+"群体。

检查 205 名参与者的详细信息。参与者囊括 7 个民族，其中汉族 197 人、回族 3 人、藏族 1 人、朝鲜族 1 人、蒙古族 1 人、维吾尔族 1 人、壮族 1 人，基本符合民族人口的分布。在职业分布方面，包括党政机关/事业单位职工（6 人）、企业单位职工（103 人）、服务行业人员（42 人）、个体户/自由职业者（41 人）、学生（5 人）、全职料理家务者（4 人）、农民（1 人），其余 3 人分别为医生、工人和厨师。缺少军人、退休人员、无业人员的样本。在正式测试时，取样上增加了对职业分布的考虑。

根据参与者的自我报告，205 份有效数据显示，197 人有收入，年收入最少为 2 万元,最多为 25 万元,平均年收入为 8.11±3.84 万元。没有收入的 8 人中,每月可支配财产最少为 1 千元,最多为 3 千元,平均月可支配财产为 1.86±0.69 千元。在对自己的经济水平相较所在区域的平均收入水平的判断中,没有人选择"远高于平均水平"这一选项。在用主观社会阶层的梯子为自己的社会地位打分中,没有人选择"1"选项和"10"选项,平均打分为 5.36±1.37 分。这些与预期基本一致。

量表信度和效度的检验

使用克伦巴赫 α 系数作为信度指标,将验证性因素分析的结果作为结构效度指标(Hafiz & Shaari,2013),对预备测试的数据进行信度和效度分析。使用 SPSS 23.0 计算数据。根据农纳利和贝尔施泰因(Nunnally & Berstein,1994)的建议,克伦巴赫 α 系数在 0.70 以上是可以接受的,而对于新量表,克伦巴赫 α 系数在 0.60 以上是可以接受的。

对部分量表的内在一致性信度进行检验。其中,《主观幸福感量表》《生活满意度量表》《亲密关系满意度量表》《自尊量表》《社会支持量表》和《婚姻调适量表》的克伦巴赫 α 系数(表示内在一致性信度)分别为 0.95、0.89、0.94、0.69、0.99 和 0.91(《婚姻调适量表》的内在一致性信度为 0.91,其中不平行的题目的内在一致性信度为 0.90,平行对称的题目的内在一致性信度为 0.80)。这些量表的信度均在可接受的范围内。

《爱情态度短版量表》共有"浪漫激情型爱情""现实型爱情""奉

献型爱情""友谊型爱情""占有型爱情"和"游戏型爱情"六个分量表，它们的克伦巴赫 α 系数分别为 0.72、0.54、0.74、0.32、0.54 和 0.41，"友谊型爱情""占有型爱情""游戏型爱情"和"现实型爱情"四个分量表的内在一致性信度不高，其中"友谊型爱情"和"游戏型爱情"分量表的克伦巴赫 α 系数低于 0.50。经研究团队与专家讨论，认为分量表信度不高主要有以下两点原因：一是参与者的数量太少，在六种类型上分布不均匀；二是有些题目的语义不够清楚，需要修订。

《亲密关系经历量表》由"依恋焦虑分量表"和"依恋回避分量表"构成，对两个分量表进行内在一致性信度检验，它们的克伦巴赫 α 系数分别为 0.91 和 0.93，均高于 0.90，内在一致性信度良好。

问卷修改建议

根据预备测验的结果，在问卷的题目内容上主要进行以下修改：

- 在"LGBT+ 群体"的性别、性取向上增加了新的题目；
- 在"LGBT+"群体恋爱对象性取向的流动性上增加了新的题目；
- 对信度不高的题目逐一排查，确认是翻译问题还是语义含糊，根据具体原因加以修改；
- 一些题目之前设有"其他"选项，根据已有答案进行选项增补，然后删去"其他"选项；
- 在收入和可支配财产部分增加提示，确保参与者不会填写错误。

在抽样上主要有以下修改：

- 在城市的分布上应该更加均匀；
- 样本应尽可能覆盖事业单位职工、军人、无业人员，避免企业单位职工的样本过多（不应超过 50%）；
- 在问卷中增加城镇户口/农村户口选项，确保抽样抽到的是城市人口。

从数据来看，预备测试达成了预定目标。

问卷校准结果

在正式问卷施测前，根据预备测试的结果对《爱情态度短版量表》和《亲密关系经历量表》的中文版本进行校准，校准后再正式施测，收集数据。使用克伦巴赫 α 系数作为信度指标，将验证性因素分析的结果作为结构效度的指标（Hafiz & Shaari, 2013）。现在就预备测试和正式测试中收集的所有数据进行信效度对比和分析。

可以看到，经过校准，本次正式问卷中《爱情态度短版量表》的 6 个分量表的内在一致性信度有所提升，它们的克伦巴赫 α 系数分别为："浪漫激情型爱情"为 0.78，"友谊型爱情"为 0.72，"占有型爱情"为 0.69，"游戏型爱情"为 0.75，"奉献型爱情"为 0.81，"现实型爱情"为 0.61。

随后，使用验证性因素分析确定量表的结构效度（Hafiz & Shaari, 2013），使用 Mplus 6 软件，参照胡和本特勒（Hu & Bentler, 1999）的参数判断建议。由于参与者数量较多，因此观察 RMSEA、CFI 和 SRMR 的值而非卡方值或 p 值，RMSEA 值小于 0.05，CFI 值大于

0.95，或 SRMR 值小于 0.05 时，可不拒绝虚无假设。

按照分类，将6个维度作为6因素建模。结果 RMSEA 值为 0.048，90% 的置信区间为 [0.047，0.050]，比 0.05 小；CFI 值为 0.923，比 0.95 小；SRMR 值为 0.045，比 0.05 小，总体上拟合《爱情态度短版量表》的理论模型，可以接受修订版正式问卷在中国青年群体中的应用。

经过校准，本次正式问卷中《亲密关系经历量表》的"依恋焦虑分量表"和"依恋回避分量表"的内在一致性信度较高且较稳定，它们的克伦巴赫 α 系数分别为 0.92 和 0.93，具有显著正相关（$r=0.47$，$p<0.001$）。

正式测试中参与者的基本信息

共收到全部完成的问卷 5513 份，其中有效问卷 5089 份，删除的问卷占所有收集到的问卷的 7.7%。本研究使用 SPSS23.0、Mplus 6 和 R 语言进行数据分析。

填写问卷的 5089 名参与者的平均年龄为 29.09±5.39 岁，其中 20—24 岁有 1457 人（28.6%），25—29 岁有 1214 人（23.9%），30—34 岁有 1111 人（21.8%），35—39 岁有 1307 人（25.7%）。在受教育水平上，高中、中专和技校学历有 3100 人（60.9%），大学专科学历有 1120 人（22.0%），大学本科及以上学历有 869 人（17.1%）。从婚姻状况来看，未婚者有 1213 人（23.8%），其中同居者 181 人（占未婚者人数的 14.9%），初婚者 3469 人（68.2%），再婚者 43 人（0.8%），所有已婚群体中有分居但未离婚者 19 人，此外还有离婚者 303 人（6.0%）

和丧偶者 42 人（0.8%）。2454 人（48.2%）有自己的孩子，占有过婚姻关系的人群的 63.0%。

对参与者的居住城市进行区域和层级统计，平均居住年限为 21.33±10.71 年。根据参与者的户口所在地和现居住地，计算出人口流动的比率约为 11.6%。参与者在民族分布上以汉族为主，有 4912 人，占比 96.5%；宗教上以无宗教信仰为主，有 4324 人，占比 85.0%；政治面貌以群众为主，有 4379 人，占比 86.0%；职业以企业单位、服务业和个体户为主，有 4520 人，占比 88.8%。

在收入方面，有收入的群体平均年收入为 7.93±5.04 万元（见图 3-1）；尚未有收入的群体平均每月可支配财产为 1.64±0.68 千元。除了客观的收入以外，还询问了参与者对个人收入水平的主观评价（见图 3-2）和对个人社会阶层的评价（见图 3-3）。数字越大，代表主观上认为社会阶层越高。

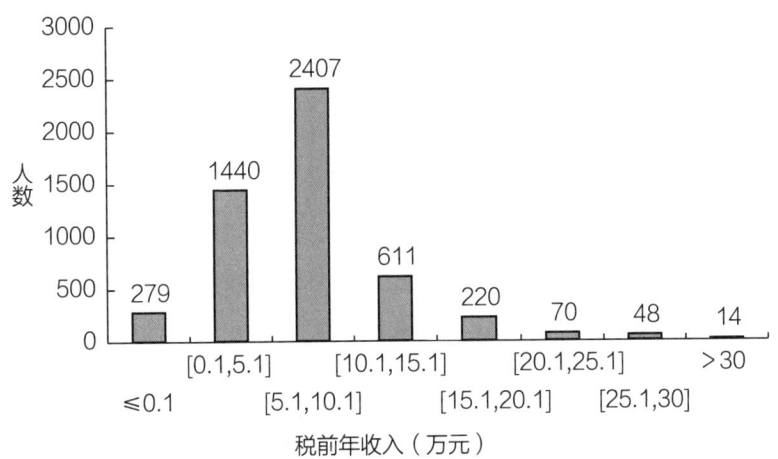

图 3-1 问卷调查中有收入参与者的税前年收入情况

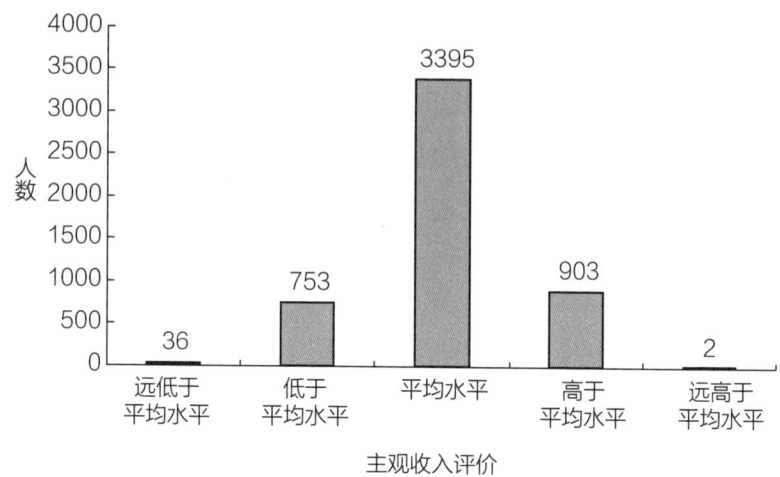

图 3-2　问卷调查中所有参与者的主观收入评价

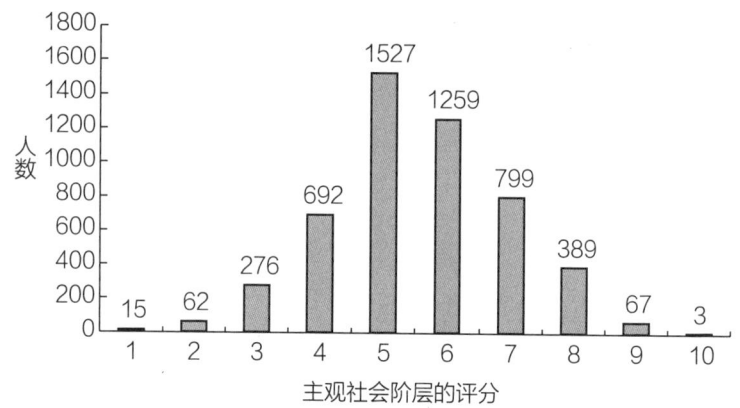

图 3-3　问卷调查中所有参与者对主观社会阶层的评分

关于参与者的更多信息，将在第 4 章、第 5 章讲到相关主题时详细展开。总体而言，这些参与者是中国城市里有代表性的群体。

第4章

性和爱情观念与行为

第一部分：异性恋群体

性行为与性观念

性行为

在填写问卷的 5089 人中，出生性别为男性的有 2627 人（51.6%），出生性别为女性的有 2457 人（48.3%），出生性别为间性的有 3 人（0.06%）。在填写问卷的人中，出生性别为男性的人中有 2 人的性别认同为女性，出生性别为女性的人中有 7 人的性别认同为男性，出生性别为间性的 3 人性别认同均为男性，故共有 2635 人认为自己是男性，2452 人认为自己是女性，以下分析中的性别只指性别认同。在性取向、性行为和性吸引的询问上参照巴吉特（Badgett，2009）的建议。

在自我报告的性取向上，4953 人报告自己是异性恋，106 人报告自己是同性恋，23 人报告自己是双性恋，7 人报告自己是泛性恋。但考察参与者在过去 12 个月内的性行为时发现，一些报告为异性恋的人保持着稳定的同性性关系。

在所有性别认同为男性的人群中，有 77 人（2.9%）只和同性发生性关系，其中报告自己为异性恋者的男性为 32 人（41.6%）；有 2157 人只和异性发生性关系（81.9%），其中认为自己为同性恋者的有 1 人，其余认为自己是异性恋者；有 35 人（1.3%）与同性和异性都发生性关系，其中报告自己为异性恋者的男性有 12 人（34.3%），报告自己为同性恋者的男性有 10 人（28.6%），报告自己为双性恋者的男性有 10 人（28.6%），报告自己为泛性恋者的有 3 人（8.6%）；

第4章 性和爱情观念与行为

有 350 人（13.2%）报告没有性行为，其中报告自己为异性恋者的男性有 320 人（91.4%），报告自己为同性恋者的男性有 27 人（7.7%），报告自己为双性恋者的男性有 1 人（0.3%），报告自己为泛性恋者的有 2 人（0.6%）。

在所有性别认同为女性的人群中，有 54 人（2.2%）只和同性发生性关系，其中 41 人（75.9%）报告自己是异性恋者，12 人（22.2%）报告自己是同性恋者，1 人（1.9%）报告自己是双性恋者；有 2080 人（84.8%）只和异性发生性关系，其中认为自己是同性恋者的有 1 人，认为自己是双性恋者的有 4 人，其余认为自己是异性恋者；有 34 人（1.4%）与同性和异性都发生性关系，报告自己为异性恋者的女性有 21 人（61.8%），报告自己为同性恋者的女性有 6 人（17.6%），报告自己为双性恋者的女性有 5 人（14.7%），报告自己为泛性恋者的有 2 人（5.9%）；有 284 人（11.6%）报告没有性行为，其中报告自己为异性恋者的女性有 278 人（97.9%），报告自己为同性恋者的女性有 4 人（1.4%），报告自己为双性恋者的女性有 2 人（0.7%）。

考察参与者的性吸引（见表 4-1），可以看到绝大多数人只被异性吸引，占 73% 以上，但引人注意的是，有近 20% 的人不仅仅被异性吸引。

表 4-1 男性和女性的性吸引情况

	只被同性吸引	大多数时候被同性吸引	两性的吸引力相同	大多数时候被异性吸引	只被异性吸引	不太确定
男性	78（3.0%）	28（1.1%）	56（2.1%）	296（11.2%）	2165（82.1%）	14（0.5%）
女性	47（1.9%）	30（1.2%）	116（4.7%）	409（16.7%）	1811（73.9%）	39（1.6%）

调查参与者过去一年的性行为，有4455人（87.5%）在过去一年里有过性行为，其中4135人有且仅有1位性伴侣，占92.8%；301人在过去一年内有2—3个性伴侣，占6.8%；其余人有3个及以上性伴侣。过去一年里性行为的频率为：一周一次的有1007人（22.6%），一周两次的有1511人（33.9%），一周三次及以上的有636人（14.3%），两周一次的有608人（13.6%），一个月一次的有311人（7.0%），少于或等于两个月一次的有382人（8.6%）。

在研究过程中，研究者意识到异性恋霸权（heterosexism）对研究过程的系统影响。从以上数据来看，非异性恋者还不能完全代表"LGBT+"群体，但考虑到群体的异质性和对性少数群体的描绘，研究者依旧使用了报告自己为非顺性别者或异性恋者的群体的数据来呈现"LGBT+"群体的数据。本章接下来的部分只涉及报告自己为顺性别异性恋者的4949人。非顺性别或异性恋群体的调查结果将在第5章集中展现。

性观念

在性行为的满意度上，816人（16.5%）对自己的性行为非常满意，2805人（56.7%）比较满意，363人（7.3%）人比较不满意，88人（1.8%）人非常不满意，877人（17.7%）表示无所谓。

在所有采取避孕措施的人群中，2851人（65.5%）使用安全套避孕，也有一些人选择风险更大、干预更少的其他方法，如1008人（23.2%）选择体外射精的方式避孕，939人（21.6%）选择安全期避孕，883人（20.3%）使用避孕药，279人（6.4%）使用节育环，258人（5.9%）不总是采取避孕措施。

以下性观念的调查（见表4-2）使用的量表为5级量表，分数越高表示越赞同该观点。1—5的各选项分别对应"总是不对的""大多数情况下是不对的""说不上对与不对""大多数情况下是对的"和"总是对的"。

表4-2 性观念的描述统计（$M \pm SD$）

项 目	总 体	男 性	女 性
婚前性行为	3.07 ± 0.94	3.13 ± 0.96	3.00 ± 0.91
婚外性行为	1.49 ± 0.81	1.55 ± 0.82	1.44 ± 0.79
同性间的性行为	2.09 ± 1.04	1.99 ± 1.03	2.20 ± 1.05
不带爱情成分的性关系	1.87 ± 0.89	1.94 ± 0.89	1.79 ± 0.88
同时和多名对象有性关系	1.36 ± 0.72	1.42 ± 0.75	1.31 ± 0.68

注：M指平均数，SD指一个标准差，$M \pm SD$指平均数加减一个标准差的范围。后同。

以下爱情观念的调查（见表4-3）使用的量表为5级量表，分数越高表示越赞同该观点。1—5的各选项分别对应"完全不同意""比较不同意""无所谓同意不同意""比较同意"和"完全同意"。可以发现，人们最赞同的是恋爱或婚姻中双方应该平等，对婚姻中孩子和爱情的重要性也较认同。

表4-3 爱情观念和态度的描述统计（$M \pm SD$）

项　目	总　体	男　性	女　性
恋爱或婚姻中双方应该平等	4.34 ± 0.70	4.31 ± 0.68	4.37 ± 0.72
婚姻中生育子女是必要的	4.08 ± 0.87	4.16 ± 0.81	3.98 ± 0.93
对结婚而言，爱情是必要的	4.13 ± 0.80	4.13 ± 0.79	4.13 ± 0.81
婚姻不是爱情的坟墓	4.05 ± 0.90	4.08 ± 0.88	4.01 ± 0.92
人生是有阶段的，到了年龄就该谈恋爱、结婚	3.75 ± 1.03	3.88 ± 0.94	3.61 ± 1.10
未婚同居是个人行为，他人不应该指责	3.80 ± 0.99	3.78 ± 1.02	3.83 ± 0.97
同性恋是一种正常的现象	2.92 ± 1.15	2.79 ± 1.14	3.06 ± 1.13
同性恋是道德的，他人不应该指责	3.10 ± 1.16	3.00 ± 1.15	3.21 ± 1.16
如果发现身边的朋友是同性恋者，自己会继续和对方做朋友	3.25 ± 1.18	3.15 ± 1.14	3.36 ± 1.21
跨性别是一种正常的现象	3.02 ± 1.09	2.97 ± 1.08	3.08 ± 1.10
如果发现身边的朋友是跨性别者，自己会继续和对方做朋友	3.19 ± 1.16	3.11 ± 1.11	3.28 ± 1.19

总的来说，涉及同性恋、跨性别和色情作品的观点的内部差异比较大。可以发现，对于同时与多名对象保持性关系、不具有爱情成分的性行为、同性性行为和婚外性行为，人们的接受度都很低。对参与者而言，孩子依旧是婚姻关系中重要的一部分。经过t检验，可以发现在婚前性行为、婚外性行为、不具有爱情成分的性行为、与多名对象的性行为上，男性的接受度比女性高；在跨性别和同性恋上，女性的接受度比男性高。男性对色情作品的接受度和对到年龄就该结婚的认可度均高于女性。

第 4 章　性和爱情观念与行为

当问到生育孩子和家庭计划更偏向于是男性还是女性的责任时，总体上没有发现性别差异：无论是男性还是女性，都认为生育孩子是双方的责任（4213 人，占 85.1%）。在认为生育孩子是单方面责任的人群（700 人）中，更多人（601 人）认为这是男方的责任。

考察不同年龄段人群的爱情观念和态度是否有差异，结果发现，在 5 个项目上年龄段的主效应显著，事后检验也显著（见表 4-4）。这表明，越年轻的人群中有越多人认同在婚姻中生育子女是不必要的，婚前性行为是可以接受的，可以同时与多名对象有性关系，爱情对结婚而言是必要的，不认同人生有一个应该谈恋爱的阶段。对同性恋的态度而言，年轻一代的接纳度并没有比年长一代的接纳度更高。

表 4-4　不同年龄段参与者的爱情观念和态度主效应、事后检验均显著项目的描述统计（$M \pm SD$）

	20—24 岁	25—29 岁	30—34 岁	35—39 岁
婚姻中生育子女是必要的	3.99±0.89	4.00±0.89	4.14±0.86	4.18±0.83
婚前性行为	2.98±0.95	3.16±0.93	3.07±0.93	3.08±0.94
同时和多名对象有性关系	1.43±0.73	1.36±0.75	1.31±0.67	1.34±0.72
爱情对结婚而言是必要的	4.05±0.82	4.15±0.80	4.17±0.81	4.16±0.78
人生是有阶段的，到了年龄就应该谈恋爱、结婚	3.72±1.04	3.69±1.06	3.76±1.03	3.82±1.00

择偶标准、情感状态、情感经历和意愿

择偶标准

由于恋爱和婚姻具有不同性质,在择偶标准上研究者请参与者分别回答:在选择恋爱对象时你最看重哪 6 个方面?在选择结婚对象时你最看重哪 6 个方面?需要注意的是,为了便于分析问卷数据,所有标准和特质都经过筛选,没有涵盖所有标准,可能无法反映群体的差异。

其一,选择恋爱对象的标准。

关于选择恋爱对象时最看重的方面,研究者给出了 21 个选项,让参与者对其重要性进行排序,选择最重要的前 6 项。在顺性别异性恋群体中,恋爱对象的性格和特质是参与者看重的因素,942 名参与者(19.0%)认为这是最重要的因素,超过 40% 的参与者将其看作排名前三的因素。除此之外,健康、容貌、双方的相容与互补也是参与者选择恋爱对象时看重的因素,分别有 28.0%、29.4% 和 27.9% 的参与者将其看作排名前三的因素。在排名前十的因素中,接下来依次是年龄(19.3%)、身材(16.4%)、对方父母通情达理或好相处(14.4%)、收入和积蓄(12.9%)、办事能力(12.7%)和身高(13.3%)。①

在备受重视的性格和特质这一因素中,研究者给出了 5 个选项让参与者选择自己最看重的方面,最终排名依次是:温柔体

---

① 括号中标注的是将这个标准看作排名前三的因素的人数百分比。

贴（30.7%）、真诚踏实（27.4%）、善解人意（25.3%）、有幽默感（9.7%）和豁达忍让（7.0%）。在相容与互补方面，排名依次是：性格脾气相投（33.9%）、思想观念接近（30.8%）、生活习惯相容（18.2%）、兴趣爱好相似（10.6%）和理想志向一致（6.5%）。

其二，选择结婚对象的标准。

人们选择恋爱对象和结婚对象的标准会有差别吗？如果有，会有怎样的差别？对于结婚对象，性格和特质依旧是参与者最看重的因素，17.0%的参与者认为这是最重要的因素，37.8%的参与者将其看作排名前三的因素。在排名前十的因素中，接下来依次是双方的相容与互补（32.5%）、健康（26.5%）、对方父母通情达理或好相处（19.1%）、容貌（18.8%）、操持家务与管理家庭的能力（16.6%）、自己父母对这段关系的看法和意见（15.7%）、收入和积蓄（16.4%）、事业发展潜力（15.0%）和办事能力（13.3%）。可见，有关双方父母和家庭的考虑被放在重要位置上。

人们看重的性格和特质的变化不大，排名依次是：真诚踏实（31.5%）、温柔体贴（28.9%）、善解人意（25.0%）、豁达忍让（9.0%）和有幽默感（5.7%）。人们看重的结婚对象和自己相容与互补的点与恋爱对象相比变化也不大，更看重生活习惯的相容，较少看重兴趣的匹配，排名依次是：性格脾气相投（33.7%）、思想观念接近（30.0%）、生活习惯相容（21.9%）、理想志向一致（7.3%）和兴趣爱好相似（7.1%）。

当下的情感状态

顺性别异性恋群体中认为自己正在恋爱的有626人（男性305人，女性321人），他们对关系状态的自我感觉良好。在对关系状态的主观评价中，544 人（86.9%）认为自己的恋爱关系非常稳定或较为稳定，82 人（13.1%）认为自己的恋爱关系存在阻碍，没有人认为自己的恋爱关系趋于破裂。

在恋爱的经济开销方面，平均每月的支出为 1293±1009 元，其中男性的支出要多于女性，平均每月的支出为 1558±1061 元，女性则为 1026±879 元。

已婚群体共有 3511 人（其中男性 1789 人，女性 1722 人），结婚时长平均为 5.29±3.90 年。65.1% 的人已经有孩子，93% 的人是恋爱后结婚，平均恋爱时长为 2.41±1.54 年；47.7% 的人是同居后结婚，平均同居时长为 1.22±0.98 年。

值得注意的是，没有恋爱而直接结婚的人数在近几代逐渐回升。年龄较大的一代是因为自由恋爱尚未普及，而近几代的回升或许是因为人们承受各种外界压力，使得结婚更为仓促。与之类似，相比中间年龄层，20—24 岁和 35—39 岁人群对同居的接受度更低。从城市的层级来看，三线城市中恋爱后结婚以及同居后结婚的人数占比更高。

对已婚群体而言，他们对关系状态的自我感觉良好，也好于恋爱群体：在对关系状态的主观评价中，92.5% 的人认为婚姻关系非常稳定或较为稳定，仅有 0.3% 的人认为婚姻关系趋于破裂。

在家庭的经济开销方面，从主观评价而言，与恋爱群体类似，男性的支出多于女性，63.1% 的家庭中男性支出更多，9.1% 的家庭中女性支出更多，双方支出一样多的比例为 16.6%，说不清谁多的比例为 11.2%。家中的财产管理以女性管理（38.5%）或双方共同管理（38.8%）为主。仅 17.6% 的家庭由男性管理财产，5.2% 的家庭双方各自独立管理财产。值得注意的是，共同管理财产被人们逐渐接受,受到年轻群体的欢迎。

过去的情感经历

在过去的情感经历中,645人(13.0%)没有双向恋爱经历。值得注意的是,选择这一选项的人群包括离婚、已婚和恋爱群体,这意味着尽管人们客观上身处关系之中,但主观上并不认为自己拥有恋爱经历,这实际表明恋爱是非常具有个体性、主观性的概念与体验,与关系状态并不总是匹配。从城市层级来看,大城市尤其是二线城市的人们无双向恋爱经历的比例更低。

进一步了解目前无双向恋爱经历参与者的具体情况,可以发现,504人(78.1%)没有任何情感经历,没有暗恋经历或追求不成功,这往往是由年龄造成的,随着年龄的增长,这一比例有所下降(见图4-1)。此外,可以看到,追求不成功的比例在30—34岁这一年龄段最大,而没有任何情感经历的比例在这一年龄段最小,意味着这一年龄段的人建立长期关系的压力比较大,因而情感活动较频繁。

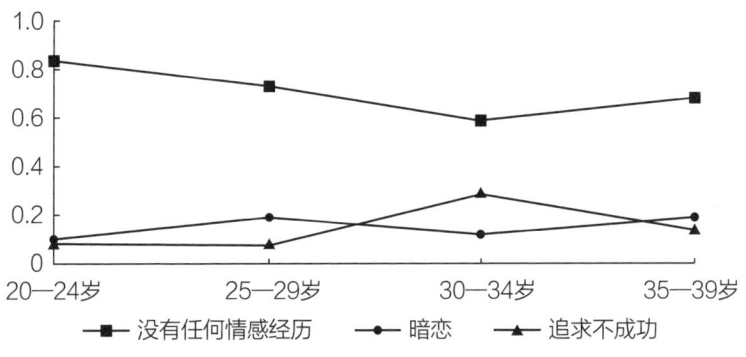

图4-1 问卷调查中无双向恋爱经历参与者的具体年龄对比

在有情感经历的4304人中,近一半参与者(2050人,47.6%)只拥有一段情感经历,772人(17.9%)有三段及以上情感经历。印象最深刻的一段情感经历的时长平均为2.63±2.50年。

对于离婚群体(共291人),我们统计了婚姻的持续时间,平均为4.09±3.16年。结婚的头两年出现了离婚的小高峰,在结婚第十年左右,也存在离婚的小高峰(见图4-2)。

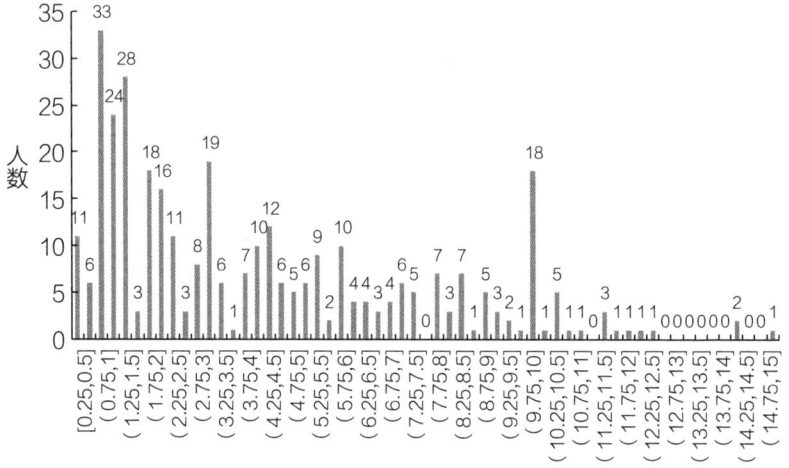

图4-2 问卷调查中离婚群体的婚姻持续时间统计

在有过分手经历的群体(共2608人)中,超过一半的人(1327人,50.9%)有修复关系的动机,其中914人采取了行动,413人表示自己不会付诸行动。另外,589人(22.6%)表示和前任保持一般朋友关系,但更多人和前任的关系很冷淡甚至很恶劣。652人(25.0%)表示和前任永远不再联系或刻意回避联系,40人(1.5%)和前任保持敌对关系。

改变的意愿

一共有 4137 人（83.6%）处于恋爱、婚姻状态中，3107 人（75.1%）希望保持当下的状态，其余人希望改变当下的状态（19.9%）或无所谓（5.0%）。此外，结婚仍是一个非常慎重的决定，在 1438 名不处于婚姻状态（包括恋爱和单身）的人中，628 人（43.2%）希望改变当下的状态，982 人（68.3%）希望结婚。

在我们调查的包括 3511 人的已婚群体中，有关结婚的决定，人们较容易受到外界的影响，近四成已婚者（1350 人，38.5%）因为来自年龄、父母、周围人以及未婚先孕的压力才选择结婚，835 人（23.8%）希望改变当下的状态或对当下的状态无所谓。相对而言，年龄较小的群体不容易感受到年龄的压力，却容易因父母的压力而选择结婚；从城市层级来看，大城市的同类群体同样会因为父母的压力而选择结婚。

爱情元素、成人依恋情况和关系满意度

爱情元素

参与者在爱情元素各维度上的分数从高到低依次为：浪漫激情爱均值 $M_{浪漫激情爱}=15.84\pm2.58$；现实爱均值 $M_{现实爱}=14.29\pm2.60$；奉献爱均值 $M_{奉献爱}=13.81\pm3.35$；友谊爱均值 $M_{友谊爱}=13.50\pm3.02$；占有爱均值 $M_{占有爱}=12.73\pm3.18$；游戏爱均值 $M_{游戏爱}=9.84\pm3.75$。可见，在中国青年人的爱情结构中，浪漫激情爱最强烈且组内差异最小；游戏爱最不明显，但组内差异最大。研究者对性别、年龄段、城

市层级、城市地域区分和受教育水平进行了多因素方差分析（只含主效应的结果），对年龄段、受教育水平、城市地域区分和城市层级等分别进行事后检验（若无特别说明，所有 3 个及以上变量的方差分析均使用 Bonferroni 方法进行矫正）。

为了检验参与者在《爱情态度短版量表》上的打分是否具有性别差异（见表 4-5），研究者使用了独立样本 t 检验，但在浪漫激情爱、友谊爱、游戏爱和奉献爱维度上方差不齐，故使用了 t′ 检验。结果发现，除了在现实爱维度上男性和女性没有差异外，在其他维度上男性的打分都显著高于女性。其中，在奉献爱维度上，男性与女性的打分差异最大；在游戏爱维度上，男性与女性的打分组内差异最大。

表 4-5　不同性别参与者在《爱情态度短版量表》各分量表上的打分情况（$M \pm SD$）

	浪漫激情爱	现实爱	奉献爱
男性	16.06±2.45	14.34±2.61	15.00±2.73
女性	15.62±2.70	14.22±2.59	12.55±3.48
	友谊爱	占有爱	游戏爱
男性	13.77±2.93	12.90±3.14	10.43±3.79
女性	13.20±3.07	12.56±3.21	9.23±3.62

研究者将所有参与者分为 4 个年龄组，每组在各个维度上的打分见表 4-6。可以发现，除了占有爱和游戏爱的打分随年龄增长有降低的趋势外，其他维度的打分相对稳定。人们的爱情类型向浪漫激情爱和现实爱维度倾斜，友谊爱维度的打分随着年龄增长有所上升。检查各个年龄组的差异后发现，25 岁以前，人们更偏好浪漫激情爱和奉献爱。

表 4-6 不同年龄组在《爱情态度短版量表》上的打分情况（$M \pm SD$）

年龄组	20—24 岁	25—29 岁	30—34 岁	35—39 岁
浪漫激情爱	15.96 ± 2.49	15.81 ± 2.53	15.84 ± 2.73	15.75 ± 2.61
友谊爱	13.46 ± 3.01	13.38 ± 3.00	13.59 ± 3.01	13.56 ± 3.04
占有爱	13.02 ± 3.13	12.76 ± 3.13	12.42 ± 3.23	12.66 ± 3.22
游戏爱	9.96 ± 3.79	9.73 ± 3.66	9.76 ± 3.79	9.88 ± 3.77
奉献爱	14.07 ± 3.25	13.49 ± 3.41	13.74 ± 3.41	13.87 ± 3.35
现实爱	14.23 ± 2.62	14.18 ± 2.57	14.27 ± 2.72	14.45 ± 2.50

6个地区和4个特大城市的参与者在各维度上的打分情况见表4-7。可以发现，北京和西南地区的参与者在友谊爱维度上打分较高。

表 4-7 不同城市的参与者在《爱情态度短版量表》上的打分情况（$M \pm SD$）

城 市	北京	广州	上海	深圳
浪漫激情爱	15.87 ± 2.48	15.76 ± 2.26	15.92 ± 2.54	15.94 ± 2.50
友谊爱	14.08 ± 2.90	13.44 ± 2.87	13.32 ± 3.10	13.83 ± 2.76
占有爱	11.99 ± 3.34	12.53 ± 3.24	12.31 ± 2.92	12.18 ± 3.11
游戏爱	9.94 ± 4.03	9.92 ± 3.56	10.02 ± 3.62	9.88 ± 3.60
奉献爱	14.08 ± 3.08	13.58 ± 3.14	13.99 ± 3.34	13.79 ± 3.24
现实爱	14.52 ± 2.56	14.13 ± 2.27	14.06 ± 2.56	14.35 ± 2.41

表 4-7（续） 不同地区的参与者在《爱情态度短版量表》上的打分情况（M±SD）

地 区	东北	华北	华东
浪漫激情爱	16.11±2.67	15.79±2.79	15.84±2.52
友谊爱	13.29±2.98	13.53±2.96	13.38±3.08
占有爱	12.56±3.12	12.69±3.27	12.79±3.24
游戏爱	9.79±3.87	9.83±3.80	9.70±3.73
奉献爱	14.20±3.15	13.57±3.54	13.59±3.49
现实爱	14.22±2.47	14.18±2.64	14.38±2.66
地 区	西北	西南	中南
浪漫激情爱	15.96±2.68	15.87±2.71	15.72±2.54
友谊爱	13.70±3.26	13.92±3.00	13.25±2.96
占有爱	12.59±3.62	12.94±3.10	13.01±3.00
游戏爱	10.10±3.95	10.10±3.76	9.74±3.69
奉献爱	14.58±3.08	14.00±3.46	13.66±3.27
现实爱	14.19±2.90	14.56±2.76	14.14±2.48

不同城市类型的参与者的打分情况见表 4-8，通过检验发现，特大城市的参与者表示自己在爱情中更少疯狂地占有，四线城市的参与者更倾向于表示自己的爱情不是一场游戏，而五线城市的参与者认为自己对爱情有更多的奉献。

表 4-8 不同城市类型的参与者在《爱情态度短版量表》上的打分情况（M±SD）

城市类型	特大城市	一线城市	二线城市
浪漫激情爱	15.87±2.44	15.84±2.49	15.84±2.61
友谊爱	13.68±2.92	13.36±2.96	13.51±2.90

续表

城市类型	特大城市	一线城市	二线城市
占有爱	12.25±3.17	12.85±3.11	12.82±2.98
游戏爱	9.94±3.71	10.20±3.56	9.56±3.62
奉献爱	13.86±3.20	13.49±3.46	13.61±3.31
现实爱	14.27±2.45	14.30±2.77	14.28±2.64
城市类型	三线城市	四线城市	五线城市
浪漫激情爱	15.74±2.68	15.87±2.63	15.94±2.58
友谊爱	13.49±2.99	13.31±3.20	13.65±3.02
占有爱	12.93±3.19	12.63±3.25	12.93±3.26
游戏爱	10.00±3.96	9.45±3.69	10.08±3.77
奉献爱	13.70±3.33	13.90±3.46	14.17±3.34
现实爱	14.12±2.58	14.36±2.58	14.45±2.67

接下来，考察婚姻状态不同的参与者在《爱情态度短版量表》各维度上的打分是否存在差异（见表4-9）。经过检验，发现离婚组在除游戏爱之外的所有维度上的打分均较低，分居未离婚组在浪漫激情爱维度上的打分较低，表现出对爱情的感受弱或不满意。在双方同居之后一直到初婚这一阶段，浪漫激情爱维度即浪漫热烈的爱情会维持在一个较高的水平。同居之后，爱情中的游戏成分减少并一直延续到婚姻（初婚）中，但在关系变差甚至离婚后，这一维度的打分回升了。丧偶组的爱情类型似乎没有受到很大影响，在浪漫激情爱、友谊爱和奉献爱等维度上处于较高的水平，在游戏爱维度上处于较低的水平。

表4-9 不同婚姻状态的参与者在《爱情态度短版量表》上的打分情况（$M \pm SD$）

	未婚非同居	未婚同居	初婚	再婚
浪漫激情爱	15.63±2.47	16.36±2.19	16.09±2.47	15.50±2.42
友谊爱	13.37±2.95	13.85±2.87	13.64±3.00	13.74±2.58
占有爱	12.91±3.07	12.67±3.39	12.74±3.15	13.69±3.35
游戏爱	10.40±3.70	9.11±3.26	9.64±3.76	11.33±3.67
奉献爱	13.82±3.14	13.73±3.54	13.89±3.36	14.07±2.61
现实爱	14.17±2.58	13.78±2.60	14.40±2.54	15.10±2.51
	分居未离婚	离婚	丧偶	
浪漫激情爱	13.68±2.58	13.54±3.18	16.22±2.61	
友谊爱	12.95±2.90	11.94±3.13	14.34±3.18	
占有爱	12.74±2.96	11.90±3.66	13.27±3.13	
游戏爱	11.79±4.61	10.38±3.79	10.39±3.73	
奉献爱	12.89±3.51	12.69±3.80	15.07±2.13	
现实爱	14.63±1.50	13.47±3.28	14.05±2.31	

考察人们的关系状态对爱情类型的影响（见表4-10），可以发现，关系状态越不稳定，人们认为的爱情中的浪漫激情爱和友谊爱成分越少，且游戏爱成分越多。在打分上表现为，关系越不稳定，浪漫激情爱和友谊爱打分降低和游戏爱打分升高的现象越明显。

表4-10 不同关系状态的参与者在《爱情态度短版量表》上的打分情况（$M \pm SD$）

关系状态	浪漫激情爱	友谊爱	占有爱
非常稳定、融洽	17.29±2.06	14.28±3.17	12.80±3.31
比较稳定、融洽	16.10±2.06	13.35±3.18	12.70±3.13
有一些困难与阻碍	14.99±2.77	12.95±3.54	12.10±3.71
有很多困难与阻碍	14.44±3.88	11.56±3.09	13.67±4.03

续表

关系状态	游戏爱	奉献爱	现实爱
非常稳定、融洽	8.93 ± 3.32	14.46 ± 3.39	14.57 ± 2.69
比较稳定、融洽	9.48 ± 3.24	13.51 ± 3.22	14.10 ± 2.67
有一些困难与阻碍	10.21 ± 3.77	11.99 ± 3.53	14.52 ± 2.84
有很多困难与阻碍	10.67 ± 4.12	13.44 ± 4.03	13.89 ± 2.89

成人依恋情况

使用《亲密关系经历量表》测量对伴侣的依恋情况，经过 t 检验可以发现，相较女性，男性更回避亲密关系；在年龄维度上，20—29 岁的参与者有更高的亲密关系焦虑（见表 4-11）。

表 4-11　不同性别 / 年龄组的参与者在《亲密关系经历量表》上的打分情况（$M \pm SD$）

	男性	女性	20—24 岁
依恋焦虑	68.76 ± 18.96	67.75 ± 18.84	71.40 ± 18.91
依恋回避	51.51 ± 17.55	50.43 ± 17.58	52.49 ± 17.49
	25—29 岁	30—34 岁	35—39 岁
依恋焦虑	68.24 ± 18.57	65.52 ± 18.93	67.21 ± 18.71
依恋回避	50.00 ± 17.34	50.45 ± 17.85	50.67 ± 17.54

随后检查不同婚姻状态的参与者在《亲密关系经历量表》上的打分差异，发现初婚者对亲密关系更少感到焦虑，经历过关系破裂（包括再婚、分居未离婚、离婚）会让人更回避亲密关系（见表 4-12）。

表4-12 不同婚姻状态的参与者在《亲密关系经历量表》上的打分情况（$M \pm SD$）

	未婚非同居	未婚同居	初婚	再婚
依恋焦虑	73.52±18.07	71.19±18.17	66.25±18.63	74.93±19.74
依恋回避	55.02±16.82	45.22±15.34	48.62±16.93	57.79±19.21
	分居未离婚	离婚	丧偶	
依恋焦虑	80.95±15.81	71.61±20.97	68.88±17.72	
依恋回避	66.53±18.27	67.14±16.15	49.71±19.33	

不同关系状态的参与者在《亲密关系经历量表》上的打分也存在显著差异（见表4-13）：关系状态越不稳定，越有困难，就越回避亲密关系，但其焦虑感并无明显差别。此外，特大城市的参与者比三线和五线城市的参与者更少焦虑。

表4-13 不同关系状态的参与者在《亲密关系经历量表》上的打分情况（$M \pm SD$）

关系状态	依恋焦虑	依恋回避
非常稳定、融洽	66.97±18.59	41.23±15.10
比较稳定、融洽	69.59±17.09	48.75±14.94
有一些困难与阻碍	73.53±22.92	55.22±15.36
有很多困难与阻碍	75.11±17.00	59.33±15.58

关系满意度

关系满意度通过《亲密关系满意度量表》测量，男性参与者的关系满意度的平均值 $M_{QRI\_M}=28.90 \pm 4.97$，女性参与者的关系满意度的平均值 $M_{QRI\_F}=28.10 \pm 5.33$，通过独立样本t检验，发现男性参与者的打分更高。此外，关系状态越不稳定，对关系的满意度就越低

（见表4-14）。分别对年龄组、城市地域、城市类型进行单因素方差分析，结果发现，主效应均不显著，收入的绝对数目也不会影响关系的满意度。

表4-14 不同关系稳定状态的参与者在《亲密关系满意度量表》上的打分情况（$M \pm SD$）

	非常稳定、融洽	比较稳定、融洽	有一些困难与阻碍	有很多困难与阻碍
关系满意度	31.10±3.30	28.67±3.75	26.55±4.25	24.33±6.02

观察不同婚姻状态下参与者对关系的满意度（见表4-15），可以发现，刚步入关系新阶段的初婚和未婚同居的参与者对关系的满意度较高；关系主动破裂（包括分居未离婚和离婚）的参与者对关系的满意度较低；丧偶的参与者对关系的满意度则与其他处在关系中的人群相似，与上文爱情元素、《亲密关系经历量表》的结果一致，说明在丧偶的情况下，对上一段关系的情感是关系的一种保持或延续。这验证了分居未离婚者和离婚者对关系的满意度最低，未婚非同居者对关系的满意度也低于初婚者和未婚同居者。

表4-15 不同婚姻状态的参与者在《亲密关系满意度量表》上的打分情况（$M \pm SD$）

	未婚非同居	未婚同居	初婚	再婚
关系满意度	28.09±4.67	29.61±3.85	29.25±4.46	28.14±3.53
	分居未离婚	离婚	丧偶	
关系满意度	21.58±6.05	20.31±7.00	29.34±5.04	

影响亲密关系的因素

自尊

使用《自尊量表》测量自尊，结果显示，不同性别人群自尊打分的差异很小。接着考察不同年龄组参与者在自尊得分上是否有差异，结果发现，随着年龄的增长，自尊得分有小幅增长（见表4-16）。

表4-16 不同年龄组在《自尊量表》上的打分情况（$M \pm SD$）

	20—24岁	25—29岁	30—34岁	35—39岁
自尊	38.07±6.28	38.62±6.27	39.03±6.07	39.12±6.09

随后，考察不同类型城市参与者在自尊评价上的差异，结果发现，特大城市的参与者的自尊评价显著高于三线、四线和五线城市的参与者（见表4-17）。

表4-17 不同类型城市的参与者在《自尊量表》上的打分情况（$M \pm SD$）

城市类型	特大城市	一线城市	二线城市
自尊	39.49±5.88	39.12±6.24	38.68±6.17
城市类型	三线城市	四线城市	五线城市
自尊	38.31±6.29	38.40±6.38	38.50±6.06

考察不同城市地域的参与者在《自尊量表》上的打分情况（见表4-18），可以发现，北京地区的参与者有更高的自尊，得分显著高于华东、西北、西南和中南地区的参与者。

表 4-18　不同地域的参与者在《自尊量表》上的打分情况（M±SD）

	北京	广州	上海	深圳	东北
自尊	40.12±5.84	39.38±5.95	39.59±5.97	38.82±5.74	39.55±6.21
	华北	华东	西北	西南	中南
自尊	38.79±6.09	38.62±6.29	38.19±5.88	38.42±6.57	38.15±6.17

考察不同婚姻状态的参与者在《自尊量表》上的打分是否有差异（见表 4-19），发现未婚同居者和初婚者有更高的自尊。

表 4-19　不同婚姻状态的参与者在《自尊量表》上的打分情况（M±SD）

	未婚非同居	未婚同居	初婚	再婚
自尊	37.31±6.65	40.05±5.61	39.21±5.99	38.31±6.39
	分居未离婚	离婚	丧偶	
自尊	34.84±5.40	36.70±6.22	37.63±6.01	

分析不同关系状态的参与者在自尊上的表现（见表 4-20），发现关系越不稳定，自尊平均分越低。

表 4-20　不同关系稳定状态的参与者在《自尊量表》上的打分情况（M±SD）

关系状态	非常稳定、融洽	比较稳定、融洽	有一些困难与阻碍	有很多困难与阻碍
自尊	41.55±5.53	39.88±5.50	37.23±5.92	35.22±6.72

主要变量之间的相关

计算各量表以及一些变量之间的皮尔逊相关（见表 4-21），可以发现，亲密关系满意度与性频率、关系状态的稳定性、自尊、友谊

表 4-21 爱情主要变量之间的皮尔逊相关

	过去1年的性频率	关系状态稳定性	自尊	亲密关系满意度	依恋焦虑	依恋回避	浪漫激情爱	友谊爱	占有爱	游戏爱	奉献爱	现实爱	年龄
过去1年的性频率	1												
关系状态稳定性	0.128***	1											
自尊	0.188***	0.250***	1										
亲密关系满意度	0.285***	0.514***	0.463***	1									
依恋焦虑	-0.143***	-0.108***	-0.464***	-0.166***	1								
依恋回避	-0.242***	-0.329***	-0.591***	-0.666***	0.469***	1							
浪漫激情爱	0.245***	0.422***	0.448***	0.716***	-0.108***	-0.542***	1						
友谊爱	0.126***	0.165***	0.132***	0.293***	0.053***	-0.131***	0.297***	1					
占有爱	-0.008	0.068***	-0.211***	0.133***	0.590***	0.123***	0.147***	0.130***	1				
游戏爱	-0.052**	-0.097**	-0.331***	-0.188***	0.419***	0.464***	-0.139***	0.054***	0.274***	1			
奉献爱	0.118***	0.250***	0.098***	0.392***	0.199***	-0.180***	0.421***	0.275***	0.348***	0.113***	1		
现实爱	0.067***	0.111***	0.119***	0.266***	0.190***	-0.093***	0.295***	0.197***	0.218***	0.121***	0.263***	1	
年龄	-0.064***	-0.029	0.072***	-0.017	-0.097***	-0.034*	-0.023	0.026	-0.049**	-0.014	-0.011	0.031*	1

注：* 代表 p<0.05，** 代表 p<0.01，*** 代表 p<0.001。

爱、奉献爱、占有爱、现实爱，尤其是与浪漫激情爱具有正相关，并与依恋回避具有显著负相关，依恋回避与浪漫激情爱具有显著负相关。所在城市的类型和主观社会阶层等因素与量表的相关较弱，不在此展示。

单身者的社会支持

对于单身者，特别询问了其感受到的社会支持。共319名单身者回答了这部分内容。

第一题是单身者有多少关系密切，能从他们那里获得支持和帮助的朋友。采用4级量表，4个选项分别为："一个也没有""1—2个""3—5个"和"6个或6个以上"。27.0%的单身者（86人）表示没有可以获得支持的朋友，大部分单身者（214人，67.1%）有1—5个可以获得支持和帮助的朋友。

第二题是近一年来的居住状态。4.7%的单身者（15人）住处经常变动，多数时间和陌生人住在一起，12.9%的单身者（41人）独处一室，36.4%的单身者（116人）和同学、朋友、同事住在一起。

第三题是邻居对自己的关心程度。16.3%的单身者（52人）表示与邻居没有太多关照和交流，26.3%的单身者（84人）表示在遇到困难时邻居会对自己稍有关心，其余大部分人表示有一些或大多数邻居会对自己有所关心。

第四题询问同事和同学对自己的关心程度。5.0%的单身者（16人）表示与同事和同学并没有互相关心，20.4%的单身者（65人）表示在遇到困难时同事和同学会对自己稍有关心，其余大部分人表示有一些或大多数同事和同学很关心自己。

接下来的一组问题有关家庭支持系统，分别询问父母、兄弟姐妹和其他亲戚对单身者的支持程度，每一项均为 4 级计分，分别为"无""极少""一般"和"全力支持"。将 4 个问题的分数相加，得到来自家庭支持系统的支持分数，理论分数分布从 4 分到 12 分不等。单身者的平均得分为 $M_{FamilySupport} = 9.23 \pm 1.80$。

接下来两道问题分别问单身者是否从"家人""亲戚""朋友""同事""工作单位""党团工会等官方或半官方组织""宗教""社会团体等非官方组织"和"其他来源（需填写）"得到过经济或情感支持。11.3% 的单身者（36 人）表示没有得到过任何来源的经济支持，12.9% 的单身者（41 人）表示没有得到过任何来源的情感支持。可以发现，家人是单身者获得经济支持的主要来源，而朋友是单身者获得情感支持的主要来源（见图 4-3）。

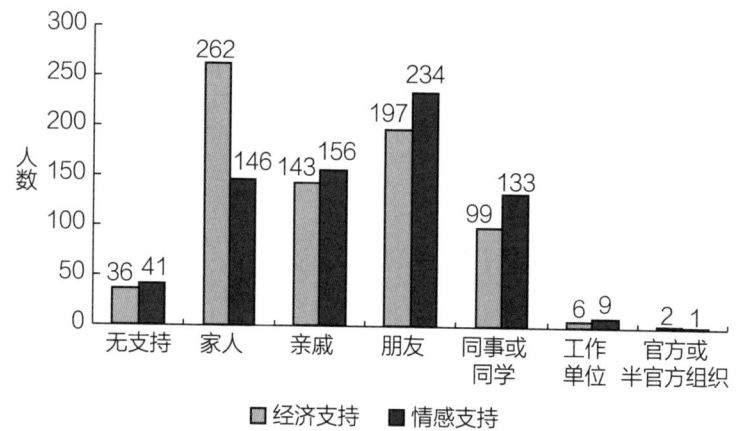

图 4-3　问卷调查中单身者获得经济支持和情感支持的来源

最后两个问题分别询问遇到烦恼时的倾诉情况和遇到烦恼时的求助情况。20.1% 的单身者（64 人）从不向任何人倾诉自己的烦恼，48.9% 的单身者（156 人）会向身边的一两个关系密切的好友倾诉自己的烦恼，22.6% 的单身者（72人）会在朋友主动询问时倾诉自己的烦恼，8.5% 的单身者（27人）会主动向他人倾诉自己的烦恼以尝试获得支持和理解。

8.8% 的单身者（28人）只靠自己解决烦恼，不接受别人的帮助，36.1% 的单身者（115人）很少请求别人的帮助，38.9% 的单身者（124人）有时会请求别人的帮助，16.3% 的单身者（52人）在遇到困难时经常向家人、朋友、组织求援。

小结

异性恋群体中的恋爱群体对关系的自我感觉良好，认为关系较为稳定、融洽，但仍有改变当下关系状态的意愿。在恋爱中的经济开销方面，无论主客观评价，都以男性承担为主。

对于已婚群体，促使他们步入婚姻的除了感情，更多的是来自外界的压力，如年龄、父母、周围人以及未婚先孕带来的压力。这样的压力使婚姻来得仓促，一些人没有经历恋爱和同居，直接结婚，这在年轻人身上尤其明显；值得注意的是，从城市的类型来看，处在中间位置的二线、三线城市压力较小，更适合人们慢慢享受恋爱以及水到渠成的婚姻。与恋爱时一致，在经济支出方面仍以男性为主，在财产管理方面则是全权交由女方管理和共同管理平分秋色，在年轻一代中，双方共同管理财产更受欢迎。

年龄更小的人群对孩子的重视程度更低，对性行为的态度更加包容，不同年龄群体对"LGBT+"群体的态度并没有太大区别。不同性别的人在性和爱情的相关观念上差异很大，男性在婚外性行为、与多人发生性行为等性行为形式上接受度更高,女性对"LGBT+"群体的接受度更高。

在爱情类型上,浪漫激情爱和奉献爱具有年龄差异,大约在30岁之后出现了浪漫激情爱的平均分下降的现象。离婚是造成爱情类型变化的因素,对丧偶者而言,其爱情没有减弱,甚至在奉献爱上有增强的趋势。年龄较小的人群在爱情上有更多焦虑和回避,这可能与关系稳定性有关。

第二部分:"LGBT+"群体

"LGBT+"群体的基本信息

在140名参与者中,男性102人,其中7人出生性别为女性,3人出生性别为间性;女性38人,其中2人出生性别为男性。83人表示自己是男同性恋者,23人表示自己是女同性恋者,23人表示自己是双性恋者(其中女性12人),7人表示自己是泛性恋者(其中女性2人),4人表示自己是跨性别者(其中女性1人)。

在恋爱关系方面,超过一半参与者(75人,53.6%)刚刚确定恋爱关系或正处于热恋中,只有7人(5.0%)没有任何恋爱或单恋等经历。在婚姻关系方面,20人已婚,12人离婚,1人丧偶;107人(76.4%)未婚,其中25人(23.4%)处于同居状态。

在年龄组上,20—24岁占33.6%(47人),25—29岁占46.4%(65人),30—34岁占17.9%(25人),35—39岁占2.1%(3人),取样存在年轻化的偏差。在受教育水平上,本科及以上学历占55.7%

(78 人），取样也存在更多高学历者的偏差。对参与者的居住城市进行区域和类型统计，平均居住年限为 20.02±8.49 年，这表明人口流动率较高。参与者以汉族人为主，占比 95.0%；以无宗教信仰者为主，占比 79.3%。

与性和爱情有关的观念

在性行为的满意度上，16 人（11.4%）对自己的性行为非常满意，40 人（28.6%）比较满意，48 人（34.3%）比较不满意，9 人（6.4%）非常不满意，27 人（19.3%）表示无所谓。可以看出，这一群体相较总体在性行为的满意度上打分较低。

该群体性观念的调查结果见表 4-22，量表为 5 级量表，分数越高表示对该观点越赞同。1 到 5 选项分别为"总是不对的""大多数情况下是不对的""说不上对与不对""大多数情况下是对的"和"总是对的"。可以看到，赞同度最高的是同性间的性行为，其次是婚前性行为，赞同度较低的是婚外性行为、同时和多名对象有性关系。

表 4-22 "LGBT+"群体部分性观念的描述性统计

	M±SD
婚前性行为	3.33±0.80
婚外性行为	2.24±1.08
同性间的性行为	3.47±0.84
不具有爱情成分的性关系	2.59±1.00
同时和多名对象有性关系	2.33±1.17

关于婚姻、情感的观念调查结果见表4-23，每题为5级评分，分数越高表示对该观点越赞同。其中赞同度最高的两个观点是：如果发现身边的朋友是同性恋者，自己会继续和对方做朋友；恋爱或婚姻中双方应该平等。赞同度最低的观点是：婚姻中生育子女是必要的。

表4-23 "LGBT+"群体有关爱情、婚姻和性关系的观念的描述性统计

题　　目	M±SD
恋爱或婚姻中双方应该平等	4.06±0.91
婚姻中生育子女是必要的	2.91±1.03
爱情对结婚而言是必要的	3.76±0.77
婚姻不是爱情的坟墓	3.85±1.00
人生是有阶段的，到了年龄就应该谈恋爱、结婚	3.63±0.90
未婚同居是个人行为，他人不应指责	3.84±0.78
同性恋是一种正常的现象	3.99±0.75
同性恋是道德的，他人不应该指责	3.81±0.80
如果发现身边的朋友是同性恋者，自己会继续和对方做朋友	4.08±0.73
跨性别是一种正常的现象	3.71±0.81
如果发现身边的朋友是跨性别者，自己会继续和对方做朋友	3.91±0.91

在与性行为和性少数群体有关的话题上，比如"同性恋是一种正常的现象"，同性恋和非顺性别参与者展现了更高的接纳度（见图4-4），可以从图4-4三个群体的数据对比中看到这一点。但同时可以看到，在婚姻中生育子女、恋爱或婚姻中双方应该平等等观点上，非顺性别和非异性恋参与者的赞同度比顺性别和异性恋参与者更低。

第 4 章 性和爱情观念与行为

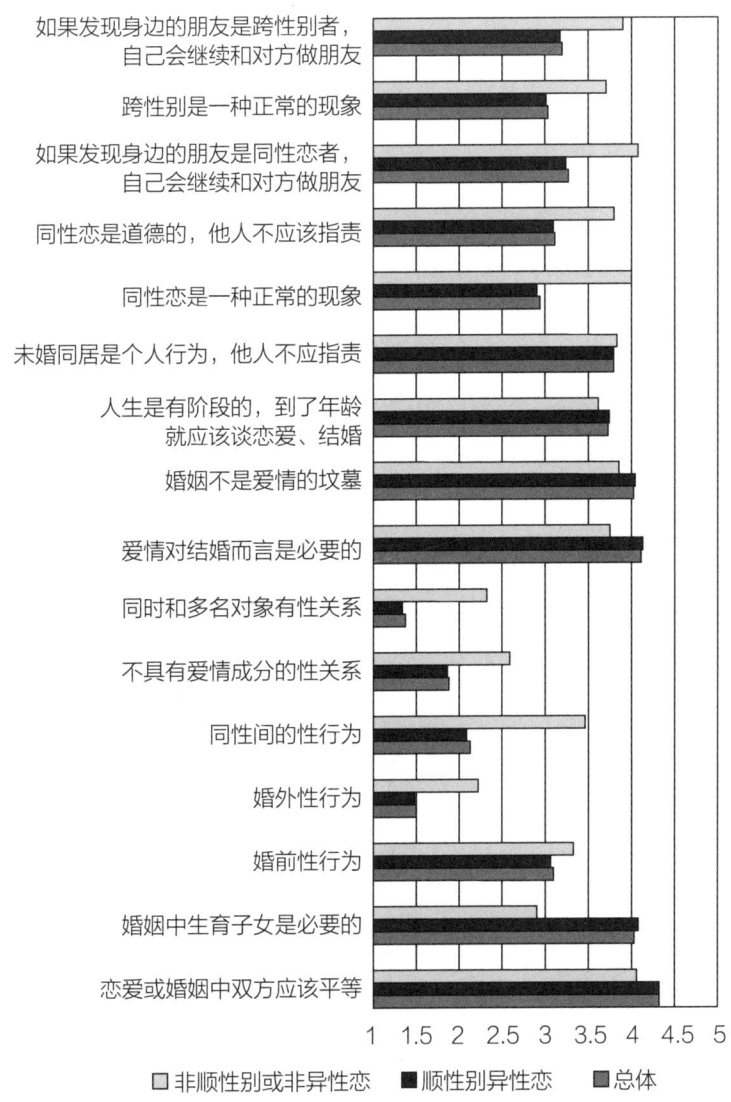

图 4-4 非顺性别或非异性恋、顺性别异性恋和全体参与者的爱情和性关系观念比较

择偶标准、情感状态、情感经历和意愿

择偶标准

其一，恋爱对象的选择标准。

在报告为非顺性别或非异性恋的群体中，恋爱对象的性格和特质是最被看重的因素，40.0%的人将其看作重要性排名前三的因素。除此之外，健康、双方的相容与互补、容貌也是在选择恋爱对象时重要的指标，分别有38.6%、24.3%和25.0%的人将这些因素看作排名前三的因素。在排名前十的因素中，接下来依次是事业发展潜力（16.4%）、年龄（16.4%）、自己父母对这段关系的看法和意见（16.4%）、对方父母通情达理或好相处（15.7%）、身材（12.9%）和操持家务与管理家庭的能力（10.0%）。

被看重的性格和特质的排名依次是：善解人意（29.0%）、温柔体贴（23.7%）、真诚踏实（22.6%）、有幽默感（10.8%）和豁达忍让（14.0%）。被看重的与对方相容与互补的方面依次是：性格脾气相投（32.4%）、思想观念接近（19.7%）、生活习惯相容（19.7%）、兴趣爱好相似（19.7%）和理想志向一致（8.5%）。

其二，结婚对象的选择标准。

对于结婚对象，对方的性格和特质依旧是人们最看重的因素，33.6%的人将其看作重要性排名前三的因素。在排名前十的因素中，接下来依次是健康（24.3%）、双方的相容与互补（24.4%）、对方父母通情达理或好相处（22.1%）、容貌（21.4%）、操持家务与管理家庭的能力（16.4%）、事业发展潜力（15.6%）、收入和积蓄（15.0%）、自己父母对这段关系的看法和意见（13.6%）和办事能力

(13.6%)。这一部分的结果与顺性别异性恋者的回答比较接近。

被看重的性格和特质的排名依次是：善解人意（31.3%）、温柔体贴（26.3%）、真诚踏实（21.3%）、有幽默感（12.5%）和豁达忍让（8.8%）。被看重的与对方相容与互补的方面的排名依次是：性格脾气相投（38.8%）、思想观念接近（26.9%）、生活习惯相容（20.9%）、理想志向一致（10.4%）和兴趣爱好相似（3.0%）。

当下的情感状态

自我报告处于恋爱中的有 78 人，其中 46 人（59.0%）表示关系非常或比较稳定、融洽，10 人（12.8%）表示关系有一些或很多阻碍，22 人（28.2%）表示关系很不顺利，甚至趋于破裂。在恋爱的经济开销方面，平均每月的支出为 1569±1242 元。

20 人处于婚姻关系中，其中 15 人（75.0%）表示自己的婚姻非常或比较稳定，其余 5 人表示自己的婚姻有一些困难与阻碍。20 个已婚者的结婚时长平均为 3.66±2.65 年，其中 12 人已经有孩子，而且都仅有一个孩子。

以上 98 人中有 95 人回答了自己关系对象的性别，其中 72 人的关系对象的性别为同性，23 人的关系对象的性别为异性。

过去的情感经历

有 29 人（20.7%）没有双向恋爱经历。对于有情感经历的参与者，54.1% 的人只拥有 1 段情感经历，拥有 3 段及以上情感经历的人只占 14.4%。统计了最长的一段情感经历的时长，平均为 2.07±1.40 年，印象最深刻的一段情感经历的时长平均为 1.81±1.31 年。

在有过分手经历的 67 人中，5 人（7.5%）会采取行动修复关系，15 人（22.4%）渴望修复关系但不会采取行动。37.3% 的人会选择与前任保持一般朋友关系，31.3% 的人会选择与前任保持敌对关系，或者希望与前任永远不再联系和见面。

改变的意愿

在 140 人中，44 人（31.4%）希望保持当下的状态，其余人希望改变当下的状态（49.3%）或无所谓（19.3%），可见大部分人对自己当下的状态并不满意。64.3% 的人希望开始恋爱关系，28.6% 的人觉得是否恋爱无所谓。55 人（45.8%）希望结婚（没有调查希望结婚的对象的性别），21 人（17.5%）觉得是否结婚无所谓。

对于非顺性别或非异性恋的已婚群体，结婚的决定也很容易受到外界的影响，57.6% 的人会因为来自年龄、父母、周围人的压力而选择结婚。

爱情元素、依恋状况和关系满意度

在自我报告为非顺性别或非异性恋的群体中，对于 133 名有过恋爱经历（包括暗恋等）的参与者，我们收集了他们在《爱情态度短版量表》《亲密关系经历量表》《关系满意度量表》和《自尊量表》上的回答来呈现爱情元素、依恋状况、关系满意度和自尊评分的情况（见表 4-24、表 4-25）。其中，男性 97 人，女性 36 人；20—24 岁有 45 人，25—29 岁有 62 人，30—34 岁有 24 人，35—39 岁有 2 人。研究者将后两个年龄组并为 30—39 岁组。

可以发现，人们在浪漫激情爱上打分较低，在游戏爱上打分较高；在依恋关系的焦虑和回避上打分均较高，提示对依恋关系没有安全感；关系满意度和自尊水平也很低。需要注意的是，在《爱情态度短版量表》《关系满意度量表》和《自尊量表》上依旧存在男性打分更高的情况，而这一部分的参与者以男性居多（72.9%）。

第4章 性和爱情观念与行为

表 4-24 "LGBT+"群体不同性别参与者在主要变量上的描述性统计（$M \pm SD$）

	总体	男性	女性
浪漫激情爱	15.13±3.03	15.31±2.93	14.63±3.27
友谊爱	13.40±2.86	13.51±2.78	13.11±3.09
占有爱	12.28±3.58	12.29±3.68	12.24±3.36
游戏爱	11.84±3.36	11.87±3.42	11.74±3.23
奉献爱	13.98±2.90	14.24±2.78	13.29±3.15
现实爱	14.09±2.55	14.32±2.50	13.45±2.62
依恋焦虑	71.89±20.45	71.51±20.69	72.89±20.03
依恋回避	58.29±16.97	58.10±16.92	58.79±17.32
关系满意度	25.95±5.78	26.22±5.71	25.22±6.00
自尊	36.79±7.14	37.76±6.59	34.16±7.94

表 4-25 "LGBT+"不同年龄群体在主要变量上的描述性统计（$M \pm SD$）

	20—24岁	25—29岁	30—39岁
浪漫激情爱	16.36±2.52	15.11±2.82	13.11±3.25
友谊爱	14.38±2.39	13.15±2.96	12.32±2.93
占有爱	12.38±3.81	11.92±3.80	12.93±2.54
游戏爱	10.85±3.58	12.14±3.12	12.79±3.21
奉献爱	14.83±2.61	13.74±2.84	13.11±3.25
现实爱	14.62±2.59	13.85±2.50	13.75±2.56
依恋焦虑	72.02±21.30	70.75±21.77	74.29±15.75
依恋回避	54.77±15.56	57.65±17.50	65.68±16.26
关系满意度	27.64±4.85	26.16±5.90	22.50±5.71
自尊	38.68±6.39	36.48±7.73	34.32±6.18

可以发现，30—39岁年龄组在浪漫激情爱、友谊爱和奉献爱维度上打分低，而在游戏爱维度上打分高。浪漫激情爱会在30岁之后占比减小，这部分30—39岁年龄组的参与者具有特殊性。对于亲密关系，30—39岁年龄组的参与者有更高的回避倾向，且对关系的满意度更低。

影响亲密关系的因素

自尊

年龄越大的人自尊平均值越低，这一点与顺性别和异性恋人群的趋势相反。检验发现，30—39岁年龄组的自尊水平显著更低（见图4-5）。此外，男性的自尊显著高于女性，但在考察出生性别时没有出现这种现象。

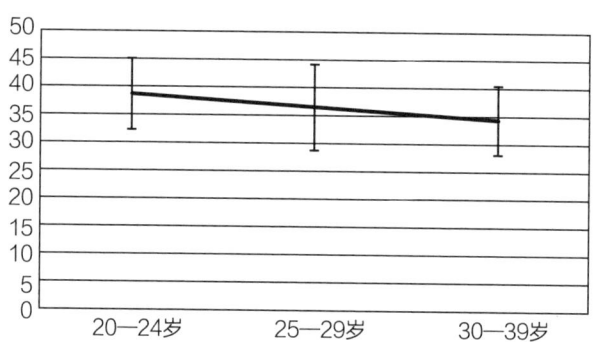

图4-5 不同年龄组的非顺性别或非异性恋参与者在《自尊量表》上的打分情况
（注：图中的误差线均标注了一个标准差）

各量表间的相关

计算主要变量之间的皮尔逊相关（见表4-26），可以发现，亲密

表 4-26 "LGBT+" 群体在主要变量上的皮尔逊相关

	过去1年的性频率	关系状态稳定性	自尊	亲密关系满意度	依恋焦虑	依恋回避	浪漫激情爱	友谊爱	占有爱	游戏爱	奉献爱	现实爱	年龄
过去1年的性频率	1												
关系状态稳定性	0.230	1											
自尊	0.068	0.565***	1										
亲密关系满意度	0.141	0.619***	0.589***	1									
依恋焦虑	-0.120	-0.344***	-0.399***	-0.050	1								
依恋回避	-0.166	-0.583***	-0.632***	-0.663***	0.465***	1							
浪漫激情爱	0.148	0.681***	0.584**	0.822***	-0.026	-0.557***	1						
友谊爱	0.123	0.377***	0.288**	0.488**	-0.049	-0.326***	0.412***	1					
占有爱	-0.053	-0.242**	-0.225**	-0.009	0.816***	0.367***	0.034	0.015	1				
游戏爱	0.027	-0.021	-0.087	-0.004	0.471***	0.314***	0.064	0.056	0.483***	1			
奉献爱	0.031	0.418***	0.338***	0.571***	0.162	-0.300***	0.591***	0.323***	0.228**	0.183*	1		
现实爱	0.017	0.455***	0.548***	0.595***	0.102	-0.348***	0.639***	0.290***	0.147	0.261**	0.557***	1	
年龄	-0.054	-0.271**	-0.241**	-0.376***	0.011	0.225**	-0.411***	-0.255**	0.067	0.185*	-0.223**	-0.165	1

注：* 代表 $p<0.05$，** 代表 $p<0.01$，*** 代表 $p<0.001$。

关系满意度与自尊、关系状态稳定性、浪漫激情爱、友谊爱和现实爱具有正相关，并与依恋回避具有负相关。

小结

这一部分主要展现 140 名自我报告为非顺性别或非异性恋群体的答卷信息。需要说明的是，由于本研究不是专门为"LGBT+"群体设计的，因此，问卷中一些与婚姻有关的题目并不完全适用，或不够细致。此外，自我报告为非顺性别或非异性恋的参与者出现了抽样偏差，他们有更高的学历、收入水平，其中将近八成生活在特大城市和一、二线城市。抽样偏差主要与这些人群的易得性有关，也可能与城市的开放和包容程度有关。

他们的亲密关系存在更多困难与阻碍，相对而言情感之路不是很顺利。他们的焦虑和回避程度较高，在爱情的许多维度上打分较低，但游戏爱的比例较高。他们的自尊水平也较低，尤其是这一群体中的女性。

对这部分群体而言，同性婚姻没有法律保障，社会环境的压力让他们中的许多人最终选择与异性结婚。结婚与否不会明显影响"LGBT+"群体的爱情类型和对亲密关系的回避和焦虑，发挥更重要作用的因素是关系状态是否稳定。有时候，他们与异性的婚姻看起来并没有太大差别，关系稳定，相处融洽，夫妻双方共同管理财产，但离婚者的焦虑和回避程度明显更高，自尊明显更低，提示掩饰的延发后果。

需要注意的是，在自我报告为异性恋者的人群中，存在被同性吸引，与同性发生性行为的群体。由于篇幅有限，此处没有分析这一现象。

第 5 章

归船弄长笛,心与白鸥盟:
已婚者

已婚群体与相关研究现状

婚姻是以男女两性结合的夫妻关系为内容，以永久共同生活为目的，并为一定社会所承认的社会关系（蔡晓红，2007）。基于婚姻构建起来的家庭是社会的基本单元，因此，婚姻的稳定性和满意度很大程度上决定了家庭结构的稳定。在中国，在 20—39 岁的青年群体中，已婚者约占 70%，是当之无愧的最大群体，社会学家和心理学家因而一直十分重视对已婚者的研究。

然而，对已婚群体的研究常常难以入手。其一是由于已婚群体和婚姻关系的复杂性。已婚群体的人数如此之多，已经注定了其总体情况之复杂——不同地域、城市或农村、是否有孩子、孩子的状况、结婚的原因、成婚的仪式、婚姻的质量等都存在着差异。婚姻关系横跨的时间长，涉及的变量多，使得研究犹如乱麻理线，难以在全面性和深入性之间取得平衡。其二则是由于研究角度的多样性。纵观当下与已婚群体有关的研究，许多研究者（如：李然，2013；马荟，2013；李慧波，2012；主超文，2017）试图描述婚姻关系，研究民间婚姻风俗、婚姻关系现状和变迁、婚姻法的影响与改变、不同时代婚姻家庭的文化和婚姻观等。也有研究者试图解释婚姻关系，研究亲密关系和婚姻中的冲突、成人依恋等，从进化、性心理、跨文化等多种角度阐释婚姻（Hazan & Shaver, 1994; Hammock & Richardson, 2011; Cruz, 2017; Baumeister, Reynolds, Winegard, & Vohs, 2017; Mercado & Hibel, 2017）。

在这些纷繁复杂的研究中，很少有研究聚焦于已婚群体的爱情观念，更缺乏对已婚群体爱情心理以及行为的全面调查。在一项针对拉丁美洲的 25 对夫妻的质性研究中，研究者提出了一个关于友谊、信任和爱如何促进牢固婚姻的模型，认为友谊、信任和爱层层递进，是牢固婚姻的重要组成部分（Harris, Skogrand, & Hatch, 2008）。然而，该研究的结果缺乏推广性，和爱情观念领域普遍接受的爱情风格理论、爱情三角理论等相差较远，涉及的重要变量也较少。在传统的爱情观念领域，研究者也大多关注恋爱群体的状况，这与对已婚群体的重视程度及其在人口中所占比例并不相称。

由于婚姻关系和家庭存在密切联系，本研究在分析时运用了家庭系统理论。家庭系统理论将整个家庭看作一个有机的系统，将个体放在系统中分析，而非割裂开考量。家庭系统理论强调的一个核心概念是三角（triangle）关系。三角关系是描述三人关系系统的动力模式，比其他关系更加复杂、微妙，也更能阐述家庭系统中三人（父、母和孩子，婆、媳和丈夫，等等）的关系。三角关系中的人会试图逃避长期焦虑；若无法消除或转移焦虑，会导致焦虑在三角关系中扩散；长期处于焦虑中的三角关系会严重影响其中每个人的人际关系，只有三角关系中的某一方保持中立，不参与另外两个人的情绪联系，才能帮助三角关系回到正轨（张志学，1990）。

同时，本章研究的群体包括经历过关系破裂和正处于可能破裂的婚姻关系中的个体，关系破裂因而成为本研究的重要一环。关系破裂后的个体会遭遇情绪巨变，鲍尔比（Bowlby, 1980）提出其情绪会经历三个阶段：反抗期、绝望期和恢复期。关系破裂既可能对个体产生负面影响，如情绪—认知上的适应不良；也可能对个体产生正面影响，如使个体独立性增强、心智成熟等（Mikulincer, Florian, & Weller, 1993）。

冲突在婚姻关系中十分常见。刘泽文（2014）及其同事发现，冲突应对方式会影响关系满意度。目前，大量有关婚姻满意度的解释几乎完全集中在冲突的不可避免性，以及伴随着冲突的消极情绪上，对痛苦婚姻的治疗因而主要集中在提高夫妻双方的冲突解决和沟通技巧上（Berscheid, 2010）。需要提及的是，在应对策略方面，一种普遍的分类是将其分为问题中心策略、情绪中心策略和回避策略（Burger, 2014）。其中，问题中心策略直接关注问题，以解决当前的焦虑和冲突；情绪中心策略试图减轻伴随问题而来的情绪压力；回避策略则将引发问题或焦虑的情境排除在意识之外。个体在应对冲突时往往不止使用一种策略，而策略的有效性取决于它是否适用于当前的情境。

对已婚群体的爱情观念和行为进行全面的质性研究是非常有必要的。卡萨诺瓦（Giacomo G. Casanova）曾说："婚姻是爱情的坟墓。"事实当真如此吗？中国青年群体拥有的婚姻的真实面貌，尤其是人们真正认可的婚姻的标志、婚姻发展的阶段、婚姻中的权力和依恋模式，到底是什么样子？婚姻中的爱情，包括婚姻中爱情的产生、维系和消亡，发挥着怎样的作用？婚姻中的冲突和过去的情感经历产生了怎样的影响，跨越这些挫折又需要哪些努力？婚姻与家庭系统，尤其是与子女和父母的关系，存在着怎样的联系？婚姻与性观念和性行为的关系是怎样的，性在婚姻中有着怎样的意义？男性和女性在婚姻中的表现是否存在差异，这些差异又会产生怎样的影响？本研究试图探索这些问题，还原真实的中国婚姻的复杂图景。

研究参与者的基本信息

参与本章研究的均为已婚者，共 65 人，包括 33 名男性和 32 名女性。他们的平均年龄是 31.71 岁,最年轻的仅 22 岁,最年长的为 39 岁。在他们之中,结婚时间最短的仅 1 个月,最长的达 17 年,所有参与者的平均结婚时长为 6.05 年。此外,有 16 名参与者没有孩子,40 名参与者有 1 个孩子,9 名参与者有 2 个孩子。他们的年收入从 1 万到 40 万不等,平均为 9.68 万元,他们认为自己所处的社会经济阶层也各不相同。这些参与者来自全国各地,包括来自北京、哈密、洛阳、南充、齐齐哈尔、青岛、石家庄的各 8 名参与者,来自上海的 7 名参与者,来自广州的 1 名参与者和来自深圳的 1 名参与者。所有参与者的受教育水平、宗教信仰和政治背景各不相同。

不同参与者接受的访谈方式不同。这 65 名参与者分为两批,17 名参与个体访谈,另外 48 名参与焦点小组访谈(每个小组 6 名成员)。参与个体访谈的 17 名参与者中,有 8 名男性,9 名女性;其中有 5 名再婚者,他们都曾有过 1 次失败的婚姻经历;有 7 名参与者目前的婚姻遇到了困难。所有抽样城市都至少有 1 名参与者参与个体访谈。参与焦点小组访谈的有 25 名男性和 23 名女性,分别来自北京、哈密、洛阳、南充、齐齐哈尔、青岛、上海和石家庄。

研究结果:已婚之旅的起起伏伏 [①]

采用主题框架法分析文本资料,得出的研究结果分为 6 个部分。第一部分为"中国当代婚姻群像",描绘了当代已婚青年群体的婚姻

---

① 在第 6 章和第 11 章的研究结果与讨论中,均部分引用了访谈参与者的原话(录音整理稿),限于篇幅,也有部分访谈参与者的话语概括后用转述的方式在正文中出现。

状况。第二部分为"婚姻中的爱情之花",描绘了婚姻和爱情的关系。第三部分为"走过婚姻的坎坷之路",讨论了婚姻中可能遇到的挫折以及应对挫折的方法。第四部分为"婚姻的'1+1>2'定理",分享了家庭对婚姻和爱情的影响。第五部分为"性观念与性行为",讨论了当代已婚青年群体的性观念和性行为。第六部分为"婚姻中的性别差异",总体讨论了男性和女性群体在婚姻中存在的观念和行为的差异。

中国当代婚姻群像

在中国当代婚姻群像中,每一段婚姻关系就是地图中伫立的小小城邦。城邦的中心即婚姻关系的中心——夫妻,犹如城邦的王与后,是名义上的统治者。他们为城邦竖起城墙,划清与邻邦的界线;他们推动城邦的发展,带领其走向全新的阶段;他们既互相博弈,争夺城邦中的最高权力,又成为联盟,彼此支持和依赖。他们共同书写婚姻的历史,甘苦自知。

定邦:婚姻的界线

婚姻关系的确立是两性亲密关系的重要转折点。在古代中国,缔结婚姻关系的标准程序被称为"六礼",包含从议婚到完婚的 6 个重要步骤,体现了人们对婚姻的重视。到了现代,虽然结婚的程序有所变化,但婚姻关系的确立仍然有着明确的征兆和步骤。

从恋爱关系到婚姻关系的过渡阶段通常被称为谈婚论嫁时期。在这一阶段,即将建立婚姻契约的准伴侣们遵循特殊的仪式,为婚姻的到来作一系列准备。表 5-1 呈现了 6 种最主要的谈婚论嫁的标志及其频数。

表 5-1　已婚者提到的谈婚论嫁的标志及其频数

主要标志	个体访谈中的频数	焦点小组访谈中的频数	总频数
双方父母见面	3	9	12
婚前同居	4	3	7
付彩礼	4	2	6
为结婚作准备	2	4	6
办订婚宴	2	3	5
伴侣与父母见面	2	3	5

注：再婚者有多次婚姻关系，计多次。

毫无疑问，双方父母见面是谈婚论嫁最重要的标志。如 G_SJZ14 所言，婚姻通常是两个家庭的友好联合，而作为双方家庭话事人的父母分坐桌旁，以长辈的身份共商这一联合的可能性，婚姻的后续程序才能继续进行。这是对婚姻的郑重态度的体现。

双方父母见面以后，把什么事情都说清楚了，比如彩礼，怎么承办婚礼啊之类的，全部都说清楚了，这时候我们的关系就确定下来了，要领证，要举办婚礼了。

——G_SJZ14

婚前同居也被称为试婚，本质是在未建立法定婚姻关系的前提下开启同居生活。I_BJ12 认为，婚前同居是"婚姻软着陆"的良好方式，因为婚前双方及家庭都只会表现出最好的一面，无法发现潜在的问题。出于传统观念，有些家庭不能接受婚前同居，旅行就成为一种替代方式。G_LY18 认为，伴侣在旅行期间的表现是婚姻决策的重要考量因素。

　　从恋爱进入婚姻，我觉得这个……试婚，我觉得算是一个准备。以前谈恋爱的时候，试婚也可以叫作同居。以前恋爱的时候，大家可能是各住各家，各找各妈，但是真正在一起生活的时候，可能会天天面对生活当中的一些复杂的小事。你能不能够面对这些事情，能否互相接受，互相认同，包括你们天天在一起，还有没有话说，会不会说，会不会说完了，这些都是要两个人朝夕相对的时候才能够默契地认识到的问题。当你真正去实验了，觉得没有问题了，然后再进入婚姻，我觉得这是一个准备。

——I_BJ12

　　然后结婚的话，是出去旅游了一次吧，回来之后就订婚了。……这毕竟是两个人在一起，然后就经历了各种各样的事情，就觉得找对人了，决定结婚。

——G_LY18

　　在谈婚论嫁这一阶段的准备结束后，准伴侣们就要迎接婚姻关系的正式到来。大部分关系的变化并没有明确的节点，但是对婚姻关系而言，它在法律上的确立节点十分明晰。结婚最重要的标志就是领取结婚证，在法律上正式承认彼此的合法伴侣身份。

　　登记当天，包括早上去的时候都还挺平静的，但真正填登记表的时候，我的眼泪哗哗哗地就下来了，就觉得人生从此步入一个新的阶段，立马和以前不一样了。

——G_QD03

　　然而，这个简单的登记仪式通常并不能满足新婚夫妻，他们还会用很多别的方式向自己和周围的亲友确认并宣告自己的婚姻。表5-2

记录了已婚者提到的 11 种常见的结婚的标志及其频数。

表 5-2 已婚者提到的结婚的标志及其频数

主要标志	个体访谈中的频数	焦点小组访谈中的频数	总频数
领结婚证	22	48	70
举办婚礼	12	13	25
告知父母	4	4	8
求婚	0	5	5
同居	1	4	5
拍婚纱照	3	0	3
买首饰	1	2	3
生孩子	0	2	2
度蜜月	2	0	2
改变称呼	1	0	1
去对方家过年	0	1	1

注：再婚者有多次婚姻关系，计多次。

毫无疑问，举办婚礼是将自己的婚姻广而告之的最好方式之一。如果说领结婚证是法律对婚姻契约的承认，婚礼就是将这份契约宣告给自己、伴侣和周围所有人。这个特殊的仪式是如此郑重，甚至被认为是伴侣态度的体现。对 I_SJZ02 这位女性来说，这场和再婚伴侣的大肆操办的婚礼，使她确认了伴侣对自己的尊重和爱护。

二婚的，按理说好像应该低调一些，但是他的意思是，不行，就得大娶！反正我们的邻居、村里人都说，包括后来听说的，人家就说，看看谁谁谁家闺女，二婚还大娶出去了。感觉就是，怎么说呀，反正对我来说，反正（他把）能给我的都给我了。

——I_SJZ02

有趣的是，对一些参与者而言，告知父母比领证或者举办婚礼更早地让他们确认婚姻关系的建立。对他们来说，将伴侣带回家是一个极为慎重的抉择，也是一种无声的宣告，而父母的认同比法律、亲友的认同更为重要。对I_QD07这位参与者而言，领证只是一个必要的程序，而告知父母才是结婚过程中最重要的步骤。

双方家长的认同，这个是我觉得比领证更重要的。领证只能是在后边，因为只有这一步确定之后，才会有领证，就是说领证只是一个程序。

——I_QD07

此外，也有参与者认为，求婚和同居就是婚姻的标志。求婚是向伴侣确认恋爱关系自此将向前推进，同居则给予新婚夫妻更多婚姻关系的真实感。对G_QQHE03而言，当他和伴侣朝夕相对，共同起居时，这份关系才真正从纸面走入彼此的生活。

两个人同居，在一起，买菜做饭，都会让我有"她是我的人了"这种感觉，就是这些。

——G_QQHE03

值得一提的是，还有参与者提到，生孩子才让他们真正意识到婚姻关系的到来。对G_BJ05而言，生产给妻子带来了许多身体和性格上的变化，让他意识到婚姻中的伴侣和恋爱中的伴侣的差异，从而真正意识到这段关系从恋爱走入婚姻。尽管这样的感受是真实的，但似乎慢了半拍，而且和伴侣之间会存在不同步的情况。

第5章 归船弄长笛，心与白鸥盟：已婚者

发展：婚姻的阶段

关系的发展往往没有明确的划分，但是婚姻关系的不同阶段有着明确的区分点。夫妻的协作能使婚姻关系发展到全新的阶段。本章研究者分析和归类了相关资料，提出婚姻关系沿时间发展的三个不同阶段，包括前婚姻阶段、婚姻关系阶段和关系破裂阶段。

前婚姻阶段是步入婚姻前的必经阶段，主要包括无关系期、恋爱关系期、谈婚论嫁期。这一阶段的具体分类和特点并不是这部分研究关注的重点，在此不赘述。

婚姻关系阶段是指受婚姻契约约束的亲密关系阶段。处于婚姻关系中的人们处于婚姻的不同时期。在婚姻关系类别的划分标准中，最浅显易懂的标准就是婚姻关系存续的时间。时间对婚姻关系的影响是不可忽视的，但是完全按照时间长度对婚姻进行阶段性划分并不合理，这一分类标准无法准确概括不同时期婚姻的特性。

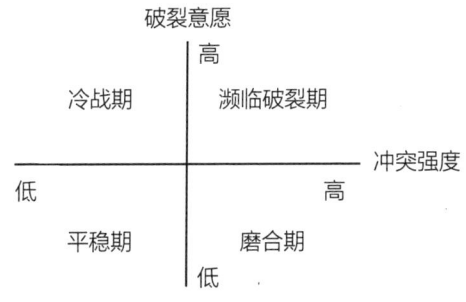

图 5-1 婚姻阶段分类

分析不同类型的婚姻关系的特点后，本研究提出了一种新的分类方式。按照冲突强度和破裂意愿两个维度划分婚姻阶段，分为磨合期（冲突强度高，破裂意愿低）、平稳期（冲突强度低，破裂意愿低）、

冷战期（冲突强度低，破裂意愿高）、濒临破裂期（冲突强度高，破裂意愿高）(见图5-1)。

表5-3 已婚者处于不同婚姻阶段的比例

婚姻阶段	男性	女性	合计
磨合期	2	1	3
平稳期	4	5	9
冷战期	0	0	0
濒临破裂期	1	3	4

注：再婚者有多次婚姻关系，计多次。

处于婚姻关系不同阶段的已婚者数量不同。判断婚姻关系所处的具体阶段需要结合很多资料，本章研究仅选取个体访谈的17名参与者进行分析，其中16名参与者处于婚姻关系阶段。由表5-3可知，就整体分布而言，处于婚姻平稳期的人数最多，其次是濒临破裂期，最后是处于磨合期的婚姻。

值得关注的是，婚姻磨合期和平稳期的男女比例并没有显著差异，但濒临破裂期的男女比例有显著差异，女性明显高于男性。这一现象的产生原因是，女性似乎对关系出现问题更敏感，而男性即使在关系已经濒临破裂时，也无法意识到问题的存在。两性对婚姻阶段和关系感知的差异有可能给婚姻带来破坏性影响，双方有可能丧失挽救婚姻的最佳时机。例如，I_LY04这位男性，他的婚姻关系已经濒临破裂，但他仍然无法理解自己的婚姻为何失败。

> 可能我人不咋样，但是我性格确实很好，但是我也不知道为什么会走到今天这一步。我也觉得很奇怪。有了孩子以后，我就觉得自己

第 5 章 归船弄长笛，心与白鸥盟：已婚者

对婚姻更有信心了，但还是没能过下去。

——I_LY04

就时间发展而言，磨合期常常出现在婚姻的早期。在这一阶段，刚刚结合的伴侣们像 I_SH07 一样，一边满怀着结合的热忱和喜悦，一边通过生活中的种种摩擦试探彼此的底线。在这种宛如博弈的你来我往之中，如果他们像 I_LY10 一样，加深了对彼此的认识，能够合理地解决冲突和维系感情，婚姻关系就能够进入平稳期；但如果他们像 I_BJ03 一样，无法解决关系中的冲突，婚姻初期的热情和快乐逐步消磨，他们的关系就会逐渐恶化甚至濒临破裂。然而，婚姻的磨合期并不是必经的阶段，如 I_GZ04，她与伴侣拥有近 7 年的感情基础，结婚前也有过 1 年多的婚前同居，所有的磨合都在婚姻契约建立前完成，所以当她一确立婚姻关系，就顺利地步入了婚姻的平稳期。

婚姻关系的最终崩坏属于婚姻的关系破裂阶段。本研究中的 5 位再婚者都经历了婚姻关系的破裂期。有趣的是，即使仍然受婚姻契约的约束，有的婚姻关系也已经名存实亡。I_LY04 与他的伴侣目前正处于长期异地分居中，双方几乎完全没有联络，也没有留存下来的情感和性关系，可以说距离离婚只差一道法律手续。这样的婚姻关系也被归类于关系破裂阶段。

博弈：婚姻中的权力

在婚姻关系中，夫妻间仍然存在着各种各样的博弈。他们承担各自匹配的分工，将家庭的内外事务合理归责；他们争夺关系中的话语权，试图成为整个家庭的核心。在本研究中，夫妻博弈争取的权力就分为上述两个部分：分工和地位。

分工包括对家庭内事务和家庭外事务的分工，地位则决定了哪一方在关系中更加强势。根据家庭分工，关系中以夫妻为主导的权力分配可以分为"男主外，女主内""男主内，女主外"和无明显内外区分；根据地位的高低，可以将其细分为男方强势、女方强势和相对平等。然而，有时家庭的权力未必落在夫妻肩上，还有可能由双方父母主导。

这一部分仅分析个体访谈参与者。表 5-4 统计了个体访谈中婚姻的权力模式，按照权力主体将其分为夫妻主导和双方父母主导，并统计了具体类别的个体访谈参与者的数量，以及其中处于濒临破裂期的参与者的数量。

表5-4 已婚者婚姻中的权力模式的类别与数量统计

权力主体	类别数量	分工	类别数量	地位	类别数量	濒临破裂
夫妻	14（88%）	男主外，女主内	10（63%）	男方强势	5（31%）	1（20%）
				女方强势	3（19%）	1（33%）
				相对平等	2（13%）	0（0%）
		男主内，女主外	2（13%）	女方强势	2（13%）	0（0%）
		无内外	2（13%）	相对平等	2（13%）	0（0%）
双方父母	2（12%）			男方父母强势	2（13%）	2（100%）

注：不同权力类别个体访谈的数据呈现为该类别参与者的个数（该类别参与者个数占总体的百分比）。濒临破裂期参与者的数据呈现为该类别濒临破裂期参与者的个数（该类别濒临破裂期参与者个数占该具体类别参与者个数的百分比）。

根据以上数据统计可以发现,"男主外,女主内"的分工模式最为普遍,这也是最广为接受的家庭分工模式,但其中又存在夫妻地位的不同。在女方强势或双方地位相对平等的情况下,决策由女方作出或由夫妻双方共同作出,男性则成为家庭的发声者。I_SJZ02 就是一个典型的例子:

我感觉在外人看来还是他主外,我主内,我管孩子。在外人看来是这样的。其实我感觉我们俩商量的更多一点吧。就是家里有点什么事,基本上都是他出面。即使是红白喜事,以及朋友、亲戚的事情,都是他出面。亲戚结婚随礼,当然写名字,从来我都写他,我不会写我自己。即使是我们家这边的亲戚,我也是写他。……家里面有点什么决定的话,基本上我们俩商量的多一些,一块算。

——I_SJZ02

在婚姻状态的分布方面,"男主外,女主内"模式中一方强势的婚姻关系都有一定的濒临破裂的风险,但相对来说风险是比较低的;地位相对平等的婚姻关系则几乎没有濒临破裂的风险。

此外,也有 25% 的婚姻关系并不遵循"男主外,女主内"的模式,而是存在"男主内,女主外"的分工,或并没有明显的内外分工。前者的婚姻关系中往往女方更强势,而后者双方地位相对平等。这样的婚姻模式虽然所占比例较低,但关系满意度似乎更高,几乎没有濒临破裂的风险。

当婚姻和家庭的权力旁落于双方父母(主要是男方父母)时,关系更容易失衡。在男方父母过分介入家庭事务时,I_BJ03 就产生强烈的不满:

这两年就觉得有的时候公婆,现在我公公也过来了,我公公退休了也过来了，就是他们有点大包大揽。家里甭管是衣食住行，还是孩子的事情，我其实说话都不太算数，我不是这个家的主人。

——I_BJ03

在本研究统计的参与者中，以父母为主导的婚姻关系濒临破裂的风险高达 100%，这应该引起足够的警示。

联盟：婚姻中的依恋

婚姻中的依恋是夫妻彼此依赖和亲近的体现，也是双方自成联盟最强有力的联系。分析资料后，首先将参与者的自我报告评分分为高（7—10）、中（4—6.9）、低（0—3.9）三个层次，统计了"依赖"和"亲近"自我报告评分的总体分布；随后比较关系中双方依赖和亲近的一致性，一致的情况包括一致性高、一致性中等和一致性低，不一致的情况包括伴侣评分更高和自己评分更高，这一统计过程删去了没有对双方都作出评分的参与者；最后统计了自我报告评分的原因及其出现的频数，按照出现的频数由高到低排列（见表5-5）。

表5-5 已婚者婚姻中的依恋情况统计

	依赖		亲近	
	自己对伴侣	伴侣对自己	自己对伴侣	伴侣对自己
高（7—10）	35（54%）	39（60%）	46（73%）	48（77%）
中等（4—6.9）	22（34%）	18（28%）	12（19%）	10（16%）
低（0—3.9）	8（12%）	8（12%）	5（8%）	4（6%）
一致性高	16（25%）		38（61%）	
一致性中等	10（15%）		7（11%）	
一致性低	2（3%）		3（5%）	
伴侣更高	22（34%）		8（13%）	

续表

	依 赖		亲 近	
	自己对伴侣	伴侣对自己	自己对伴侣	伴侣对自己
自己更高	15（23%）		6（10%）	
评分原因及其频数	照顾生活 31	情感需要 14	联络沟通 19	亲密举动 17
	提供支持 10	双方性格特点 10	家庭联结 9	陪伴时间 8
	养育子女 10	物质依赖 10	感情保鲜 6	关心生活 6
	独立意识 9	决策依赖 9	共同活动 4	父母、亲友关系 4
	陪伴时间 9	沟通联络 7	言语讨好 4	生活负担 4
	人际往来 5	家庭分工 4	独立空间 4	破裂意愿 3
	工作忙碌 4	生活习惯 4	情绪释放 3	公共场合羞涩 2
	分离焦虑 4	在意感受 3	性行为 2	意见分歧 2
	生活重叠 2	怀念过去 1	获得支持 1	婚姻期待 1
	生理需求 1	日常默契 1	家庭文化 1	被迫举动 1
	冲突程度 1	破裂意愿 1	称呼 1	上升空间 1

就整体分布而言，自己对伴侣的依赖和伴侣对自己的依赖的分布十分相似，自己对伴侣的亲近和伴侣对自己的亲近也较为相似。然而，依赖和亲近的总体分布存在区别，亲近的高评分更多。

就一致性而言，"依赖"评分一致的夫妻占43%，评分不一致的夫妻占57%，可以看出，"依赖"评分存在较大的内部不一致性，而且认为伴侣更依赖自己的人比认为自己更依赖伴侣的人多，在"依赖"评分一致的情况下则较少有一致性评分低的情况。"亲近"评分一致的占77%，评分不一致的占23%，可以看出，"亲近"评分的内部一致性较高，而且50%以上都处于一致性评分高的亲近状态。在一致性的分布上，"依赖"和"亲近"也有着较大的差异。

以上评分的差异不由得让人思考，在一段关系中，依赖和亲近的匹配度到底是怎样的？因此，研究者再次统计了关系中的依赖和亲近分数，具体统计方法如下：

删去没有对自己和伴侣的依赖和亲近都作出评价的参与者；关系的依赖分数取自己对伴侣的依赖分数和伴侣对自己的依赖分数的平均值，关系的亲近分数取自己对伴侣的亲近分数和伴侣对自己的亲近分数的平均值；按照大于或等于7为较高、小于7为较低的标准，重新将参与者划分入较高依赖较高亲近、较高依赖较低亲近、较低依赖较高亲近、较低依赖较低亲近这四个分类中，观察其分布情况（见表5-6）。

表5-6 已婚者关系中的依赖和亲近的匹配性统计

匹配类型	个体访谈类型			个体访谈	焦点小组访谈	合计
	再婚	初婚	遇到困难			
较高依赖较高亲近	2（33%）	4（67%）	0（0%）	6	24	30（47%）
较高依赖较低亲近	0	0	0	0	4	4（6%）
较低依赖较高亲近	1（33%）	1（33%）	1（33%）	3	14	17（27%）
较低依赖较低亲近	1（14%）	2（29%）	4（57%）	7	6	13（20%）

注：个体访谈类型的数据为该类型参与者人数（该类型参与者人数占个体访谈参与者人数的百分比），合计的数据为该匹配类型的参与者人数（该匹配类型的参与者人数占总体参与者人数的百分比）。遇到困难的个体中包括目前处于濒临破裂期和破裂期的参与者。

就总体分布而言，较高依赖较高亲近的伴侣最多，其次是较低依赖较高亲近和较低依赖较低亲近的伴侣，人数最少的是较高依赖较低亲近的伴侣。这一结果表明，婚姻关系中的依赖和亲近确实可能存在不一致性，依赖程度较低的夫妻仍然可能有着较高的亲近程度，亲近程度较低的夫妻则不太可能拥有较高的依赖程度。

在对个体访谈具体类型的分布进行分析后发现，在较高依赖较高亲近的伴侣中没有发现关系遇到困难的参与者，而在较低依赖较低亲近的伴侣中发现了 4 个关系遇到困难的参与者。这表明，依赖和亲近程度可以在一定程度上反映参与者的婚姻状态，更高的依赖和亲近程度反映了更良好的婚姻状态，而更低的依赖和亲近程度反映了更困难的婚姻状态。

此外，表 5-5 还列出了参与者的评分原因。

在依赖的评分原因中，被提及最多的是照顾生活。如 G_QD06 所言，洗衣、做饭、吃饭、做家务、添置物品等生活的方方面面都可能是被照顾的地方。这种照顾有时并不是单向的，如 I_GZ04 所描述的，是双向的关照和依赖。然而，对自理能力较强的人而言，这些并不会成为依赖的原因，如 G_HM09。

> 所以说我生活上基本都是靠她。做什么饭我也不操心，然后买什么衣服，搭配什么衣服，买什么包，这些生活中乱七八糟的方面，我都基本不操心，我们家对内应该说基本都是靠她。
> ——G_QD06

> 点外卖都是他点的。他挑，给我看，再去下单。外出他会在家给我定几个目标，让我选。我看完，我觉得可以，再选其中一个。……要人洗碗，都是我洗。洗完了，他说，帮我洗了，真厉害。他比较丢

三落四的，整天东西都不知道放哪里，然后就帮他找，衣服也是。出去导航，都是我帮他导航的。买东西，都是你买我就穿，你买什么，我就吃。生活上面非常依赖我。

——I_GZ04

其次是对伴侣的情感需要，尤其是那些生活较为独立的人，这种精神上的依赖是他们依赖的主要构成部分。正如 I_SZ12 这位参与者所说的，她需要的是，在她遇到困难和委屈时，伴侣能够提供情感上的抚慰。

和情感抚慰常常同时出现的是提供支持，而这同样是形成依赖的一大原因。这种支持常常是精神和情感上的支持，既包括 G_SH02 提到的给予动力和提供方法，也包括 I_SZ12 提到的鼓励与开导。

双方的性格特点也成为依赖的一个有力原因。这种依赖可能不仅仅由关系中的情感或有利性决定，还由个人的天性决定。正如 G_BJ03 这位参与者所言，性格的不同在很大程度上导致人们不同的依赖倾向性。

此外，养育子女也是依赖的一个重要方面。在 I_NC10 这样关系正处于困难时期的极端例子中，养育子女甚至成为夫妻关系中彼此依赖的唯一原因。

除了精神上的依赖以外，物质依赖同样重要。如 I_BJ12 所言，经济收入的差异导致自己对伴侣的依赖。尽管在本研究的参与者群体中，提及对伴侣的经济依赖的人很少，但对于像 G_QD04 这样的参与者，物质依赖同样成为依赖的一个重要指标，是考虑对伴侣的依赖时必须囊括的。

独立意识会影响关系中的依赖。对于像 G_BJ04 这样的已婚者，

第5章 归船弄长笛，心与白鸥盟：已婚者

完全依赖本身是不可能实现的，个体的独立性更需要被强调。

关系中的依赖还包括决策依赖。根据 I_SH07 的描述，他希望他的所有决定都能够有伴侣的参与。

陪伴时间成为依赖的一个重要考量因素。如 G_SH06 所言，漫长的时光将彼此融入对方的生活，交织在一起，已经无法习惯分离和不依赖的生活。

沟通联络也是依赖的一个重要指标。如 G_QD02 所言，更密切的沟通联络意味着更强的依赖感。体现依赖的沟通联络还包括沟通频率、坦率程度、告知义务、共同商量、分享生活中的喜和悲等，G_SJZ17 就是其中一个例子。

人际往来同样是依赖的一个指标。如 I_LY10 所言，人际关系的处理成为伴侣更依赖自己的一个判断标准。

在亲近的评分中，最为重要的原因就是沟通联络。I_SJZ02、G_BJ05、G_QD04 等多个参与者都强调了沟通联络的重要性。良好的沟通和密切的联络能够促进亲近感，缺乏沟通则会拉远双方的距离，成为夫妻关系的重要阻碍。

我这人就是心里藏不住事，有点什么事，就一定要说说，他从来不会嫌我麻烦。然后我说的时候他就听，等我不说了他就开导我。比较善于倾听。平时的时候，他跟外人话其实不多，但就是我们俩说的时候，尤其是他教育孩子的时候，他是挺能说的，鸡汤灌得挺多。

——I_SJZ02

（打分）少主要就是我俩缺少沟通，特别是在生气之后。有时候她生气，我都不知道为啥生气，就觉得她生闷气，我也不知道我错哪

儿了,还是怎么了,(笑)没招儿了,对,沟通上少,这里扣分。

——G_QD04

亲密举动是亲近感最直接的体现,频繁多样的亲密举动是良好亲近感的象征。这种亲密举动主要包括肢体上的接触,如 G_QD05 提到的牵手和 I_NC07 提到的倚靠在对方身上。

家庭联结也能够促进彼此的亲近感。这里的家庭联结主要是指,通过孩子将夫妻双方更加紧密地联系在一起。如 G_LY09 和 G_SH02 所言,孩子的出生让双方更加亲密无间,相处起来也更加自在。

陪伴时间同样是亲近感的评价指标。如 G_BJ03 所言,长时间的陪伴体现了内心亲近伴侣的愿望,而形影不离更是需要彼此都有极强的亲近感和亲近意愿。

感情保鲜是长时间保持亲近的重要原因。在 I_QD07 的描述中,以深厚感情作为基础的亲近能够持续多年,营造出夫妻之间良好的相处氛围。

关心生活也是亲近感的体现。G_QD01 描述了日常生活中自己关心伴侣的细节,将其作为自己对伴侣亲近感的标志。

共同活动同样可以反映亲近感。G_SJZ13 与伴侣除了形影不离的陪伴外,还有共同的朋友圈,因此有着共同的社交活动,反映了彼此之间极强的亲近感。

父母、亲友关系也有可能影响对伴侣的亲近感。I_QD05 在考量亲近感的过程中,会将伴侣与自己父母、亲友的关系和父母、亲友的态度考虑在内,因而减少了对伴侣的亲近感。

言语讨好与沟通联络的不同之处在于,这种表达中存在讨好的成分,是参与者为了让伴侣感到愉悦而刻意为之的。尽管内容可能有些夸张，但如 G_QQHE10 所言，言语讨好对于促进亲近有较明显的效果。

生活负担使人们的空闲时间变少，这对伴侣间的亲近会有消极作用。在 I_SJZ02 的描述中，伴侣在工作变得忙碌之后，空闲时间减少，和自己的沟通频率变低，沟通的内容也逐渐简单化，使得双方的亲近程度显著降低。

独立空间是指个人由于独立意识而想要和伴侣保持一定的距离，留有自己的私人空间。G_HM12 正是这样一位具有较强独立空间意识的参与者，他并不完全排斥和伴侣的亲近，只是出于自己的认知，觉得这样过分的亲近没有必要。

除了依赖和亲近外，关系中对疏离和忽视的感受也能够反映参与者在关系中的依恋。表 5-7 统计了参与者对疏离和忽视的担忧、可能的原因及应对方式。

表 5-7 已婚者的疏离和忽视的感受及其应对方式统计

	具体类别	个体访谈中的频数	焦点小组访谈中的频数	总频数
对疏离和忽视的担忧	有	2	7	9（15%）
	无	15	35	50（85%）
疏离和忽视的原因	缺乏关注	1	8	9
	照顾孩子导致精力转移	0	4	4
	工作性质	1	3	4
	关系濒临破裂或已经破裂	3	1	4
	家庭地位下降	0	2	2

续表

	具体类别	个体访谈中的频数	焦点小组访谈中的频数	总频数
疏离和忽视的原因	忘记特殊节日	0	2	2
	沟通不畅	0	1	1
应对方式	积极沟通	2	4	6
	习惯化	3	1	4
	调整心态	0	3	3
	客观分析	0	2	2
	提升熟悉度	0	2	2
	唤回关注	0	2	2
	要求改变	0	2	2
	关注感受	1	0	1
	共同目标	0	1	1
	父母帮助	0	1	1
	包容伴侣	0	1	1

统计参与者对疏离和忽视的担忧后发现，大部分参与者都有较强的安全感。然而，并不是所有不感到担忧的参与者都是因为感到安全，也有可能是因为关系逐渐崩坏，不再在意伴侣的感受。这样的参与者将在下文讨论。

在深入分析可能感到疏离和忽视的原因后，表5-7列出了7种可能的原因。

其中，缺乏关注是最有可能让参与者感到疏离和忽视的原因。根据G_HM09的描述，伴侣对自己关注不够有可能是因为工作忙碌，生活负担重。还有G_LY13等3位参与者特意提到，伴侣打游戏也会

第 5 章 归船弄长笛，心与白鸥盟：已婚者

让他们感到缺乏关注。

　　反正有时候觉得他的工作性质让他比较忙，忙的时候他一天坐下都不起来，就是坐在凳子上不起来，更不要说给我打个电话问候一下，关心我和家人。有的时候有一点担心他为什么不问我们在家干吗之类的问题。

——G_HM09

　　因为打游戏时，他如果没有反应，我就会一直烦他。然后他就不打游戏，来陪我。

——G_LY13

　　照顾孩子导致精力转移也会让人感到疏离和忽视。G_BJ05 的伴侣在孩子出生后全心全意地照顾孩子，忽视了对他的关心，让他感到在家庭中失去了存在感。

　　工作性质同样会导致疏离和忽视。I_SJZ02 的伴侣早期从事销售工作，因工作性质会接触较多女性，这为她带来了一定程度的不安和担忧。

　　此外，当关系濒临破裂或已经破裂时，参与者也会感受到长期的疏离和忽视。在与伴侣的关系趋于破裂之后，I_LY04 体会到强烈的疏离和忽视，这种感受持续了近两年，给他带来了沉重的负面情绪。I_NC10 则被伴侣及其父母共同疏离和忽视，让她感到被排挤出整个家庭。这样的已婚者往往不再担忧伴侣的疏离和忽视，因为濒临破裂的关系和痛苦的心理经历使他们不再在意伴侣的感受，关系中的情感也消磨殆尽。

　　我觉得我时刻都在被忽视，然后疏离，她走了还不算吗？

——I_LY04

　　你会发现，他和他的家人是一家人，你进去是一个插进去的人，

在外面的人眼里你叫家里人，在家里面的话，他们一家人已经生活了二十多年，二十多年的原生家庭，你就是一个外人。

——I_NC10

不论是否会感到疏离和忽视，人们都可以采取一定的策略来预防或应对这种可能出现的情况。表5-7列出来11种被提到的应对方式，这些应对方式对于处理对疏离和忽视的担忧都有效果，但对于消除疏离和忽视效果并不一致。

积极沟通是最为常见的预防和应对疏离和忽视的方式。对G_BJ02和G_BJ04而言，沟通能够消除不安的想法，增进对彼此的了解，从而避免出现疏离和忽视。他们认为，积极沟通是一种根本性应对方法。

因为我俩就是老沟通，然后就是我俩经常聊天，因为我们的目标高度一致，就是要把家里的日子过好，所以说都不会有其他那些，就是不好的想法。

——G_BJ02

习惯化也是一种应对疏离和忽视的方式，但主要出现在关系已经出现裂痕的已婚者身上。这种方式能够消除担忧，但无法真正地解决问题。I_QQHE08采用这种方式来应对疏离和忽视，确实能够安抚自己的情绪，但对解决问题没有任何帮助。

调整心态则是一种介于习惯化和积极沟通之间的应对方式。G_BJ05采用这种方式来让自己适应已经出现的疏离和忽视，尽管没有改变当下的状况，但通过改变自我的认知，也能够适应变化。

简而言之，关系中的依恋，包括依赖、亲近、对疏离和忽视的感知，能够在很大程度上反映参与者的婚姻状态以及与伴侣的关系。然而，关系中的依恋并不是一成不变的。除了上文提到的一系列影响因素外，还有一个需要提及的重要因素，就是伴侣之间实际的物理距离。

表 5-8　异地婚姻中双方依赖和亲近的评分

参与者编号	依赖		亲近		满意度	
	自己对伴侣	伴侣对自己	自己对伴侣	伴侣对自己	自己	伴侣
I_QQHE06	5	5	/	/	9	9
I_SJZ02	5	5	9 到 5	9 到 5	10	10

在本研究中，I_QQHE06 和 I_SJZ02 这两位个体访谈参与者和伴侣都处于异地，他们由于工作原因和伴侣分离。异地婚姻作为一种特殊的婚姻形式，会对关系中的依恋产生非常直接的影响，使人们缺乏足够的沟通与联络，也无法在生活和情感上十分便利地依赖和亲近伴侣。有趣的是，尽管面临种种困难，他们也能够维持良好的关系。只是，他们希望能够尽快结束这种状态。

婚姻中的爱情之花

如果说婚姻是琐碎而现实的一地鸡毛，婚姻中的爱情就是万绿之中怒放的花朵。管它杂草丛生，只凭这一点鲜活，就能描绘出生活的美好。这朵爱情之花从绽放开始，或是永葆娇艳，或是残红做泥，都只看它能否得到精心的照料，又能否长成种花人理想中的样子。

绽放：从爱情到婚姻

爱情之花绽放的第一步，必然要经历择偶这一过程。由于本章在对已婚群体进行访谈时，主要关注参与者从婚姻开始到结束的历程，因此关于恋爱初期择偶的资料并不算很多。在对个体访谈参与者的择偶过程进行分析后，总结出被提及的择偶行为（见表5-9）。

表 5-9 已婚者的择偶行为现状

		具体类别	男	女	合计
择偶行为	择偶方式	自由恋爱	8（35%）	5（22%）	13（57%）
		相亲	3（13%）	6（26%）	9（39%）
		提亲	0（0%）	1（4%）	1（4%）
	择偶决策	以自身意愿为主	10（45%）	11（50%）	21（95%）
		以父母意愿为主	0（0%）	1（5%）	1（5%）

注：一段关系中存在多种择偶方式；再婚者计多次。择偶方式和择偶决策的数据呈现为出现频次（出现频次占据总频次的百分比）。

择偶行为包括择偶方式和择偶决策。择偶方式是指在择偶过程中选择伴侣的途径和方式，择偶决策则是指在择偶过程中确定要与该对象确立关系。

择偶方式主要有三种类别，包括自由恋爱、相亲和提亲。自由恋爱是最为普遍的择偶方式，也最能发挥个人在择偶过程中的自由性；相亲也是一种较为主流的择偶方式，是广为接受的建立一段关系的途径；提亲这种择偶方式则是一种几乎已经被遗忘和舍弃的择偶方式。就性别分布而言，选择自由恋爱的男性比女性多，选择相亲的女性则是男性的两倍。

择偶决策主要有两种类别，包括以自身意愿为主和以父母意愿为主。在当下的时代，95%的参与者在作出择偶决策时都以自身意愿

第5章 归船弄长笛，心与白鸥盟：已婚者

为主，其中包括所有采取自由恋爱和相亲这两种择偶方式的参与者，体现出个体在择偶决策上更高的自由度。在性别分布上，两种择偶决策没有显著的性别差异。

根据以上数据可以发现，择偶方式只是一座认识的桥梁，而关系能否建立仍然取决于个人的意愿，也就是双方对彼此的评价和情感的基础。可以说，95%的关系的开始都基于对伴侣或关系的认可。这样开始的关系能否真的引领伴侣们步入婚姻呢？爱情之花能否开满整个恋爱的时节，持续盛开到婚姻之中呢？基于这些问题，表5-10统计了所有参与者的结婚动机。

表5-10 已婚者的结婚动机现状

动机类型	具体类别	个体访谈中的频数	焦点小组访谈中的频数	总频数
冲动性动机	奉子成婚	4	5	9
	期待婚姻	5	0	5
	冲动性情感	3	1	4
现实性动机	年龄	7	18	25
	外部压力	7	11	18
	条件具备	0	6	6
	生育需求	0	5	5
	建立家庭	0	3	3
	获得户口	2	0	2
	获得支持	1	0	1
	伴侣逼迫	0	1	1
情感性动机	情感稳定	9	23	32
	伴侣合适	5	17	22
	多年友谊	2	1	3

注：有多个结婚动机的个体重复计算；再婚者计多次。

结果表明，结婚动机存在多样性，包括冲动性动机、现实性动机和情感性动机三种主要类型。冲动性动机的婚姻是指由于外力的推动或一时的激情，使得参与者在未仔细考虑的情况下仓促作出结婚决定。现实性动机的婚姻是指缺乏情感基础，将婚姻作为交易的手段而建立的婚姻关系，更像一种双方拥有的资源的交换。情感性动机的婚姻是指拥有良好的情感基础的婚姻，是多年的亲密关系进一步深化的结果。许多婚姻关系可能不只具备一种类型的动机，但往往有一种动机占据主导地位。

在冲动性动机中，奉子成婚是一种最主要的冲动性结婚动机，会明显加快从恋爱到结婚的进程，这一方面是因为社会普遍认可需要对怀孕的女性及孩子负责，另一方面暗含着不结婚就生孩子是不体面的潜在认知。期待结婚也常常是冲动性的，这种期待往往是盲目的、不务实的，只是一种对婚姻的不够全面、过分乐观的想象。冲动性情感则包括热恋期的激情、对恋人的愧疚和怜悯、对未来的恐惧等。

在现实性动机中，年龄是最有力的动机，其中既包括已经恋爱、达到成家年龄而顺理成章结婚的人，也包括尚且单身，出于对"被剩下"的恐惧而急忙确定关系的人。外部压力包括父母、亲友的催婚和周围人结婚带来的压力，这也是无法抵御压力的人们结婚的重要动机。条件具备是指已经作好了结婚的物质条件准备，是结婚的一个促进条件，却不是人们选择结婚的根本原因。生育需求常常是指在考虑到女方的年龄和身体状况的前提下，为了生育而作出的婚姻决定。

在情感性动机中，情感稳定是所有结婚动机中被提到次数最多的结婚动机，是步入婚姻殿堂的最有力的动机。伴侣合适在所有结婚动机中被提到的次数仅次于情感稳定和年龄，表明对伴侣的认可和好感也是结婚的重要动机。多年友谊这种动机是基于多年友谊转化而来的恋爱关系，强调对彼此的熟悉和了解。

事实上，结婚动机与婚姻质量密切相关。表5-11统计了在个体访谈参与者中，每段婚姻关系的主导结婚动机，以及其中正处于濒临破裂期和破裂期的关系。

表5-11 已婚者的主导结婚动机与婚姻状态

	个体访谈中的频数	濒临破裂期个体访谈中的频数	破裂期个体访谈中的频数
冲动性动机	5	1（20%）	3（60%）
现实性动机	8	3（37%）	2（25%）
情感性动机	9	0（0%）	1*（11%）

注：右上角标记"*"的为丧偶个体。

可以发现，以冲动性动机为主导的婚姻更容易走向濒临破裂和破裂，以现实性动机为主导的婚姻破裂风险较低，以情感性动机为主导的婚姻破裂风险最低。一段关系中往往存在多种结婚动机，因此关系的满意度和顺利程度往往取决于这些动机中情感性动机是不是足够强。

荣枯：爱情的存亡与变迁

正如花有开时亦有谢时，婚姻中的爱情也有存亡与变迁。随着婚姻的发展，婚姻中是否仍有爱情存在呢？如果没有了爱情，它又是否变成其他感情了？婚姻关系中存在的不同感情与婚姻关系满意度有怎样的关系？

根据表 5-12 可以看出，婚姻中可能存在的感情包括爱情、亲情和友情，也可能完全没有感情。鉴于谈及友情的参与者极少，未将友情纳入讨论。

表 5-12　已婚者婚姻关系中存在的感情及对应的平均关系满意度

	个体访谈		焦点小组访谈		总　体	
	参与者个数	平均满意度	参与者个数	平均满意度	参与者个数	平均满意度
爱情	4	8.75	38	8.33	42	8.37
亲情	5	8.2	9	8.17	14	8.18
友情	1	9	0	0	1	9
没有感情	2	1.5	2	7.5	4	4.5

注：平均满意度指该类别所有参与者自己的关系满意度的平均值，不包括伴侣的关系满意度；一个参与者计多次。

可以看到，不论是个体访谈还是焦点小组访谈，婚姻关系中仍有爱情的人的平均满意度最高，总体人数也最多。婚姻关系中有亲情的人的平均满意度低于前者，但总体人数较少。婚姻关系中已经完全没有感情的人的平均满意度最低，总体人数也最少。

鉴于有亲情和没有感情的婚姻关系较少，这一结果可能受到极端值的较大影响，但它仍能佐证一个重要观点，即有感情的婚姻关系比没有感情的婚姻关系满意度更高，其中拥有爱情的婚姻关系的满意度最高。

事实上，婚姻关系中的感情常常无法分离，爱情和亲情混杂在一起，沉淀为对伴侣复杂而深厚的感情。G_BJ02 和 G_LY17 都表达了对这一观点的支持。

第5章 归船弄长笛，心与白鸥盟：已婚者

我觉得婚姻里面肯定还是得有爱情，不是只有亲情。估计亲情肯定占百分之六七十吧，爱情肯定会少一点。因为你结完婚以后，比如说双方父母带孩子，然后有一些经济上的问题，还有其他一些方面的问题。……因为你在生活当中看到了其他太多太多的东西了，亲情肯定会多一些，爱情也有，但是肯定没有亲情的占比那么大了，可能会稍微少一些。

——G_BJ02

肯定有，只是现在我觉得好像爱情大多数（笑）已经变成了亲情。好像没有谈恋爱那会儿，就是那么在意对方的小脾气或其他的。现在可能觉得"吵架没必要，反正也不会离婚"，就不用再吵了，浪费时间。……（恋爱时）吵架或者是怄气，他最起码会哄你嘛，现在吵完架，他呼呼大睡，更没人理你，你自己还气得跟啥一样，还不如不生气，不吵，没必要。

——G_LY17

在他们眼中，婚姻中的爱情仍然存在，但大部分已经变成了亲情，爱情的比例已经无法超过亲情的比例。然而，这并不意味着爱情不重要。正如 G_HM09 所言，婚姻中必须包含爱情。爱情就像炒菜时放的盐，虽然只有一点，却是整个婚姻味道的精髓。

反正爱情和婚姻是画等号的，感觉爱情比较简单一点，婚姻就是柴米油盐酱醋茶，啥都有，所以说婚姻包含了爱情。

——G_HM09

我觉得爱情肯定是一段婚姻的开始，婚姻中肯定会有爱情，不然的话，你生活不到一起的。当然，爱情的保鲜期可能不会这么长，没有像婚姻这么长久，所以一开始就是因为彼此喜欢，愿意为对方去改

变，去磨合，去融入，我觉得最后才会变成一个牢固的婚姻。所谓牢固的婚姻，前提一定是要有爱情，因为你有爱情才愿意改变。

——G_SH02

然而，在 G_BJ05 的描述中，婚姻中只剩下亲情，而不再有爱情。岁月消磨了婚姻中的爱情，将伴侣变为家人，表达爱意总有一种近乡情怯之感。

婚姻中就没有爱情了，没有爱。不是没有爱，只有亲情，明白这个意思吗？是吧？真的，真的。你要再说，就说我这岁数，你要让我对我媳妇说"我爱你"，我真说不出来。

——G_BJ05

婚姻与爱情当真无法共存吗？婚姻与爱情的关系到底是婚姻消磨了爱情，还是婚姻包容了爱情？婚姻中的爱情是怎样变迁的？参与者也产生了分歧。

有的参与者认为，婚姻与爱情确实存在差异，婚姻中的爱情很可能被逐渐消磨。

爱情就是两个人的事情，你可以随便怎么浪漫，也不需要考虑太多，只需要两个人过得好就好了。但是婚姻最大的不同可能就是，双方一旦结婚了，就是两个家庭的关系了，不仅仅是两个人的关系了，然后可能做很多事情之前，都要三思而后行。……家庭啊，父母啊，孩子啊，这样子。

——G_LY15

简而言之，现实的因素使得爱情不再自由、纯粹、满心欢喜，从而使得婚姻中的爱情逐渐减少，两者难以完全共存。

也有参与者认为，婚姻和爱情无法完全共存，是因为婚姻中包含

第5章 归船弄长笛，心与白鸥盟：已婚者

了爱情成分。

我觉得婚姻大于爱情，然后虽然爱情里面肯定激情会多一些，然后就是双方的那个，怎么说呢？优点会看得更多一些。但是……结婚之后，婚姻这个事是有责任心的一种表现。它不光是有激情，它还有生活中的柴米油盐。虽然对各方面特别不满，但它是一纸婚约，是带有责任心的，所以我觉得婚姻是大于爱情的。

——G_BJ03

无法否认的是，婚姻中的爱情确实会随着时间发生改变。在良好的婚姻中，爱情固然不会被消磨到近乎于无，却也无法和恋爱时相比。在失败的婚姻中，爱情的消磨更是会成为关系崩坏的一种预兆。G_NC09认为，在婚姻初期，双方关系的迅速拉近甚至能够增进爱情。

关于爱情在婚姻中的变化，G_BJ01的观点大概最贴近现实。他认为，爱情的变化曲线是波浪式前进的，随着婚姻关系的进展而起伏变化，随着岁月与年龄逐渐转为亲情，尽管爱情可能永远回不到婚前的最高峰，但在良好的关系中，它始终不会突破基线，就像风浪中的船锚，不论如何飘摇，它始终能够将婚姻的小船拉回原地，不被风雨摧毁。

其实，两个人在一块儿是有一条爱情曲线的，它是在你俩刚认识的时候开始计算，然后逐渐升到最高点，最高点那个时候肯定是你准备要结婚的那个点。然后就开始下降，下降，可能到最低谷就是（结婚）七年。你知道吗？不是到最低谷（就停了），就是说相对是低的，然后还要再上升的。我觉得这个东西，这就是一条曲线，一个波浪式的前进，随着年龄，随着岁月而增减吧。……结婚之前爱情比较多一

点，然后结完婚，现在还会存在一些爱情，比如说弄个小惊喜什么的，（重温）刚开始的时候那个新鲜劲。不过像他们说的，过几年也就平淡了，都转成亲情了。

——G_BJ01

温室：爱的维持

婚姻中的爱情之花是脆弱的，似乎一不留神就会枯萎，需要将它放在温室中精心保护，才能够保持娇艳。因此，爱的维持也是十分重要的。表5-13统计了所有参与者提及的维持关系的方式和策略。

表5-13 已婚者维持关系的方式和策略

	具体类别	个体访谈中的频数	焦点小组访谈中的频数	总频数
维持方式	仪式感	6	24	30
	在生活细节中体贴与关怀	4	17	21
	共同活动	3	14	17
	合理的家庭分工	9	7	16
	陪伴	5	8	13
	用物质维护	3	9	12
	提供支持	4	7	11
	关心双方家人	5	5	10
	积极联络与沟通	3	6	9
	亲密举动	2	6	8
	营造良好的家庭氛围	2	2	4
	言语表达	0	3	3

续表

	具体类别	个体访谈中的频数	焦点小组访谈中的频数	总频数
维持方式	妥协	1	1	2
	提高吸引力	1	0	1
	养育子女	0	1	1
	分享经历	0	1	1
	给予空间	0	1	1
	承担责任	0	1	1
	给予经济自由度	0	1	1
维持策略	包容	4	5	9
	顺应期待，改变自我	3	2	5
	互相体谅	0	5	5
	刻意示弱	0	2	2
	时刻关怀	0	2	2
	失谐消减策略	1	0	1
	防御性悲观	1	0	1
	尽己所能	1	0	1
	维持新鲜感	0	1	1

注：再婚者计多次。

仪式感是最普遍的关系维持方式，通常包括制造惊喜和在特殊的日期（如生日、结婚纪念日等）特意庆祝。有些人会在伴侣生日时特意为其准备惊喜，有些人会专门记住特殊的节日，共度只属于两个人的时光。这样的仪式不一定必须发生在特殊的日子，对某些人而言，它们可以发生在任何想要表达爱的时刻。

在生活细节中体贴与关怀同样是良好的关系维持方式，能够给伴侣带来良好的情感体验。伴侣在细节中的关怀使 I_LY10 十分感动，促进了他们关系的发展。G_QD02 则在生活的方方面面时时刻刻给予伴侣关怀，以此维持良好的关系。

共同活动包括夫妻活动和亲子活动，这些也能够帮助维持关系和促进夫妻、亲子间的感情。这种共同活动包括旅游，和孩子一起出行、散步，一起做饭、吃饭，等等。

合理的家庭分工让夫妻各自承担必要的责任，帮助家庭顺利运转，从而维持关系。I_BJ12 和伴侣根据各自的工作强度合理分配家务，使家庭能够以负担最轻的方式运转。G_SH06 因为伴侣承担了自己在家庭中的责任和应有的分工，对关系更加满意。

陪伴也是关系维持的重要方式。它与共同活动有异曲同工之妙，但更强调牺牲自己的利益或喜好，增加与伴侣在一起的时间。G_SH03 愿意放下自己的工作陪伴侣去做手术，G_SH06 和伴侣能够放下自己的喜好迁就对方的兴趣。

用物质维护同样是一种有效的关系维持方式。G_BJ04 通过给伴侣买包和戒指来维持关系，G_LY17 则通过做好吃的饭菜来取悦自己和伴侣。

在伴侣需要时提供支持也可以帮助维持关系。I_NC07 的伴侣在他生病需要关心时为他买药，G_HM09 的伴侣则能够体谅她平时的辛苦，在周末帮助她做家务和照顾孩子。这种支持体现的是伴侣的关心，是帮助双方度过困难时期的重要力量。

关心双方家人也能够传达对伴侣及其家人的重视和关心，成为维持关系的方式。G_BJ06 就十分注重和伴侣父母间的关系，会帮助操办生日宴，也会在逢年过节时带着礼物上门拜访。

第5章 归船弄长笛，心与白鸥盟：已婚者

积极联络与沟通既是良好关系的体现，也是维持关系、促进感情的重要方式。G_HM10 通过与伴侣保持密切的联络来表达自己的关心，I_BJ12 的伴侣则与她保持积极、良好的沟通，不让关系出现裂痕。

亲密举动通过展示彼此间的亲近感来促进感情和维持关系。G_SJZ18 和伴侣通过撒娇来维持关系，G_NC09 则通过按摩等肢体接触促进感情。

营造良好的家庭氛围同样可以帮助维持关系，让自己和伴侣都处于轻松的环境中，保持良好的心情和舒适的状态。I_QD07 和伴侣会察言观色，有意识地让彼此感到放松；I_SJZ02 则通过打扫卫生、整理家务，营造良好的居住环境，让伴侣更舒适。

言语表达则是维持关系最直接的方式。G_LY13 会直白地口头表达对伴侣的爱意，G_LY15 则会刻意提醒伴侣以确认彼此的感情。

表 5-13 还统计了 9 种关系维持的策略。

包容是最常见的关系维持策略，也是最有效的策略之一。I_QD07 强调不记仇，不激化矛盾，重要的是大事化小。G_HM11 则尝试对感到不满的部分视而不见，自我消化，而不是强行改变伴侣的习惯。G_LY15 在结婚生孩子之后也变得更加包容，不触及底线，就不会轻易爆发冲突。

顺应期待，改变自我，同样是一种十分常见且有效的关系维持策略。G_SH02 的伴侣在婚后作出了许多改变，包括生活习惯的改变，这让他十分感动，对维持关系和促进感情有着积极作用。

互相体谅也是常见的关系维持策略，往往比改变自我更容易实现。G_QD06 体谅伴侣工作时间长和强度大，每天早起为伴侣做早饭。

G_HM12 则和伴侣形成了默契，能够在忙碌的时候彼此体谅，分担家务。

刻意示弱也是关系维持的一种策略，通过将脆弱的自我展现在伴侣面前，促进彼此之间的亲密感。G_SH05 的伴侣会通过撒娇来刻意示弱，G_NC12 则只在喝酒之后才表现出柔软的本性。

时刻关怀通过给予伴侣每时每刻的温暖，促进双方的关系和感情。正如 G_QD02 所说的，将感情的维系和关怀的表达融入生活的点点滴滴，时刻表现出自己对伴侣的重视和在意。

尽管提到这么多关系维持策略，但其频数仍然远远少于统计的关系维持方式，也很少有参与者专门提到具体的关系维持策略。这说明，很多已婚者并没有在关系中有意识地维持和表达爱。甚至，对于像 G_LY13 这样的参与者，似乎并不需要刻意维持关系，爱情与婚姻的发展是顺其自然的。然而，良好的婚姻关系不能缺乏爱的维持和表达，对关系维持的方式和策略的重视很有必要。

没有刻意维持。嗯，顺其自然，我觉得。

——G_LY13

理想之花坠入现实

在关系开始之前，人们常常怀有关于伴侣、爱情和婚姻的理想形象，然而这种理想形象未必能够在现实中找到。当理想坠入现实，理想与现实之间可能存在的差异会对爱情和婚姻产生重要影响。表 6-14 统计了个体访谈参与者的理想伴侣、爱情和婚姻与现实的差异，理想实现的现实可能性，以及产生差异的影响因素。遗憾的是，关于理想实现的现实可能性的信息和资料过少，不足以支撑有力的分析和结论。

表 5-14 已婚者理想与现实的差异及其影响因素

			个体访谈中的频数	已破裂	濒临破裂
现实符合性	理想伴侣	符合	3	0	0
		不符合	7	3	4
	理想爱情	符合	5	0	0
		不符合	8	4	4
	理想婚姻	符合	6	0	0
		不符合	8	4	4
理想实现的现实可能性		可能	4	/	/
		不可能	0	/	/
产生差异的影响因素		外界环境	2	/	/
		人格特征	1	/	/
		家庭因素	2	/	/

注：再婚者计多次。

表 5-14 首先统计了个体访谈参与者的理想与现实的符合性，以及其中包含的已破裂和濒临破裂的关系的数量。有趣的是，结果两极分化：不论是对于伴侣、爱情还是对于婚姻，在认为理想符合现实的状况下，没有任何一位参与者处于已破裂或濒临破裂的关系中；而在认为理想不符合现实的状况下，所有参与者或是处于已破裂的关系中，或是处于濒临破裂的关系中。这一极端结果很可能与样本的有限性有关，但也确实反映出这样一个现象：在伴侣、爱情或婚姻不符合理想的状况下，人们的婚姻关系更可能遇到困难或出现问题。

尽管在焦点小组访谈中没有询问参与者的理想与现实的符合性，但是也有许多参与者表达了对理想和现实的差异的看法。例如 G_BJ05 和 G_QQHE06 都认为，理想和现实必然存在差异，且很可能存在极大差异，但存在这种差异并不是因为现实不够美好，而是因为理想本身就是缺乏基础的空想，现实中的爱情事实上也能带来愉悦的感受。这表明，与现实符合性差并不必然导致关系出现问题，它可能与理想本身的性质有关。

> 理想中的爱情？就是有那种白日做梦的……知道说那种肯定实现不了的，如果说那种理想的话，那是没有找到。但我觉得这种也挺好的，就是也挺符合我对婚姻的那种（期待）。
>
> ——G_QQHE06

除了理想本身的性质之外，外界环境、人格特征和家庭因素也有可能导致理想与现实之间的差异。G_QQHE01认为，理想无法实现的原因在于现实的残酷性，外部压力导致他不敢想象完全符合理想的生活和爱情。G_BJ03认为，能否实现理想与伴侣的人格特征有关，包括情商、脾气等。I_LY04则将现实差异产生的原因归咎于伴侣是独生子女，认为对方的家庭教育导致其性格的缺陷。

走过婚姻的坎坷之路

婚姻道路并不总是一帆风顺，每个走上这条路的人，往往既要面对当下的泥潭，也要背负过往的伤痕。只有跨过这些坎坷和挫折，才能迎来婚姻的美好未来。

冲突：当下的泥潭

婚姻中的冲突如同泥潭，将无数已婚者卷入其中，无法脱身，使本来纯白无瑕的感情溅上泥点。几乎没有人能够避免婚姻中的冲突，这是婚姻中最普遍、所有人都必须面对的挫折。表5-15统计了婚姻关系中出现冲突的原因及其产生的影响。

表 5-15 已婚者婚姻关系中出现冲突的原因及其影响

	具体类别	个体访谈中的频数	焦点小组访谈中的频数	总频数
冲突的原因	子女养育	8	20	28
	意见分歧	2	14	16
	其他琐事	5	9	14
	生活习惯	3	7	10
	观念差异	4	5	9
	经济问题	2	7	9
	沟通方式	4	1	5
	对关系和伴侣的不满	4	1	5
	情绪发泄	2	3	5
	过分暴躁的脾气	1	4	5
	缺乏重视	1	4	5
	缺乏信任	3	1	4
	家务分工	1	3	4
	缺乏忍让	1	3	4
	婆媳关系	2	1	3
	缺乏尊重	2	0	2
	面子	2	0	2
	人际交往	2	0	2
	缺乏了解	0	1	1
冲突产生的影响	关系影响	2	6	8
	情绪影响	3	4	7
	生理影响	1	1	2
	个体影响	0	1	1

注：再婚者计多次。

子女养育是最常见的冲突原因，被提到的次数近乎第二名的 2 倍。G_SH01 和伴侣会因为对孩子的教育方式及理念不同发生争吵。I_QD07 和伴侣甚至为了子女的教育问题发生了婚姻中唯一的一次争吵。

意见分歧也是常见的冲突原因。根据 G_LY18 的描述，小到日常生活习惯，大到重大经济决策，都有可能产生意见的分歧，这些分歧导致频繁的争吵。

关系中的其他琐事同样会引发冲突。作为婚姻中琐碎的混乱和分歧的总称，它们无法被赋予具体的名称，但确实导致冲突和纷争，例如 G_QD02 提到的婚礼、房子等问题引起的不愉快和冲突。

生活习惯同样是一个重要的冲突原因。它如同生活中的钝刀子，一开始感觉不到疼，但反复折磨也能造成重大伤害。I_LY04 因为和伴侣生活习惯不同而感到生活上的很多不便。I_QD05 则因为和伴侣饮食习惯的差异而对伴侣的行为产生不满。

观念差异是一种十分难以调节的冲突，它基于彼此不同的价值观和思维方式，在生活的方方面面都可能引发冲突。G_NC08 和伴侣对家庭经济规划的不同就是源于对家庭生活的观念和看法的不同，这引发了频繁的冲突。

经济问题同样是冲突产生的重要原因。这种经济问题既可能如 G_NC10 所言，是双方共同面对却难以解决的家庭经济困境，也可能如 G_QD03 所言，是有关家庭经济支出和费用分配的观念冲突。

无法接受的沟通方式也可能导致冲突。对 I_LY04 和 I_SJZ05 而言，伴侣令人不快的言语表达和说话态度让他们无法忍受，无法与伴侣正常、有效地沟通，导致冲突进一步激化。

对关系和伴侣的不满有时并不仅仅针对某个特定的方面,而是一种已经形成的整体印象和评价,这导致稳定的冲突倾向。I_HM03、I_HM05 和 I_NC10 这三位参与者都对伴侣形成了固有的不良印象和抵触情绪,使得生活中的任何细节都可能成为冲突的原因。

有时,冲突甚至不需要具体的诱发事件,只是一种情绪发泄。如 G_HM07 所言,在怀孕期间,生育带来的身体负担和负面情绪使她即使能够理解伴侣的不成熟,也无法坦然地接受,因为这种负面情绪与伴侣屡屡发生冲突。

过分暴躁的脾气也会成为冲突的导火索。G_LY17 的伴侣正是这样一位脾气急躁、容易发火的人,而她因为伴侣暴躁的脾气和无法控制的愤怒常常与其发生冲突。

缺乏重视也会成为冲突的原因。对 I_NC07 而言,伴侣对自己的不关心和不重视让他感到无法忍受,在心中产生了许多不满。

缺乏信任也是冲突产生的原因。G_NC07 的伴侣因为缺乏信任感而想要陪同他参与社交活动,而这是不必要的,会让他感到不舒服。I_HM03 则因为伴侣怀疑自己不忠而爆发多次冲突,甚至出现家庭暴力行为。另外,I_NC07 认为,经济上的独立也是一种缺乏信任的体现,他因此与伴侣产生了许多冲突。

家务分工也成为冲突的原因。I_QQHE08 和伴侣都想逃避家务劳动,将其推给对方,因而发生了许多冲突。

缺乏忍让会使矛盾进一步激化,使本来不值一提的小矛盾激化成无法调解的大矛盾。I_QD05 因为伴侣过于激烈的言语表达而感到不满,认为伴侣毫不退让的说话方式让矛盾进一步恶化和扩大化。

婆媳关系同样是夫妻冲突的经典原因。这里的婆媳关系导致的冲突，代指所有由于自身和对方父母的关系而产生的冲突。例如，I_BJ03 由于公公婆婆的大包大揽而对他们有意见，而伴侣并不支持自己，因此和伴侣产生矛盾。I_BJ12 则因为伴侣的母亲在他们发生冲突后盛气凌人地来兴师问罪，而对伴侣和伴侣的母亲都有怨言。

冲突产生的影响也是多种多样的。

冲突对关系的影响既可以是负面也可以是正面的。过于激烈的冲突会对关系造成不可消弭的影响，甚至可能使遭受冲击的婚姻关系走向破裂，如 I_HM03 就因为和伴侣发生激烈冲突而渴望离婚。适度的冲突是一种沟通方式，可以促进磨合和了解，如 G_LY13 所言，作为个人反思和改变的动力，适度的冲突可以帮助增进感情。对 G_BJ05 和 G_HM07 而言，冲突甚至成为关系中必不可少的一部分，是关系的调节剂和乐趣所在。

冲突对情绪的影响则多是负面的。包括 I_HM03 提到的难受、委屈、内疚，G_HM08 提到的不开心、消沉，G_QD04 提到的生气，等等。这些负面情绪往往会在冲突发生之后立刻产生，使当事人非常低落。

严重的冲突甚至会产生直接的生理影响，表现为身体上的种种不适。I_HM03 在冲突后产生呕吐反应，G_SH04 则在激烈的冲突后感到肚子痛。这种生理不适是强烈心理不适的躯体化表现。

此外，冲突还可能使个体的心理和行为发生改变。G_SH02 在冲突中学会了如何互相体谅和跳出自我中心视角，变得更加成熟。

鉴于冲突在婚姻中发生的频率之高和强度之大，对冲突的合理应对显得尤为重要。表 5-16 统计了冲突应对方式出现的频数及其破坏强度。其中,应对方式的具体类别按照出现次数进行频数统计;类型合计按照每个参与者在每段关系中的主导应对方式进行频数统计,并呈现其占据总频数的百分比。

表 5-16 已婚者的冲突应对方式及其破坏性

应对类型	类型合计	具体类别	个体访谈中的频数	焦点小组访谈中的频数	总频数	破坏强度
问题中心型	37（54%）	修复且包容	8	22	30	低
		主动沟通	5	21	26	低
		反省并改正	4	8	12	低
		共同退让	0	7	7	低
		制定规则	1	3	4	低
		父母干预	0	2	2	/
回避型	19（28%）	当时/当场回避	14	25	39	低
		修复但无法包容	5	0	5	高
		彻底回避	5	0	5	高
情绪中心型	12（18%）	情绪发泄	14	18	32	低
		威胁伴侣	1	2	3	高
		破坏行为	2	1	3	高
		家庭暴力	2	0	2	高
		其他攻击性行为	2	0	2	高
		自我伤害	1	0	1	高

注:再婚者计多次;每段关系的主导应对方式可能有 1—2 种。

冲突的主要应对方式包括问题中心型应对方式、回避型应对方式和情绪中心型应对方式。问题中心型应对方式是指，针对引起冲突的原因有针对性地解决问题，是最为常见和有效的冲突应对方式。回避型应对方式是指，通过回避冲突情境及冲突原因处理冲突，同样是较为常见的冲突应对方式。情绪中心型应对方式是指，针对冲突引起的情绪作出应对，是使用最少的冲突应对方式。

在问题中心型应对方式中，最为常见的方式是在冲突发生后修复关系并得到另一方的包容。修复关系的手段包括I_LY10所说的直接道歉，以及I_QQHE06和G_QD04提及的言语讨好或亲密的肢体接触。另一方则在看到伴侣修复关系的努力后放下冲突姿态，以包容的态度接纳这种努力。这种应对方式对关系的破坏性很低。

> 就是一吵架他会来跟我道歉，各方面的，当天就会和好，然后我也不是那种很爱吵架、很会吵架的那种人。
>
> ——I_LY10

主动沟通也是常见的问题中心型应对方式，对关系的破坏性很低。这种沟通常常如G_LY16、G_SJZ17和G_BJ02所言，是心平气和地交换双方的看法，讨论出最合适的问题解决方法，达成一致意见和目标。然而，正如G_SH02所强调的，在这一过程中，重要的是双方开放的心态和理智、柔和的交流方式。

在冲突之后反省并改正同样是问题中心型应对方式，不会使冲突对关系产生破坏性影响。正如G_HM09所言，尽管发生冲突之后会有较强的负面情绪，但迅速的反思和诚恳的认错有利于迅速解决冲突及修复关系。

共同退让也是一种问题中心型应对方式，防止冲突对关系的破坏性影响。如 G_QQHE02 所言，事实上关系中并没有一方首先退让，而是将孩子作为打破僵局的共同话题，双方同时退让，让冲突不再影响双方的关系。

制定规则同样能够有效地预防冲突的发生，避免破坏关系。这种规则既有可能如 G_HM09 所言，产生于冲突发生之前；也有可能如 I_QD07 所言，产生于冲突发生之后。但不论是在什么时候制定规则，目的都在于预防下一次冲突的产生，正面效果十分明显。

父母干预是一种通过外力解决问题的应对方式，但对关系的破坏性不可预料。适度的父母干预能够有效地解决问题，但过度或偏袒式的父母干预反而可能激化和泛化双方的矛盾。

在回避型应对方式中，当时/当场回避并不会对关系产生恶劣影响，是一种有效处理冲突带来的激烈情绪的方式。如 G_BJ05 所言，这种忍让并不是为了回避问题，而是要给彼此留下冷静的空间，将问题留到双方都能够冷静下来的时候再解决。对 G_SH03 而言，急于当时解决问题可能并不是好的选择，而当时/当场回避是一种相信伴侣的表现。事实上，提及采取这种方式处理冲突的参与者人数是最多的。

  谦让吧，还是谦让。男同志嘛，是吧？……你要在那儿，那你在那儿，是不是把问题都激化了？就是时间上慢慢把这点事给冲淡，使它缓和。因为没法跟她掰扯，掰扯来掰扯去不就是那点破事嘛。就是肯定不会说问题继续激化，明白这意思吗？比如说可能我要在那儿待着，两个人就该提下一步这房子怎么分的问题了。……给双方一个空间，一个舒缓的过程。

——**G_BJ05**

我觉得不要去跟女人吵架，吵不赢的，就没有道理可讲的，那就不要吵嘛，对，就让她赢。赢了之后，她其实都长这么大，都是成年人，有自己的判断，她也知道利害。你要相信她，到最后她会作出一个正确的判断的，但是就在当下的那一刻，你就一定要让她赢。她赢了，就是你赢了。

——G_SH03

在冲突发生后修复关系却无法得到另一方的包容，是一种破坏性的回避型应对方式。对 I_NC07 而言，伴侣修复关系的努力既不及时也不诚恳，这让他对冲突耿耿于怀，这种不满逐渐累积，最终导致关系彻底破裂。

彻底回避则是一种具有更强破坏性的回避型应对方式。采取这种方式的参与者往往有着尝试多种其他冲突应对方式，却无法成功化解矛盾的经历，从而对其他应对方式失去信心，只能通过彻底回避来降低发生冲突的可能性。正如 I_BJ03 所描述的，这种回避甚至不仅限于对冲突问题的回避，而且包括对生活中所有方面的沟通和互动的回避。

在情绪中心型应对方式中，情绪发泄也是一种常见的冲突应对方式，可分为当时的情绪发泄和对外的情绪发泄，但其破坏性并不像想象中那么大。事实上，发生冲突后的情绪发泄几乎不可避免，所有伴侣在发生冲突时都会经历争吵的过程，如 G_HM08 会通过回娘家这种情绪化的举动来宣泄情绪。然而，正如 G_LY13 所言，这种情绪发泄能够帮助人们尽快地冷静下来，让不满的情绪快速爆发，从而从不理智的状况中恢复过来。

第5章 归船弄长笛,心与白鸥盟:已婚者

威胁伴侣同样是一种具有破坏性的情绪中心型应对方式。这种威胁可能是对伴侣人身安全的威胁,也可能是对关系的威胁。

破坏行为、家庭暴力、其他攻击性行为和自我伤害都是具有破坏性的情绪中心型应对方式,它们使冲突由言语层面上升为行为层面,如 G_HM11 所言,会暗示或直接表明对伴侣人身安全的威胁。

总体而言,问题中心型、回避型和情绪中心型应对方式都未必绝对有利或有害,它们对关系是否具有破坏性,完全取决于个人选择的具体应对方式。事实上,在整个冲突的过程中,人们采取的冲突应对方式常常不是单一的,而是具有互动性的,这三种类型的应对方式能够在冲突的不同阶段发挥积极作用。

如 G_QD03 所言,成功的冲突应对在一开始往往有一方会采取回避的方式,避免和另一方因可能存在的情绪发泄而产生进一步的冲突。但真正占据主导地位和解决矛盾的是在当时或事后采取的问题中心型应对方式。

> 一般就是,最晚第二天就好了。我们一般在和好之前会互相聊天,就把这个事情聊开,化解开,聊一聊我是怎么想的,分析分析这个事应该怎么做才对我们这个小家更好,然后会有一些肢体上的小动作,他抱抱我啊,我抱抱他,这样就和好了。……我们可能不知道什么时候达成了一种默契,就是我们争吵的时候只有一方在吵,这并不是说都是我在咆哮,然后他不作声了,也有他生气的时候,然后只要是一方在生气,一方在爆发,另一方一定沉默,过后再分析这个事。
>
> ——G_QD03

如 I_BJ03 所言，在失败的冲突应对中，问题中心型应对方式往往对其中一方或双方都无法发挥作用。在沟通、退让或修复失败后，情绪中心型应对方式很可能占据主导地位，并使人们对关系彻底失望，随后转变为彻底回避。

当时我就是特压抑嘛……然后我就很难受，天天跟我老公哭诉。……后来讨论过很多次了，我跟我老公说关于他的家庭问题，也吵了很多次了……没有一个真正好的解决办法。吵得激烈的时候，谈到过离婚……然后我现在还是考虑孩子吧，还是忍着。……这两年我在家里都不怎么跟他们说话。回来之后我直接进我那屋了。和我老公也很疏离，我老公回来就跟我公婆他们一起吃饭，他们在客厅那边，有时候他们说一些话，我就自己待在别的房间里，然后上班出门我直接穿过客厅就走了，跟他们都不说话。……（现在）不会真正大吵大闹，就是冷战，不怎么说话。

——I_BJ03

尽管冲突会带来各种不良影响，应对起来也需要付出很多努力，但对婚姻关系而言，冲突的重要意义不言而喻。如 G_BJ02、G_BJ05 和 G_BJ06 所言，冲突是关心和重视伴侣的体现，是婚姻关系的重要构成部分，更是彼此磨合、换位思考和自我成长的重要途径。

但是你说因为是两个人嘛，有的时候对事物的看法不一样，这个吵架肯定也是不可避免的，但是吵完之后要沟通。如果两个人不吵架的话，我就觉得他们之间的感情有问题，就说明我对你完全不在意，你做的任何事情我都漠不关心，因为你在我的眼里就相当于一个透明的人，你无论做什么，我一点反应都没有。如果两个人真不吵架的话，我估计得去民政局了。

——G_BJ02

这个争吵是夫妻生活中特别重要的一个组成部分。……如果说夫妻两个人就是不吵架，证明下一步就开始聊分房产这事了。

——G_BJ05

我觉得吵架可能就是生活中的一些不可缺少的因素吧，对。因为两个人有各自独立的思想，包括有孩子以后，对孩子教育方式的不认同。但是我觉得吵架更容易（让人）学会换位思考，站在对方的角度去想问题。对，这样改进一下自己吧。

——G_BJ06

旧情：过往的伤痕

过去的情感经历同样是已婚者需要跨越的挫折，是镌刻在心上的过往伤痕，即使早已结痂，偶尔也会隐隐作痛。过去的情感经历对已婚群体的影响值得探究，本研究中提及的过去的情感经历包括过去的恋爱经历和婚姻经历。

在研究过去的恋爱经历时，一个有趣的现象是：过去的恋爱经历很少被提及，仅有1位参与者详细叙述了过去的恋爱经历产生的影响，其他参与者或是语焉不详，或是事过皆忘，或是并不认为过去的恋爱经历对自己产生了影响。总体而言，过去的恋爱经历对已婚群体的影响较小。

因此，在这一部分，主要讨论的过去的情感经历为过去的婚姻经历，资料也主要来自个体访谈参与者中的再婚参与者。表5-17统计了过去的情感经历可能带来的影响及被提到的频数。

表 5-17　已婚者过去的情感经历的影响

具体类别	个体访谈频数
对关系的态度	4
择偶观念	3
冲突原因	3
择偶行为	2
伴侣评价	2

过去的情感经历最重要的影响在于人们对关系的态度会发生改变。这种影响有时是正向的，例如经历过一次失败的婚姻，I_HM03 学会了在关系中反思自我，从而摆正对关系的期待，能够从更务实的角度看待与现任伴侣的婚姻关系。但有时这种影响是负面的，例如 I_SJZ02 由于对丧偶前美好婚姻的留恋，而对现在的婚姻关系感到不满。

过去的情感经历也会改变人们的择偶观念。对 I_BJ12 而言，过去的婚姻经历成为他第二次择偶的重要影响因素，过去的伴侣作为反面典型，让他更加看重伴侣的追求、喜好和"三观"是否与自己一致。同时，I_HM03 和 I_SJZ02 的择偶观念也变得更加务实，基于切实的养育孩子的经济压力，对伴侣的经济条件提出了要求。

过去的情感经历还可能成为引发冲突的原因。I_SJZ02 因为现任伴侣不像前任伴侣那样体贴、重视自己，能够记住自己的生日而多次与伴侣发生冲突。I_HM03 则因为怀疑伴侣讽刺自己过去失败的婚姻经历而心情低落，与伴侣发生矛盾。I_SZ12 因为伴侣隐瞒婚姻史，持续和前妻保持联系而感到不悦，因而发生冲突。

过去的情感经历似乎也会影响择偶行为，尤其是择偶决策。

第 5 章 归船弄长笛，心与白鸥盟：已婚者

I_HM03 的第一段婚姻关系是典型的"父母之命，媒妁之言"，主要根据父母的意见作出择偶决策。在这段婚姻失败后，她在第二段婚姻的择偶过程中显得更加谨慎，更加相信自己对对象和关系的判断，择偶决策也以自己的意愿为主。

过去的情感经历还会影响人们对现任伴侣的评价。I_BJ12 比较了现任伴侣与前任伴侣，提高了对现任伴侣的评价，对其性格、处世和沟通方式都十分满意。I_SJZ02 则因为将现任伴侣与前任伴侣作比较而感到不满。

简而言之，过去的情感经历对当下的影响并不总是正面的，也并不总是负面的。总体而言，经历过失败婚姻的再婚参与者目前的关系满意度都很高，平均值高达 9.3。这说明，过去失败的婚姻虽然是一次痛苦的经验，却能够使他们在夫妻和婚姻关系中变得更加成熟。所有再婚参与者对过去失败的婚姻经历都会有一定程度的反思，总结出自己所需的经营婚姻的要点，并将其运用于关系的维持和经营之中。毫无疑问，这样的积极影响几乎只存在于再婚群体中，在初婚群体中并没有发现。

值得强调的是，走出过去失败的婚姻经历，建立新的关系和生活并不那么容易，往往需要自身和外界的共同努力。

在前一段婚姻关系破裂前后，不论是男性还是女性都会承受极其强烈的情感伤害，受伤害最深的是由于丧偶而被迫婚姻破裂的人。这样汹涌的情绪浪潮过后，随之而来的是单调、失落的单身生活。这种生活对缺乏经济收入却需要抚养孩子的女性来说格外艰难。她们在离婚后，不仅要养活自己和孩子，承担衣食住行等方面的生活费用，而且要忍受来自社会的不公对待，熬过一段十分无助的时光。

关系破裂后的低潮期常常会带来一系列后续影响，尤其是会让人对婚姻和异性产生恐惧和防备心理。I_HM03 提到，离婚后有亲戚朋友给自己介绍对象，但她充满了防备和抗拒，坚决不愿意去相亲或者寻找新的对象。

值得庆幸的是，这样的寒冰期终究会过去。经历过深刻的痛苦而变得冷硬的心会在社会网络的支持下软化。I_SJZ02 就强调，在自己丧偶期间，父母和朋友的开导和支持帮助自己走出了抑郁的阴影，逐渐能够敞开胸怀接受新的关系。

最终，真正消除关系破裂后的阴影，步入全新的生活，往往需要社会网络的支持和新的伴侣持之以恒的关怀、陪伴和包容。I_HM03 在现任伴侣持续一年的关心和照顾下逐渐放下戒备，愿意接受新的关系。I_BJ12 则在现任伴侣的陪伴下走出离婚的阴霾。

综上所述，婚姻破裂后的生活尽管艰难，却并不是难以跨越的。社会、自我和新的伴侣共同的力量，可以帮助离婚者走出过去，迈向未来。离婚并非婚姻的终点，再婚也并非仓促的将就。过去失败的婚姻经历既是痛苦的回忆，也是宝贵的经验，能够帮助再婚者营造更加幸福的婚姻生活。

婚姻的"1+1>2"定理

婚姻关系虽然只是夫妻双方的契约，却能够发挥"1+1>2"的作用。两性结合孕育了新的生命，带来子女这一重要的家庭构成成分。夫妻的结合同样意味着双方家庭的结合，双方父母在关系中的地位和影响也是不可忽视的。

子女

子女是婚姻中一份特殊的共同责任,对关系的影响往往是直接且巨大的,其影响的性质因情况而异。表 5-18 统计了子女对婚姻关系可能产生的影响。

表 5-18 子女对已婚者婚姻关系的影响

影响	具体类别	个体访谈中的频数	焦点小组访谈中的频数	总频数
积极影响	促进关系	4	13	17
	缓和矛盾	2	7	9
	维系濒临破裂的婚姻	6	0	6
	提高幸福感	1	4	5
	肯定伴侣	2	1	3
	共同话题	0	3	3
	共同目标	1	1	2
中性影响	重心转移	1	16	17
	时间分配	4	8	12
	结婚动机	4	5	9
	个体改变	0	2	2
消极影响	冲突原因	8	20	28
	增加负担	4	7	11
	性行为减少	3	2	5
	关系破裂原因	1	0	1

注:再婚者计多次。

在子女对婚姻关系的积极影响中,子女对关系的促进作用是毋庸置疑的。子女让家庭变得完整,给生活带来更多欢乐,使婚姻关系更加稳固，是婚姻关系的升华。

子女同样能够帮助缓和夫妻之间的矛盾，成为关系的润滑剂。一方面子女成为共同退让的台阶，另一方面子女又是彼此包容的理由。

此外，子女还能够帮助维系濒临破裂的婚姻。在个体访谈中，4位关系处于濒临破裂期和1位关系处于破裂期的参与者都提及，子女是他们维系岌岌可危的婚姻关系的主要原因。G_NC12的看法也反映了大部分已婚者基于子女而产生的对于关系破裂的慎重考量。

同时，子女还能够提高婚姻关系中的幸福感。孩子的童真童趣能够给家里人带来欢乐，从而提高整个家庭的生活质量。

当参与者观察到伴侣对子女全心全意付出，常常会对伴侣产生肯定，对伴侣有更多依赖和爱，从而对双方的关系产生积极影响。子女还会成为夫妻的主要沟通内容，成为重要的共同话题。

子女还会成为双方共同努力的目标。夫妻双方为了能够给子女创造良好的条件，拥有了共同努力的目标，以及基于这一目标不断前进的动力。

在子女对关系的中性影响中，子女的诞生往往会导致婚姻中夫妻生活重心的转移。双方的视线都从伴侣转移到子女身上，子女成为最先被考虑和照顾的对象。

养育子女需要耗费大量时间，因而也会影响时间分配。很多人在工作后还需要利用空余时间辅导子女学习，将更多时间用于照料和教育子女。

子女还成为强有力的结婚动机。有些人会因为未婚先孕而加快结婚的进程。

子女还会推动人们自身的改变，由于无法预见这种改变的方向，

第 5 章 归船弄长笛，心与白鸥盟：已婚者

因而这种影响被归为中性影响。人们有可能因为子女而变得成熟、有担当，这毫无疑问是一种正面的成长，但人们也有可能因为子女而变得更加焦虑。

在子女对关系的消极影响中，子女养育是最为重要的冲突原因，在统计中被提及了 28 次。养育子女会带来极大的生活和经济负担。很多女性为了照顾孩子，甚至不得不辞职在家成为全职主妇，直到孩子不再需要全天候的关注和照料，才能够继续工作。

养育子女还可能导致性欲望减弱和性行为减少。女性在孕期和哺乳期性欲望减弱和性行为减少很明显。不能生育子女也会成为关系破裂的原因。有些夫妻感情甚好，但最终关系破裂，最主要的原因就是无法生育自己的孩子。

尽管子女对于婚姻关系的重要性不言而喻，但是过分重视亲子关系会损害夫妻关系。I_QQHE08 是一个典型的例子。她过于重视孩子，过分放大伴侣父亲身份的价值，甚至取代了伴侣身份的价值。即使伴侣对她表现出关怀，她也不开心，只有伴侣对孩子好时才能认可伴侣。这种将亲子关系置于夫妻关系之上的态度，使她无法在夫妻关系中体验到幸福感，对婚姻不满意，关系濒临破裂。

因此，正如 G_SH06 所言，以夫妻关系为主，亲子关系为辅，摆正对孩子的态度，才能真正收获自己、伴侣和孩子都真正感到幸福的家庭关系。

我是学幼教的，所以说我学这个专业，学到的第一句话就是"孩子是一个独立的个体"，……不是说为了要传宗接代，或者是怕后悔才去生一个孩子，我觉得当夫妻双方都有一定的，不管是金钱，还是时间，还是思想上，有一定的准备，去孕育一个（孩子）。对我来说

是爱情的结晶,而不是传宗接代的一个结果……身边有很多婚姻单纯靠孩子捆绑在一起,我觉得这对孩子来讲,对夫妻双方来讲,都是一个不幸的结果。

——G_SH06

父母

几乎所有夫妻都需要得到双方父母的肯定,才能真正步入婚姻的殿堂。除此以外,父母还对婚姻关系有许多其他影响。表5-19统计了双方父母对婚姻关系可能产生的影响。

表5-19 双方父母对已婚者婚姻关系的影响

影响	具体类别	个体访谈中的频数	焦点小组访谈中的频数	总频数
积极影响	分担家务	3	8	11
	维持关系	5	5	10
	提供支持	1	3	4
	调解矛盾	0	2	2
	榜样作用	2	0	2
中性影响	结婚动机	7	11	18
	帮助择偶	2	2	4
	性行为	1	2	3
	行为改变	0	1	1
消极影响	生活负担	0	7	7
	生育压力	3	2	5
	冲突原因	2	1	3
	破坏关系	2	0	2
	情绪影响	0	2	2

注:再婚者计多次。

第5章 归船弄长笛，心与白鸥盟：已婚者

在双方父母对婚姻关系的积极影响中，最主要的是分担家务。分担家务既包括分担日常杂务，也包括帮助照料孩子。如果由一方父母承担主要的日常杂务和照料孩子的工作，夫妻双方就能够较轻松地投入工作，只需要在下班和节假日操心家中杂事。

关心双方父母也是维持关系的重要方式，在关于关系维持方式的统计中被提到了10次。比如，在伴侣父母生日时为他们庆生，或者逢年过节去拜访。

双方父母通常还能够为婚姻关系提供支持。这种支持既体现在不给子女添麻烦和帮助分担生活的重负上，还体现在对子女小家庭的经济支持上。

双方父母还能够通过调解矛盾对关系产生积极影响。有时，父母干预对于冲突解决具有重要作用，伴侣父母帮助调解和劝说，可以使矛盾消弭于无形。

父母的婚姻关系还有榜样作用，成为夫妻自身看待婚姻的蓝本和参照。通过对父母婚姻状态的认知，夫妻构建了对自身可能的婚姻状态的期待。

在双方父母对关系的中性影响中，双方父母的催婚作为一种外部压力，是重要的结婚动机。父母也能够帮助择偶，不仅能够在择偶时给出一定的参考意见，而且能提供一些择偶机会。

父母的教育会影响人们的性行为和相应的性观念。G_HM10由于接受了较保守的性教育，因而不能接受婚前性行为。

父母对婚姻关系的干预还可能导致个人的行为改变。G_QD02的伴侣在婆婆对婚姻关系的干预下，有了较大改变，变得不再娇生惯养，更加成熟。

在双方父母对关系的消极影响中,需要照料双方父母增加了已婚伴侣的生活负担。对男性来说,他们一般是家里的顶梁柱,上有老、下有小的状况明显增加了他们的生活负担。对于独生子女,尤其是女性,这样的负担和压力可能更大。

双方父母还可能带来生育压力。青年人或许忙于事业,或许迷恋自由,会选择不生育或者不急于生育孩子,但是双方父母会催促他们孕育下一代。

和对方父母不和也是一种常见的冲突原因。对方父母对婚姻关系的过分介入甚至会破坏关系,导致关系走向破裂。父母还可能给婚姻中的人们带来消极的情绪影响。比如,因为父母的抱怨而情绪低落。

和子女一样,父母对婚姻关系的影响也是不容忽视的。父母的过分介入会剥夺夫妻二人对家庭和养育孩子的主导责任,也剥夺了夫妻相处的空间,使得夫妻观念不合,矛盾不断。在这样的家庭结构中,三方回避的态度使家庭氛围越发压抑,夫妻貌合神离。如何处理和双方父母的关系,权衡他们在婚姻中的位置,是所有已婚者需要重视的问题。

性观念与性行为

性作为婚姻关系的一部分和双方爱情可能产生的结果,在婚姻和爱情的讨论中同样不可忽视。已婚者在爱情和婚姻中的性观念和性行为与婚姻和爱情密切相关。

第 5 章 归船弄长笛，心与白鸥盟：已婚者

探索性的"禁果"

与婚姻和爱情相比，性似乎是一个相对而言更加难以启齿的话题。这一方面取决于整个社会的态度，另一方面也与人们对性行为的接受度有关。表 5-20 统计了 10 个城市的所有参与者对婚前性行为、婚外性行为、性爱分离、无性婚姻和开放性关系的接受度，并具体统计了每个城市男性、女性和全体参与者对这些性行为的接受度。其中，仅在 8 个城市进行焦点小组访谈，广州和深圳的数据仅来自个体访谈参与者。

表 5-20　不同城市的已婚者对不同性行为的接受度

城市	类别	婚前性行为		婚外性行为		性爱分离		无性婚姻		开放性关系	
		接受	反对	接受	反对	接受	反对	接受	反对	接受	反对
上海	男	4	0	0	4	1	4	1	3	0	4
	女	2	1	0	3	0	3	0	3	0	3
北京	男	4	0	0	5	0	4	0	0	0	0
	女	4	0	0	2	0	2	0	1	1	1
深圳*	男	0	0	0	0	0	0	0	0	0	0
	女	0	0	1	0	0	0	0	0	0	0
广州*	男	0	0	0	1	0	0	0	0	0	0
	女	1	0	0	0	0	0	1	0	0	0
青岛	男	2	2	1	3	1	4	1	0	1	3
	女	2	1	0	3	0	3	0	0	0	3
石家庄	男	4	0	0	1	0	4	0	1	0	1
	女	0	3	0	1	0	4	0	1	0	1
洛阳	男	3	1	2	2	1	4	1	3	2	2
	女	4	0	0	4	2	4	2	3	0	4

续表

城市	类别	婚前性行为		婚外性行为		性爱分离		无性婚姻		开放性关系	
		接受	反对	接受	反对	接受	反对	接受	反对	接受	反对
南充	男	4	0	2	2	0	3	0	3	1	4
	女	4	0	1	3	0	4	0	4	0	4
齐齐哈尔	男	4	0	0	4	0	3	1	3	0	3
	女	3	1	0	4	1	4	3	1	0	4
哈密	男	0	3	0	3	0	3	0	3	0	3
	女	3	2	0	5	1	3	0	4	0	5
所有城市	男	25	6	5	25	3	29	4	16	4	20
	女	23	8	2	25	4	28	6	17	1	26
	合计	48	14	7	50	7	57	10	33	5	46

注：只支持一部分或中立的参与者在支持和反对上各计一次；右上角标有"*"的城市无焦点小组访谈。

在总体水平上，参与者对这五种性行为的接受度不同，接受度从高到低依次为婚前性行为（77%）、无性婚姻（23%）、婚外性行为（14%）、性爱分离（11%）和开放性关系（10%）。在性别差异方面，男性和女性对婚前性行为、婚外性行为、性爱分离和无性婚姻的接受度没有显著差异；但对于开放性关系，女性的接受度（4%）显著低于男性的接受度（17%）。

这一统计结果显示了参与者整体上对这五种性行为接受度的倾向性。他们更能接受婚前性行为，对婚外性行为、性爱分离、无性婚姻和开放性关系接受度比较低。有趣的是，这种倾向性并不是极端的：即使是最不容易被接受的开放性关系，也有10%的参与者能够接受；被赋予强烈道德意义的婚外性行为，也有 14% 的参与者能够接受。

其中的一些性行为，尤其是无性婚姻，仍然被特殊看待。典型例子就是 G_SH02 和 G_SH03 这两位参与者。他们认为，无性婚姻在异性恋群体中是不可能出现的，只有可能在同性恋群体的"形婚"中出现，这样的婚姻只是一种名义上的协议，不是事实婚姻。

如果是无性（婚姻），这要看这两个人的境界怎么样。但是我碰到过以前有人，有同事的婚姻是无性的，为什么？就是因为他们是因父母的关系才结的婚，其中一个人是同性恋，名义上他们是结婚的，但是他们有协议，婚后是各自玩各自的。如果两个人因为精神恋爱而产生无性婚姻，我觉得这个是不存在的吧。

——G_SH02

现在形婚中无性婚姻很多。还有很多形婚的平台，专门介绍这类人相互认识，其实就是给父母做个样子，但是大家各玩各的。

——G_SH03

表 5-21 的统计结果也在一定程度上显示了目前已婚群体性观念的开放性。当代已婚青年在性观念上已经存在相对多样性和一定的开放性，但整体而言仍然相对保守。如果和过去相比，人们普遍的性观念确实变得更加开放。

基于不同城市经济和文化发展水平不同，表 5-21 在去除仅进行个体访谈的广州和深圳的数据后，将同一类型的城市的数据平均，得到不同类型城市性行为接受度的顺序，并计算其平均顺序。接受度最高的排序为 1。

表 5-21　不同类型城市的已婚者对不同性行为的接受度的
顺序及其平均顺序

城市类型	婚前性行为	婚外性行为	性爱分离	无性婚姻	开放性关系	平均顺序
必选城市	2	6	4	4	3	3.8
一线城市	4	3	3	1	2	2.6
二线城市	4	6	6	6	6	5.6
三线城市	3	1	1	2	1	1.6
四线城市	1	2	5	3	4	2.0
五线城市	6	6	2	6	6	5.4

注：接受度同时为 0 的城市顺序均记为第 6 位。

可以看到，不同性行为的接受度确实在城市类型上产生了差异。有趣的是，并不是经济越发达的城市，性行为的接受度就越高。在所有类型的城市中，三线城市的性行为平均接受度是相对最高的，其次是四线城市。一线城市和必选城市的平均接受度紧随其后。接受度最低的城市为五线城市和二线城市。鉴于样本的容量较小，这一发现的推广度仍然有待验证。

欲望与情感的联系

性与爱是密切联系的。在婚姻中，性行为并不仅仅作为生育手段存在，而是被已婚伴侣赋予了很多其他的意义。表 5-22 统计了性行为的意义以及相关因素，包括性行为的影响因素和性行为可能产生的影响。

表 5-22　已婚者眼中性行为的意义以及相关因素

	具体类别	个体访谈中的频数	焦点小组访谈中的频数	总频数
性行为的意义	关系维持手段	6	14	20
	正常生理需求	6	13	19
	婚姻的重要构成	4	7	11
	反映感情	3	4	7
	冲突应对手段	5	1	6
	调节生活	3	2	5
	确认关系	2	2	4
	人品表现	1	2	3
	非言语沟通方式	0	2	2
	情绪释放	0	1	1
性行为的影响因素	生理因素	4	5	9
	子女影响	3	2	5
	关系质量	1	3	4
	家庭教育	1	2	3
	人格特征	2	0	2
	性行为质量	1	0	1
	性知识	1	0	1
	工作压力	0	1	1
性行为可能产生的影响	关系质量	5	7	12
	信任度	2	0	2
	人际关系	2	0	2
	社会评价	1	1	2
	行为改变	1	0	1
	情绪影响	1	0	1
	生理影响	1	0	1
	生活质量	1	0	1

性行为被认为是十分重要的关系维持手段。G_LY15 认为，性行为能够增进彼此的感情，确认对方的心意，是维持关系的必要手段。

也是一种增进感情的必要方式，当然还是得看这个人心里有你没你，这个也挺重要的，一半一半。也就是说，心里有没有对方，跟性是同样重要的。……不一定是有了性关系就有感情，就是这样的。

——G_LY15

性行为的意义也在于它是每个人的正常生理需求，是需要被满足的本能欲望。G_QD03 提出，这种需求并不仅限于男性，对女性而言也是一样的，婚姻关系中的夫妻双方都需要通过性行为满足自己的需求。

我觉得不光是男性有这种需求，女性也一样，也有自己释放的需求。

——G_QD03

同时，尽管没有具体阐明性的意义，但性仍然是婚姻的重要构成。这种认知并没有具体的论据，似乎只是一种被普遍认可的准则。

此外，性的意义还在于它能够反映夫妻间的感情。I_NC07 认为，如果对伴侣失去性方面的兴趣，伴侣就会对彼此的感情产生怀疑。

性同样是有效的冲突应对手段。I_NC10 与伴侣的矛盾实际上已经不可调解，但是在发生性行为之后，他们之间的关系仍然能暂时缓和。然而，这种应对方式并不是根本性的，只能当时缓和关系，随后关系又会恢复原貌。

性还能够帮助调节生活，为生活增色。G_NC09 认为，性催化爱情，让彼此生活更加协调，拥有更多愉快的互动。

性同样是确认关系的重要手段。G_LY17 认为，夫妻双方能够通

第 5 章 归船弄长笛，心与白鸥盟：已婚者

过性行为来真正确认彼此的身份和所有权。

此外，性的意义还在于，个人的性行为被认为是其人品的表现。G_QQHE05 认为，有婚外性行为的人必然是不负责任的，婚外性行为能够反映其不良的人品。

性还是一种非言语沟通方式。I_QD07 认为，当某些问题无法通过言语解决时，性行为就是一种可以采取的沟通和解决问题的手段。

性还是一种情绪释放的手段。对 G_QD03 及其伴侣而言，性行为是一种减压的方式，能够在压力大的时候帮助双方减轻心理上的负担。

在性行为的影响因素中，生理因素最直接地影响夫妻之间的性行为。G_SH02 和 I_SJZ02 都提到，年龄和身体状态会影响性行为的频率，随着年龄的增长，夫妻间的性需求和性行为频率也降低了。

> 我觉得现在老夫老妻了嘛。就像他们说的，就顺其自然吧，就是这样子的，不像小青年很刻意或什么样子的。
>
> ——G_SH02

> 我年龄大了，不太在意这些东西了，更多的可能就是亲情吧，更多的是互相关心、体贴对方这方面的。
>
> ——I_SJZ02

子女也会对性行为产生影响。生育成为性行为频率降低的重要原因。G_BJ06 提到，在生育期间，不论是男性还是女性都会经历性行为频率降低的阶段。

关系质量同样可能影响性行为。G_BJ06 认为，情感问题会导致性行为的不和谐，两者之间存在因果关系。

家庭教育会通过影响人们的性观念，进而影响性行为。G_HM10

因家庭教育对婚前性行为有较强的排斥，因此不会选择发生婚前性行为。

个体的人格特征也可能影响他对性行为的选择。对 I_SH07 而言，身份认知是一个重要的影响因素。作为独立的个体，他能够坦然地接受婚前性行为，但当他将自己的身份转换为父亲角色时，他对婚前性行为就有着强烈的排斥。

在性行为可能产生的影响中，性行为首先会对关系质量产生影响。G_BJ05 认为，在怀孕期间，夫妻关系会变得不稳固，其中根本原因就是缺乏性行为。

确实就是太太怀孕这十个月，怀胎九个月或十个月期间，这段时间的夫妻感情波动是最大的，都有这种感觉，你有这种感觉吧？包括有孩子之后，从一生完孩子这就到了一个点，就是夫妻感情最脆弱的一个点，是吧？因为我就分析，我就全是（性行为）这事。

——G_BJ05

性行为的频率也会影响夫妻双方的信任度。I_HM03 因为拒绝和伴侣发生性行为而被伴侣怀疑不忠，夫妻的信任度极度降低。

个人性行为的选择还可能影响其人际关系和社会评价。如 G_QQHE05 所言，婚外性行为对她而言是人品不端的象征，她不会选择和有这种性行为的人做朋友。而对 G_LY14 而言，接受没有爱情基础的性行为也会被认为是人品不良。

简而言之，性行为是人类的正常需求，也是婚姻的重要组成部分，它既是调节关系的有效手段，也是婚姻关系的晴雨表。性行为与婚姻关系的质量相互影响。高质量的关系往往能提高性行为的满意度，而良好的性行为也能够促进感情和维护关系。

孕育新的生命

在婚姻关系中，生育子女同样非常重要。孩子对婚姻关系的影响在前文已经有所讨论，其重要性不言而喻。孕育新的生命甚至成为个人的使命和愿景，当这一愿景无法实现时，人们就可能会像I_SZ12一样选择结束一段婚姻关系。表5-23统计了个体访谈参与者的生育控制及其影响因素。需要解释的是，生育控制包括生育行为和避孕行为。

表5-23　已婚者的生育控制措施及其影响因素

	具体类别	个体访谈参与者
生育行为	平均生育个数	1.18
	平均生育期待	0.24
生育行为的影响因素	双方父母	2
	自身条件	2
	子女因素	1
	双方态度	1
避孕行为	安全套	13
	口服避孕药	3
	体外射精	2
	长期避孕手段	2
	安全期	1
避孕行为的影响因素	生育期待	6
	身体状况	1

可以发现，生育行为是十分普遍的。平均每对伴侣至少生育一个孩子。在本研究的参与者群体中，有4位参与者目前仍然怀有较强的生育期待。

生育行为的影响因素包括双方父母、自身条件、子女因素和双方态度。I_HM03 因为婆婆的支持而对生育行为更接纳。I_GZ04 因为不忍心儿子孤单一人，希望生第二个孩子与他为伴，但因为自身条件不足，尤其是身体不够健康，不得不暂缓这一生育计划。I_BJ12 则尊重伴侣对生育的态度，尽管自己希望有第二个孩子，但只有双方意见达成一致，才会真正采取生育行动。

需要提及的是，在部分地区，仍然存在"重男轻女"的生育观念。例如 I_SZ12 这位参与者，她的家庭中仍然存在更加看重儿子的生育观念，这可能会给她的生育行为带来一定压力。

我说心里话，不要说我家里，就是我个人都会。怀孕的时候我说是个女儿，我妈说是个女儿我就给你一千块钱吧，她说你去检查一下……因为我当时也在想，我说这要是个男孩就好了，我自己也想生个男孩……我也怕不健康什么的，毕竟十月怀胎。就是我也希望是个男孩，所以不是说家里重男轻女，现在的人好像也不是说一定要重男轻女，就是生一个儿子以后，我就完成任务了。如果接下来生二胎，我没有压力，男孩女孩都可以，我当时就这样想的。

——I_SZ12

同时，避孕行为也与孕育新生命息息相关。避孕行为同样是非常常见的，能够帮助已婚夫妇有效控制生育个数，按照自己的生育期待实施生育行为。目前，最为常见的避孕行为是戴安全套，其次是口服避孕药，再次是体外射精和结扎、带环等长期避孕手段，最少见的是通过计算安全期避孕。

避孕行为的影响因素主要为生育期待和身体状况。不希望有生育行为的已婚者会通过避孕行为来防止受孕。I_BJ12 则因为伴侣的身体状况而不得不抑制自己的生育期待，采取避孕行为。

婚姻中的性别差异

在前文的讨论中可以看到，婚姻关系中仍然存在各种各样的性别差异。在婚姻的阶段中我们曾提到，濒临破裂期婚姻的性别比例有明显偏差；在婚姻中的权力中我们曾提到，"男主外，女主内"的分工模式最为普遍，但"男主内，女主外"的分工或并没有明显内外分工的婚姻关系满意度更高，更不容易破裂；在择偶方面，女性的择偶观念更加具体，涉及的方面更多，更易受外界影响，也更倾向于选择通过相亲择偶，而男性更多通过自由恋爱择偶；在性行为的接受度上，对于开放性关系，女性的接受度明显低于男性。

下面将具体阐述婚姻关系中存在的性别差异，包括上文中提及的方面和尚未提及的方面。

第一，男性和女性对婚姻关系的感知不同，主要体现在择偶观念、择偶行为和对关系破裂的感知不同。

在择偶方面曾提到，女性的择偶观念更加具体，更易受外界影响，择偶行为也更被动。这表明，女性往往对亲密关系和亲密伴侣有更充分和全面的想象，也会更多参考他人的意见，有更多想象来源和范本。然而，她们仍然习惯于在关系中保持矜持，作为被动的那一方，默默观察真正符合自己心意的伴侣，在择偶这一阶段充分享受自己选择的权力。男性尽管对亲密关系的看法更朦胧，却有比女性更强的行动力和主动性。

此外，在婚姻的阶段这一部分曾提到，对婚姻濒临破裂的感知，女性明显强于男性。这一差异并没有在婚姻关系的其他阶段出现。正如前文所言，这表明，女性对关系中出现的问题往往更敏感，男性即使在关系已经走向破裂，仍有可能意识不到问题的存在。

第二，在婚姻的权力方面，同样存在一定程度的性别差异。

在不同分工的比例方面，男方强势且"男主外，女主内"的权力模式数量最多，其次为女方强势且"男主外，女主内"的权力模式，相对平等且"男主外，女主内"的权力模式、女方强势且"男主内，女主外"的权力模式，以及相对平等且无明显内外分工的权力模式数量相同，占比最低。这表明，"男主外，女主内"这一传统的分工模式仍然是主流，但比例已经逐渐降低，且关系中的权力强弱也存在多样性；"男主内，女主外"和无明显内外分工的权力模式也逐渐能够占据一席之地。女性在关系中的地位的确在提升，但并不能完全撼动传统认可的男性在婚姻关系中的地位。

有趣的是，女性地位更高并不会导致婚姻破裂的可能性更高。在女方强势且"男主内，女主外"的权力模式和相对平等且无明显内外分工的权力模式中，女性的地位比"男主外，女主内"这一分工模式中女性的地位更高，关系破裂的可能性反而更低，关系满意度也更高。

特别需要提及的是，在最为普遍的"男主外，女主内"的分工模式中，几乎所有参与者都提到，男性需要承担家庭的经济压力，负担主要的经济支出，这是"男主外"这一分工最为明显的体现。有趣的是，这并不意味着，女性在经济上要完全依赖男性。事实上，女性也非常强调自己在关系中的经济独立性，认为经济独立能带来更强的安全感和更大的话语权,也更能建立良好的婚姻关系。I_QD05 的伴侣在一段时间内是全职主妇,这给她带来了极强的不安全感,也使得双方的矛盾不断加剧。然而,女方过分看重经济因素也会导致不信任感,例如 I_HM05 这位女性和 I_NC07 的前妻,都因为过分看重经济因素而夫妻离心,关系逐渐恶化。

第三,除了对彼此的关心和对家庭的责任等共同需求不存在性别差异外,男性和女性在婚姻中的需求均存在差异。

男性在关系中普遍更加看重男性自尊。例如,I_NC07 这位男性就曾因为伴侣不给自己面子而多次与伴侣发生激烈争吵,I_SJZ02 在与现任伴侣相处时会特别顾及伴侣在外人眼中的话语权。在发生冲突的原因中,所有提到面子这个冲突原因的参与者均为男性。这很可能与普遍接受的对于婚姻的期望有关,即前文提及的,人们普遍认为应该建立"男主外,女主内"的婚姻关系。

女性则更加在意伴侣对自己的感情、陪伴、重视等,这其实也非常符合普遍的认知。例如,I_HM03 这位女性看重伴侣和自己的感情基础,以及对自己的关心和爱护,I_GZ04 看重伴侣及其家庭对自己的接纳和带给自己的家庭温暖。

第四,男性和女性在经历婚姻关系后的变化不同。

几乎所有男性参与者都提到,在步入婚姻尤其是生育子女之后,他们对家庭的责任感增强,变得更加成熟、稳重,也更加懂得忍让。这并不意味着,女性在婚姻关系中不会有更强的责任感,只是男性在这一方面的变化更明显,也更一致。这很可能与普遍认可的男性需要承担家庭主要的经济压力这一观念有关,也与女性对于男性在婚姻中担任的角色的期待有关。对男性而言,结婚生子是他们成熟的一道重要分水岭。例如，I_QD07 提到，结婚后抗风险能力降低，需要为家庭的稳定负责。

女性的变化则主要出现在生育子女之后。几乎所有女性参与者都提到，在生育子女之后，自己大量的注意力和精力都投向孩子，对伴侣的关注和要求都会变化。例如，I_QQHE08 在生育子女之后过分强调伴侣作为父亲的身份；I_SZ12 也认为孩子重于一切，只要丈夫对孩子和家庭负责，就不需要过分维护夫妻关系。

第五，离婚对男性和女性的影响不同。

对男性而言，离婚似乎不是一件需要付出很大代价的事情。例如，对 I_BJ12 这位男性而言，离婚并没有给他带来特别大的长期伤害，也没有让他付出太大的代价。然而，这并不意味着，社会对男性离婚是完全接纳的。他的再婚伴侣至今都没有告诉自己的父母结婚对象曾经离过婚，这从侧面反映了整个社会对离婚者普遍不接纳。

> 以前我认为，可能婚姻，从婚姻的角度啊，结婚和离婚的成本实际上都很高。……有过这么一次后我发现呢，其实也没有那么高。因为有些事情可能过去就过去了，要不然的话，你可能在这里面还需要经受长期的煎熬。过去了以后，其实也就是花点钱而已，别的其实并没有什么。
>
> ——I_BJ12

然而，对女性而言，离婚会给她们带来更大的伤害，使她们被周围人轻视。对 I_HM03 而言，离婚使她遭受歧视和不公平的对待，让她体会到强烈的无助和痛苦，也使她对异性的防御心理显著增强。

> 身边总会碰到些很烂的人骚扰你，就是缠着你，我发生过，遇见过。就说上班的，有听见过你离婚的，想欺负一下你呀。有点瞧不起

你，欺负你，甚至想占你便宜，就是占你的那种便宜。你的领导或者旁边的同事就有那样的，就是那种骚扰你的人。有，碰见过，的确。也哭过，流过泪，也关起门来。反正就是说，无助得很。

——I_HM03

第六，男性和女性的性观念和性行为也存在差异。

正如上文所言，对于开放性关系，女性的接受度显著低于男性。此外，在不同类型的城市中也存在性别差异。根据表 5-20，在二线城市中，男性比女性更能接受婚前性行为；在四线城市中，男性比女性更能接受婚外性行为；在五线城市中，女性比男性更能接受婚前性行为。总之，在性行为的接受度上，男性的接受度比女性更高，也更不容易赋予性行为极强的道德意义。

女性的性欲望在生育子女后会显著减弱，而男性似乎没有这种性欲望的变化，更多的是由于伴侣需要照顾孩子而不得不减少性行为。I_GZ04 提到，在生育孩子之后，她的时间和精力都给了孩子，对性的需求急剧降低。I_SZ12 和 I_HM05 同样提到了这一点。

生了小孩，我是没有那个欲望。我大部分的时间都去照顾小孩子，没有去想那些东西。

——I_GZ04

在婚姻关系中，男性和女性最重要的差别在于，他们对亲密关系的感知不同。男性难以意识到哪里出了问题，也往往没有深入和正确理解女性在关系中的心理。女性对关系出现的问题和原因有更多思考，也对关系有更加明确的想象和期待。这其实非常符合普遍的认知。

此外，随着时代的发展，女性在关系中的地位确实在逐步提升。

她们推崇经济独立，不愿再在家做相夫教子的家庭主妇，希望能够在婚姻中拥有更多的话语权，与伴侣平等地交流，甚至成为关系中主导的那一方。这一关系模式的变化，大概是这个社会正在逐步向两性平等的未来前进的最好的反映。

讨论与反思：已婚者爱情背后的力量

中国青年追求的婚姻

尽管当代中国婚姻是复杂多样的，但中国青年已婚群体追求的婚姻仍然有一定相似性：他们追求稳定的、幸福的和完整的婚姻。

稳定的婚姻：不可轻易打破的契约

婚姻关系是法律确定的对亲密关系的契约。这一契约因为法律的支持而有了重量，就像所有具有法律效力的条文和合同一样，它追求有规则的稳定的两性往来；它不能被轻易废除，一旦关系破裂必定要付出一定的代价。为了追求稳定的婚姻，青年已婚群体强调婚姻中的现实性、责任感和低风险性。

强调现实性主要是指看重婚姻的经济基础。强调经济基础是婚姻与恋爱最重要的区别之一。经济压力成为众多夫妻婚姻关系中的困扰和阻碍，这是婚姻关系面对的最为现实的问题。李涛（2014）提到，21世纪初期开始，择偶开始出现物质化倾向，看重经济因素。尽管这一点常常为人诟病，但不得不说，经济基础在很大程度上影响了婚姻的稳定性：不够坚实的经济基础甚至可能导致婚姻破裂；财产分离被视为缺乏信任感的标志；双方的经济条件在一定程度上决定婚姻关系中的权力和地位。

强调责任感同样是婚姻与恋爱最重要的区别之一。为了稳定，婚姻关系需要建立除了不稳定的情感以外的家庭联系，这就是对家庭的责任感。婚姻关系使夫妻双方形成责任同盟，共同承担可能遇到的风险，彼此不仅需要共同承担家庭责任，而且要承担彼此告知的责任。

婚姻关系还强调低风险性，这一点体现在婚姻关系的平淡性上。尽管有部分参与者感到婚姻缺乏激情，但他们仍然能认同婚姻的平淡才是婚姻的真实面貌。平淡的婚姻意味着，婚姻关系中没有太多波澜起伏，自然也就代表了不会遭遇过多风险。

幸福的婚姻：生而为人的权利

在讨论已婚群体对幸福婚姻的追求之前，必须先讨论，怎样的婚姻对他们而言是幸福的。

幸福的婚姻中，双方在关系中的需求和资源相匹配，有良好的情感基础、合理的冲突应对方式及和谐的家庭系统。不幸的婚姻则有着相反的特征：双方在关系中的需求和资源不匹配，对关系和伴侣感到不满；缺乏情感基础，仅为了孩子或父母维系关系；具有不良的冲突应对方式和混乱的家庭系统，难以沟通和相互理解。

有趣的是，已婚群体对幸福婚姻的追求反而体现在关系的破裂中。关系破裂往往始于对伴侣和关系的幻灭感，即现实与幻想不符。休斯顿及其同事（Huston et al., 2001）研究发现，将关系破裂的夫妻和关系仍能维系的夫妻区分开的正是幻灭感。经历关系破裂的参与者往往要在责任和感情之间权衡，关系濒临破裂的参与者几乎都已经处于不幸的婚姻中，和伴侣几乎没有感情，只靠对孩子和家庭的责任维系婚姻。当这种不幸带来的痛苦超越责任感时，他们就会更加考虑自己的权益，最终选择离婚。这些都表明，对伴侣和关系感到满意和幸福，才有可能维系关系；不幸的婚姻不论如何勉力维系，最终都难免破灭。

幸福婚姻其实是十分合理的追求，是每个人生而为人的权利。对个人而言，他也许可以为了家庭牺牲一时的幸福，却很难为此牺牲一辈子的人生。当痛苦超越为家庭奉献的责任，关系破裂就像一种求生的本能，要把自己从令人窒息的苦难中拯救出来。

完整的婚姻：小家庭与大家庭的结合

婚姻的完整性同样是已婚者的追求。这一完整性既是指两个家庭的结合，也是指子女的降生。已婚群体普遍认可的一个观点就是：婚姻是两个家庭的结合，而孩子能让家庭更加完整。

前面曾经提到，婚姻的结合有着"1+1>2"的效果。当双方脱离自己的原生家庭，彼此结合组建新的家庭时，他们不仅要孕育新的生命使自己的小家庭变得更加完整，而且会成为整个大家庭的中心，是重要的维系者和主导者。

如何处理好小家庭与大家庭的关系，则是这个过程中一个重要的命题。在对结果的分析中可以发现，过分重视亲子关系和父母对子女婚姻关系的过分介入都会侵害小家庭内的夫妻关系，导致婚姻崩坏。这意味着，必须同时处理好小家庭内的平衡以及小家庭和大家庭之间的平衡。

如何取得这样的平衡呢？家庭系统理论提出，良好的家庭关系必须确立夫妻在家庭中的主导地位，明确大家庭和小家庭的边界，尽量避免慢性焦虑在三角关系中扩散（张志学，1990）。事实上，经典的婆媳问题就是家庭系统中恶化了的三角关系的体现。这种长期焦虑影响下的三角关系会严重影响家庭关系，最终导致整个系统失衡。夫妻双方都必须发挥主观能动性，共同维持家庭系统的和谐。

做婚姻中爱情的花匠

爱情会对婚姻产生方方面面的影响：择偶建立在对彼此的评价和情感的基础之上；以情感性动机为主导的婚姻破裂风险最低；有感情的婚姻关系比没有感情的婚姻关系满意度更高，其中拥有爱情的婚姻关系满意度最高；符合理想的爱情和婚姻让关系更不容易破裂。可以说，爱情是婚姻中不可忽视的重要成分。

然而，婚姻中的爱情必然会随着时间渐渐消磨。大部分爱情会被亲情取代，伴侣会成为家人，但良好的婚姻关系不能缺乏爱的维持和表达。可惜的是，大部分人并没有维持和表达爱的意识。波兰作家显克维支（Henryk Sienkiewicz）曾经说过："单有爱情是不够的，必须懂得怎样爱，必须懂得怎样指导爱情。"想要爱情之花长久地盛开，每个已婚者都必须成为优秀的花匠，精心地呵护和关爱它。

如何成为成功的爱情花匠呢？在爱的维持和表达中，最重要的就是回应。

婚姻中的回应会深刻影响双方的态度和情感的走向。回顾那些幸福和不幸的婚姻，在幸福的婚姻中，关系的维持首先需要一方积极、主动地行动，而另一方也需要作出回应。如果一方无回应或作出令人不快的举动，对方就会退却，感情也会越走越远；积极回应能促进对方的主动行动，使感情变得更深厚。这种回应体现在关系维持、情感表露、冲突应对、沟通等多个方面。积极回应包括提高自我的主动性、正向的情感反馈、坦然接纳等。

在某种程度上，关系中的这种互动纵然是动态的，也仍然遵循奖惩原则。短时间的积极或消极回应不会对关系的发展起决定性作用，但长时间的积累会引发质变：积极回应能带来更多的亲密、依赖和信任，而消极回应会造成不可逆转的关系疏离甚至破裂。

婚姻中的个人成长

个人在情感中难免遭遇挫折，而跨越这些挫折能够使个人成长。在婚姻关系中，主要的挫折包括婚姻中的冲突和过去的情感经历。

冲突能够磨合关系，让人们意识到换位思考的重要性，从而实现关系中的自我成长。过去失败的婚姻经历虽然是一种痛苦的经历，却也是重要的经验和反面参照；再婚者通过对失败婚姻的反思和总结，能够更成熟地处理亲密关系，使第二次婚姻更顺利和成功。正确应对这些挫折需要合理的心态和伴侣的支持。

有趣的是，并不只有挫折才会让个人成长，成功的关系本身也会带来个人的成长。

步入婚姻关系就像进入一所学校，已婚者可以向关系中的所有优秀者学习，包括伴侣、孩子和父母，使自己更加成熟地对待家庭和人生。男性会学习承担自己的家庭责任，如何忍让和包容；女性则会学习如何独立或依赖，意识到自己作为母亲的责任，变得更加务实。

第5章 归船弄长笛，心与白鸥盟：已婚者

潜移默化的社会文化

在对婚姻关系的讨论中，不能忽视社会文化产生的作用。这种作用是潜移默化的，刻在每个中国人的骨血里，在言行举止中不经意就会表现出来。

传统文化对婚姻关系的影响仍然是不可磨灭的。中国人的骨子里仍然刻着传统文化的基因，看重家庭，安于中庸。传统婚姻的开始遵循"父母之命，媒妁之言"，对当代青年而言，这或许过于古板，但父母一定程度上仍然在结婚这个问题上拥有一票否决权，父母仍然是婚姻关系的重要参与者。对于婚姻关系中的权力，传统婚姻尊崇"夫为妻纲"，现在"男主外，女主内"的婚姻模式仍然占据主流，这种对传统性别角色的刻板印象仍然没有消失。在生育方面，传统婚姻讲究"不孝有三，无后为大"，现代婚姻中的伴侣仍然能感受到很大的生育压力，甚至是生儿子的压力。同时，在传统孝文化的影响下，婚姻中的伴侣仍然需要赡养双方父母，这为他们带来了很大的生活压力。

然而，随着社会经济文化的迅猛发展，这样的影响终究逐渐弱化和分化，现代社会发展出更加多元的婚姻和家庭形式。

同时，鉴于城市间的发展不平衡和历史背景的不一致，横向的文化差异也导致婚姻关系的区域差异性。在层级更低的城市中，大家庭的力量更强，父母对孩子的影响力更大，传统的性别刻板印象产生的作用也会更强。

超越想象的性力量

在中国，性始终是一个有些禁忌的话题。性观念和性行为的接受度存在时代和地域差异。随着时代的发展，人们的性观念更加开放，对不同性行为的接受度也变得更高。然而，在地域差异方面，并不是经济越发达的城市拥有越高的性观念开放度。这很可能是因为，在一、二线城市，社会道德的力量更强，反而约束了大众的性观念。

不可否认的是，性在婚姻中会发挥超乎想象的力量。性行为的质量和关系质量相互影响，也相互反映。性行为帮助缓解矛盾，满足生理需求，是生活的调味剂。可以说，已婚者远比想象中更加看重性在婚姻中的意义。只是，这一意义常常难以启齿。

此外，生育行为也是婚姻中的重要一环。生育甚至成为一部分人在婚姻关系中的终极追求和实现自我价值的手段，无法生育有时会导致关系破裂。已婚者对生育的看重很可能也影响了他们对性的重视度。

接下来根据研究资料，编写了已婚者的两个故事，分别讲述幸福婚姻的秘诀和不幸婚姻的因果。

已婚者的爱情故事

邢付：幸福婚姻的秘诀

刑付三十刚出头，是一位已婚男性。他已经结婚5年，有两个孩子，大女儿8岁，是妻子在上一段婚姻中生的孩子；小儿子3岁，是两个人婚姻的结晶。当然，对他来说，两个孩子都是他的孩子，他一样喜欢，一样用心关爱。

这一天早上，他和往常一样，一边吃着妻子早早准备好的早饭，一边催着两个孩子快点洗漱，准备上学。吃完饭，他还要开车送他们去各自的学校。每天早上，他都是这样围着两个孩子打转，但是这并不意味着他就忽视了妻子。出门前，他们总是要轻轻抱一下，亲一下彼此的脸颊，再分头去做自己的事情。他很喜欢生活中这样的仪式感，能够让他和妻子都感受到对彼此的感情。出门后，他还想着，过两天就是结婚纪念日了，该给妻子准备一个什么样的惊喜呢？

送完孩子后，他到公司工作。养育两个刚刚上学的孩子给他带来了不小的经济负担，但是他甘之如饴。他觉得这就是成家立业带来的责任，是他成为一个好丈夫和好父亲必须要做的事情。当他忙完一上午的工作，才发现妻子在微信上问他工作忙不忙，他连忙回复她，并且解释自己刚才在开会，没法看手机。当然，妻子很包容，不会因为这种小事生气，但他还是很看重和妻子坦诚、积极的沟通，也享受妻子对自己的关心。

下班回家后，他顺道先去父母家接回小儿子。幼儿园放学早，而他和妻子工作都忙，所以父母会帮忙下午从幼儿园接孩子。他们并不住在一起，因为父母并不想过分介入他们的生活。回到家时，女儿已经被妻子接回了家，正乖巧地在房间里写作业，女儿一直被妻子教导得很好。妻子则在厨房做饭，香味逐渐飘散出来。他快步走过收拾得整齐的餐桌，去厨房帮忙，他已经看到锅里炖着他爱喝的鱼汤。妻子却笑着推他出来："吃完饭你洗碗就行了。"妻子承担了大部分家务，而他承担了更大的经济压力，他们的关系是较为平等的。

他便安心地在沙发上坐下，听小儿子说在幼儿园里发生的事。不一会儿，女儿也做完了作业来到客厅，和他一起逗弟弟，听弟弟讲今天老师讲过的故事。他看着面前儿女双全、平安喜乐的场景，脸上不由得露出舒心的笑容。

饭很快就好了，夜幕也已经降临。他们围坐一桌，享用晚餐，分享一天的故事。孩子讲学校的故事，大人讲公司的故事，即使吃完了饭也常常不会离开餐桌，要等所有人都吃完，故事都讲完。

饭后，两个孩子去房间里玩自己的游戏，他则乖乖去洗碗。妻子坐在沙发上继续做没有完成的工作。出来的时候，他在一边也做了会儿自己的事情。当有事的时候，他们也能够这样留出彼此的空间，互不打扰。

当他们都完成所有工作后，已经夜色渐深了。他哄睡了孩子，才来和妻子一起度过一天中属于彼此的时光。妻子倚在他怀里，和他抱怨工作上遇到的困扰。他静静地听着，不时安慰她或是鼓励她。如果他在工作上遇到了困扰，他们的角色就会互换。

妻子的抱怨渐渐转移，说到了家庭琐事和孩子的教育。他也渐渐有些心浮气躁，只是不愿意在气头上说出狠话，只是坐在一边静静地听着，幸而这些抱怨很快就结束了。等双方都平静下来，妻子甚至为自己的情绪发泄主动道歉，他选择一笑而过，和妻子把问题摊开谈。他们在结婚前就约定好，有矛盾绝不过夜，也绝不藏着掖着，要主动沟通，把所有可能的问题都解决掉。

他想起白天和同事聊天时，同事委婉地说他的妻子是再婚，有点配不上他，但他并不这么觉得。当初偶然认识，他就决定要主动追求她，即使知道她已经离过一次婚，还带着孩子，也丝毫没有退缩。妻

第5章 归船弄长笛，心与白鸥盟：已婚者

子在离婚后一度防备心强，但终究在他的坚持和关怀下软化。在婚后，他真诚地对待妻子和她的女儿，也赢得了妻子的信任。他能感受到，在这段关系中，付出更多的其实是妻子，她养育子女，照料家庭，包容自己。他也能感受到，他们之间的爱虽然多了许多温情，却没有消退。在他心中，妻子就是他理想的伴侣，这段婚姻也是他能想象到的最幸福的婚姻。

夜深了，他想，是时候开始真正的夜生活了。尽管在生孩子后频率有所降低，但今天妻子并没有拒绝，这也是婚姻生活的妙趣所在。

卜杏：不幸婚姻的因果

卜杏是一位30岁的已婚女性。她已经结婚6年，和丈夫有一个4岁的女儿，目前和公公婆婆住在一起。

这一天，她像往常一样愁眉苦脸地来上班。她维持这个状态已经很久了，同事并没有闲到去探听她的隐私，但大部分人还是知道，她的婚姻出现了一些问题。

如果让卜杏自己去探究这段关系到底哪里出现了问题，她其实能说出十几个原因，但她仍然对现状感到困扰。可以说，一开始，她压根儿就没想到他们的婚姻会变成这样。

她和丈夫是相亲认识的。结婚的理由也挺简单，双方都到了结婚年龄，自己又比较害怕变成老姑娘。二十多年的人生都没遇到所谓的真爱，她便不再抱什么期待。这当然并不意味着，她对丈夫就没有任何好感，只是结婚之前的感情基础确实不深。

婚后，他们确实度过了一段幸福的二人时光。虽然生活中难免有摩擦，但那段时间仍然是舒心的。他们会聊天、出游，频繁联络。唯一的问题在于，每次产生摩擦时，丈夫总是采用回避的态度，她觉得

从那时候开始,他们之间的沟通就不太充分。

真正的转折点是在生孩子之后。生完孩子,公公婆婆为了帮忙照顾孩子和他们住到了一起。然而,卜杏和他们的生活习惯、观念完全不同,也不太习惯他人"侵入"自己的生活空间。她感到很不适,也不放心来自乡下的公公婆婆用"老方法"照顾孩子。在孩子1周岁后,她就开始明里暗里和丈夫说,希望可以和公公婆婆分开住。

丈夫是家中独子,自然不能接受卜杏的想法。在他眼中,父母就应该和自己住在一起。卜杏生气却没有办法,只是一边努力忍让,一边寄希望于丈夫能够和公公婆婆沟通。忍让换来的是公公婆婆进一步掌控了整个家庭,因为他们也不放心让卜杏一个小姑娘掌管整个家庭。对丈夫的希望破灭了,事实上,有些时候,丈夫也不能说服公公婆婆。

她感到在家中越来越透不过气,这个家庭似乎被公公婆婆接管了,连孩子都渐渐与自己疏远。她忍无可忍,终于开始和丈夫频繁地争吵,大哭大闹,但争吵并没有用。很多时候她根本不知道丈夫是怎么想的,也不知道他的立场,这让她觉得自己很无用。她越来越痛苦和封闭,而丈夫也因为无法解决的争吵而更加不愿意和她沟通,常常很早就出门,很晚才回家。她明显感觉到,丈夫在躲着自己。

她对丈夫心灰意冷,终于放弃了挣扎,用冷漠的态度对待一切不如意。她也开始拒绝沟通,每天和家里人打照面就像没看见,甚至不愿意和他们处在同一空间内。"离婚"这两个字在她嘴边转了千万遍,终究还是咽下了,因为她放不下自己的孩子。她想,再忍一忍吧,至少等孩子大一点。

但卜杏仍然期望这段关系能够好转。她仍然记得新婚时的快乐时光，这让她对过往心存留恋。他们也仍然有性行为，在那种时候他们的关系能有所缓和。她相信她和丈夫的问题就是沟通的问题，所以期待能够和丈夫敞开心扉，促膝长谈。如果这样的境况持续下去，她觉得自己也撑不了太久，随时可能选择离婚。

结论

本研究分析了 65 位已婚者，包括 17 位个体访谈参与者和 48 位焦点小组访谈参与者的质性资料，主要通过自上而下的编码方式，探索当代青年已婚群体的爱情观念及行为。

首先，中国当代婚姻是多样化的。婚姻关系的明确界线是多样化的；婚姻关系存在不同阶段和各阶段对应的特点；婚姻关系的权力分配也是多样化的；婚姻中的依恋，包括夫妻之间的依赖、亲近和对疏离或忽视的感受，同样多样化。总体而言，中国青年仍然追求稳定的、幸福的和完整的婚姻。

其次，婚姻中的爱情是不可或缺的；婚姻中遭遇的挫折和应对方式对关系的发展至关重要；家庭系统对婚姻和爱情也极为重要；人们在爱情和婚姻中的性观念和性行为同样与爱情和婚姻密切相关。这些都已充分阐述过，此处不再赘述。

最后，婚姻关系中在不同方面存在性别差异，包括对婚姻关系的感知、婚姻中的权力、婚姻中的需求、经历婚姻关系后的变化、离婚的影响，以及性观念和性行为。

简而言之，中国当代青年婚姻与爱情的图景确实是复杂多样的。但我们欣喜地看到，在离婚率日渐提高的今天，大部分已婚者虽然不免遭遇关系、情感和生活的种种困境，却仍然从婚姻、爱情和家庭中获得了支持和满足。婚姻是一道围墙，走进去的人偶尔想出来，但更多时候，他们会安然待在墙内，因为围墙既是责任和限制，也是安全感的来源，庇护了港湾与家园。爱情换了种形态，生活变了种形式，人生多了种未来，这可能就是当代青年对婚姻的态度。

第 6 章

江流大自在,坐稳兴悠哉:
成对夫妻

所谓婚姻

婚姻是社会关系中重要的一部分。第 7 章会介绍目前中国的离婚率呈上升趋势,加上社会对婚姻和爱情关系的持续关注,人们更多地思考如何开始并维持一段良好的婚姻关系。在衡量什么是良好的婚姻时,有两个重要指标:一是婚姻质量,即婚姻良好与否;二是婚姻稳定性,即婚姻的发展状态与长度。

本研究在设计时要求一对夫妻同时接受访谈。分析资料后发现,夫妻共同接受访谈的参与者有一个共同点:目前的婚姻生活都比较顺遂,对未来的预期也比较正向。可以说,以成对夫妻的形式接受访谈的参与者的婚姻质量较高。出现这种情况可能是由于,婚姻中遇到问题或者有所不满的人更愿意单独接受访谈,而不是与伴侣共同前来。这一共同点引发一个思考:婚姻长度、地域、经济状况、家庭环境和性格都截然不同的这 10 对夫妻之间有什么共通和不同之处,使得他们对自己的婚姻生活满意?他们在婚姻中是否遇到过问题和困难?他们如何维持现在的婚姻?由于是成对夫妻,他们讲述的家庭故事可以相互检核,夫妻双方的观点和叙事有什么差异和相同之处?

虽然国内外有很多与婚姻质量相关的研究,但学界对婚姻质量这个概念并没有非常统一的定义,不同的理论流派有着不同的测量方法(Glenn,1990)。此处采取综合的视角,将婚姻质量视为反映婚姻互动和功能的统一体,与婚姻中的适应、沟通、整合、幸福感和满意度

第6章 江流大自在，坐稳兴悠哉：成对夫妻

高度相关。婚姻质量能同时反映夫妻主观上的体验和客观上的互动，与婚姻稳定性存在正相关。托马斯和克勒贝尔（Thomas & Kleber, 1981）指出，由于所处地区和文化不同，婚姻质量对婚姻稳定性的影响会有所变化，文化或社会对婚姻的外在规约使婚姻质量对婚姻稳定性的影响减小。本研究中也能发现地区的不同会影响对婚姻的期待和认知。

在国内对婚姻质量的研究中，徐安琪和叶文振（2002）通过夫妻关系满意度、物质生活满意度、性生活质量、双方内聚力、婚姻生活情趣和夫妻调适结果六个指标来定义婚姻质量，分析上海、哈尔滨和广东、甘肃农村地区婚姻质量与婚姻稳定性之间的关系。结果表明，婚姻质量直接影响婚姻稳定性，并且作为中介变量，传递其他变量对婚姻稳定性的影响。同时，中国农村地区相比城市，婚姻稳定性受婚姻质量影响更小，这表明相比农村地区，城市居民婚姻的维持更少受到外在制约。值得注意的是，家务劳动对婚姻质量也有影响，特别是在城市中，妻子承担的家务与婚姻质量具有较弱负相关。

影响婚姻质量的因素有很多。从个人因素来说，依恋类型、冲突解决模式、付出等因素都对婚姻质量有所影响。依恋类型在对婚姻质量有直接、显著影响的同时，还通过归因这一中介变量产生间接影响（杨吟秋，2007；侯娟，蔡蓉，方晓义，2010）。侯娟等人（2010）发现，夫妻双方依恋风格和婚姻归因的影响有所不同。妻子的消极依恋会显著负向预测自身感知到的婚姻质量，并且妻子比丈夫有更多消极归因。丈夫的归因方式可以显著预测妻子感知到的婚姻质

量，反之则不然。依恋风格影响归因方式，特别是不安全依恋会带来消极归因（Mikulincer & Arad，1999），进而对婚姻满意度有负面影响（Bradbury & Fincham，2000）。

除了夫妻之间的互动本身会对婚姻质量有所影响，孩子、原生家庭等因素也会对婚姻质量产生影响。特别是受中国社会的传统家族文化的影响，父母在子女婚姻中的参与度相比西方国家更高，对婚姻质量的影响也比较大。国内研究显示，原生家庭的参与会对夫妻的婚姻满意度产生负面影响，特别是和父母住在一起的家庭，婚姻满意度比夫妻单独居住的家庭更低（Hu, Sze, Chen, & Fang, 2015）。有研究者（Yuan, 2019）指出，原生家庭的参与通过损害作为中介变量的姻亲关系，进而影响婚姻质量。在她的分析中，原生家庭的影响根据性别有所不同，女性的婚姻质量同时受到她自己和丈夫的原生家庭参与的影响，而男性的婚姻质量只受到自己的原生家庭参与的影响。子女对婚姻质量也有明显影响，2006年CGSS的数据分析显示，子女数量对婚姻质量有负面影响（王存同，余姣，2013）。不过胡等人（Hu et al., 2015）发现，家中有学龄期儿童的夫妻的婚姻满意度比有学龄前儿童的夫妻更高，这表明随着孩子年龄的增长，在照料需求减少后婚姻满意度有所回升。在对一对夫妻进行的深入访谈中，可以发现原生家庭和孩子都对婚姻生活产生了显著影响，使婚姻生活在不同阶段呈现出不同样貌。

在异性婚姻的研究结果中往往发现性别差异的存在。如先前调查表明，女性在婚姻中的满意度一般比男性低，女性在婚姻中的归因模式与男性相比倾向于消极归因等（侯娟，等，2010；王存同，余姣，

2013）。因此，在分析成对夫妻的爱情和婚姻生活时，需要关注性别差异带来的不同视角、体验和行动。

通过对成对夫妻进行访谈，研究者得以更深入地探索婚姻的特质与内涵，以及了解夫妻双方对同一段婚姻不同角度的见解。

参与者的基本信息

本项研究选取了 10 对处于婚姻关系中的夫妻，所在地域覆盖北京、上海、广州、深圳、青岛、石家庄、洛阳、南充、齐齐哈尔、哈密 10 个城市。

使用"成对夫妻个体访谈提纲"对他们分别进行一对一的访谈，时长从 50 分钟到 91 分钟不等。这些参与者年龄介于 24 岁到 39 岁之间，平均年龄为 31.8 ± 4.12 岁，5 对初婚，5 对再婚，结婚时长从 3 个月到 11 年不等。具体的人口统计信息见附录。资料分析主要运用主题分析法。

研究结果：婚姻的世界

婚姻的建立与发展

一路走来，从相识到相恋

这一部分编码了成对夫妻最初的认识途径，从相识到相恋过程的促进因素及恋爱的建立与发展的相关概念中提取出四个子范畴，各子范畴及其概念的频次统计如表 6-1 所示。

表 6-1 成对夫妻的认识途径、恋爱的建立与促进因素范畴及其概念频次统计

范畴	子范畴	概念	女方	男方	总频次	女方	男方	总频次
认识途径		朋友、同事介绍	4	4	8	11	9	20
		玩（聚会、唱歌、跳舞等）	4	2	6			
		网络聊天	2	2	4			
		网络相亲	1	1	2			
恋爱的建立与促进	个人特质	性格	5	3	8	6	2	28
		人品（稳重、老实、真诚、靠谱、善良、正义感、负责任等）	5	2	7			
		外表印象	2	4	6	1	1	
		孝顺	2	1	3			
		上进（事业心）	0	1	1			
		懂事	0	1	1			
		幽默	1	0	1			
		计划能力	1	0	1			
	重要事件	约会	4	4	8	10	10	20
		牵手	2	1	3			
		同居	2	1	3			
		表白	0	2	2			
		见父母、朋友	1	0	1			
		因父病假装恋爱	1	0	1			
		分离	0	1	1			
		玩笑恐吓	0	1	1			

续表

范畴	子范畴	概　念	女方	男方	总频次	女方	男方	总频次
恋爱的建立与促进	主观感受	聊天投缘	4	4	8	9	8	17
		关心与照顾	5	1	6			
		孤独	0	2	2			
		依赖	0	1	1			
	重要他人	朋友推动	1	0	1	1	1	2
		为孩子重组家庭	0	1	1			

相识阶段

在相识阶段，认识途径包括在现实中接触和在网络上接触两种方式，其中在现实中接触仍然是主要的认识方式。在访谈的10对夫妻中，有8对是通过线下接触的方式认识的，即通过朋友、同事介绍与牵线，或者在朋友聚会等场合有一些认识或接触的机会。在接触与共同活动中彼此有初步的了解，这决定关系会不会进一步发展。

另外，在访谈的10对夫妻中有5对是再婚，他们在认识的时候可能很明确恋爱的目的就是婚姻，更关注两个人是否知根知底，性格是否匹配，以及对方人品如何，并不要求有强烈的好感，因为感情可以在各方面条件合适后慢慢培养，而朋友介绍的方式更容易让他们了解相关信息，聚会也为朋友间的介绍提供了场合。

由恋爱走向婚姻这一目的很明确，即使是网络聊天、网络相亲，双方也关注脾气、性格的匹配，感情也是逐渐发展起来的。

相恋阶段

在相恋阶段,提取出的四个子范畴是个人特质、重要事件、主观感受和重要他人。

个人特质是指在恋爱的建立和发展过程中,由于对方的人品、性格、外貌、能力等一些闪光点而促使与其建立或继续发展关系的因素。重要事件是指推动关系建立或发展的重要事件,比如约会、牵手、表白等。主观感受是指在交往中得到满足的情感部分,比如感到被照顾、被关心,感觉与对方聊天很投缘。重要他人是指来自家人、朋友、孩子等第三方的推动因素。

可以看到,推动两个人恋爱发展的主要因素是对方的个人特质,其中人品、性格是决定两个人是否合适、是否继续交往的重要因素。在外表印象方面,相比女性,男性更关注对方的外貌。重要事件为双方提供了交流的机会,尤其是男女之间的约会,会提供暗示性信息,是一种非直接表达的关系促进方式,在较多的情境中被使用,促进恋爱关系的发展,使许多恋情自然、心照不宣地发展起来。在接触时,对对方的主观感受会帮助人们认识对方的一些特质,如果正好能满足自己的需求,就会对对方形成积极的评价。

步入婚姻

恋爱发展到一定阶段,当事人会考虑关系的阶段性变化,审视一路发展的状态,综合考虑各方面因素,决定关系是停滞在当下阶段,还是走入下一个阶段,即步入婚姻。

第6章 江流大自在,坐稳兴悠哉:成对夫妻

表6-2 成对夫妻婚姻的促成、准备与确立的因素范畴及其概念频次统计

范畴	子范畴	概念	女方	男方	总频次	女方	男方	总频次
婚姻促成	对象特质	人品(忠诚、善良、靠谱、孝顺)	8	5	13	9	10	19
		性格	1	3	4			
		负责、安心	0	2	2			
	外界因素	年龄	2	5	7	8	7	15
		时间	2	2	4			
		旅行	3	0	3			
		网络相亲	1	0	1			
	主观感受	情感稳定	4	5	9	7	6	13
		被照顾	2	0	2			
		被影响和改变	1	0	1			
		孤单	0	1	1			
	匹配度	恋爱目的(奔结婚)	2	1	3	6	7	13
		"三观"相符	1	1	2			
		聊天投缘	1	1	2			
		兴趣相投	0	1	1			
		习惯相符	0	1	1			
		家庭背景相似	0	1	1			
		接受缺点	0	1	1			
		接受再婚	1	0	1			
		经济条件	1	0	1			
	重要他人	家庭压力	3	2	5	5	6	11
		家庭支持	1	2	3			
		父亲生病	1	1	2			
		周围人影响	0	1	1			

续表

范畴	子范畴	概　念	女方	男方	总频次	女方	男方	总频次
婚姻促成	关系发展	怀孕	1	1	2	3	2	5
		同居	1	0	1			
		性生活和谐	1	0	1			
		发生性关系	0	1	1			
婚前准备	关系准备	两人接触，了解人品	2	2	4	3	7	10
		家人支持	1	2	3			
		家庭接触	0	1	1			
		相处融洽	0	1	1			
		诚恳交流	0	1	1			
	心理准备	思想准备	2	2	4	2	4	6
		要孩子准备	0	1	1			
		责任担负	0	1	1			
	物质准备	经济准备	0	2	2	2	2	4
		财权分配	1	0	1			
		家务分工	1	0	1			
	磨合与适应	生活习惯	1	0	1	3	0	3
		性格与脾气	1	0	1			
		理解与妥协	1	0	1			
婚姻确立	仪式	婚礼	3	2	5	7	4	11
		求婚	2	2	4			
		旅拍	1	0	1			
		商量彩礼	1	0	1			

第6章 江流大自在,坐稳兴悠哉:成对夫妻

续表

范畴	子范畴	概念	女方	男方	总频次	女方	男方	总频次
婚姻确立	关系	见家长	2	1	3	5	2	7
		共同经营	1	0	1			
		怀孕	1	0	1			
		自然发展	1	0	1			
		离不开	0	1	1			

婚姻的促成因素包括对象特质、外界因素、主观感受、匹配度、重要他人、关系发展等六个子范畴。

被提及最多的促成婚姻的因素是双方认为遇到了对的人。对对象特质的认可是决定步入婚姻最重要的因素,而忠诚对于长期关系尤为重要,在决定与另一个人步入婚姻时,当事人会慎重地确认结婚对象是否靠谱。有参与者提到旅行是考验一个人是否适合成为结婚对象的一种方式,旅行中的决策与体验是一个微缩版的婚姻体验,能够在旅途中看到一个人的规划、决策能力以及踏实、照顾人的特质。此外,相比恋爱的促进因素,婚姻的促成还受外界因素、匹配度、关系发展的影响。有时候双方在相处一段时间后,感觉可以和这个人就这样继续相处下去,到了合适的时间,在物质条件、家庭背景都匹配的条件下,双方的性格在交往中也有一定的了解与磨合,生活习惯也相互了解,此时两个人步入婚姻就水到渠成了。

在参与者看来,性关系的建立会使两个人的关系更加亲近,而性生活的和谐会提高亲密行为的满意度;婚前同居是一种能够深入了解两个人的生活习惯等方面的匹配度的试婚行为,对婚姻关系的发展有着积极的促进作用。也有参与者因怀孕感到两个人有了联结感。

婚前准备可分为关系准备、心理准备、物质准备、磨合与适应四个子范畴。其中，最主要的是关系准备，这里的关系准备包括两个人的了解，以及两家人的支持、了解。参与者认为，结婚是在两个人的基础上实现的两家人的结合。见家长往往意味着，和对方的关系从两个人的关系转变为两个家庭的关系，这是关系进一步发展的信号。在考虑结婚时，一些参与者会有长远的考虑，会作好身份转变及应对的思想准备。在访谈中发现，孩子也是决定婚姻关系发展的重要因素。不论是初婚家庭还是再婚家庭，当人们作出结婚决定时，要考虑自己能否承担家庭的责任，同时就家庭分工、发展模式、生育意愿和育儿模式等与对方探讨并达成一致。磨合与适应表现为在与对方的接触中，了解对方的人品，以及对方在生活习惯、性格与脾气等方面与自己是否相配。

经过婚前准备，人们就走到了正式确立婚姻关系这一步。婚姻关系的确立主要通过仪式来体现，订婚、结婚以及一些相关的活动筹划，比如商量彩礼、拍婚纱照等，依然是传统婚姻仪式中不可或缺的一部分。人们花时间、精力、金钱准备和举行仪式，体现出人们对婚姻的慎重考虑，对这段关系的态度是认真的。这个过程不仅是向外界宣布关系，而且是在自己内心反复思考、规划，告诉自己身份的变化，为接下来即将步入婚姻生活作好心理准备与心理建设。

婚姻与爱情的关系

几乎所有参与者都认为，现在的婚姻中依然存在爱情，但是婚姻中爱情的感觉与恋爱时不同。

第6章 江流大自在，坐稳兴悠哉：成对夫妻

表6-3 成对夫妻婚姻与爱情的关系范畴及其概念频次统计

范畴	概念	女方	男方	总频次	女方	男方	总频次
两者关系	爱情是基础	4	6	10	6	10	16
	婚姻是保障	1	2	3			
	相辅相成	1	1	2			
	婚姻是坟墓	0	1	1			
独立性与共同性	自由—责任	3	2	5	8	5	13
	两个个体—两个家庭	3	1	4			
	当下感受—共同目标	1	1	2			
	离开父母—夫妻生活	1	0	1			
	家庭羁绊与依靠	0	1	1			
资源分配	花钱—攒钱	1	1	2	3	4	7
	二人时间—家庭琐事	1	1	2			
	二人浪漫—孩子为主	1	0	1			
	爱情为主—生活为主	0	1	1			
	每天见	0	1	1			
情感变化	心动—亲情	0	2	2	2	3	5
	激烈—平淡	1	0	1			
	争执—舒服	1	0	1			
	激情—规划	0	1	1			

关于婚姻与爱情的关系，10对夫妻都认为婚姻中的爱情很重要，爱情应该先于婚姻而存在；婚姻与爱情相辅相成，爱情是婚姻的基础，而婚姻为爱情提供了法律和道德方面的双重保障。

关于婚姻与爱情的不同，可以从独立性与共同性、资源分配重心的变化来考虑。爱情中的人们是独立的个体，在各自的原生家庭生

活,虽然已是成人,但在原生家庭中仍是被照顾的孩子。当两个人步入婚姻后,他们就组成了自己的家庭,在这个新的家庭中,他们是家长,共同负担着这个家庭的责任,要长远规划这个家庭今后的发展方向,制定共同的目标,不能只追求当下两个人在一起开心的感觉。家庭既是个人的羁绊,也是个人的依靠。

爱情我觉得就是两个人在一块,觉着挺好的,出去吃吃饭,玩玩。婚姻不一样,婚姻得懂得经营,双方得互相信任、尊重,知道体贴对方,都不能像恋爱时那么小孩子气。

——I_LY09

在由恋爱到婚姻的转变中,人们的资源分配也变得不同,主要体现在时间、精力、金钱方面。由于有一个新成立的家庭需要双方共同努力供养,双方的需求不再是共同花钱去追寻两个人的浪漫,而是共同攒钱用于维系这个家庭,两个人组成的家庭就像两个人爱情的结晶。在时间方面,双方也是从二人世界到关注孩子。在家庭琐事方面,夫妻双方每天都能见到,两个人对内的精力投入转为对外。

我觉得很明显的差距就是恋爱是花钱的,婚姻是攒钱的。

——I_SJZ03

从恋爱到婚姻,人们的情感世界虽然还是有爱情的存在,但是在柴米油盐中,爱情从热烈、充满激情逐渐变得平淡,形成一种舒服的模式。婚姻赋予爱情一种亲情的体验,双方是一个共同体,共同规划未来。

恋爱是爱情,婚姻是亲情。时间久了,爱情就演变成亲情。

——I_LY09

婚姻的冲突与维持

婚姻中的冲突

表 6-4　婚姻中冲突原因的范畴及其概念频次统计

范畴	概　念	女方	男方	总频次	女方	男方	总频次
关系因素	孩子影响	5	4	9	11	8	19
	双方父母	4	4	8			
	第三者插足	1	0	1			
	前任影响	1	0	1			
双方互动	想法不一致	2	1	3	4	5	9
	疏于关心（看手机）	1	2	3			
	生活习惯不同	1	0	1			
	沟通不畅	0	1	1			
	不接电话	0	1	1			
外界因素	玩乐应酬（抽烟喝酒）	2	3	5	2	5	7
	工作前途	0	1	1			
	日常小事	0	1	1			
特质因素	懒惰	2	1	3	3	3	6
	情绪不稳定	0	1	1			
	脾气与性格	0	1	1			
	任性	1	0	1			

可以看到，在已婚群体中，双方对彼此的人格特质已经有一定的了解和预期，所以它并不是引起家庭矛盾的最重要因素。另外，访谈的 10 对夫妻中有一半是再婚人士，从上一段关系中获取经验，他们

能够清楚地知道自己要找的另一半是什么样的，或者学会了在关系中找到自己的定位，学会了照顾与谅解，自身也有一些改变，所以由人格特质引发的冲突不多。但其中和具体家庭事务相关的特质因素，比如受访者提到做家务时的懒惰，会引起一些冲突。

在外界因素方面，冲突主要由男方的行为引起。中国传统的家庭模式为"男主外，女主内"，有些女性提到，男方把太多精力投注到外面，疏于对家庭的照顾，这会影响家庭内部的关系，应酬以及工作方面引起的冲突都是由男方引起。日常小事主要是指男方在家中乱扔袜子、乱丢垃圾等行为，这些也会引起妻子的不满。

在婚姻中，夫妻双方互动、与双方父母以及孩子互动等家庭相处模式需要在长期探索中形成，在这个过程中会遇到一系列新的发展性问题，这是引发矛盾与冲突的重要原因。与原生家庭的矛盾在很大程度上与孩子的生养有关。婚姻中，夫妻与双方老人的关系是矛盾的。夫妻需要一定的独立空间，但老人在孩子的养育中发挥着重要作用，有时候会被邀请到夫妻所处的空间。在与双方老人的关系中，被提到最多的是婆媳之间的矛盾。在婆媳关系中，丈夫起着十分重要的中介作用。由于生活的时代背景不同，有些婆婆仍然存在重男轻女的思想，或者着急要孙子，要传宗接代，觉得这样才能体验到家庭的完满感，而年轻的夫妻对于要孩子的问题有着新的看法，他们不急于要孩子，或者不想要孩子，想要享受二人世界，关注婚姻中自我的价值，或者考虑到自己的状态，认为自己并没有作好生养孩子的准备，还没有能力承担这份责任。这和一些老人的观点有较大冲突，会被老人认为没良心。

（婆婆）也会说，就说我们俩没有良心，只顾自己，不顾别人。

第6章 江流大自在，坐稳兴悠哉：成对夫妻

那次（我）跟他家人说，就说我们想要的话自己就会要，只不过现在还没作好准备。他家人就会说你们什么时候作好准备，都三十多了还作不好准备，我们二十多岁就有了。我说时代不一样，感觉不一样。

——I_HM01

有一种模式较为典型：婆媳/丈母娘一女婿由于各自的成长背景不同，在持家时各自的地位不同，考虑问题的角度不同，需要不同，会非常容易产生分歧。在孩子的养育过程中，孩子小时候主要以老人帮忙照顾为主的模式在访谈中较为常见，但是老人带孩子的方式和理念与年轻夫妻不同，妻子/丈夫不能当面表达不满，想要用其他方法（如请保姆带孩子）来避免矛盾，而老人不赞同，双方就会产生冲突，婆婆/丈母娘还会感受到自己在家庭中的权威和地位受到挑战。

她妈在这边也帮我们带过小孩，可能她那边的文化风俗跟我们这边的文化风俗不一样。我们这边可能比较随意，今天想吃什么就随便做两个，怎么简单就怎么做，她们那边可能觉得吃一定要吃好，否则就觉得有点怠慢了，所以她妈有时候来我们这边吃得不好就会发脾气，就是向我老婆抱怨，就觉得这个方面不是特别好。

——I_SZ07

比如说洗澡，给孩子洗澡，老人家就喜欢抱着她洗。我们就想她自己坐在盆子里洗，这样子会有一些分歧。他们就不会听我们说，就这样子，我太太会有脾气。他们都不愿意配合我们的工作。

——I_GZ09

在访谈资料中意外发现，并不是所有第三者都会使婚姻走向破裂，第三者的插足如果较好解决，也会推动两个人对关系的重新认识，发现对彼此的情感和依赖。

从前两年我才发现，我们两个是有爱情的。就是从他有小三以后。我才发现有感情，我也不知道我们的感情是在哪里培养的。

——I_NC01

婚姻中冲突的应对

从冲突的应对方式来看，我们将应对方式分为单方努力缓和（22次，43%）、自然缓和（6次，12%）、双方有效沟通（9次，17%）、避免正面冲突（6次，12%）、他人介入（5次，10%）五类。

单方努力缓和是指，关系中的一方妥协、道歉、主动求和、哄或者安慰，另一方采取一些代偿行为，如多承担一些家务，或者带对方去吃好吃的。单方努力缓和在所有应对方式中占比最大。自然缓和是指，两个人在冲突之后不解决问题，暂时将问题搁置，紧接着自然恢复正常的生活模式。避免正面冲突是指，发生冲突后，双方采取短暂冷静、回避、拖延及冷战的方式处理问题。值得注意的是，缓和的努力方一般为男方，在短暂的冷静后，或是在自然缓和的过程中，大部分也是男方首先打破对峙的局面，尝试作出改善关系或处境的行为。但前提是，问题没有触及双方底线，不触及原则问题。

然后最开始他老劝我，是不是他错了，都是他错了，然后发现可能他越妥协我就越来劲，可能女生都有这个问题。

——I_BJ05

但有时候也分情况，我觉得小打小闹，比如说小事上，可能就没有触碰到原则，也没有触碰到比如说父母，或者是其他（原则）。小事这种吵架，我觉得是有一定促进（作用），可以促进感情。

——I_BJ06

双方有效沟通是指，双方在婚姻中不断互相理解、包容、磨合，遇到问题采取沟通、反思的方式寻找解决之道。双方坐下来探讨问题的夫妻一般为初婚夫妻，两人积极寻找婚姻的沟通及处理模式；互相理解、包容、磨合的夫妻大部分是再婚夫妻，因为已有的婚姻经验使得两人会把生活小事的冲突看作小摩擦，对此有更多的包容与理解，并找到合适的相处方式。

就是在发生矛盾之后都会反思一些事情，包括怎么安排这些事情，就会有一些思想上的碰撞，找到一些解决办法，突破这种障碍。

——I_SZ07

他人介入主要指家庭成员介入冲突解决过程，他人通常指双方的父母和孩子，可以看出父母和孩子在家庭中是有一定积极作用的。一般主要是女方父母帮助夫妻双方分担一些家务，缓解日常生活中的小矛盾。孩子在家庭中虽然会引起一些冲突，但同时也是家庭的调节剂，能够促进双方化解冲突，缓和关系，成为家庭的纽带。

我平时太忙的话，会让我妈上来帮我打理一下房子。也算修复的一种。

——I_SH04

就叫她不要生气，用女儿哄一下她嘛。

——I_GZ09

婚姻的经营

婚姻的经营方式共有五个范畴：生活、精神、活动、物质、表达。

表 6-5 婚姻的经营方式范畴及其概念频次统计

范畴	概念	女方	男方	总频次	女方	男方	总频次
生活	家务	2	2	4	6	9	15
	带孩子	2	2	4			
	分担	0	1	1			
	减少应酬	0	1	1			
	孝顺父母	2	1	3			
	设置共同生活目标	0	1	1			
	接送上下班	0	1	1			
精神	沟通	1	2	3	3	5	8
	陪伴与情感投入	1	1	2			
	尊重对方亲友	1	1	2			
	为对方着想	0	1	1			
活动	仪式感	1	1	2	2	5	7
	亲子出行	1	1	2			
	看电影、吃饭	0	2	2			
	惊喜	0	1	1			
物质	努力挣钱	2	0	2	4	2	6
	送礼物	1	1	2			
	共同支配金钱	1	0	1			
	买实用品	0	1	1			
表达	行动表达	1	2	3	2	2	4
	言语、肢体表达	1	0	1			

对婚姻的经营主要体现在生活细节方面，比如两个人在生活上的分工，互相照顾，定期参加家庭活动，或者偶尔制造惊喜，等等。在精神

和物质维度，精神方面的情感投入、陪伴照顾比物质更重要。夫妻双方共同拥有婚后财产，双方一起挣钱并共同支配金钱是规划和经营婚姻的体现。在个人层面，参与者提到，花钱，尤其是花私房钱为对方购置礼物是表达爱的方式。在表达维度，用行动来表达爱，比用言语、肢体动作直接表达更常见。总体来说，步入婚姻之后，夫妻双方从注重制造浪漫来维系关系，转变为从生活细节以及行动上关心对方。

对婚姻关系的认知

研究者收集了成对夫妻在当下婚姻中对自己与伴侣的认知，包括双方在这段婚姻中的付出和收获、双方的优点和缺点，以及希望自己或对方改变的方面。以参与者的性别为横轴、以参与者评价的性别为纵轴划分四个象限，分别是女方眼中的男方、女方眼中的女方、男方眼中的女方和男方眼中的男方。收集所有参与者的回答，将其分别填入对应的象限。为了更好地比较男女认知的异同，我们将回答一致的部分放在靠近中轴的一侧，而独有的部分放在外侧。接下来呈现成对夫妻的付出和收获、优点和缺点、希望自己或对方改变的方面等详细信息。

付出和收获

在评价双方对婚姻的付出时，男方在时间、金钱、精力上的付出是男女双方公认的，是男女双方都会提到的。女方往往默认自己对家庭的付出是应该的，因而并未特意提及。女方也为家庭和婚姻承担了经济责任，女方为未来所作的努力是有目共睹的，并在家庭中更多扮演包容者的角色。另外，在评价自己和对方的付出时，男方认为自己更多地付出真心追求女方，放弃了其他异性，女方则付出了青春，并

	女方眼中的		男方眼中的	
男方付出	包容 调节父母关系 照顾孩子 安排与处理	时间 金钱 精力 家庭付出	时间 金钱 精力 家庭付出	劳动 真心 追求 放弃其他异性
女方付出	容忍 生养孩子 感情 生活方式改变 对方父母	金钱 包容 为未来努力	金钱 包容 为未来努力	时间 精力 青春 对对方付出 家庭付出 身份变化

图 6-1　成对夫妻眼中双方的付出

	女方眼中的		男方眼中的	
男方收获	爱情 开心 伴侣 孩子 家庭 平静的生活 控制	情感 关系	情感 关系	爱情 温馨陪伴 伴侣 孩子 责任心 照顾人的能力 心态改变 规划实现
女方收获	开心 伴侣 孩子 婆婆 幸福婚姻 港湾 家庭 想要的一切	情感 关系 目标实现	情感 关系 目标实现	爱情 伴侣 孩子 对方的改变 共同实现目标

图 6-2　成对夫妻眼中双方的收获

离开原生家庭,变成男方家人。女方提及的双方的付出都涉及大家庭,包括处理婆媳关系。

在评价自己的收获时,无论男女,参与者都提到了情感上的收获和关系上的收获。双方都认为自己和对方收获了爱情,认为自己是好伴侣,且对方也是这样认为的,孩子是双方公认的收获。女方眼中自己的收获更多指向家庭,拥有依靠与港湾,男方眼中自己的收获更多聚焦于自身的提高与改变。男方在评价时会体现目光的长远性,关注家庭的长期规划与目标的实现,女方则强调当下的收获,如想要的一切或者平静的生活。双方都未提到经济上的收获,他们认为婚姻双方是一个利益共同体,更注重情感和精神上的收获。

优点和缺点

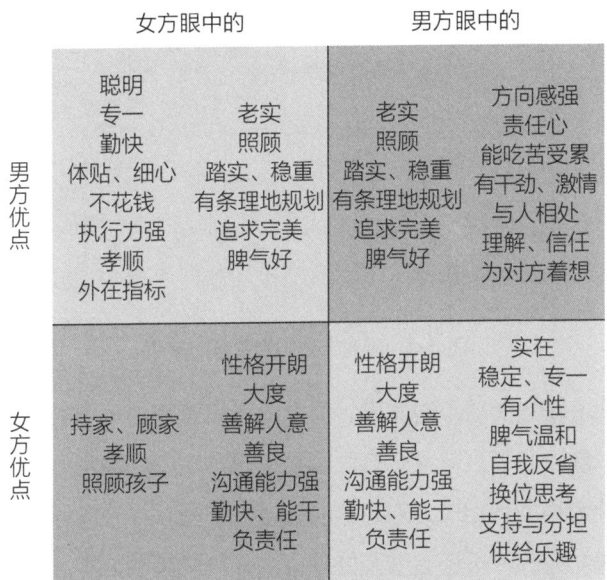

图 6-3 成对夫妻眼中双方的优点

总体上说，双方对优点的认知具有较高一致性，男方情感专一、脾气好，生活中的稳定照顾，以及有条理地规划是被看重的；女方性格开朗、大度，生活中的理解、沟通、包容，以及能干、负责任是被看重的。从中能看出家庭传统的婚姻模式，女方在家庭生活中所需的优点被强调，男方有条理地规划和为女方提供生活上的照顾被强调。

女方在评价自己和对方的优点时，会从个性特征的角度去评价；男方在评价自己时会考虑个人特征，但在评价对方时，会将对方放在家庭单元中来考虑。

	女方眼中的		男方眼中的	
男方缺点	发牢骚	应酬玩乐 懒 固执 脾气暴躁	应酬玩乐 懒 固执 脾气暴躁	沉闷 优柔寡断 较真儿 大男子主义 沟通差 有顾虑、收敛
女方缺点	不够漂亮 任性 不擅女儿教育 不擅处理事情 不擅交流	固执 懒 脾气急躁 絮叨	固执 懒 脾气急躁 絮叨	不会换位思考 能吃 指使 软弱、不坚定 时间观念弱

图 6-4 成对夫妻眼中双方的缺点

在评价双方的缺点时发现，男女双方有着较为一致的看法，即懒惰、脾气暴躁、固执这几个方面容易引起婚姻中的冲突。双方的评价都会涉及沟通，互相认为对方絮叨和爱发牢骚，存在沟通能力较差的缺点。对女方的评价还会涉及处理事情、作决策的能力，并认为女方任性，不会换位思考，对男方的评价则侧重于大男子主义、应酬玩乐等。此外，女方会认为自己的外貌不够漂亮是缺点，而这并未成为男方考虑的缺点。

改变

	女方希望	男方希望	
男方的改变	形象管理 远见 卫生 婆媳关系处理 自我归因 勤快 自信 不唠叨 **不需要改变**	脾气改善 性格开朗 少娱乐，不放纵 健康 多赚钱 身高高	脾气改善 性格开朗 少娱乐，不放纵 健康 多赚钱 身高高	专心、更爱妻子 上进 多陪伴 不大男子主义 不固执 决定果断 麻利 性格强硬 不过分追求完美
女方的改变	居家 少花钱 不唠叨 不固执 温柔 多挣钱	脾气改善 性格温和 勤快 懂事、听话 关心 **不需要改变**	脾气改善 性格温和 勤快 懂事、听话 关心 **不需要改变**	平安、健康 运动减肥 聪明 自主 身高高 多做家务 时间观念 做事果断，有条理

图 6-5　成对夫妻希望双方出现的改变

男女双方都会强调改善脾气，可能这是解决冲突、经营婚姻的重要因素。虽然男女双方都会强调性格的改变，但表现出对性别的内隐态度：希望男方在性格上的改变是更外向，希望女方更加温柔、懂事。女方在婚姻中的任务更多指向维护家庭，希望她承担家务并对伴侣及家庭有更多关心；希望男方更上进，同时花更多时间陪伴家人。

需要注意的是，尽管双方都认为彼此存在缺点，但仍然有参与者认为对方不需要作出改变，表示接纳对方作为独立的个体，既有优点也有缺点，缺点是在可接受范围内的。这种可接受性是共同维持婚姻的重要因素。整体而言，不论是男性还是女性，都有参与者表示不需要女方改变，且男方对女方的希望中更多包含祝福与积极、正向的自我提升。

婚姻关系中的权力与依恋

权力

根据访谈资料，可以总结出成对夫妻对双方相对地位的看法：46%的参与者认为自己的家庭是以男性为主导的，27%的参与者认为自己的家庭是以女性为主导的，27%的参与者认为双方地位平等。可以看到，约有一半参与者认为男性是家庭的计划者、家庭发展的确定者，是家庭的经济重心。此外，在夫妻关系中，更多参与者表示男方属于照顾方，女方属于被照顾方，男方可能承担了更多劳动，安排家庭事务、为家庭出谋划策等。男性成为家庭的依靠，承担家庭责任，这是很多女性择偶时的重要考虑因素，因此男性在家庭中的重要地位得到认可。

婚姻双方存在互补性，超过四分之一的参与者认为自己的家庭是女方强势、男方弱势的情况。即使如此，参与者也提到，这是在合理分工、达成一致的基础上，女方负责沟通，男方负责执行，是双方都觉得舒适、合理的模式。

还有超过四分之一的参与者认为，在自己的家庭中男女双方是平等的：在遇到重要事件或需要作出重大决策的情况下，往往双方平等地沟通、讨论，共同作出决策；即使对外宣布结果的是其中一方，但决策过程仍是两人共同商讨。

依恋

在访谈中,每一位参与者针对婚姻中自己对对方,以及感受到的对方对自己的依赖与亲近程度分别作了 1—10 分的打分,研究者收集了来自不同城市的 10 对夫妻的主观评分。处理这部分数据时,综合男女双方的分数,取平均数作为最后分数,得到每一对夫妻中,男方对女方的依赖与亲近,以及女方对男方的依赖与亲近的 4 个分数,这些数据更为客观、直观。

从依赖与亲近两个维度来看,男女双方的依赖与亲近分数总体偏高。双方的依赖分数主要分布在 2.25—8.5 分区间,亲近分数主要分布在 7.5—9.5 分区间,男女双方的亲近程度高于依赖程度。另外,依赖和亲近程度的分数跨度较大,分布在 5—9 分区间。

如表 6-6 所示,亲近与依赖维度也存在性别差异,从平均分来看,女方的亲近与依赖程度都要略高于男方。此外,男女双方的亲近程度都比依赖程度高,参与者表示双方在情感上是亲近的,但同时是独立的个体,拥有独立生活的能力;双方的依赖更多是情感上的依赖,但仍拥有自己的独立空间和独立性。

表 6-6 成对夫妻双方亲近和依赖程度统计($M \pm SD$)

维度	女方对男方	男方对女方
亲近	8.500 ± 2.415	8.100 ± 1.350
依赖	7.400 ± 2.156	7.050 ± 2.362

性观念与性行为

在访谈的最后部分,研究者询问参与者对婚前性行为、婚外性行为、无性婚姻、性爱分离和开放性关系的个人态度和接受程度,将男女双方的态度综合起来,可以得到四种情况:双方均接受,女方不接受,男方不接受和双方均不接受。其中,一方不接受不仅包含一方接受、另一方不接受,而且包含仅一方不接受而另一方态度未知。人数统计为可能接受的最多人数。将每一对夫妻的每一种态度用不同方块标记后,综合五种态度从开放到保守从左到右排列,具体情况如图6-6所示。

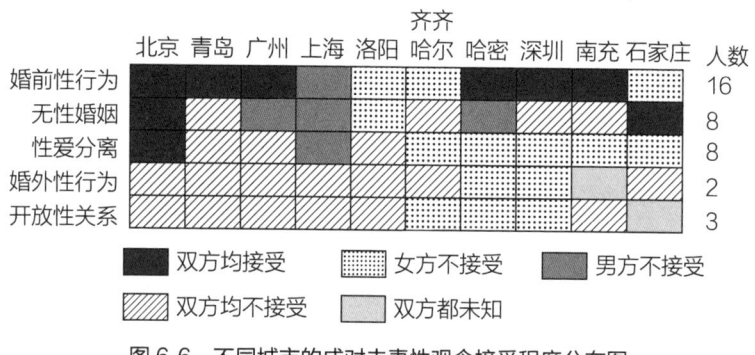

图 6-6 不同城市的成对夫妻性观念接受程度分布图

可以看出,关于婚前性行为,男女双方的接受程度皆较高。受主流文化和社会环境的影响,随着社会的发展和思想观念的转变,婚前性行为在社会规范中有逐渐被接受的趋势。表示接受的部分参与者认为,婚前性行为有助于确认双方在性生活方面是否和谐,有助于相互了解;表示不接受的部分参与者担心意外怀孕的后果,认为意外怀孕会影响、制约婚姻的自主选择。

关于无性婚姻和性爱分离,男女双方的接受程度总体偏低,但仍持一定的开放态度,认为性对于爱是非常重要的和必要的。在无性婚姻方面,存在个体性冷淡或性能力障碍的内隐态度,认为这种婚姻生活是残酷的，还有部分参与者表示自己没有尝试过无性婚姻，所以不清楚无性婚姻的模式，以及是否可以忍受无性婚姻。在性爱分离方面，女方不接受的态度较为明确，认为爱情是性关系的基础，而男方可以将生理需要与情感需要分离。

在婚外性行为、开放性关系方面，总体接受程度较低，这可能是因为人们的性观念和性行为会受到情感因素、道德因素、传统观念的影响。相比较而言，男性表现出较高的接受度，女性更多关注爱情中的情感依托，而男性更可能将追求生理刺激与情感分离。

讨论

家庭对于婚姻的意义：中国传统文化与家庭系统的视角

在我国的家族血缘文化中，个体与其原生家庭始终保持着紧密联系。原生家庭是个体最初成长和学习的环境，与个体的情感表达、行为模式、依恋风格和亲密关系等关系密切。从家庭系统理论的角度来看，原生家庭塑造了个体，如果两个原生家庭背景有较大相似性，两个个体的处世模式、价值观就更加匹配。在中国传统文化中，"门当户对"是一个人选择另一个人作为伴侣的重要准则，它意味着婚姻双方要有相同的社会地位和经济条件。可见，中国传统文化中的婚姻，比起两个相爱的人结合，更像两个家庭因为某种利益结合。因此，在婚姻开始前，原生家庭的匹配程度越高，来自双方家庭的支持就越多，这是婚姻的一个重要促成因素，双方家长的正式见面也被看作婚姻关系确立的一个标志性事件。虽然当代的家庭观已有很大改变，但在生活的方方面面仍然可以看到这种传统思想的影响。

婚后，原生家庭的卷入在夫妻婚姻关系中起着举足轻重的作用。夫妻双方本来在孩子教育方面就有不同的理念和价值观，参与者认为这是夫妻双方冲突的一个重要原因。双方老人的介入会加剧或缓解这种矛盾。从访谈资料来看，女方的家庭多为两人的婚姻提供支持，扮演婚姻中矛盾的调解者的角色，而婆媳关系一方面会带来冲突，另一方面会加剧夫妻双方原有的冲突。如果原生家庭中的亲子关系重于婚姻关系，就会导致婆婆和妻子为了争夺同一个男人的爱而发生冲突。另外，核心家庭与大家庭共生的情况较为普遍，这与以个人主义文化为主的社会不同。在选择终身伴侣时，个人主义文化更重视两个人之间是否有感情，不太看重双方父母的想法与家庭的利益。在中国，成年子女对原生家庭有较强的依附，这在一定程度上也造成夫妻双方把核心家庭的权力让渡给父母。

从访谈资料来看，双方父母的过度卷入导致核心家庭的矛盾。比如在生育孩子的问题上，老人的需要是繁衍子孙，体验繁衍感。夫妻双方的需要可能与父母的需要不同步，他们更需要的是两个人之间的亲密感。孩子出生之后，矛盾并没有消除，因为养育过程中老人与年轻父母的冲突会更多。

夫妻双方的认知对解决这些冲突非常重要。如面对婆媳矛盾，如果夫妻达成共识，妻子对婆婆的干涉的容忍度就会变高。如果夫妻双方都接受父母高度卷入小家庭的生活，即使父母在核心家庭中起着重要作用，也不容易引发矛盾。最重要的就是家庭系统的平衡，以及维持这种平衡。

孩子问题虽然是婚姻冲突的一个主要原因，但同时孩子的存在也可以成为婚姻冲突的调解剂。由母亲、父亲、孩子构成的三角关系使家庭结构更加稳定，孩子成为夫妻关系的纽带。但在研究中也发现，有些家庭会用亲子关系替代夫妻关系，把亲子关系放在家庭系统的首位，而不是把夫妻关系放在最重要的位置。这个平衡非常脆弱，是不健康的平衡。健康的平衡应该是各在其位，各司其职。夫妻关系是家庭的主轴，孩子不应该被拉进配偶系统，成为父母某一方的同盟军，用来对抗另外一方。

爱情与现实需求的权衡

婚姻与恋爱的最大不同在于双方长久的生活共同性与利益共同性，因此择偶时考虑的因素与选择恋爱对象时考虑的因素不同。恋爱中的人更多考虑的是两个人之间的激情，关注此时此地的感受；婚姻则需要经营，更具有长远性和利益参与性，不仅仅需要考虑情感，还需要考虑现实。从访谈资料来看，忠诚是男女双方都认为重要的个人特质，因为婚姻被看作关系的一种保障，受法律和道德的约束，而忠诚是人们安全感的来源。在特质方面，伴侣的选择存在明显的性别角色固着：在选择男性伴侣时，女性往往看重男性的责任心、稳重、规划能力、决策能力等；选择女性伴侣时，男性往往看重女性的温柔、善良、孝顺等。这与家庭分工有很大关联。

在家庭中，传统的性别观念与性别角色分工依然存在，男性在家庭中占中心地位，把握家庭发展方向；女性则更多地被默认需要承担安抚、照料家庭的任务，负责打理好家庭事务。是否认同传统的性别角色分工对婚姻有重要影响，它涉及家庭中角色的分配。从参与者的情况来看，现在"男主外，女主内"的模式依旧比较常见，但在现代社会中家庭角色分工出现了更多的分化。是否能够接受某一角色或者某些家务劳动，也是影响婚姻生活的要素。参与者中有女方结婚后成为全职太太，但并不负责大多数家务劳动。在结婚前，两人已经就女方不喜欢琐碎小事的特点达成共识，所以即使婚后丈夫对妻子在做家务上懒惰有所不满，但还是经过磨合形成独特的家庭分工。婚姻具有长远性、共同性和规划性，在选择结婚对象时就需要作长远考虑，选择有利于维护婚姻关系的对象。

大部分参与者表示没有爱情的婚姻是无意义的。在婚姻中爱情仍然很重要，仍然是婚姻关系的基础，只是它在婚姻中的存在形式可能会有所改变。从激情和亲密转变为增加更多承诺，有更多维护承诺的行为。步入婚姻，双方身份发生变化，从恋人身份变为一个家庭中的亲人。

认知与婚姻的经营

访谈的 10 对夫妻对自己以及对方的认知具有较高的一致性，认为对方是好的伴侣，对关系感到满意，能够意识到自己和对方的优缺点，也能够接受对方的不完美，希望对方改变也是希望对方变得更好或双方关系更为和谐。夫妻的认知具有较高一致性的一个重要原因是，这 10 对夫妻在结婚前了解自己的需求，寻找结婚对象时有更多现实的考虑，会评估双方的人品、生活习惯、性格与脾气是否匹配，再开始交往，在确定结婚前也慎重考虑，因此婚姻与预期有较高一致性。在资料分析中发现，对于同样的情感经历或家

第6章 江流大自在，坐稳兴悠哉：成对夫妻

庭事务，一些夫妻的叙事风格存在显著差异，有时候甚至是关键情节的缺失。但这些差异没有影响他们目前的婚姻质量，因为他们有强烈的经营和维持婚姻的意愿，并对应该如何维系婚姻达成共识。

沟通是经营婚姻的重要因素。这10对夫妻的冲突应对虽然有许多模式，但共同点就是保持沟通。有效的沟通能够提高包容度、共情以及观点采择，尤其对于初婚夫妻，有效、一致的沟通是帮助他们找寻婚姻之道的重要途径。再婚夫妻的沟通大多体现在冲突的预防上，双方在不断磨合中逐渐建立良好的沟通模式，减少冲突与矛盾，促进家庭和婚姻的良好运转与发展。

在婚姻中，这10对夫妻表现出较高水平的相互依赖，但又不完全依赖；双方在情感上亲近，但在生活上有独立的空间和安排。从家庭系统的视角来看，婚姻的经营与维持需要具有清晰且有弹性的界限，这10对夫妻在婚姻中的界限是得当的，没有因为内部和外部界限的混淆或僵化而出现严重的家庭冲突，他们的婚姻都在平稳地向前推进，没有报告婚姻处在破裂期。

在家庭模式的不断探索中，在冲突与磨合的过程中，每对夫妻都形成了各不相同的家庭规则，或者说相处模式。有些规则是公开的底线原则，如吵架时不能辱骂；有些原则是不成文的，如家庭分工方面，作业辅导找妈妈，要生活费找爸爸。这些规则是在家庭互动中自然而然形成的，维持家庭的正常运作。

双方对婚姻的经营主要体现为生活中的协作、照顾以及精神上的相互支持。由于婚姻关系的建立改变了生活的侧重点以及双方的利益关系，双方共同拥有财产降低了经济的独立性，因此使用好财产，一

起作长远规划就很有必要。两个人的互相关心与照顾则是精神上的支撑与慰藉，婚姻中的情感是对恋爱中情感的延续，也是在精神层面维持关系的重要因素。

结论

在访谈中，参与者大多提到恋爱与婚姻是不同的，恋爱更多的是情感上的交流和两个人之间关系的维护，而婚姻是组建家庭，一起生活，并涉及核心家庭与原生家庭的互动。通过对成对夫妻同时进行访谈，能从夫妻双方的视角窥见现在中国城市中婚姻生活的一角，了解他们如何建立以及维持婚姻关系。

婚姻中需要夫妻双方不断磨合并对维系婚姻形成共识。即使之前恋爱中双方感情非常好，在结婚之后依然需要在生活中重新磨合。家务劳动虽然经常被人忽视，但它是婚姻生活的重要组成部分，涉及夫妻双方在生活中的责任承担和分工。在共同生活的经历中，夫妻双方会逐渐磨合出一套固有的互动与沟通模式。如果这套模式中冲突少，夫妻之间的默契程度就随之增加。在受访夫妻中，婚姻持续时间比较长的夫妻大都体现出对对方的深刻了解和相互之间的默契，比如说中对方眼中的自己是什么样的，或者对方对生活的看法和展望。此次参与者的婚姻质量高，因此没有呈现充满冲突的互动与沟通模式。虽然夫妻双方存在一些差异，但不影响婚姻整体的状况。孩子的出生与成长会改变夫妻之间相处的模式，孩子出生后婚姻的重心会自然而然转移到孩子身上，大部分事务和决策都围绕着孩子展开。

第6章 江流大自在，坐稳兴悠哉：成对夫妻

如何在婚姻中形成低冲突的相处模式？它需要夫妻双方在婚姻生活中达成共识。一方面，共识是指两人原本就有的价值观具有相似性；另一方面，它也是两人在相识、相爱与婚姻中磨合出来的共同认知。了解对方与自己的需求，并在此基础上作出一些调整和改变非常重要。参与者无一例外在婚姻生活中都有所改变，从价值观到行为习惯，有这些调整和改变才能形成良好的婚姻。同时，一半的参与者有再婚经历，这些人在感情基础之外还重视现实条件，重视爱情与现实之间的平衡，这也是双方能快速达成共识的一个因素。

在婚姻中了解并尊重彼此的界限和空间，也是良好夫妻关系的秘诀之一。从访谈中可以看出，参与者在自己的婚姻中都维持着彼此之间的界限，亲近度高，但并不完全依赖对方，拥有一定的个人空间。家庭和公共场合具有内外之分，在不同场合双方的角色和分工也不同。由于参与者在家庭中就以上内容达成共识，因此减少了生活中的很多摩擦。尽管参与者的婚姻生活并不是完美的，但它不会被生活中遇到的矛盾、困难和阻碍破坏，而是有能力消化这些问题，继续发展。

柏拉图在《会饮篇》中描述过"灵魂伴侣"的概念，人原本有四条胳膊、四条腿和一个有着两张面孔的头颅，但被神的力量分成两半，因此人终其一生都在寻找自己缺失的另一半，来让自己达到完满。对这10对夫妻而言，他们也许并非生来就是彼此完美的另一半，但在经历生活的风雨和缔造婚姻生活之后，他们成为对方独一无二的伴侣。经过共同生活，他们逐渐成为彼此不可或缺的伴侣。

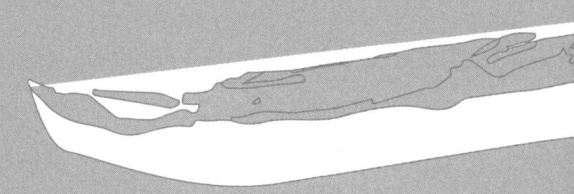

第7章

孤帆天际看,迷津欲有问:
离婚者

中国的离婚现象

在全球范围内,婚姻稳定性的下降和离婚率的上升都是一个普遍的现象,在中国也是如此,尽管相比较而言,中国呈现出较高的结婚率和较低的离婚率(威廉·古德,陈一筠,1993)。自1979年以来,中国的细离婚率(refined divorce rate,指每1000名已婚女性中离婚的案例数)稳步增长,到1999年,已经从0.7增长到3.5,到2009年增长到6.8,到2013年增长到10.2(Wang & Zhou,2010)。20世纪90年代中期到21世纪初,中国的离婚率经历了一个平缓期,离婚率的增长较为缓慢,这也在西方国家出现(Ma,Turunen, & Rizzi, 2018)。2000—2012年,中国的离婚率不稳定,呈现"过山车式"轨迹(Ma et al., 2018)。

中国的离婚率也呈现非常明显的地域差异,这种现象被一些学者称为"离婚率的空间聚集"(苏理云,柳洋,彭相武,2015)。以2005—2007年全国的离婚率和再婚率为例,新疆维吾尔自治区、重庆市、吉林省和黑龙江省的细离婚率比其他省市高;新疆维吾尔自治区、北京市、上海市和天津市的再婚率比其他省市高(Wang & Zhou,2010)。可以发现,地域独特的文化背景与信念在很大程度上影响了人们对婚姻的态度与选择。

中国离婚率的变化被认为与婚前同居、婚前性行为、经济改革、户口制度的发展、人口流动、物质主义、个人主义、个体化,以及教育水平和家庭结构的变化息息相关(Ma et al., 2018; Mo, 2017;

Salaff, 1976; Wang & Zhou, 2010)。总的来说,在中国,大陆的离婚率与经济周期的震荡具有正相关,即失业率越高,离婚率越低,这一点与台湾的研究一致,体现出中华文化背景下家庭的功能性。家庭的大小、赡养老人的人数和孩子的生养也是家庭存续的关键因素(Zhang, Wang, & Zhang, 2014)。尽管很多因素都与离婚率的变化有关,但学界有一个共识,即对于中国的"90后",父母的控制在离婚中扮演着最重要的角色。父母的权力控制至少在四个方面直接或间接地导致离婚,它们分别是:父母的过度控制、对已婚子女的过度保护、青年人对父母的过度依赖和父母对孩子的过度投资(阎云翔,倪顺江,2016)。与之对应,近些年有学者指出,父母对子女婚姻的参与和支持越来越多,中国青年人正重新坚定以家庭为中心的信念,对婚姻的观念依旧是传统并带有父权制背景的(Shu, Zhu, & Zhang, 2012; C. Zhang et al., 2019;杨善华,2011)。

关于离婚模式,中国的研究结果同国外的研究成果一致,均发现离婚率随着婚姻的延续呈现倒U型发展,即离婚风险随着婚姻持续时长的增加而不断升高,到达一个顶点后又逐渐降低(Lyngstad, 2004; Schoen, 1975;许琪,邱泽奇,李建新,2015)。许琪等学者发现,如果观察所有已结婚的人,中国夫妻的离婚风险平均在结婚的第7年达到顶峰,即通常所说的"七年之痒"。但是,对年轻人来说,离婚风险上升得更快,大约在结婚后的5—6年就会达到顶峰,达到峰值的离婚风险也更高。研究者主要从生命周期、婚姻稳定性的自然演化和总体异质性三个角度解释离婚风险为什么呈现这种倒U型模式。

家庭生命周期（family life cycle perspective）理论由卡特和麦戈德里克（Carter & McGoldrick，1988）系统提出并不断发展，它关注随着时间的推移，家庭中个体的发展和成长与家庭的代际连接。家庭的不和谐与家庭功能的丧失被认为是随着时间产生和发展的，这种观点在心理咨询中具有指导作用。家庭生命周期的观点是，家庭是一个系统，新的家庭成员只能通过出生、承诺和婚姻等途径进入家庭系统，而且一旦进入就不会从家庭系统中消失，除非死亡。也就是说，离婚并不会让一个家庭成员从家庭中"消失"（McGoldrick，Garcia Preto，& Carter，2016）。家庭系统包含的内容分为五个层面，即社会文化和政治经济层面、社群层面、家族层面、核心家庭层面和个人层面。家庭的应激源（stressors）或者家庭的威胁分为垂直焦虑和水平焦虑两种。垂直焦虑来源于通过情感一代代传承下来的家庭功能模式，例如信念、家庭模式和禁忌的传承；水平焦虑来源于随着时间的推移，家庭需要处理一些变化和转折时产生的问题，这些问题可能是发展性的，即随着关系的发展自然产生，也可能是难以预测的，例如家庭变故、自然灾害和政治经济局势等（Carter & McGoldrick，1988；Carter，1978）。成为父母对夫妻来说具有很大压力，他们不仅需要处理核心家庭的关系（即夫妻之间以及夫妻与孩子之间的关系），而且需要处理与各自原生家庭的关系（Bradt，1989）。与西方国家不同，在中国家庭中，夫妻双方的原生家庭会对养育孩子给予很多支持和帮助，夫妻更接受原生家庭的介入，以至于在中国家庭中，养育孩子不是最关键的问题（Chen，1985；Shanhua，2011；Yan，2013；杨善华，

2011；阎云翔，倪顺江，2016），夫妻与双方父母共同生活才是更关键的问题（杨善华，2011）。从作出离婚决定一直到形成新的平稳的生活状态或到再婚的这段历程中，离婚周期也可以分为五个可能相互重合的阶段，它们分别是个体认知阶段、家庭后设认知（元认知）阶段、系统性分离阶段、系统性重组阶段和系统性重新定义阶段（Ahrons，1980），最后两个阶段都处于家庭重组阶段。在双方分离的阶段，来自家庭和社会的支持对于离婚者生活的调适尤为重要（Hetherington，Cox，& Cox，1975）。

家庭生命周期在解释倒 U 型离婚模式时主要关注孩子。这种观点认为，在婚姻的蜜月期之后，孩子的出生会给双方的关系带来挑战，对关系造成威胁，照料孩子会导致婚姻质量下降和离婚风险上升，且子女越多，关系双方调适的难度越大；子女成年后，夫妻可以重回二人世界，关系又重新趋于稳定（Rollins & Galligan，1978）。但这一结果受到一些研究者的质疑，有些研究者认为子女可以帮助维系关系，还有研究者认为上述解释不具有通用性（Waite & Lillard，1991；Xu et al.，2015;许琪，等，2015）。

婚姻稳定性的自然演化的解释是，随着婚后时间的延长，一方面，夫妻双方会更加明显地看到对方身上自己不喜欢的人格特征（Luckey，1966），因而对彼此的吸引力下降，影响婚姻稳定性（Levinger，1976）；另一方面，当一方想要结束这段关系，他／她会感受到婚姻责任感、周遭社群和分离成本的制约和阻碍（Levinger，1976；Lewin，1951）。越持久的婚姻，离婚的浸没成本和制约就越大，倒 U 型离婚模式就是吸引和制约因素共同制衡下的结果

（Levinger，1976; 许琪，等，2015）。

总体异质性的观点是，每一对夫妻关系的稳定性和模式各有其特点，离婚风险也各不相同。对于离婚风险高的伴侣，他们婚姻的延续时间更短；而对于离婚风险低的伴侣，婚姻关系能够延续到最后。如果观察所有结过婚的人的离婚情况，就会发现在婚姻持续时间的区间内，离婚的风险出现波峰，即呈现倒U型离婚模式（Vaupel & Yashin，1985）。许琪等人2015年的研究使用了北京大学"中国家庭追踪调查"的数据，结果支持了这种解释。同时，如果只观察最终会离婚的群体，那么离婚的风险是随着婚姻的延续而持续上升的——对于这些家庭，时间拖得越久，离婚的可能性越大，并且最终走向离婚，而不是呈现明显的倒U型离婚模式。

本研究还考察了人们对"什么是爱情"的表述，以及这一表述在经历一段婚姻关系之后发生了怎样的变化。在对离婚群体的分析中参考了斯滕伯格（Sternberg，1986）的爱情三角理论，该理论认为爱情包括亲密、激情和承诺三个维度，这三个维度形成一个爱情三角形。根据该理论，面积越大，爱情的量就越多；三个维度达到平衡时，爱情也达到平衡；实际的爱情三角形与理想的爱情三角形的重合部分越大，人们在亲密关系中的满意度就越高，反之则不满意度越高；在对比成功的和破裂的关系后，发现两者在亲密、激情和承诺随时间发展的曲线上有明显差异。

此外，在中国，人们也会面对很强的离婚污名，有关离婚的污名也是本研究的考察内容。离婚的污名会对离婚者的职业、名声造成威胁，而养育孩子的人在离婚后更是如此，他们会被认为人生是不完整的，或是一个"麻烦"的人，甚至是"扫把星"。离异家庭中的孩子也会受到离婚的污名和家庭破裂的影响，而离婚后女性遭受的污名又多于男性（Kung, Hung, & Chan, 2004; Lo, 1997; Xu, Zhang, & Xia, 2008）。在中国，有"宁拆十座庙，不毁一桩婚"和"劝和不劝离"的观点，婚姻的建立与幸福、快乐、家庭美满联系在一起，相对地，离婚则被认为是自私的、不顾家庭幸福的行为（Xu et al., 2008）。这些有关离婚的污名会对离婚者及其孩子的心理适应产生负面影响，阻碍他们寻求外界的帮助和支持。

研究参与者的基本信息

本次研究采用扎根理论分析通过个体访谈和焦点小组访谈收集的文本资料，用积极的视角去探索离婚的功能性，试图在中国家庭离婚模式以及离婚者的情感状态、情感历程上寻找新的发现，同时对现有的理论和发现作补充和修正。

本次对离婚群体的研究招募了来自上海、广州、北京、深圳、南充、齐齐哈尔、石家庄、洛阳、青岛和哈密的 10 名参与者进行个体访谈，并招募了来自上海、北京、南充、齐齐哈尔、石家庄和洛阳的 36 名参与者进行焦点小组访谈，每个城市招募 6 名参与者。在个体访谈或焦点小组访谈开始前，要求所有参与者分别画出自己上一段感情和理想中的爱情。个体访谈和焦点小组访谈均是半结构化访谈，分别使用离婚组个体访谈提纲以及离婚组焦点小组访谈提纲。

本项研究包含 46 名参与者，年龄范围为 24—39 岁，平均年龄 33.02 岁。其中，男性和女性各 23 名，25 人有孩子。离婚组所有参与者的其他信息：平均离婚时长为 3.12 年，最短 3 个月，最长 8 年；上一段婚姻持续的平均时间为 4.82 年，持续时间从 6 个月到 14 年不等，开始年份从 2003 年到 2018 年不等；婚前情感关系的长度从"无"到 8 年不等，平均情感长度为 1.78 年；平均含税年收入为 14.65 万元，从 3 万元到 80 万元不等（见图 7-1）；有 6 人（13%）的受教育程度为中专，9 人（20%）的受教育程度为高中，11 人（24%）的受教育程度为大专，19 人（41%）的受教育程度为本科，1 人（2%）的受教育程度为研究生。具体的人口统计信息见附录。

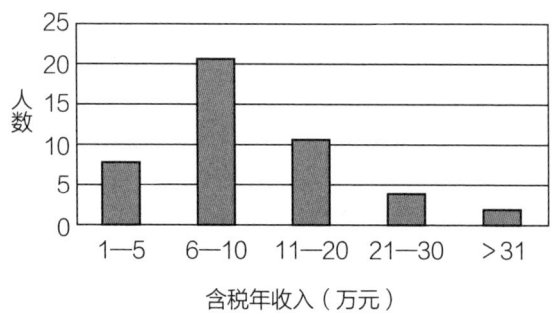

图 7-1 离婚组访谈参与者的年收入情况

个体访谈为一对一的访谈，时长从 58 分钟到 116 分钟不等；焦点小组访谈包含 1 名主持者、1 名观察者和 6 名参与者，时长从 120 分钟到 185 分钟不等，在访谈过程中记录非言语行为，并采用扎根理论（Strauss & Corbin，1994；Willig，2013；徐宗国，1997）分析访谈逐字誊录稿。首先对个体访谈资料进行编码，然后使用焦点小组访谈的资料对编码进行验证和补充，形成初步编码。除了使用扎根理论，研究和分析过程中还参考了黑格（Haig，2014）推荐的研究步骤。

第7章 孤帆天际看，迷津欲有问：离婚者

研究结果：一别两宽的选择

关系发展的历程

使用扎根理论分析资料后，得到9个重要的范畴，基于关系发展的时间线索，这些范畴分别为：关系确立的因素、婚姻确立的因素、关系中的主要应激源、对应激源的处理和应对、压力感受、离婚的过程、离婚后的压力和应对、离婚后的生活、与离婚有关的污名。其中，重要的维度有：关系中的主要应激源、对应激源的处理和应对、压力感受、离婚后的压力和应对及与离婚有关的污名。

离婚组完整编码表（表7-1至表7-9）中包括频数统计，需要注意的是，由于焦点小组访谈的信息与个体访谈的信息相比深度不足，在一些范畴和维度上的频数应当视为最低的频数。接下来分别简单解释各个范畴的内容。

第一个范畴为建立上一段婚姻时主要的考虑因素和推进因素，其中"关系内容"是指推动双方关系发展的事件。"人生某阶段的第一段恋情"放在"社会压力"子范畴的原因是，初恋被赋予特殊的社会意义。

在所有参与者中，有7名焦点小组访谈的参与者通过相亲或介绍与前配偶相对被动地结识，有1名个体访谈的参与者和2名焦点小组访谈的参与者通过社交网络主动结识伴侣。更多人通过朋友、同事等熟人关系主动结识伴侣，包括4名个体访谈的参与者和6名焦点小组访谈的参与者。

表 7-1　离婚者范畴编码 1：关系确立

子范畴	维　度	频　数	
		个体访谈	焦点小组访谈
关系内容	性吸引	5	1
	帮助和照顾行为，感觉得到了社会支持	3	5
	相同的理想婚姻模式	1	0
	炽热的追求	0	1
伴侣特质	物质条件值得依赖，认为对方有潜力	2	3
	喜欢对方的脾气或性格	1	6
	男性符合"丈夫"的形象，表现出控制感	0	3
	对方"孝顺"	0	3
家庭因素	门当户对	0	1
	不需要照顾对方家庭的老人	1	0
	听从父母的安排，哪怕自己不愿结婚	0	3
社会压力	人生某阶段的第一段恋情	3	3
	年龄"到了"（年龄大多在 19—30 岁，只有两个案例的年龄为 30—40 岁）	3	14
	同伴比较和同伴压力	1	2

　　第二个范畴为在上一段婚姻中推动婚姻建立的多方力量，其中"主动推动"意为一方主动提出建立婚姻并为之努力，促成了婚姻关系的建立，既可以被看作一方建立婚姻的愿望，也可以被看作在多方作用下人们的选择。

第7章 孤帆天际看，迷津欲有问：离婚者

表7-2 离婚者范畴编码2：婚姻确立

子范畴	维 度	频 数	
		个体访谈	焦点小组访谈
家庭的作用	一方父母提出结婚	3	8
	家长见面或见家长，获得父母的同意	1	5
	追求一种"安定下来"的模式	1	0
	不顾父母反对	1	2
主动推动	一方提出结婚	1	2
	试婚或同居	2	3
	物质标志（房、戒指、车等）	1	0
	不在意经济条件	0	1
孩子的作用	怀孕	0	3
	想要孩子	0	1
政策的作用	政策的支持	1	0

第三个范畴是对关系造成压力的应激源，参与者谈及的内容主要发生在结婚之后。在这里，引入了"大家庭"的概念，指包括夫妻双方、双方父母、双方亲戚、孩子在内的家庭族系，类似于"家族"的概念。"大家庭"、孩子及生育、"妈宝"以及与城市化有关的问题将在专题中详细介绍。

"关系的转折"出现在这一范畴中，因为它既可以被看作应激源和有关应对导致的关系状态和关系性质发生变化的结果，对夫妻双方来说也可以被看作一个有关关系质量和生活稳定性的应激源。

表 7-3　离婚者范畴编码 3：关系中的主要应激源

子范畴	维度	频数	
		个体访谈	焦点小组访谈
社会经济地位	社会阶层的压力，包括职位和经济水平	3	0
	经济压力（工资、国内政策和国际关系均可能带来经济压力）	5	10
	经济需求压力——女性对住房保障的要求	1	0
关系模式	完全由丈夫赚钱，妻子管家（通常不会因此产生冲突）	1	3
	关系的不对等和不尊重	1	4
	成为男性的附属品或炫耀物	2	0
	对方对关系的控制，例如大男子主义	0	3
	物质分配上的矛盾	3	4
	家庭责任分配上的矛盾	2	3
	男方是"妈宝"，没有发展出与伴侣的相处模式	2	5
关系互动	难以交流和沟通	2	1
	安慰却得不到反馈	2	1
	感情平淡，感情基础薄弱	1	2
	共同相处的时间少，缺乏沟通	3	6
个人情况或特质	对方情绪不稳定	0	4
	对方有恶习或恶行	0	1
	对方索要钱财，因为赌博和吸毒等原因	0	1
	质疑对方的能力	0	1
	对方迷恋社交网络或网络游戏	1	1
	媒体对正面（特定）形象和模式的渲染与现状形成反差	1	0

第7章 孤帆天际看，迷津欲有问：离婚者

续表

子范畴	维　度	频数 个体访谈	频数 焦点小组访谈
双方差异	处世和决策存在分歧和割裂	2	5
	不满意对方的性格特点	1	6
	难以忍受对方的生活习惯	0	1
	对生活细节的重视程度不同	1	0
	民族差异，主要体现在文化礼仪上	2	0
	双方的工作和社交圈不同	3	3
	男方更加看重朋友情谊	2	0
	双方的大家庭不同，尤其是城镇和农村家庭之间存在差异	5	1
	城市化冲击或城市的发展和变迁带来生活骤变以及交际圈的变化和差异，产生适应问题	2	1
双方的大家庭	希望自己的家庭成员得到支持	1	0
	对方父母的干涉和影响	3	6
	婆媳冲突	1	3
	需要和父母一起生活，与长辈或对方家人共同生活后容易发生激烈冲突	1	2
	双方父母都支持丈夫，女方受到父母的指责	1	5
妊娠和孩子	意外怀孕	0	1
	意外流产	1	2
	女方选择不生孩子，孩子成为压力，原因有父母年长催生、自己的养老压力、媒体报道导致的恐慌、"不孝有三，无后为大"等传统观念	3	2

续表

子范畴	维度	频数 个体访谈	频数 焦点小组访谈
妊娠和孩子	怀孕时丈夫出轨	0	3
	孩子的出生激化了矛盾，也增加了经济压力，第二胎同样有此风险	3	11
	对孩子教育的跟风"投资"	1	3
	产后抑郁	0	1
关系的转折	一方与其他人发生性行为和感情联结	2	13
	生活遇到重大转折，包括疾病、破产等	5	2
	彼此的亲密行为减少	3	0
	性行为的减少或消失	3	0
	对婚姻模式的厌倦	2	0
	与婚前对对方的印象相反	0	2

第四个范畴是对应激源的处理和应对，并用粗体标注出那些在访谈中发现的往往会对关系造成威胁的维度和事件。主要的分类思路为"问题中心策略—情绪中心策略"，将"退让"和"忍受"等维度放入"问题中心策略"的原因是，这些行为可以被看作解决问题的策略，包含了解决问题的意图。补充了"与改变认知有关的策略"，意为通过改变对伴侣或关系的认知内容适应应激源。此外，单独列出了"与大家庭有关的策略"和"与孩子有关的策略"，这两者不能简单地归入"问题中心策略"或"情绪中心策略"，而是借助另外的途径缓解应激源。其中，重点内容将在专题中详细介绍。

表 7-4　离婚者范畴编码 4：应激源的处理与应对

子范畴	维　度	频数 个体访谈	频数 焦点小组访谈
问题中心策略	单方的退让或忍耐、原谅或包容	6	6
问题中心策略	双方的退让	3	0
问题中心策略	互相改变	1	0
问题中心策略	自己保持不变	4	4
问题中心策略	不改变对方	1	0
问题中心策略	**反复唠叨**	**1**	**1**
问题中心策略	延续原来的婚姻模式	2	0
问题中心策略	用物质或经济来弥补	2	1
问题中心策略	尝试在婚内建立爱情	2	1
问题中心策略	尝试在婚外交友以避开问题	2	0
问题中心策略	坚守原则	1	0
问题中心策略	自我检讨	0	1
问题中心策略	共同讨论解决三角关系问题	0	1
问题中心策略	希望对方关注自己，有参与者让对方产生忌妒感以获得重视	0	2
情绪中心策略——尝试冷静	散心	1	0
情绪中心策略——尝试冷静	自我开导	0	1
情绪中心策略——尝试冷静	向他人倾诉情绪（并不总是有效）	0	2
情绪中心策略——积累负面情绪	**无法忍受控制感受到挑战**	**2**	**2**
情绪中心策略——积累负面情绪	**内心反刍思维、猜疑**	**2**	**2**
情绪中心策略——积累负面情绪	**将情绪发泄在对方身上，包括肢体的情绪宣泄和暴力**	**1**	**7**
情绪中心策略——积累负面情绪	报复，以牙还牙	2	0

续表

子范畴	维度	频数	
		个体访谈	焦点小组访谈
情绪中心策略——增加正面情绪	延续亲密行为	2	3
	赠予物质，作为亲密感的体现	1	0
	对方顺从，作为一种亲密的方式	2	0
回避策略	沉默、隔绝（冷战或冷暴力）、拒绝对方，渴望逃避压力，最常被使用	10	12
	分居	3	2
与改变认知有关的策略	妻子的形象工具化	1	0
	寻求自主性和对自己的控制感	2	3
	关系更加模式化，角色定位更加清晰	1	0
与大家庭有关的策略	父母出面干涉	2	2
	投靠长辈	3	4
与孩子有关的策略	孩子成为婚姻的纽带和生活的重心	3	6
	忽视孩子	0	1
	因为孩子而隐忍	0	2
	将孩子的计划延后	1	6
	推迟离婚计划	0	3

第五个范畴包含个体面对关系中应激源的压力感受，分为主体感受和关系感受两部分。在这里，主体感受是指，在面对应激源以及应对手段与应激源共同作用的结果时，个体自身的情绪和情感状态，与希望回避关系相关。关系感受是指个体当时对关系状态的感受，与个体的主体感受有一致之处，都可以被理解为对关系的"抽离感"。其中，"感到是一个人"与"感到被排斥"有相似之处，但前者更加复

杂，更加强调孤独和对关系依赖的无力感。

表 7-5 离婚者范畴编码 5：压力感受

子范畴	维　度	频　数	
		个体访谈	焦点小组访谈
主体感受——希望回避	感到压抑	3	3
	感到失控	1	3
	感到厌倦	3	1
	感到窘迫	1	0
	缺少获得感	1	0
关系感受——感觉抽离	感到关系变淡	6	5
	感到不被尊重	2	1
	感到话语权弱	2	0
	感到被排斥	2	3
	感到是一个人	3	1
	感到不信任	1	4
	感到失望	0	1
	希望独处	2	0

第六个范畴基于婚姻关系的发展，表示离婚的过程，包括离婚的处理方式、决定离婚的因素、离婚的细节和形式三个部分。离婚的处理方式又包括冷处理和发挥主动性两种，冷处理是指对关系持被动、避免交流的态度，发挥主动性是指伸出"触角"或发挥能动性来处理当前的状况。"冷战"意为双方蓄意不理睬对方，像存在敌意一样。"对对方的表现感到失望/无望"的一些典型事例包括"对方与他人有密切交流"和"双方爆发肢体冲突"。"离婚的细节和形式"没有将"简

单的离婚手续"囊括在内，只列出了比较特殊或复杂的离婚细节，剩余的大部分参与者的离婚是通过简单的离婚手续实现的。

表 7-6 离婚者范畴编码 6：离婚的过程

子范畴	维 度	频 数	
		个体访谈	焦点小组访谈
离婚的处理方式——冷处理	分居或分离	6	7
	断绝联系	0	8
	冷战	4	1
离婚的处理方式——发挥主动性	获得父母的支持	4	3
	获得好朋友的支持	3	0
	经济独立	2	0
	更加珍惜彼此	1	0
	快速离婚	0	1
决定离婚的因素	感到有社会支持	2	0
	对方父母的意见和介入	3	0
	对对方的表现感到失望/无望	4	6
	孩子没有得到保障	1	2
	住房没有得到保障	2	0
离婚的细节和形式	离婚官司	1	1
	纠缠和交涉	1	1
	简单的离婚手续，包括财产和贷款分割	9	10
	悄悄离婚	0	2
	离婚后因孩子同居一段时间	0	1

第7章 孤帆天际看，迷津欲有问：离婚者

第七个范畴包括离婚之后参与者感受到的压力、对离婚及其后续影响的应对两部分。离婚压力分为人际关系造成的压力、经济压力（只有女性参与者在访谈中明确表达了经济压力），以及离婚后的情绪感受造成的压力。离婚应对的各个子范畴有所重叠，在离婚应对中个体往往表现出多种应对方式。

表7-7 离婚者范畴编码7：离婚后的压力与应对

子范畴	维 度	频数	
		个体访谈	焦点小组访谈
离婚压力——人际关系造成的压力	父母年长多病，不愿看到自己离婚	1	3
	父母或亲人的反对和抵触情绪	0	6
	与对方家庭关系好	0	1
	对父母和孩子的愧疚	2	7
	孩子的抚养压力	0	2
离婚压力——（女性）经济压力	女性的经济需要独立	1	1
	女性的经济处于弱势地位	2	0
离婚后的压力——离婚后的情绪感受造成的压力	挫败感	1	5
	感到不确定、不安全、不适应，在失去依靠后感到敏感和孤独	5	10
	感到庆幸	2	0
离婚后的应对——离婚后对之前的关系的情绪	仇恨的态度	1	3
	淡漠、冷静的态度	4	2
	回避过去的态度	2	4
	开朗的态度	2	14
	留恋，分离的痛苦和焦虑	2	6
离婚后的应对——自我调控	反思自己	0	4

续表

子范畴	维度	频数	
		个体访谈	焦点小组访谈
离婚后的应对——自我调控	关注自我	2	4
	情绪内敛、不表达的倾向	1	2
离婚后的应对——社会支持系统	获得父母的支持	2	10
	获得好朋友的支持	3	15
	获得舆论的支持（过不下去就离婚）	1	0
	获得同伴（同样离婚的人）的支持	0	1
	更加独立，包括重新建立社会关系，经济更加独立	3	1
	以孩子为重心，孩子成为寄托	1	4
离婚后的应对——关系的延续	与前任成为朋友	2	0
	认为上一段爱情值得骄傲	0	1
	主动在经济上支持前任	1	0
离婚后的应对——回避关系的延续	拒绝让前任看孩子	0	1
	为了躲避对方而离开公司	0	1
离婚后的应对——对未来关系的期望	考虑物质和房产或可利用的资源	4	2
	考虑关系质量，包括相处契合（11人）、包容和理解（13人）、关系对等（5人）、关系中的互动（7人）、在关系中有控制感（2人）	5	33
	考虑对方个人特质，包括真诚和忠诚（1人）、稳重和责任感（4人）、人品好（3人）、能力和上进心（1）、年轻（3人）	1	11
	以家庭为中心的择偶标准，包括孝顺父母（1人）、对方的家庭环境（2人）、对方对家庭的关注（2人）	2	3
	孩子主导了对关系的选择	2	1

第7章 孤帆天际看，迷津欲有问：离婚者

第八个范畴包括人们对发展新的关系的态度、生活状态，以及离婚后的生活压力。发展新的关系的态度可分为回避新的关系和主动靠近新的关系。参与者表述的生活状态多为正面的，很少有对自身负面生活状态的表述。此处的生活压力与上文的离婚和离婚后的压力有所不同，是指生活进入一个平稳状态时面对的生活压力，往往与前一段婚姻有关，但与离婚这一具体事件的关系不大。

表7-8 离婚者范畴编码8：离婚后的生活

子范畴	维 度	频 数	
		个体访谈	焦点小组访谈
回避新的关系	害怕新的婚姻（6人），只恋爱不结婚（2人）	4	4
	不愿意遇到新的爱情，主动放弃尝试	3	3
	心目中婚姻的价值降低，对未来的爱情期望低	6	4
	拒绝大家庭对关系的介入	1	0
	恋爱更加谨慎	3	6
	果断放弃恋情	3	1
	对未来的恋爱关系探索少	2	0
主动靠近新的关系	向往新的恋爱关系	3	0
	尝试寻找新的恋情	6	11
	开始新的恋情	4	8
	对爱情充满新鲜感	2	0
生活状态	生活更加随性、自由	4	1
	快乐原则	2	0
	更加自信	1	0
	投身于工作	3	13
离婚后的生活压力	感受到同伴压力	0	3
	被父母催婚	1	4
	要等孩子长大	0	3

第九个范畴是与离婚有关的污名，在大部分参与者身上都可以观察到与离婚有关的污名，它影响了参与者的离婚决定和离婚后的生活适应。这一点将在专题中具体介绍。值得注意的是，离婚对父母情绪的影响在一些案例中比对当事人情绪的影响更大，父母更容易受到与离婚有关的污名的伤害。

表 7-9　离婚者范畴编码 9：与离婚有关的污名

子范畴	维　　度	频　数	
		个体访谈	焦点小组访谈
被污名	离婚后遭到舆论上的污名和感知到污名	4	10
内化的污名	因为离婚而感到羞耻，主要是父母感到羞耻（9 人）	5	9
	要求对方无婚史	1	0

有关爱情的观点

在分析中，研究者还收集了一些参与者有关爱情的典型观点，包括离婚的偏见、固化的家庭形象和家庭角色、爱情与物质的关系、爱情与婚姻的关系，以及观念的文化来源，罗列在表 7-10 中。

表 7-10　离婚者与爱情相关的典型观点

观点类型	观　　点
离婚的偏见（来自南充、广州、齐齐哈尔和北京的资料）	有孩子后不容易离婚，反之则容易
	年长的女性离婚是一件羞耻的事情
	离婚必然会对孩子造成打击
	年轻漂亮的女性容易再婚
	男性再婚比女性容易

续表

观点类型	观点
固化的家庭形象和家庭角色（来自齐齐哈尔、石家庄、南充和洛阳的资料）	男性在家庭中应该更加主动、更具主导性
	男性在家庭中应当扮演包容者和妥协者的角色
	对父母好的人对所有人包括自己也会好
	对"家"的概念的思考先于对两个人的关系的思考
爱情与物质的关系（存在于所有城市）	爱情等同于物质或性吸引
	物质是生活兴趣的支柱
	物质可以解决/缓和绝大部分问题
	女儿出嫁的目的是成为家中的"摇钱树"
爱情与婚姻的关系（来自南充、洛阳和广州的资料）	爱情与婚姻没有关系
	现实和物质的婚姻中不存在爱情
	完美的爱情是人生成功的标志
	婚姻是爱情的坟墓
	婚姻是持续性承诺的保障
观念的文化来源（来自广州、洛阳和哈密的资料）	名人的恋爱模式
	抖音视频和网络教程
	要遵循传统文化，如儒家和道家的思想

爱情构念的变化

除了采用扎根理论探索人们的情感模式和发展、收集有关爱情的观点外，研究者还分析了个体访谈中人们对爱情的构念，即在人们眼中爱情有哪些成分，并着重分析离婚前后爱情构念的变化。基于斯滕伯格的爱情三角理论，分析个体访谈的参与者（10人）离婚前后在亲密感、激情和承诺方面表达的差异。

离婚前，在个体访谈的 10 名参与者中，大部分参与者（6 人）对承诺的要求不明显，而离婚后只有 2 人没有提及关系的承诺。离婚前，只有 2 人没有提及关系中的激情，而离婚后这一人数上升到 6 人，更多参与者在经历一段婚姻之后不再关注关系中的激情。对于关系中的亲密感，离婚后参与者认为经济的支持（5 人）和对对方的依赖（2 人）应该作为亲密感的一种体现，而这两点在离婚前没有被提及。

经历一段婚姻后，参与者对爱情的构念在亲密、激情和承诺 3 个维度上均发生了变化，表现为经济支持和依赖的需要成为亲密感的重要组成部分，对激情的需要消退，对承诺的要求提升。需要注意的是，所有参与者对爱情的构念都是较为简单的，主要由陪伴和亲密行为、性吸引、物质的交换和支持构成。

在大多数参与者中，爱情三成分的发展符合斯滕伯格的爱情三角理论，并且大部分参与者的爱情三角始终是有偏倚的。在离婚前，大部分参与者向激情和亲密偏倚，在离婚后向承诺和亲密偏倚。在拥有孩子且孩子成为生活重心或情感纽带的参与者中，孩子代替了亲密这一维度，即参与者对亲密的需求低，但对共同为孩子付出这种亲密需求高。

在相处模式中，控制感也会成为亲密维度的重要构成元素，在一些关系中，参与者会因为自己的控制感受到挑战而感到不可接受或难以容忍失控的感觉。

答：她特别独立，她要求经济分开，我自己挣的钱自己用，她挣的钱她自己用。节日的时候买东西，她就说不需要我给她花钱，我就跟她吵，因为我觉得既然是一家人，经济就要放一起。我也比较传统，她就比较要强，因为这个事情闹得不可开交，矛盾很大。

还有就是我有点大男子主义，她人缘很好，异性都会交往。但我就不想，除了她，我基本上跟女人很少说话，就一心都是她，我感觉特别爱她，就为了她，我跟别人没有联系。她就不理解我，她就觉得我可以跟异性交往，她觉得人就应该有很多圈子，但我就不同，我就不喜欢那样，所以我就因为这个跟她有冲突。后面就是彼此妥协了一点，就是她说我可以把你介绍给我的朋友，但是你不要干涉我，就是说出去聚餐或者总是担心这个男的对我怎么样，那个男的对我怎么样，乱想。然后我说好吧，那我就妥协了一下，主要矛盾就是这两个矛盾，其他的都还好吧。

问：一般吵架了之后是怎么修复关系的呢？

答：我主动跟她道歉，因为女孩子都需要哄嘛。不管谁对谁错，先把她哄回来再说。

——G_SJZ08，男性

离婚后对前一段关系的情感及其留存

从 40 个人的资料中收集到对前一段关系的情感状态，可以分为 5 种态度或情绪，且彼此之间的重合较少，它们分别为仇恨（10%）、淡漠或冷静（15%）、回避（15%）、开朗（40%）、留恋或因分离而感到痛苦和焦虑（20%）。可见，更多的参与者表现出开朗的态度。

值得注意的是，有相当一部分人在离婚之后表现出对分离的痛苦和焦虑，说明参与者对前任的情感联结没有因为离婚这一事件而阻断，但是离婚这一事件阻断了两人的物理联结和社会交往，离婚这一行为如同为自己对对方的情感期望颁布了禁令。这说明，有一部分人离婚是理性思考的结果，但情感的需要在这一过程中被弱化了。

答：毕竟一起生活了这么多年，她成了你生活的一个习惯了，可能已经是你身体的一部分了对不对？突然间让你截肢，那你会不会觉得很难受呢？

问：所以离婚就像突然间截肢一样？

答：对。

——I_SZ04，男性

想念。有时候离婚了以后，或者说回到家，我总觉得身边缺一个人，有时候会不自觉地……刚开始的时候，离婚的时候，有时候会不自觉地去叫一下她的名字这样子。

——I_HM08，男性

大部分参与者表现出开朗、冷漠或冷静、仇恨的态度，反映出相当一部分离婚者注重或考虑自身的情感需要，作出了离婚的决定。一些参与者还表示，自己在离婚之后与前任依旧保持了朋友关系，体现出离婚协议和关系终止之间还有一定距离。

问：其实现在还可以做朋友，对吗？

答：对对对。因为其实钱可以解决的问题真的不是问题，还是钱不够的问题而已。我们之间其实还是挺简单的。

——I_GZ08，女性

值得注意的是，在离婚决定上，更多人表现出主动性和自主性，尽管很多参与者的婚姻和感情生活受到父母和亲戚的掌控，但离婚这一行为体现了人们试图掌控自己的生活，哪怕这一行为会带来很多不安全感。

事实上，更加敏感、不安全、不适应和不确定的感觉在 10 名参与者身上有所表现，有 5 名参与者感受到孤独，有 6 名参与者在离婚后感受到生活的挫败，仅有 2 人表示离婚后感到庆幸，但有更多人积极地尝试适应离婚后的生活。在这一过程中，社会支持很重要，除了最常见且主要来自父母和好朋友的支持之外，同样有离婚经历的人给予的支持也很重要，甚至所有离婚者构建的离婚率的上升对离婚者来说也是一种心理支持，让他们感受到自己没有被孤立，寻找到与他人的共同感。

我看过一个调查，说以深圳为例，离婚率居然达到了 30%，就是说这种状态不是（仅）发生在我个人身上，有很多人都是这样子的。我不知道别人是因为什么原因离婚的，但是这个离婚率确实是急剧上升的……（我们是）一样的，（我）是其中的一分子。

——I_SZ04，男性

说实话，我觉得包括我在内，（离婚）真的没有什么特别大的矛盾。因为我之前也看到过许多有关离婚的新闻，我有朋友是民政局的，他们也在说，其实就整个社会来说，2018 年整个离婚率是非常高的，而且主要是"90 后"（离婚）。通过数据来分析的话，我觉得以后"00 后"的离婚问题可能也会严重。

——I_NC06，男性

特别议题：原生家庭、城市发展和离婚污名

大家庭和生育

研究发现，家庭，尤其是大家庭，在中国人的整个婚姻过程中发

挥了推动关系发展的作用。在关系发展的开始阶段，往往一方父母（己方或对方）提出结婚，双方父母同意后，婚姻关系很快确立。有参与者也表示结婚是想要"安定下来"或是想要追求"理想家庭"的生活模式，如果自己父母的关系模式相对稳定，一些人也会想从自己父母的关系中复制"理想家庭"的生活模式。当然，也有一些人会不顾父母的反对坚持结婚。

问：当时是怎么维持和表达爱的呢？

答：一开始我们的三观是很一致的，我们的目标都是，结婚以后他主外我主内，因为我们家里面也是这样子。然后他说他要生一个男孩，这个我也很赞成，因为我们那边就是这样，他自己也做生意，想有一个男孩继承家业，我自己的传统想法也是这样子。我们的饮食习惯还有作息习惯也很协调。我又不用出去工作，又不用出去做什么，基本上我们的生活习惯还有作息都很一致。

——I_GZ08，女性

在婚姻关系确立之后，大家庭发挥了更加重要的作用：一方面，对婚姻赋予的特殊价值使得一方（尤其是女性）不仅希望自己，而且希望自己的家庭得到对方的支持；另一方面，婚姻往往意味着更多的与对方大家庭的交流，常常是父母主动干涉和影响关系，有时带来婆媳冲突，丈夫对父母的过度依赖、顺从和维护会对关系造成破坏，在妻子的眼中，丈夫是在袒护父母，忽略了妻子的感受和家庭的需要。

老年人的思想有好些是不对的，咱不能说反驳他吧，但是他非得让你怎么做，你可以表面答应他，（实际上）可以不做。但是他不行，他爸妈说的啥都是对的。然后他说你看我爸妈年龄这么大了，然后意

第7章 孤帆天际看，迷津欲有问：离婚者

思就是你要能忍让点，但是你可以忍一天两天，忍让时间长了，你就觉得特别委屈。

——G_LY12，女性

孩子出生后，夫妻往往会选择将孩子托付给父母照料，有一些家庭会选择和父母或大家庭成员共同生活，这使得夫妻双方与大家庭的距离进一步缩短，孩子的出生可能会加剧父母对关系的干涉，以及夫妻与大家庭的冲突。

我们刚开始结婚的时候没有跟老人一起住，因为那个时候他们还没退休，而且刚结婚那段时间俩人还是比较黏，也不太希望跟老人住在一起，觉得很不方便。但是时间长了，后来这不有了孩子嘛，为了孩子上幼儿园，就跟老人住在一起了。

——I_QD12，女性

因为没孩子的时候，不用跟他家人有很多联系，你可以在外边上班干啥的，交集很少。你偶尔去看一次，然后他说啥你心里不舒服了，反正就那么一会儿，你也不会跟他闹什么矛盾。然后一有小孩，那必须在一起了，然后（就产生）各种矛盾。

——G_LY12，女性

在面对关系中的种种压力时，一些人会向长辈寻求帮助，而当其他家庭成员，尤其是父母，介入夫妻双方的矛盾时，往往会对关系有破坏性作用。向父母求助和依赖父母的帮助不只出现在男性身上，一些女性也会向父母寻求解决方案，但这在最终离婚的夫妻身上往往并没有产生良好的效果。

孩子在关系中起到了促进关系的建立、成为关系中的应激源或压力、成为一种应对策略、增加离婚阻力的作用。在关系的形成阶段，

意外怀孕和养育孩子的意愿驱动一些人作出结婚的决定。结婚与生子产生双向的因果联系,"结婚"和"生子"的概念相联结,推动婚姻的建立。

我觉得没有孩子我俩是肯定不会结婚的,孩子可能在我们中间起了很大的作用,其实没有孩子可能就不会结婚了。

……生了小孩之后,也是说要离婚的,因为他知道小孩对我太重要了,当时说如果你要离婚的话,你就不能要小孩,后来就拖了一段时间。

——G_NC10,女性

同时,孩子也是关系中一个非常核心的应激源或压力。在准备怀孕、养育孩子这一家庭计划上,如果女方决定不要孩子,与大家庭或配偶在意愿上发生冲突,就会对关系造成极大的威胁。在 10 名个体访谈的参与者中,有 3 人离婚的主要原因包括女方决定不生育孩子,在焦点小组访谈中也有 2 人提及,并且"没有孩子成为离婚的重要推力"这一点在各个地区都有提到。在这种情况下,往往由男方的父母或男方主导提出解除婚姻关系,这也是男方主动提出离婚的主要原因。男方担忧的原因也通常与自己的大家庭和父母相关,主要考虑为父母年长后希望有孩子,担心自己的养老问题,以及对"不孝有三,无后为大"的笃信。但对"不孝有三,无后为大"的笃信只在五线城市哈密被提及,传统观念在更大的城市中表露较少。

我们生活矛盾的爆发点也是在于小孩这一块,主要因为孩子。我的观点是这样的,要不就要自己的孩子,要不就不要孩子,丁克家庭。但她的观点是什么呢?就是不想生小孩,但是又想着要。所以这

第7章 孤帆天际看，迷津欲有问：离婚者

可能是我们最初的这一个矛盾爆发点。

——G_QQHE11，男性

怀孕也是与孩子相关的重要应激事件。意外怀孕、意外流产都会对关系及关系中的个人带来打击。意外流产会让女性倾向于选择避孕，从而打击了男方对孩子的期待和执念，进而对关系造成威胁。对子嗣的考虑是男方主动提出离婚的一个重要原因。在怀孕期间，丈夫的出轨成为关系中的应激事件，此时的出轨行为尤其不被妻子接受。在访谈中，绝大多数参与者表示自己难以接受无性婚姻或婚姻中一方与他人发生性行为，而怀孕后性行为的中断和怀孕期间丈夫的婚外性行为对于关系及关系中的双方都是破坏性因素。生完孩子后，一些女性会出现产后抑郁，此时也是双方的大家庭频繁接触的时候，更有可能爆发冲突，尤其是所谓的"婆媳冲突"。

就是因为孩子，刚生完孩子感到抑郁，心情不好呗，然后跟婆婆闹了点矛盾……然后就是他们就觉得我不是这个家庭里的一员，他们才是一家子。真的是没有顾及你的感受，没有想到说给他一家子道歉……这个就是一辈子也就生这一回两回的，反正感受就特别深、特别深。

——G_SJZ09，女性

孩子的出生，如前文提到的，可能会激化家庭中的矛盾和冲突。在参与者中，一些女性报告了夫妻双方在孩子照顾行为上的不对等，母亲在孩子出生后的一段时间往往需要连夜照料孩子，这对情绪是一个挑战。当孩子成长至学龄期，甚至是学龄前，对孩子教育的投资问题会引发更多的意见冲突和经济压力。近十几年来，中国家庭在孩子

课外辅导上的花费快速增长，在经济上给中国家庭，尤其是中低收入家庭，带来巨大的经济压力，这些中低收入家庭在教育投资上的开支占收入的比例比高收入家庭大得多（Chi & Qian，2016）。一些家庭对孩子的跟风投资导致经济的持续高压，对双方情感有破坏性作用。养育第二个孩子又可能进一步激化经济压力带来的冲突，也会导致关系质量的下降。

比如说孩子的教育，还是花多少钱，还是这件事儿。对，有孩子之后开销比较大嘛，就是孩子幼儿园什么的我给他选最好的，他就觉得不用选那么好的，平常的也可以。其实，我总觉得不应该降低标准吧，反正就是这些，所以也会吵。

……比如孩子的抚养问题、教育问题，就是很多之前没有考虑的一些问题，或者也不知道会有这些问题，对，所以就是产生的矛盾会特别多。

——G_BJ08，女性

答：因为（有）两个孩子，第一个（问题）是孩子上辅导班。孩子大了上辅导班，主要是经济负担（重），别的都不是很主要的。

问：她抱怨家里经济条件不好，是吗？

答：……孩子上这个班、那个班的花费多大啊，我就不能歇着，一歇着（对方就说）你看你又歇着啊，还不抓紧时间挣钱。因为听得时间长了吧，时间短没事，时间长了以后就麻烦了。

……

答：最早的时候，有了我们老二，到两周（大）的时候开始吵架。一般一个星期左右吵一次，但是因为面临的问题越来越严重，后

第7章 孤帆天际看，迷津欲有问：离婚者

来基本上晚上吵得最多，基本上演变成每天都吵。

——G_SJZ10，男性

孩子的出生，尤其对女性而言，还成为一种应对这些应激事件和压力的手段。最典型的是孩子成为关系的纽带，或孩子成为自己的精神依靠，在这种模式下，有关孩子的争议和威胁都会对关系造成破坏。也有一些女性因为孩子的出生而更加隐忍，推迟自己的离婚计划。一些参与者在关系中经历压力和矛盾后决定将生育计划延后。也有参与者表示，孩子出生之后因为关系中的矛盾而导致双方都忽视孩子。

问：孩子并不是你们带着的？

答：虽然是我们带着，但是我们管得很少。我平时上班，平时就是她玩她的，孩子自己在一边玩。

——G_NC17，男性

女性在面对这样的局面时，往往在家庭中是被指责的一方，无论是自己的父母还是公公、婆婆，都会将更多维持关系质量的责任放在妻子身上，都更加支持、包容丈夫的行为和选择，更多责备妻子的不周。

答：我父母一直反对我离婚，就是我父母有点……我爸有点"直男癌"，你知道吧？他说小姑娘你就要轻点声说话，小姑娘你就要温柔一点，你家务也不会做，你还想怎么样，你指望谁喜欢你。

问：他觉得（离婚）是你的责任？

答：对。大家就是从小也知道，我脾气不是特别温顺的那种，所以说觉得可能是因为我脾气不温顺，才导致我们的婚姻不顺利，想让我去改正一下。反省一下我自己的原因，不要有什么问题就

离婚。

……

答：当时我父母不支持，这会让我觉得我被孤立。因为他父母是支持他的，无论他作出什么决定，他父母都是支持他的。

——I_SH05，女性

此时，抚养孩子会加剧夫妻与大家庭之间的矛盾，在一些家庭中存在"有了孩子就很难离婚"的观点，有了孩子以后，双方的大家庭都可能假定关系不容易破裂，从而拖延问题的解决甚至激化问题和矛盾。在这种情况下，女性在家庭中可能不被重视，甚至受到言语、情感和身体上的暴力。但也有不少女性表示，当自己对婚姻状态不满，哪怕和丈夫已经有孩子，也会坚持离婚。

后来不就有个小孩了，然后他爸就认为，有孩子了，肯定不会离婚，咋着都不会离婚，然后他都觉得没啥……就是说你可以任意活动，但是必须给你划定一个范围，超出这个范围他就要对你进行制裁吧。然后发生过好几次矛盾，后来就不过了。

——G_LY12，女性

可见，在大多数家庭中，男性和女性在婚姻和家庭中的性别角色依旧是迥异的，男性在婚姻中往往被期望承担责任，尤其是承担经济责任，而这些期望和要求对于男性也是一种负担，不断工作使得情感生活难以维系，关系中缺少深度交流。此外，那些认为性别角色分工应该十分明确的女性，她们在对配偶感到不满的同时，也会对配偶抱有更多的期待和假想。关系中性别角色的刻板分化会给双方都带来负担。

答：像我这样谈不上，（笑）就现在谈不上亲近程度，我说过要

第 7 章 孤帆天际看，迷津欲有问：离婚者

负责赚钱养家。

问：对。

答：每天奔波，然后晚上还有应酬，回家就基本躺着不动，就属于"躺尸"了，躺在那儿就完了，睁开眼就明天了，谈不上亲近，所以婚姻才会走到尽头。

问：那对方会亲近你吗？

答：哎呀（笑），没有，基本上两个人（笑）就属于见不着面。

——G_LY11，男性

家庭关系中的性别角色也受到父母言行的强化和遗传的影响，子女出于对父母的"孝顺"而顺从被指派和要求的性别角色，倾向于接受特定的婚姻模式。这一情况在长期经历集体生活的家庭中表现得更加明显，下文将提到的"妈宝男"的家庭就是典型的例子。

问：那你觉得最重要的结婚因素是什么？

答：最重要的，跟我妈（的意愿）的关系比较大。

……

问：那你觉得他为什么会这样忽视你？

答：就是因为他家庭条件不好吧，然后他爸妈省吃俭用供他读研究生，他觉得他欠他爸妈挺多的，他就是觉得这应该是一种亏欠。他觉得他爸妈挺不容易的，找个媳妇也得不管他说啥，你就得对他好。我觉得他就适合找那种保姆类型的，不适合找个媳妇（笑）。

——G_LY12，女性

在关系破裂和离婚的阶段，大家庭和孩子也会成为压力，一些参与者表示在离婚阶段自己对父母和孩子有愧疚感，当自己的父母年龄较大时，这样的愧疚感尤为强烈。

抚养孩子可能会带来更多的经济压力和精力消耗，离婚后，尤其是对有孩子的离婚者而言，对未来关系的期望更加偏向以孩子为中心和以家庭为中心。对孩子和家庭完整的考虑优先于对自身的考虑，有些参与者表示，希望等孩子长大再考虑自己的情感需要。如果孩子出生之后离婚，那么离婚后两人维持关系的可能性也更小。

其实一个女人，而且带着孩子，（叹气）在娘家人面前就抬不起头，甚至都不想见面，都不想回家，就想一个人在家带孩子。

——G_QQHE08，女性

问：那你觉得婚姻和离婚的经历给你带来了什么样的影响？

答：就是让我感觉，主要影响了孩子，主要还是孩子这一块，就是说感觉孩子挺可怜的，其他的倒是没啥。

问：那您如何应对离婚带来的影响？以及您如何开始离婚之后的生活呢？

答：应对的话就是上班工作赚钱。

——G_LY08，女性

我还是挺幸运的，一直都没有小孩，就不会说离婚的时候因为有小孩而显得太难堪，可能朋友都没得做了。

——I_GZ08，女性

"妈宝男"

"妈宝男"是中国当前流行的对一类男性的统称，这一称呼往往具有负面色彩。在英文俗语中也有相似的词汇——"mama's boy"（Khan, 1971），这类人往往被认为有一种人格上的缺陷，才造成母亲总是成为关怀者，孩子总是言听计从的局面，但西方语境下的"mama's boy"有更多性别角色要求和基于此的歧视语境（Coyle,

Fulcher, & Trübutschek, 2016)。可见，无论是在中文还是在英文语境中，"妈宝男"都具有贬义色彩和被污名化。

本书希望从另一个角度看待"妈宝男"，研究者并不认为他们具有人格缺陷，而更多地将他们看作一种家庭模式发展的产物。通过这种容易复制、孩子对家庭黏性高的教养方式和"孝顺"的观念，使得一些家族得以凝聚和延续。"妈宝男"导致关系质量受到影响的情况在每个城市都存在。

本书涉及的"妈宝男"具有一些特征：袒护和依赖父母，发生冲突时往往顺从父母的观点和意见，忽视伴侣的感受。

> 当媳妇和婆婆发生矛盾的时候，老公的立场其实是很重要的，如果说他能站在一个比较客观的位置，理性分析的话，其实也不是处理不好这段关系。但是就是怎么说，也可能是从小缺少母爱，然后就是有点把他妈妈当作天的那种感觉，就是他妈妈怎么说他都相信，他妈妈让他干什么他都照做，就是"妈宝男"的那种感觉。
>
> ——I_QD12，女性

> 我感觉最关键的问题还是没主见，就是你和他在一块儿他听你的，然后他跟他爸妈在一块儿，他听他爸妈的，你要是跟他家人在一块儿，他还是听他家人的。反正要是再找肯定要找有主见的，不能是这种你爸说的是啥（就是啥）。
>
> ——G_LY12，女性

"妈宝男"也会被贴上年代、地域和家庭的标签，可能存在对这一群体的刻板印象。

> 但是他，因为"80后"都不愿意，他自己又不愿意做（家务），可能他说你弄得不好，你觉得那他为什么不弄，这样就会吵起来。还

有一方面就是他妈妈，就是父母，他父母离婚了嘛，然后他一直跟着他妈妈，他比较"妈宝"，特别特别"妈宝"，无论他妈妈对与不对，一律就是妈妈说的就是对的，就是你必须照着去做，无论对与不对。

——G_BJ10，女性

依靠和顺从父母不仅局限于男性，一些女性在关系中也会依靠父母并顺从父母的意见，从这个角度说，男性和女性均可能表现出"妈宝"的特征。"妈宝"成了一种文化特征，不应将其简单地归于男性，也应避免对"妈宝"的污名化。

其实我有时候也都理解，因为毕竟（她）一个人，但她总是跟她的女儿说我这样不好，那样不好，那女孩就开始找我，最后发现原来都是她妈妈说的。其实老人参与年轻人的生活，现在算是生活当中很少的了。两个人就是两个人的生活，一家人就是一家人的生活，毕竟观念不一样，生活方式也不一样，就是造成好多矛盾吧。

——I_SJZ09，男性

城市的发展、变迁和政策对关系的影响

在城市化的过程中，农村人口涌入城市，他们中的一些成为城市人口，拥有较为优越的生活状态，但值得注意的是，人们对都市的适应相对于财富积累来说可能是缓慢的。在资料中，有分别来自齐齐哈尔、广州和洛阳的参与者透露，自己曾经的伴侣表现出对城市化或不同城市之间的差异和冲击的不适应，跨地域文化调适和对城市化的适应也影响关系质量。

被提及的适应不良主要包括：难以适应城市化冲击带来的生活骤变，伴随着自己和城市的发展而来的社交圈变化带来的压力，以及进入不同的城市后对当地文化的不适应。这些不适应体现为固守原来的

第 7 章 孤帆天际看，迷津欲有问：离婚者

生活方式，适应不良导致的关系矛盾，以及通过自己的朋友圈寻找社会支持，但忽视伴侣的感受，等等。

> 对，他就很习惯，我终于明白为什么了，因为这是他以前一直的生活模式。但我不是，我是城市里的女孩子，只要超过 5 个人，你都在家里面坐不下。后来知道为什么我们家的房子要这么大了，两厅三房，另外一个厅就是用来招呼人的，农村也是这样的，农村三层（楼），回到家，第三层就是用来招呼人吃饭，就是一模一样的那个模式搬到广州而已。
>
> ……"她真的是很勤快，比农村的女孩子还勤快，真的是一天三顿都很满意"这样子，一开始我觉得是一种赞赏，我现在想起来是一种折磨。
>
> ——I_GZ08，女性

> 主要还是环境（影响了我们的关系）吧，因为她一个外地人到我们这边生活可能不习惯，主要是这方面，我感觉造成了很多矛盾。
>
> ——G_LY09，男性

此外，城市也是科技应用和新事物较早出现的地方，一些参与者反映，互联网和互联网工具的应用对他们之前的关系质量造成了关键的影响，在一些案例中，社交网络和游戏对关系具有破坏性；但对于一些年轻人，社交网络和游戏则具有连接的作用。一些城市的参与者报告，互联网流行媒体上的视频和"教程"，对自己的爱情观念和行为产生了较大影响。

> 答：2000 年左右，你也知道，QQ 刚流行，现在抖音上不是说 QQ 的发展导致一个什么（现象），每天早上八点钟我出门，晚上回去的话，有可能到夜里八点多左右，我走的时候人家还没起，我睡的时

候人家也没睡，就是这样的一个状况。天天在家什么也不做，然后就是上网、玩游戏、聊天这样的。

……

问：现在抖音上不是有一句话说得好，你自己一个人走到路上，穿着西装革履的，别人不觉得你有钱，但是一个漂亮的女孩走到你身边，哪怕你穿个大裤衩，别人也觉得你有钱。

问：我听到抖音对您的爱情观念影响很大。

答：可能抖音里面，他们说的一些东西，我觉得挺有道理的。

——I_LY11，女性

在某些地区，如新疆维吾尔自治区和深圳，城市的政策会通过影响人际关系和物质的可得性而对双方的关系和婚姻质量产生影响。例如，政策会影响工作机会和家庭收入，从而间接地对家庭关系产生影响。在哈密，有1名参与者报告，会将自己的婚姻关系与社会媒体宣传的理想的婚姻关系和模范伴侣相比较，从而对现有关系感到失望，这提示对特定关系的社会宣传可能会增强人们对关系的压力感受。此外，购置婚房也可能对关系产生影响，这一点在全国范围内都可能发生，这提示"婚房"在人们心中的重要地位和对它的严格要求。

答：我从事进出口贸易。

问：进出口贸易，就是受到市场的影响会比较大，是吗？

答：对，受到国际市场的影响也非常大。

问：好的，刚才讲到房子也算是一部分原因，是孩子导致的矛盾吗？

答：对，对。

——I_SZ04，男性

都市性、城市化的冲击和城市政策会给婚姻关系带来一些未知的潜在风险和应激源，需要意识到社交媒体以及社会对"模范伴侣"形象的宣传对婚姻关系产生的影响。

对应激源的应对和情绪感受

根据资料来看，按照学者的建议，可以将对应激源的应对策略分为三类：情绪中心策略、问题中心策略和回避性策略（Amirkhan, 1990; Endler & Parker, 1990; Endler & Parker, 1994; Lazarus, 2006; Lazarus & Folkman, 1984）。除此之外，还可以按照主题将应对策略分为三类：与改变认知有关的策略、与大家庭有关的策略和与孩子有关的策略。大部分与大家庭有关的策略及与孩子有关的策略，例如依赖父母的意见，将孩子作为关系的唯一寄托和纽带，都对关系有破坏性影响。相对而言，大部分问题中心策略是中性的。

情绪中心策略，例如内心的反刍思维和情绪发泄等方式容易造成负面情绪的积累，进而对关系造成破坏性影响。值得注意的是，大部分参与者会使用回避性策略，在访谈中共计 22 人（48%）表示会使用回避性策略，以沉默最为常见。男性尤为偏好沉默这一回避性策略，有趣的是，"希望独处"这一感受只有男性报告。除了沉默，回避性策略还包括分居、拒绝对方的好意和冷暴力等。这些回避性策略在关系变淡阶段也可以被看作婚姻关系即将破裂的预兆。

问：你觉得导致婚姻关系破裂最重要的因素是什么？

答：我觉得最重要的就是我家的事跟他没有关系，最主要就是这一点。

问：当时面对这些冲突，你们是怎么处理的呢？你当时是怎么做的？

答：没有处理，也没有沟通，什么也没有做。

问：这些事情发生的频率是多久一次？有的时候会有冲突吗？

答：频率不是很高，因为我是一个比较记仇的人，有过一次，下次我不会再提了，就这样。

……

答：我们最后分开的时候，他姐姐跟我发信息才说这些话，"有时也想到，想跟你聊，但是又不知道怎么开口，害怕伤到你或者什么的"，他们短信上是这样说的，顾及着我，害怕伤到我，所以说没有问，结果我们两个走到这一步。

——I_LY11，女性

一个几乎在所有关系中都出现的策略是对应激事件的"冷处理"，尝试去除情绪的策略——沉默和隔绝，在一些情况下也被认为是"冷暴力"。"冷处理"这种处理方式是被动的、容易实现的，有时伴随着想要解决问题但最后失败的挫败感。这种策略有时出于"时间可以抚平一切"的想法，但往往具有破坏性作用。

答：就没法解决，当时吵完了以后就冷战，她回她妈家了。然后谁也不认错，谁也不服软，就是靠时间慢慢缓和，可能一周、两周，就只能靠时间（缓和）。然后这件事儿就过去了，可能过去一个月以后，然后我跟她再提这件事儿，她是不听的，就是她拒绝讲道理，你跟她说这个事儿，她就会捂耳朵或者说烦或者怎么着，就是不想听你解释，也不想跟你讲道理，就是那种不讲道理的人。就是过不下去，就是这样，很多事儿都是这种情况。

问：就是等时间来缓和矛盾。

答：对，就只能通过时间来解决，我们不会说吵完了以后坐下来心平气和地来交流谁对谁错，不会。因为我也尝试过跟她沟通，但是她拒绝沟通，就是她不想听你解释。

——G_BJ09，男性

答：我的感受就是不想跟她走，不想和她在一起了。我们经常争吵，其实我的工作还算轻松，但是真的进展到已经完全影响工作，而且影响大家的未来发展，我觉得。而且最主要是大家没有小孩，我就觉得完全可以分开一段时间看一下。结果分开了，也不是分开，大家冷了一两个月，冷到两三个月，还是觉得不合适，有可能半年左右，最后才决定离婚的。

问：中间态度发生过变化吗？

答：没发生过变化。

——I_NC06，男性

在对压力事件的情绪感受上，参与者往往表现出对事件和关系的回避，认为关系直接受到威胁而变淡。关系变淡过程中产生的不受尊重、话语权弱等感受往往让参与者感到被排斥和隔离，从而对关系感到不信任和失望。

离婚的污名

男性和女性都是离婚污名的受害者，大部分参与访谈的离婚者和他们的父母，会因为离婚这一事件而感到羞耻，产生强烈的情绪反应。值得注意的是，一些离婚者的父母的情绪反应比当事人强烈得多，比当事人更加担心离婚的负面影响以及给家庭带来的羞耻感。由于离婚者的父母受到的影响很大，因此在一些案例中家庭没有很好地支持离婚者的离婚决定。这提示，在处理离婚的污名时，当事人的父母和长辈是尤其需要关注和照顾的群体。

对，所有压力都在我还有我父母身上。我父母都60多岁，该奔70岁的年龄了，我爸为我这个事儿做了三次脑梗手术，就是这事完了以后都几乎崩溃了。他们那个年代（的人）觉得离婚是莫大的耻辱，不管你对与不对，一定是你的问题。因为你是我的孩子，我只能说你，我没有资格去说别人。

——G_BJ10，女性

也有一些人，不论是男性还是女性，会认为婚姻的失败就是人生的失败，因而离婚让他们感受到很强的挫折感，这种将婚姻的命运与人生的成功或失败相关联的观点会强化或延续离婚的污名，把那些婚姻幸福的人理想化为"人生赢家"。

反正最大的感受就是（笑），觉得自己挺失败的吧（笑），反正这就是最大的感受。然后影响就是，对以后的爱情和婚姻的态度，肯定是有很大的转变，就是感觉已经不信任爱情和婚姻了。

——G_LY10，女性

问：先感受一下这幅画中你的情绪，然后你可以用3—5个形容词来形容这幅画（描绘理想的婚姻生活的图画）中的情绪。

答：人生赢家，可不可以？

——I_NC06，男性

离婚的污名还会影响离婚者未来的恋爱和婚姻生活，在这一点上，女性受到了更大的影响。这一方面是因为，在家庭中女性处于经济弱势和被支配的地位；另一方面是因为，人们容易将离婚和失败联系起来，在传统的性别角色中女性起着关系维护的作用，因而离婚的女性可能被看作关系维护的失败者，甚至被看作一个麻烦、不吉利的人，这增大了离婚的女性获得社会支持、建立一段新的长期关系的难

第7章 孤帆天际看，迷津欲有问：离婚者

度，也阻碍女性作出离婚决定。孩子在女性遭受离婚的污名和建立新的关系中也起着关键的作用，但其作用方式还有待确认。

答：一开始的时候肯定觉得天塌下来了，当时就感觉不知道怎么办了。后来的一段时间里也劝过自己，就是一段婚姻而已，有时候开玩笑，那首歌就是"我已随风走入下个轮回里"。但是谁能真正走出来呢？我有两个孩子，我怎么走得出来呢？

问：现在其实还是会有一些那个时候的阴霾的感觉？

答：我不感觉阴霾，但是我有两个孩子，我怎么嫁得出去呢？

——G_BJ10，女性

因为各种形式的污名和社会压力，一些参与者会选择悄悄离婚，尽可能减少离婚给家庭和自己的生活带来的冲击。这也体现出这部分参与者作出离婚决定的自主性和决心。

因为我爸爸岁数稍微大一点，他心脏不是很好。他父母身体也都不是很好。就是我俩张罗离婚的时候，没想惊动任何一个人。为啥呢？你说完了之后这老人就得找你，首先就受不了。再一个本身就觉得，你说父母当初不同意的婚姻，你自己非要跟他结婚了，很多东西自己认可了，那么你要是离了婚，你回到这个家都没法面对。尤其姐妹之间，你看人家都一家三口回来，你领孩子回来。你自己心里感觉比别人矮半截，抬不起头，也不愿意回去。是这种想法。但是你说我们这种关系你不解脱还不可以，因为没法面对，没法生活，天天在一起受不了。就是在这种无奈的情况下选择了离婚。

——G_QQHE12，女性

结论：各生欢喜的背后

使用现有理论去解释看到的结果时，会发现来自进化视角的配偶投资理论能良好解释这些资料，同时也应该注意到地域文化和中国传统文化的影响。离婚对于许多人并不是一件糟糕的事，它帮助人们获得对婚姻和人生的控制感。在家庭中，女性处于相对弱势的地位，获得的社会支持较少，离婚的阻力更大，这些性别不平等的因素和对于女性的离婚污名表明，中国青年女性的思维和婚姻选择仍受到父系体系的限制。

浮现的自主离婚决定

在46名参与者中，有40人表达了前一段关系结束后的情感状态，其中有22人（55%）表示自己持开放态度或保持冷静，18人（45%）表达了各种各样的情感联结，比如冷漠、回避和憎恨，可见离婚对许多人来说依旧是创伤性事件。尽管如此，从离婚这件事上，依旧可以看出个体对自己生活的自主性和控制感。

从离婚的动机来看，大部分离婚决定是理性的，并且展现出较大的性别差异。对于大多数提出离婚的男性，离婚的原因主要是对生孩子有所期待却没有得到满足，或出于"孝"而提出离婚。女性提出离婚的原因主要是，已经出生的孩子的幸福受到威胁，孩子未来的物质和情感需要可能无法得到满足，婚姻中对方有出轨行为或自己对婚姻关系非常不满意。其中，对孩子幸福的威胁可以表现在很多方面，包

第 7 章 孤帆天际看，迷津欲有问：离婚者

括家庭暴力、对孩子的投资不足、情感虐待、家庭收入低、伴侣能力不强、夫妻关系不和谐等。

对于出轨行为，几乎所有女性都表示零容忍，一些男性对自己的出轨行为更加宽容，但对伴侣的出轨行为难以接受。从这个角度看，无论是男性还是女性，都更加重视女性身体的忠诚。离婚动机的差异体现了家庭中性别角色的差异和不公平，而且可以发现，女性在提出离婚时更多地使用了母系社会的话语，例如出轨、提供住所等，这些都是母系社会中常见的离婚缘由，在母系社会中离婚后的人们也更难保持联络（Mwambene，2005）。在父系社会中，出轨和女性较不顺从成为离婚的充分理由。女性更多地采用母系社会的思维方式，这一现象可能是因为，性别赋权、性别平等的倡议和运动对男性和女性而言产生了不同的效果和影响。在离婚的女性身上，我们似乎能看到女性对自己的婚姻和生活有一种自主决定的意志，面对家庭中的不满意行为，甚至包括暴力和对孩子的威胁，她们可以决定结束自己的婚姻。但从访谈中男性的视角来看，婚姻依旧与女性的生殖能力紧密联系在一起。

作出离婚决定并不容易，正如上文提到的，离婚者，尤其是女性离婚者，既需要面对很大的压力和污名，还需要考虑父母的感受和离婚后的生活。对女性来说，她们在家庭中的弱势地位，尤其是经济上的弱势地位（Fincher，2016），让她们需要更大的决心来作出离婚决定。在一些案例中，家庭内部的性别不平等情况也负面地影响女性在离婚过程中能够得到的父母支持。"如果父母也不支持我离婚怎么办？"再加上一些家庭会有"已经生了孩子，就没那么容易离婚"的信念，这些因素一方面会动摇女性离婚的决心，另一方面会助长针对女性的

恶言相向、情感虐待甚至肢体虐待。哪怕面对这些担忧和阻力，离婚的决定依然展现了当事人决定自己婚姻走向的意愿，这也是作出离婚选择的积极意义。大多数离婚的人都有积极的心态，在生活上向前看，而不是依旧在情感上离不开前任，他们并没有深陷于前一段关系带来的阴霾。

这种自主决定婚姻的意愿并不是结婚时就有的，而是在婚姻中逐渐形成的。在确立婚姻关系的原因中，父母之言和社会压力，比如"年纪大了""朋友都结婚了"，是将近一半参与者（43.5%）决定结婚的主要原因，在洛阳和南充，这种现象更加明显。人们对父母之言和社会压力的顺从也体现在婚姻建立之初，当事人没有意识到自己可以控制婚姻的发展，以及关系发展中自主性的重要意义，也没有意识到婚姻中的潜在压力和自己即将面对的困难。离婚者对当下的状态更加满意，因为他们对婚姻和人生的控制感的需求比离婚导致的焦虑更强烈。

对离婚的自主决定可以归功于 20 世纪 50 年代开始的女性赋权运动，尽管女性赋权在婚姻中通过婆媳合作与媳妇地位的提高已经有所体现，但这样一种不再总是对服从的认同和女性对自身的控制感依旧处于父权制的框架下（Leung，2003）。这些不足之处在婚姻关系确立时就已经有所体现。我们建议在婚姻关系建立时，当事人应自主地作出决定并清楚日后要面对的问题。

进化心理学的观点

在访谈资料中，参与者对"爱情"这一概念的建构是朴素的，绝大部分参与者的"爱情"概念主要由性吸引、孩子养育和经济资源的支持构成,因而经济和孩子的问题会成为关系的主要破坏性因素。进化心理学中的配偶选择(mating preferences)和父母投资(parental investment)理论(Sefcek, Brumbach, Vasquez, Phd, & Miller, 2006; Trivers, 1972)可以较好地解释本研究发现的配偶选择偏好、出轨行为、孩子成为关系中的应激源或压力的现象,可以部分解释人们的应对方式和有关离婚的污名。

根据配偶选择理论,女性在择偶时将精力放在父母对孩子的投资上,主要考虑对方是否会对关系和未来的孩子进行物质投资,以及对方的能力和潜力,在关系中女性会更多展现出自己的爱心;男性在择偶时将精力放在配偶的寻求上,主要考虑对方生育的能力和优势,在自己缺席时对方照料孩子和付出爱的可能性及程度,在关系中男性会更多展现出自己的优秀性格和特征(Sefcek et al., 2006; Trivers, 1972)。女性会寻求将物资的提供者作为配偶,而男性更看重对方分配物资的能力,以及对后代的投资和劳务的代理(Kelly, 1995)。在男性成功获得配偶之后,他们的社会地位和对其他异性的性吸引力会进一步提高(Kauth, 2000)。在父母投资理论中,父母投资是指父母为增加后代的生存机会而作出的投资行为,爱情和伴侣关系也可以被看作双方开始后代投资的标志。父母投资在伴侣结合的过程中扮演了重要角色——伴侣关系中的两方会在投资量上彼此竞争,当投资量差距很大时,关系就容易破裂(Buss, 2006; Trivers, 1972)。

从资料中可以发现,离婚的决定大多是理性的选择,而导致离婚的因素也与后代成长、发展的物质和情感需要有关,对后代幸福的显性或潜在威胁是离婚决定的重要组成部分。相对地，自身情感在离婚决定中发挥的作用没有那么重要，哪怕离婚的决定会导致情感创伤，一些参与者仍坚持作出离婚的决定。比较常见的"与对方父母产生冲突"和"对方出轨"造成的情感创伤也伴随着与父母对子女的投资有关的想法，例如认为对方不关注自己和家庭，处世能力弱等。有了孩子之后，离婚者更难与对方保持交流。养育孩子者在配偶选择上也往往有以家庭稳定为中心和以孩子为中心的思维。

中国传统意识形态的影响

中国传统意识形态包括家国情怀，其中"家"的情怀和期待尤其会影响人们在伴侣选择、关系冲突和关系结束时的表现，使人们将家庭维系成功与否与人生成功与否联系在一起。这一点可以通过儒家文化对中国宗族和人生发展的观念的塑造来解释，以下节选儒家经典进行解释（Legge，1872）。需要注意的是，儒家思想的作用并不如当地文化对人们的影响那么大，且个体间差异较大，尤其在大都市中，存在多元文化的影响和多样的家庭模式。

在《礼记·大学》中，"齐家"与"修身"相联系，而"齐家"又是"治国"的一种手段，所谓"物格而后知至，知至而后意诚，意诚而后心正，心正而后身修，身修而后家齐，家齐而后国治，国治而后天下平"。以此，通过家庭的手段将个人与国家连接起来。个人要做的是格物致知，正心修身，并将自己的知识运用于家庭、国家乃至天下。同时，儒家还持有一种"如果连家庭都治理不好，则难以成大器"的观点，如《礼记·大学》中云："所谓治国必先齐其家者，其家

第7章 孤帆天际看，迷津欲有问：离婚者

不可教而能教人者，无之。"离婚这一选择被认为是家庭的失败，甚至被认为可以预测离婚者"难成大器"。进而，离婚者否定自身，并感受到污名。

"孝"在儒家文化中也具有极其重要的地位，《孝经·开宗明义》中写道："夫孝，德之本也，教之所由生也。"孝是德行的根本，孝敬父母被放在很高的位置。但儒家的孝也强调帮助父母明辨是非，不要误入歧途，如《孝经·谏诤》中说："父有争子，则身不陷于不义。""从父之令，又焉得为孝乎？"但人们认为的孝更像盲目，"从父、从母之令"，因此，有参与者调侃一些孝子为"愚孝"。生养孩子也成为"孝"的价值观中很重要的一环，尤其对男性而言，"不孝有三，无后为大"(《孟子·离娄上》)成为许多人的准绳，到了年纪而没有孩子或女性决定不生孩子时，人们改变自己当前关系状态的意愿就特别强烈。

一些参与者对婚姻的期望是夫妻分工明确，彼此保持距离感。但如此做之后，关系会变得脆弱，如果构成关系的基石，如经济状况出现问题，关系也会出现问题。家庭中的这种角色分化与孟子"五伦"中的"夫妇有别"一致。《礼记》中也有"夫妇别，父子亲，君臣严。三者正，则庶物从之矣"(《礼记·哀公问》)，"妇顺者，顺于舅姑，和于室人，而后当于夫，以成丝麻布帛之事，以审守委积盖藏。是故妇顺备而后内和理，内和理而后家可长久也"(《礼记·昏义》)，将"夫妇别"看作一种"正"：妻子应该维系夫妻和大家庭的关系并从事劳务活动；"昔三代明王之政，必敬其妻子也有道"(《礼记·哀公问》)，其中对丈夫的回应和信息共享的态度则是宽容的，持"如果做到就最好"的态度。

地方文化和大都市的特殊性

研究发现大都市具有特殊性，在中国特大城市，传统文化的影响表露得更少，家庭角色分工呈现更多样化的趋势，丈夫完全承担经济责任，妻子完全承担家务的角色分工更少见。根据整体的访谈感受，研究者认为其他城市中的家庭模式也正朝着多元化的方向发展，但传统文化和家族观念依旧牵制着人们的思想。

在这方面，广州具有独特的文化特点。在整体感受上，广州的参与者更加重视家族观念、尊重和孝敬长辈、看重物质和财产的保障，这些特点也在另一个中南地区城市——洛阳有所体现。此外，广州的参与者表现出明显的家庭角色分工和婚姻权力分配，"男主外，女主内"的模式依旧明显，双方都认可这样的模式且婚姻依旧可以保持稳定，这样的特点可能是由于广州通过粤语保存了其独特的文化。在一些案例中，女性是家庭的主导角色，掌握婚姻中的权力，男性则成为一个依顺的角色，从而维持了一种具有权力等级的稳定家庭模式。在洛阳和齐齐哈尔也观察到这样一种存在权力等级的婚姻模式。

受地方文化影响最大的是个人特质因素对关系造成的压力，在资料中因为一方情绪不稳定而影响关系质量的情况多发生在齐齐哈尔和石家庄。并且，广州和齐齐哈尔都有参与者表示一些男性会将自己的兄弟情谊看得比与妻子的关系更加重要。"酒文化"在这两种情况下都有所体现，对酒桌的重视和酗酒减少了人们对家庭责任的承担和对家庭的关怀，并影响了关系质量。

第 7 章 孤帆天际看，迷津欲有问：离婚者

在洛阳，报告了 2 个由于对方沉迷社交网络或网络游戏而影响关系质量的案例。在洛阳的恋爱组中也有参与者表示，在自己与伴侣的关系中，游戏扮演了重要的角色；有参与者提及自己的爱情观念和行为受到了网络媒体的影响。

在北京，更多参与者报告了有支配欲的男性，有的参与者将这种形象形容为"北京小爷"，将"小爷"的形象打上北京的文化印记，并且和"妈宝男"类比。在哈密和深圳，参与者报告受到城市政策的影响，这些政策影响经济状况、人际关系和住房等问题，从而影响关系的稳定性。

走向离婚的婚姻关系

本研究的资料也可以用家庭周期理论的观点来解读，通过重新审视资料的原始编码，基于卡特和麦戈德里克（Carter & McGoldrick，1988）提出的框架进行本土化和调整（见图 7-2），使资料能够更好地描述最终走向离婚的婚姻关系发展。这些尝试旨在回答一个问题：一段婚姻究竟会经历什么，最后让双方作出离婚的决定？

在垂直焦虑的来源中，婚姻关系的形成是指在婚姻关系形成的过程中，当事人被动的态度和对婚姻的不甚了解。在水平焦虑的来源中，与进化相关的事件是指孩子的发展和幸福受到潜在威胁；系统性的事件是指系统性变化或整体结构导致的压力，例如城市化、商品化等。可以通过个人、家庭和社会文化三个层面来描述家庭面对的应激源和压力，以及婚姻关系受到了哪些因素的影响。除此之外，在主轴右侧的圆形处添加对压力和应激源的感受、婚姻满意度和应对策略，

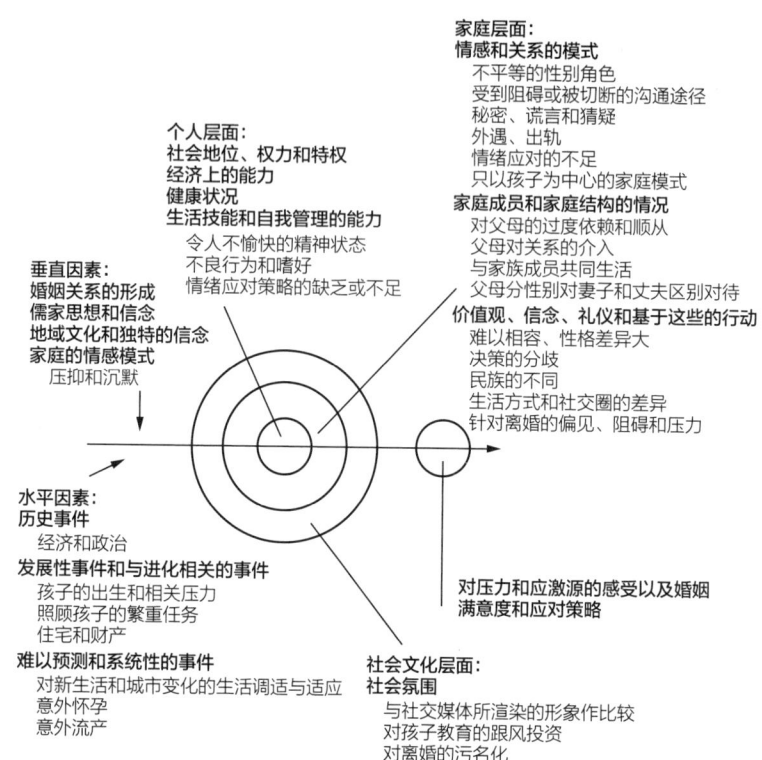

图 7-2 离婚者走向离婚的重要因素：个人、家庭和社会文化三个圈层

注：主轴左侧的两个箭头分别代表垂直焦虑的来源（传承性的）和水平焦虑的来源（发展性的），主轴中央的同心圆表示个人、家庭和社会文化这三个层面的情境。

体现了对压力和关系的认知，以及应对策略起到关键作用。

结论

本研究使用扎根理论，分析来自中国各地区（不含港澳台地区）、各类型城市中的离婚者，提出中国青年最终走向离婚的婚姻关系发展

第 7 章 孤帆天际看，迷津欲有问：离婚者

中最重要的内容。

资料显示，有很多参与者在关系和婚姻的形成时期受到家庭和社会压力的影响。此外，孩子和大家庭在关系中的作用在文中也有所阐述。大家庭的作用与中国的家族观念相关，大家庭对关系的影响不仅体现在婆媳关系上，而且包括对关系问题和冲突解决的主动干预。孩子在关系中起到催化的作用，不仅催化关系的发展，而且拉近了夫妻双方的关系以及与大家庭的距离，但可能激化夫妻双方的矛盾以及与大家庭的矛盾。孩子身上的开销，尤其是对孩子的教育投资，加重了家庭的经济压力，有可能导致冲突。如果选择不生孩子，则与养老问题和"孝"的理念相冲突，在这种情况下男性更有可能提出离婚。

在关系中的应激源方面，除了与家庭有关的因素外，孩子的发展受到威胁、情感受挫及将关系与社会期望的典型形象作比较，也会成为关系中的应激源。研究还揭示了城市发展和政府政策对个体以及关系的影响，前者主要影响个体生活的行为模式，对个体的生活适应能力提出挑战；后者则影响关系和物质的可得性，往往通过经济收入间接影响关系质量。

应对策略和情绪感受揭示了大部分情感中心策略都具有破坏性或者无效，大部分问题中心策略都为中性。几乎所有参与者采用的沉默的策略都具有破坏性，而男性在这种情况下更加沉默，希望独处，这体现出有效的情感中心策略的缺乏。通过展示婚姻对个体爱情构念的影响，发现离婚前个体的承诺水平低、激情水平高，离婚后个体的承诺水平高、激情水平低，亲密感的内容也发生了变化，孩子可能成为亲密感的来源。

资料也显示了存在离婚的污名。离婚的污名表现在对离婚的强烈

羞耻感和社会排斥感上，一些案例中离婚者的父母会比当事人有更强的污名、羞耻感和情绪反应，以至于反对女性作出离婚决定，使得一些女性在离婚过程中得到的来自父母的支持较少，虽然这种支持至关重要。离婚的污名在女性身上尤其明显，婚姻关系中的权力模式、性别不平等、养老问题、"孝道"以及"和"的文化加大了与离婚有关的污名带来的压力和影响。家庭中的权力模式和性别不平等状况也让女性在婚姻中更容易承受不公正的对待和不同形式的暴力，也可能让离婚的女性成为"婚姻维系的失败者""人生的失败者"，使女性得到的社会支持更少。甚至一些家庭会产生"孩子出生后关系难以破裂"的预设，使矛盾延续或恶化，在一些情况下这坚定了女性离婚的决心。婚姻与失败的联系也使得一些男性在离婚后，认为自己的"人生很失败"。社会支持、离婚率的上升和共同感的获得都会减轻离婚污名带来的创伤。考察个体离婚后的态度和情感留存，发现大部分参与者更加满意离婚后的状况，一些参与者即使面临各种困难、不确定感和情感打击，也要坚持离婚，浮现出更加独立于大家庭影响的离婚选择模式，体现了离婚决定的理性成分，对婚姻的掌控感与自主性主导了离婚决定，这也是离婚决定的积极面。

因而，研究者建议注重结婚过程中当事人的自主性和意愿，当事人要意识到婚姻的内容以及结婚之后需要面对的压力和困难，以减少对婚姻的不满意感，乃至降低离婚的风险。更重要的是，尝试以下方法，减少针对离婚的污名：在离婚群体中形成群体的归属感和认同；关怀当事人父母的感受并进行疏导或劝说；消除离婚与人生失败的联结；在离婚后的生活以及社会支持方面促进性别平等，而不偏向于理解和照顾男性。

第7章 孤帆天际看，迷津欲有问：离婚者

本研究也考察了地方文化的特点。在特大城市中，家庭角色分工和相处模式更加多样化。洛阳与广州的参与者更看重物质基础、家族观念、孝敬长辈，广州、洛阳和齐齐哈尔的参与者更看重家庭的权力模式、双方在关系中的权力差异和角色差异。洛阳的参与者报告了更多受到网络媒体较大影响的案例，代表了一类受到网络媒体较大影响的地区或人群。哈密和深圳的参与者报告了国家政策对婚姻关系的较大影响。

本研究另一个重要的解释角度是从进化心理学的视角解释中国城市未婚和离婚个体对配偶的选择，使用配偶选择和父母投资理论（Sefcek et al., 2006; Trivers, 1972）可以解释女性对物质和稳定性的要求，男性对女性刻板家庭角色的要求，以及大部分离婚决定的导火索是关系中一方有出轨行为这些现象。

根据研究资料，可以总结出婚姻关系建立、维系和破裂的小贴士：

（1）在婚姻关系确立之前了解婚姻中可能遇到的困难和压力，自主作出选择。

（2）在应激源处理上，使用有效、积极的情绪应对策略，避免双方的情感走向消极和冷淡。

（3）减少双方父母对问题处理和生活的干预。

（4）如果决定与一方或双方父母共同生活，或者准备生育孩子，那么首先应确认夫妻双方是否都能接受与一方或双方父母共同生活。在生育孩子之前进行周全的经济和情感评价，预防产后情绪失调和矛盾爆发。

（5）避免将情感完全投注到孩子身上，在这种情况下对孩子的威

胁以及与孩子有关的矛盾可能会直接影响关系的维系。

（6）适应并积极应对所处的社会环境。

（7）在生活中，避免将伴侣的形象与社会期望的或婚前幻想的形象相比较。

（8）对于婚外性行为，尝试在关系中开展讨论，尤其是当一方不希望看到一旦婚外性行为出现，关系就破裂的情况发生的时候。

（9）婚姻中，性别角色分工差异大并不一定会导致关系质量下降，但双方应该保证事务合作、信息共享及建设性沟通。

（10）意识到抖音等网络媒体正塑造着一群人对爱情的观念和行为。

（11）如果认为有必要离婚，作出离婚决定也无妨，但在决定离婚前应考虑自己和父母的情绪感受，并鼓励自己和父母尝试学会应对有关离婚的污名，作好心理准备。

（12）在各方面减少有关离婚的污名，避免在职场和生活上对离婚的人区别对待，尤其不应将离婚与失败相联系，也不应在下属、同事、朋友、家人或子女离婚之后产生基于性别的偏见。

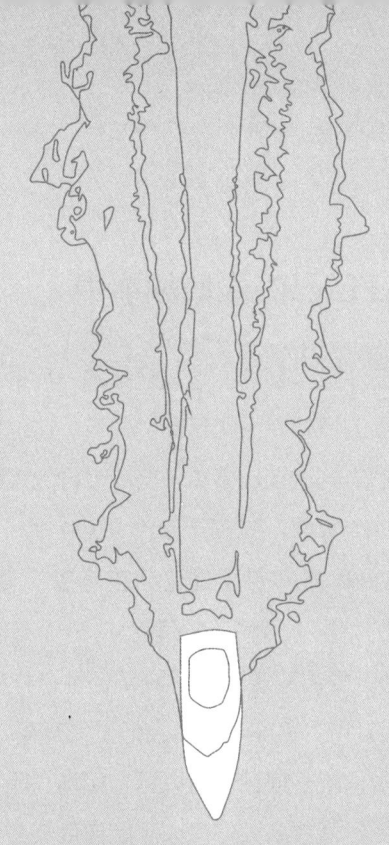

第 8 章

飞花两岸照船红，
风和日晴人意好：
　　恋爱者

每个人都活在自己的爱情故事中

恋爱关系是在性吸引基础上建立起来的一种相互认可、至少持续一段时间、有强烈的情感联系和互动的关系，这种情感联系和互动使处于恋爱关系中的人的认知、情绪、自我及行为表现出不同于其他关系的特征（Collins, Welsh, & Furman, 2009）。

斯滕伯格提出爱情的二重理论，它涵盖了爱情的两个基本元素：一个是爱情的结构（爱情三角理论），一个是爱情的发展（爱情故事理论）。其中，爱情故事理论解释了各种各样的爱情是如何发展的（Sternberg, 2013, 2014）。当人们试图理解、改善或改变自己的亲密关系时，爱情故事理论就可以派上用场，因为每个人都有理想的爱情故事，借助爱情故事人们可以了解自我最重要的方面。一般来说，每个人都不止有一个爱情故事，我们试图在爱情关系中调和这些故事。通常，我们既意识不到这些故事是什么，也意识不到我们的故事会对自己产生不同程度的影响（Sternberg, 1998, p.17）。换句话说，与一些故事相比，我们更喜欢另外一些故事。不同的人在我们身上激发不同的故事。每个人在成长过程中逐渐形成自己的爱情故事。

高满意度、可持续的恋爱需要满足的条件是，恋爱者的理想爱情故事与实际亲密关系中的爱情故事一致（Sternberg, 1998, p.5）。斯滕伯格（Sternberg, 1998, p.7）认为，一段关系中，抑郁、焦虑、不安等不良症状是出现问题的征兆，出现问题的关系是错误的关系，通常它不符合恋爱者理想的爱情故事。每个人用来解读行为或事件的故事模式不同，因此，一段关系中的双方会对同一行为或事件作

第8章 飞花两岸照船红，风和日晴人意好：恋爱者

出不同的解读（Sternberg，1998，p.10）。与离婚的夫妻交谈，你会发现两个人描述的仿佛是不同的婚姻，一方描述的关系与另一方描述的关系毫不相干。这就是他们离婚的原因：他们对这段关系的故事存在分歧，已经达到几乎没有相似之处的程度。但是，故事的差异性并不一定会导致关系的破裂。在斯滕伯格等多位研究者的研究中，请关系稳定的情侣回答"你觉得对方怎么样"以及"你认为对方觉得你怎么样"的问题，一方的实际回答与另一方猜测的回答之间的相关仅为0.3，即只存在轻度相关。尽管如此，当双方对共有的故事产生的世界观、对关系的设想及对事件的解读相同时，双方的关系很有可能维持下去（Sternberg，1998，p.11）。

斯滕伯格（Sternberg，1998，p.20）提到，人们把关系看作"我们所处的共同故事"与"彼此在共同故事中扮演的角色"的反映。人们不仅带着匹配的故事去选择伴侣，而且以积极塑造对方行为的方式行事，使其更好地匹配他们的故事。若是对方不符合自己的期望，就会在行为上（有意或无意地）鼓励对方表现出自己所期望的行为。塑造的结果是一个人在关系中扮演着他从未想过的角色，这不一定是他所适合或认同的角色。如果他不认同这一角色，就会发现这段关系给他带来无法承受的压力。

斯滕伯格和其他研究者通过访谈收集了许多爱情故事，并根据故事的内容将其分为26类，进而又分为五大类，分别是：（1）不对等故事，包括师生、牺牲、政府、警察、色情、恐怖；（2）客体故事，包括艺术、收藏、游戏、家庭、宗教、康复、科幻小说；（3）协作故事，包括成瘾、商业、缝织、旅行、园艺；（4）叙事故事，包括食谱、幻想、科学、历史；（5）类型故事，包括幽默、神秘、戏剧、战争。每一类故

事都具有特定的思维与行为模式（Sternberg，1998，p.32），例如，一个信奉爱情以游戏为基础的人的恋爱行为可能与一个信奉爱情以宗教为基础的人的恋爱行为很不一样。我们可能没有意识到自己的观点，却在我们持有的爱情故事中把它们表现出来。我们经常或多或少地认为我们所想的特征就应该是爱情故事中必备的，如果伴侣不符合我们的标准，就是不适合的伴侣。一些故事似乎比另一些故事更具备潜在的成功性（Sternberg，1998，p.34）。比如，一些故事中的人物可能很快就分手，缺乏长期性，而另一些故事中的爱情可能会天长地久。

为了了解恋爱者的感受，我们需要理解恋人关于理想爱情关系的故事。斯滕伯格（Sternberg，1998，p.48）认为，恋爱者形成的特定故事汇聚了过去自己想要拥有却没能拥有的各种特质。当我们失去某个人的时候，我们会把那些吸引我们的特质内化，最终在潜意识中形成我们曾经失去的那些特质的混合体。研究显示，人们有理想的爱情关系，它不仅指导人们如何形成自己的爱情故事，而且影响人们对真实的爱情关系的满意度（Sternberg，1998，p.48）。

斯滕伯格的爱情故事理论依据美国人得出，不一定适合中国的情况，因此很有必要进行本土化的研究。由于婚恋观依存于社会物质生活条件，表现为不同的社会有不同的婚恋形式，相应地有不同的婚恋观（孙晋华，2007）。因此，在本书中，研究者除了借鉴斯滕伯格爱情故事理论中的一部分爱情故事模型，还根据参与者的资料发展出新的爱情故事模型。

探究爱情时，不仅需要注重爱情故事的整体轮廓，而且需要关注爱情的基本元素。权力在亲密关系中是一种普遍存在的特征（Dunbar，2004）。在心理学领域，大多数学者认可韦伯（Weber，

1947）对权力的定义，即权力是指一个人在即使遇到抵抗的情况下也能实现自己意愿的概率。但随着对权力的研究的不断深入，这一概念得到了补充和发展。对权力的理解主要包括以下四方面：（1）支配或者控制他人（Fiske, 1993; Operario & Fiske, 2005）；（2）对他人的影响力（French & Raven, 1959）；（3）不被他人影响的能力（Galinsky et al., 2008）；（4）满足生存需要的一种方式或者手段（Pratto, Lee, Tan, & Pitpitan, 2010）。加林斯基等人（Galinsky et al., 2008）将权力感看作对自己不被他人影响的能力的认知。综合东方文化背景下权力中的责任概念，权力感知不仅包括对自身影响其他人的能力的认知，对掌控自身结果、独立作出决定的能力的认知，而且包括对自身责任的认知。

在恋爱中，冲突也很常见。亲密关系中的冲突包括夫妻关系中的冲突和恋爱关系中的冲突，是人们处理两难问题时所采取的能使自己获得利益的行动，代价是使伴侣的利益受损（Holmes & Murray, 1996）。冲突应对策略是人们遇到冲突之后，在对冲突的认知的基础上采取的行为方法（魏晓娟，2003）。

研究参与者的基本信息

研究招募了来自10个城市的处于恋爱中的23名参与者进行个体访谈，招募了来自6个城市的19名参与者进行焦点小组访谈（他们和17名未谈过恋爱的群体一同参加访谈）。均进行半结构化访谈，分别使用恋爱组个别访谈提纲、未婚组焦点小组访谈提纲。42名参与者中，男性22名，女性20名，年龄范围在20岁到39岁之间，平均年龄为

27.85±4.46 岁。平均年收入为 9.23±6.53 万，从 0 元到 28 万不等，其中 2 人为在校学生。平均恋爱经历为 2.95±1.46 次，从 1 次到 8 次不等。平均恋爱时长为 1.80±1.84 年，从 1 个月到 8 年不等。15 人正与伴侣同居（约占总人数的 35.7%）。具体的人口统计信息见附录。

研究结果：爱河中的万象 ①

爱情的开始

根据访谈资料，参与者的恋爱动机可以划分为以下三种：

（1）激情型恋爱动机。在初识对方时体验到一见钟情，或是在和对方发生性行为的基础上建立了感情。

（2）日久生情型恋爱动机。在与对方结识后，经过长期接触，逐渐建立了感情。

（3）有计划的感情培育型恋爱动机。主动与他人建立感情，动机是对恋爱的渴求或外界的催婚等压力。

在接受访谈的 42 人中，属于激情型的恋爱者有 6 人（14.3%），其中一见钟情者有 4 人，发生性行为而展开恋情者有 2 人；属于日久生情型的恋爱者有 25 人（59.5%）；属于有计划的感情培育型的恋爱者有 11 人（26.2%），其中有 8 人迫于年龄与催婚等压力而展开恋情，剩下 3 人单纯由于想恋爱而展开恋情。

当代青年恋爱关系的开始可以分为有开始标志和没有开始标志。

---

① 本章中出现的百分比数据只保留了整数，因而总和相加会有 1% 以内的误差。

在接受访谈的 42 人中，以表白作为开始标志的有 29 人，其中表白方为男方的有 25 人。彼此心照不宣，自然而然开始恋情的有 11 人，"牵手"在其中作为恋情开始的重要标志。剩下 2 人恋情的开始分别为亲人代为挑明关系，假装恋爱应付父母最后假戏真做。

与恋爱促成因素相关的概念，一共可被划分为五个范畴。从总体范畴来看，促成人们开始恋爱的因素包括欣赏对方特质（41.1%）、契合程度（22.6%）、外界因素（15.8%）、特定符号因素（13.9%）、需求满足（6.8%）。

在欣赏对方特质这一范畴中，被提及的因素有相处模式（14.7%）、性格（9.8%）、外表（4.9%）、人品（4.9%）、能力（3.9%）、物质基础（2.9%）。

在契合程度这一范畴中，被提及的因素有相互匹配（21.6%）、对方不介意（1.0%）。其中，对方不介意是指伴侣不介意自己家庭背景的不足之处。

在外界因素这一范畴中，被提及的因素有社会压力（6.9%）、外界看好这段感情（5.9%）、节日助推（3%）。

在特定符号因素这一范畴中，被提及的因素有浪漫旅行（5.9%）、提供帮助（4%）、肢体接触（4%）。

在需求满足这一范畴中，被提及的因素有寻求依赖（2.9%）、寻求快乐（2.9%）、寻求新鲜感（0.98%）。

从以上各范畴的频次统计对比中可知，在建立恋爱关系时，当代青年最看重对方是否具有自己偏好的特质，以及在许多方面对方和自己是否契合。在欣赏对方特质的范畴中，被提及最多的是相处模式，当代青年偏爱能够为自己提供细心关照的伴侣，这也是高满意度的爱情中重要的决定元素。

> 他可能属于比较温暖型的人……在生活中很细心，很能照顾人。比如说我们认识的时候天气冷嘛，他会把我的手放进他的兜里面。
>
> ——I_HM11，女性

在外界因素这一范畴中，可以看出当代青年在开始自己的恋情之前，除了看重自己是否喜欢，也会参考外界的一些观点。年龄压力是促使当代青年寻找伴侣的重要缘由，联系当代青年的恋爱动机可以发现，有计划的感情培育型的人开始恋爱，大多是迫于年龄压力、同伴压力（身边朋友纷纷恋爱、结婚，自己为了不显得特殊而被迫从众）与催婚压力。

> 那是我第一次带他去见我的朋友，然后我们五个人在这样聊天、互动的过程中，也帮忙让我的朋友看一下这个人怎么样。朋友看了之后，也觉得挺好的。
>
> ——I_HM11，女性

> 我们双方都单身，双方家长都催婚，好像（我们）在一块儿能解决问题一样。她帮我的忙，无非也就是帮我应付我的父母，我也帮她应付她的父母。其实我们到现在，我今年27岁，规定的晚婚是25岁，这已经比晚婚还晚了两年了，我们现在已经从年龄上对世俗开始有所突破了。我们还是希望有自己的节奏。可能我们最终也没有突破。
>
> ——I_SJZ12，男性

爱情——需要培育和经营的花园

与爱情经营方式相关的概念，一共可被划分为四个范畴。从总体的范畴来看，当代青年主要通过维持亲密感（37.9%）、增加爱情中的激情元素（35.3%）、解决关系中的摩擦（13.8%）、承诺未来（12.9%）这四个方面来经营爱情。

在维持亲密感这一范畴中，恋爱者会采用始终坚持的习惯（9.5%）来为恋爱增添亲密感，通常有接送上下班、做早饭、问候和庆祝纪念日等。对伴侣的照顾（7.9%）可以通过关怀对方的身体状况和情绪感受表现出来。恋爱双方也极为重视拥有共同的经历（6.0%）。

之前她跟我，我们有一个约定，一起做100件小事，逛街、吃饭、旅游、看电影这种，一起做很多这种小事情，点点滴滴的小事情，一点点做。

——I_SH06，男性

在增加爱情中的激情元素这一范畴中，送礼物（12.9%）和浪漫出行（12.1%）是被提及次数最多的，可见它们在爱情维系中的重要作用。节日送礼物是最常见的方式，设计惊喜的礼物，以及代表心意的、独特的礼物，可以成为恋爱者向伴侣示好的绝佳手段。

我会送她一些小物件，亲手做的那种，就是材料在淘宝上买，玲珑骰子安红豆，那个骰子里面有一颗红豆，就是那个磨的，完了加一个穗。那个是亲手磨的，做了七八天。就是个人的心意吧，比较独特的那种。

——I_QQHE12，男性

每年的节日我都会给她一点小小的惊喜。去年的纪念日，也算今年的纪念日吧，我就把家里布置了一下，买点蜡烛，还有网上买的照片，贴的照片，一个盒子，好像叫照片盒子，那些我全部给她。反正有一年她感到惊讶，就是儿童节，我买了一个小的钱包，然后在里面放了两个棒棒糖，她觉得很惊喜。

——I_NC09，男性

在解决关系中的摩擦这一范畴中，一些恋爱者会通过沟通来推动感情发展。

我感觉推动感情发展是靠日常一点一滴积累的……有发生过一些事情（争吵），然后我感觉那些事情不是推动，（只是）把两个人平常不想说的一些话挑出来说一下，加强沟通（才是推动），我觉得还挺好的。

——I_GZ07，男性

在承诺未来这一范畴中，一些恋爱者将带伴侣见父母视为感情的助力，这相当于给了伴侣一个对未来感情的承诺。

就是见双方父母。我个人感觉见父母是很重要的，在父母不知道的情况下就跟谈着玩儿似的，但是一旦父母介入了，就不是两个人的事了。订婚就是双方父母见面了。

——I_QD11，女性

爱情中的权力追逐

根据斯滕伯格的理论，每个人都有属于自己的理想爱情故事，人们不仅带着匹配的故事选择伴侣，而且以积极塑造对方行为的方式行事，使对方更好地匹配自己的理想爱情故事。在"政府爱情故事"的专制关系中，爱情中掌握权力的一方为统治者，顺从的一方为被统治者，有的人渴望掌握权力，有的人安于顺从伴侣。

第8章 飞花两岸照船红，风和日晴人意好：恋爱者

根据访谈资料，我们发现权力分配问题在当代青年爱情中占据重要的位置。综合东方文化背景下权力中的责任概念，人们的权力来源于以下三方面：认识到自己能够影响他人；认识到自己能够独立作出决定；认识到自身担负责任。人们在感知到自己的权力后，会在恋爱关系中将权力体现在以下三个方面：支配或者控制伴侣；对伴侣的影响力；不被伴侣影响的能力。

关于恋爱中权力的分配，可以从权力感知与权力体现这两方面来介绍。提及恋爱中的权力时，男性的总频次比女性高，表明42名参与者中大多数恋爱关系是由男性掌控的。

权力感知

当代青年在恋爱中的权力感知来源于三个方面（如表8-1所示）。

表8-1 恋爱者对恋爱中权力的感知

范畴	概念	概念总频次	男性频次（比例）	女性频次（比例）	范畴总频次（男性频次；女性频次）
对自身责任的认知	伴侣责任	5	3（9.7%）	2（11.1%）	13（9；4）
	男性责任	3	3（9.7%）	0	
	年长责任	3	2（6.5%）	1（5.6%）	
	能力责任	2	1（3.2%）	1（5.6%）	
对独立作出决定的能力的认知	技能因素	4	3（9.7%）	1（5.6%）	16（11；5）
	对自我价值观的自信	4	3（9.7%）	1（5.6%）	

续表

范　畴	概　念	概念总频次	男性频次（比例）	女性频次（比例）	范畴总频次（男性频次；女性频次）
对独立作出决定的能力的认知	社会地位因素	3	3（9.7%）	0	16（11；5）
	资源控制因素	4	1（3.2%）	3（16.7%）	
	自己父母的支持	1	1（3.2%）	0	
对影响他人的能力的认知	对方的顺从	9	5（16.1%）	4（22.2%）	20（11；9）
	对方感情投入多	6	3（9.7%）	3（16.7%）	
	对方能力不足	3	1（3.2%）	2（11.1%）	
	认为自我牺牲可以得到回报	2	2（6.5%）	0	

注："男性频次"和"女性频次"代表访谈材料中提到的与男性和女性有关的概念出现频次；"比例"代表该概念的出现频次占男性总频次/女性总频次的比例。后面同类表格皆遵照此说明。

可以看到，当代青年在恋爱关系中对权力的感知来源存在性别差异：比起掌握权力的女性，掌握权力的男性倾向于对自身的责任与能力有更强的感知。在对影响他人的能力的认知方面，男女没有太大差异。女性在恋爱关系中对权力的感知大多来源于对方的顺从。

她在市场管理部门做管理员，其实我觉得她做的工作没什么技术含量，而且你再怎么提拔，再怎么上升，你还是个市场管理员，能做个什么嘛。我让她考一个成人本科，她一直没考……可能是工作和生

第8章 飞花两岸照船红,风和日晴人意好:恋爱者

活给了我一些经验和教训或者说一些改变,因为我之前也创业过两次,创业和失败让我学到了很多经验,也让我改变了很多观点,所以这可能对我的影响很大。

——I_SZ11,男性

我就感觉在生活上就有点我带着他走的感觉……在生活上我要主导一些,就比如说,我可能会说让他干吗干吗,然后他可能就会知道要干吗,我不说,他可能都不太知道要干吗。

——I_QD03,女性

在对自身责任的认知范畴中,除了男性和女性都会自觉承担起伴侣责任之外,主要由男性自觉承担的男性责任和年长责任这两个概念被提及的次数也很多。在恋爱关系中,男性,尤其是年长的男性,自身会体验到较多的责任。

男生当然是不希望女生太有意见,太强势。如果男方弱势,那就无所谓。但问题是就怕男方也有他自己的意见,那两个人都很强势,就难办了……如果不是我(反对),她早就辞职了。想跳槽,我说你先别跳,要不断地学习、考证,找好下家公司,多提升自己再跳。还有别的,就比如买房的事情,她急着买房,我说先不急,应该先投资……我就感觉因为我(比她)大五岁,她还是有一点不成熟,有点黏人。

——I_SZ02,男性

权力体现

当代青年在恋爱中的权力体现在支配或控制伴侣,以及不被伴侣影响这两个方面,具体如表8-2所示。

表 8-2 恋爱者在恋爱中的权力体现

范畴	概念	概念总频次	男性频次（比例）	女性频次（比例）	范畴总频次（男性频次；女性频次）
支配或控制伴侣	以自我理想为模板塑造伴侣	8	5（20%）	3（33.3%）	26（17；9）
	掌控恋情的节奏	5	4（16%）	1（11.1%）	
	使对方多次在冲突中妥协	4	2（8%）	2（22.2%）	
	做主共同决策	4	2（8%）	2（22.2%）	
	支配伴侣决策	3	2（8%）	1（11.1%）	
	调查对方背景情况	1	1（4%）	0	
	将自我爱好灌输给伴侣	1	1（4%）	0	
不被伴侣影响	单方面作出决定	2	2（8%）	0	8（8；0）
	反抗伴侣的安排	2	2（8%）	0	
	不为伴侣改变自己	2	2（8%）	0	
	区别对待自己和伴侣	2	2（8%）	0	

根据表 8-2 可以看到，女性的权力主要体现在以自我理想为模板塑造伴侣、使对方多次在冲突中妥协、做主共同决策上，在不被伴侣影响这一方面几乎没有体现。男性的权力不仅体现在支配或控制伴侣

第8章 飞花两岸照船红，风和日晴人意好：恋爱者

上，也体现在不被伴侣影响上。

以下为对以自我理想为模板塑造伴侣的描述：

我希望他能更成熟一点……如果我俩没有在一起，他找一个比他还小一点的女生交往的话，可能我刚才说的他的那些成长都不会那么快，他会去慢慢去做。但是因为跟我在一起，他不得不立马要比我成熟一些，不得不成长得更快一些。

——I_QD03，女性

希望她稍微瘦一些，腿瘦一些。其实在身材方面，我一直在努力地让她改变，我带她健身。

——I_QQHE12，男性

以下是一位男性受访者在与伴侣的冲突中妥协的描述：

有一些事情我是不同意的，但是她坚持去做，既然这样子的话，我就跟她一起同流合污，一起做。大概有这么一些冲突：我跟她同居，就是你吃完饭要洗碗，要不然我煮饭你洗碗这样子。有时候她找各种理由不洗，找各种借口推脱，我也不喜欢，一直会跟她小吵小闹。冲突（后）全部都是我顺从她，然后去把事情压下来吧。她说她不喜欢跟我吵，她一吵就喜欢大吵大闹，而且喜欢哭，喜欢在大街上骂人。

——I_GZ07，男性

以下为不被伴侣影响的描述：

我感觉他经常很多事情不太跟我商量，有些事情都是事后告诉我……我有的时候会生气，然后会跟他说，你可以事前跟我说的，我们可以交流，我很有可能也是按照你的想法去做的，但是你得打招呼之类的。你给他说这件事情的时候，他就会说好的好的，下次怎

怎么的，但是真正等着做这个事情的时候，他有的时候还是事后跟你说。

——I_BJ08，女性

在支配或控制伴侣的范畴中，除了以自我理想为模板塑造伴侣外，掌控恋情的节奏被提及的次数也很多。

我觉得我掌握主动权……就是我要不要跟他维持关系的这种主动权。

——I_SJZ06，女性

根据访谈资料可以发现，哪怕是惯于顺从的男性，在关系中如果不能使女性伴侣依靠自己，就常常会觉得不舒服；哪怕是惯于掌控的女性，在关系中如果不能依靠男性，也常常会觉得不舒服。即使关系中没有出现任何问题，他们也会作出更多自我反省，来检视自己和伴侣在关系中的角色分配是否合理。

答：喜欢的话，就是女孩的强势。因为那个女孩会比较独立。但是相对来说，可能就是显得那个男孩比较弱势一点，没有可以让女孩依赖的地方，这个部分不喜欢。

问：有什么因素促使你们在一起？

答：我觉得她可以扶持我，就是互相鼓励。就比如说现在，她也是带着我走，就会扶持着我……我觉得如果想找一个谈婚论嫁的女孩，那必定是这个女孩，可以带给你鼓励和扶持，还有一个是能帮助你。

——I_GZ02，男性

我就希望他以后能慢慢地成长，能给我一种很强的保护，现在我感觉他有点保护不了我，就真正感觉他在生活上可能需要我保护他。

希望以后他能成长一些，然后就在我心里能高大一些……希望他能帮我扛起来，就显得我小一点。

——I_QD03，女性

爱情中的风浪

冲突在恋爱中很普遍。冲突发生后，人们会首先关注引起冲突的原因，其次关注如何解决冲突（Doherty，1981）。而且，在冲突中，性别是影响冲突应对方式的一个重要因素（苏彦捷，2005）。

冲突原因

参与者恋爱中的冲突主要源于三个方面：

（1）相处模式不合（59.4%）。在该范畴中，被提及较多的是内心需求被忽视（23.2%）、观点冲突（20.3%）、权力关系失控（10.1%）。

（2）对伴侣特质不满（31.9%）。在该范畴中，被提及较多的是不满对方的生活习惯（11.6%）和行事方式（11.6%）。

（3）外界因素（8.7%）。在该范畴中，被提及的有父母阻拦（4.3%）、异地（4.3%）。

在相处模式不合这一范畴中，内心需求被忽视的提及频率存在明显的性别差异：在16次提及中，有15次是女性提及的。其中，保持联系和接触的需求被忽视的提及次数为8次，关注爱护的需求被忽视的提及次数为6次，尊重认可的需求被忽视的提及次数为2次。这表明，在恋爱中，女性更重视与伴侣的关系亲密，因此更容易因男方没有满足此类需求而引发冲突和争吵。观点冲突这一概念也被多次提及。人生经历与家庭背景的不同导致当代青年对许多事物的观点不同，因此在恋爱中双方的观点冲突格外常见。

以下为对保持联系和接触的需求被忽视的描述：

我就给他打电话，他也不接，找他人也找不着，其实后来他跟我说他那会儿是去游泳了，手机都没带，出来就赶紧给我回电话了，然后我就觉得他对我不好，我伤心，然后又跟他吵了一架，那次吵得还比较厉害。那时候就比较生气。

——I_LY07，女性

以下为对观点冲突的描述：

她的工作会让她有一些不可理喻的想法，比方说迟到的问题……我因为工作关系迟到了，她就很不开心，她说你该工作的时候就工作，该下班的时候就下班，为什么还要为了工作而迟到……我跟她说，有些工作还没完成，我得完成了才能跟你去约会什么的……她就觉得你的工作并没有支付加班工资，这是无偿的、义务的……我觉得这些都是她的工作引发的思想，就是正常上下班、正常发工资导致她一些为人处世的东西都不会……她把工作跟生活分得很开……我认为她的看法是有误的。

——I_GZ07，男性

权力关系失控也是引起冲突的重要原因之一。它与爱情中权力的分配息息相关。根据斯滕伯格的观点，当一个人在关系中扮演的角色不是他适合或认同的角色时，他就会发现这段关系给他施加了不能承受的压力，这些压力很容易引发冲突。同时，在政府故事的专制关系中，当一方认为另一方过于专制时，之前奏效的权力分配模式就会失灵，如果不及时调整，也会导致关系中的冲突。

以下为对认为伴侣过于专制的描述：

第8章 飞花两岸照船红，风和日晴人意好：恋爱者

我觉得毕竟这种培训还是我自己喜欢的东西，我觉得这种事情是我自己决定的，你好歹应该顺从我这一次……那么多次我都顺从你，这一次你应该顺从我，我觉得我应该做一点我自己喜欢做的事情，这是其一，我自己决定要做的事情。其二是说，我知道她，因为我真的忍受不了，我跟她同居，那么多事情我全部顺从她，我不想我以后的生活都是这样子的。

——I_GZ07，男性

冲突应对策略

参与者冲突应对策略的相关概念如表8-3所示。

表8-3 恋爱者的冲突应对策略

范畴	概念（总频次）	男性频次（比例）	女性频次（比例）	范畴总频次（男性频次；女性频次）
示好	言语（19）	17（34.7%）	2（10%）	29（25；4）
	亲密接触（5）	4（8.2%）	1（5%）	
	借助外物（5）	4（8.2%）	1（5%）	
退让	双方协商（24）	16（32.7%）	8（40%）	28（18；10）
	一方妥协（4）	2（4.1%）	2（10%）	
回避问题	冷静后假装没事发生（9）	5（10.2%）	4（20%）	9（5；4）
借助外援	父母（2）	0	2（10%）	3（1；2）
	朋友（1）	1（2.0%）	0	

在所有冲突应对策略的相关概念中，男性提及的总频次比女性高，表明在 42 名参与者中，由男性主动应对冲突的情况占大多数，女性大多在冲突中被动接受男性的示好，或者在双方协商下修复关系。受访者在关系冲突中普遍使用的应对策略为示好、退让、回避问题、借助外援。

示好是指一方通过甜言蜜语、亲密接触、礼物等向伴侣表达自己的歉意以及求和诚意。在亲密关系中，冲突的对象既是自己利益的"冲突者"，也是自己感情的"寄托者"，有时候，受访者也会表现出把对方的关爱置于自己"利益"之上的举动。

> 沟通吧，就是看谁理亏吧，理亏的那方说一些好话。就说我吧，如果我要惹她了，我会给她做做好吃的，会带她去看电影，或者是，就是散散心，出去做一些娱乐活动来缓解关系。
>
> ——I_QQHE07，男性

退让是指伴侣双方或单方面的妥协行为，即降低期望，找到双方都能接受的替代办法来解决冲突，包含经过沟通双方达成一致意见的退让，以及单方面直接的退让。

> 结果还好，她接受我的（道歉），原谅了，还说明了以后像这种事情最好还是说一下。因为她说，她还是胡思乱想了，不知道你跟哪个女的出去会发生一些什么事情，她还是不想看到这些事情发生。那我就不要随意一个人作这些决定，然后我就答应她了。
>
> ——I_GZ07，男性

回避问题是指伴侣双方从冲突中抽离出来，经过一段时间的冷静，再度自然而然地重归于好。其间，没有积极解决问题，而是搁置"争议"。有时候，回避问题的策略暂时隐藏了问题，但这些问题在亲密关系中不时出现，因此回避问题的策略并不利于亲密关系的发展。但有一些冲突并不会对亲密关系造成很大的威胁，情侣也不能在短时间内解决办法，因此搁置"争议"不失为一种好的选择。

女生比较喜欢仪式感，就比如说晚上睡觉前一定要发个晚安，有时候我可能上班就很累……我就说陪陪，反正很困就睡着了，然后她可能就不开心嘛，不开心反正后面哄一下，哄一下她还是不开心的话，那我就不哄了……我觉得如果我没有错，你不理我，那我就不理你了，后面时间长了之后，她理我了，那我就理她了，那就好了……反正过了一段时间就好了，后面还是该干啥就干啥。

——I_SZ01，男性

借助外援是指关系中的一方向外界有经验的人求助，或是外界有人直接介入以帮助伴侣重归于好。

后来我父母就帮他说话，其实父母还是很重要的，因为他跟我父母关系很好，然后看我也不再提他了，一说起他就躲躲闪闪，我父母就知道我跟他肯定吵架了。然后跟我说要不约过来吃顿饭吧，我说我不想见他，父母说那我（们）约吧，就把他约过来，那就谈和了。

——G_SZ03，女性

爱情中的唇齿相依

依赖从何而来

参与者依赖伴侣的原因有七个方面：获得陪伴（26.3%）、解决问题（26.3%）、获得情感支持（17.5%）、获得生活照顾（14.0%）、缓解焦虑（7.0%）、获得物质支持（7.0%）、念及旧情（1.8%）。此外，在描述自己对伴侣的依赖表现时，男性的描述远少于女性；在描述自己与伴侣亲近、自己与伴侣不亲近或不依赖的表现时，男性和女性的描述没有明显差别。这种叙事风格的差异体现出男性的依赖观——不倾向于依赖他人。

在获得生活照顾和物质支持方面，男性和女性没有明显差异。比起男性，女性在获得陪伴、解决问题、获得情感支持上格外依赖伴侣。

值得一提的是，男性在缓解焦虑上非常依赖伴侣。男性虽然没有过多提及获得陪伴、获得情感支持的概念，但他们会提及自己对伴侣的依赖体现在与伴侣难舍难分上，例如因出行而分离或女性主动远离时，自己很不舍。

假如说，她下班晚回来一会儿，我都特别着急，我就给她打电话，我就问她，或者就是去接她。然后假如说她下班，晚下楼几分钟，我都特别着急，我说下班你咋还没有回，她回复我还有什么事什么事，我就感觉很依赖她。然后就是有时候跟朋友出去，出去干啥，我就特别着急，我就问她怎么还不回来。然后她回老家了或者怎么样，我也是这样子。反正就挺依赖她的。

——I_HM04，男性

不依赖的缘由

参与者感到不依赖伴侣的原因包含：个人独立（35.6%）、自己的人脉圈（17.8%）、工作占用精力（11.1%）、对伴侣不满（11.1%）、相处时间少（6.7%）、私人空间需求（6.7%）、感情有安全感（6.7%）、感情转淡（4.4%）。

在自己的人脉圈、对伴侣不满、感情有安全感等原因上没有表现出性别差异。与女性相比，男性不依赖的原因更多为工作占用精力、私人空间需求；女性不依赖的原因更多为相处时间少、感情转淡、个人独立。

女性的感情转淡来源于长此以往对伴侣的失望。这种失望的积攒来源于两方面：一是对伴侣个人特质的不满，例如懒惰或邋遢；二是对伴侣不能满足自己情感需求的不满，例如伴侣对自己缺少陪伴，伴侣不能满足自己对恋爱仪式感（比如说晚安、送礼物）的需求，等等。

以下为一位女性由于长期感受到伴侣未满足自己的情感需求，从而不依赖伴侣的描述：

以前的话我对他的依赖是9分，现在的话可能是2分还是3分吧。就感觉以前很依赖他，每天发短信，时时刻刻问他，他嫌我太黏人。然后晚上打电话给他，都这个时间打，我就觉得我就想时时刻刻跟你在一起，你为什么就不能跟我一起生活，到后面就觉得有一些事情发生，有根刺在那里，然后慢慢地我就觉得我已经厌倦了，就是我觉得你不把我当一回事，那我就把你隔离，先是感情隔离，后面直接就是麻木，然后到现在就是我会觉得我又不喜欢你，你干吗老是烦我，就这样，依赖就变成2、3分。

——G_SZ03，女性

亲近从何而来

参与者与伴侣的亲近主要来源于五方面：肢体接触（41.2%）、相处时间长（20.6%）、倾诉与沟通的对象（17.6%）、感情确定性（11.8%）、互相陪伴（8.9%）。

男性与女性对肢体接触提及的次数一样多，这是亲近来源的最主要方面。除此之外，在相处时间长、感情确定性方面，男性与女性也没有差异。与男性相比，女性更多地将"是否能够与对方倾诉与沟通"作为与伴侣是否亲近的标准。男性对伴侣的亲近更多来源于互相陪伴，值得注意的是，这一概念由女性口述。

以下为一位女性对男性伴侣与自己很亲近的描述：

> 好像就是无论他去哪儿，就是除了工作，其他什么地方都想带我去，朋友聚会啊，或者做什么的，哪怕车子去做护理啊，他都想带我一起去。

——I_GZ12，女性

不亲近的缘由

参与者感到与伴侣不亲近的原因主要有七个方面：相处时间少（44.4%）、对伴侣不满（22.2%）、肢体接触体验不佳（7.4%）、无法跨越的关系阻碍（7.4%）、私人空间需求（7.4%）、激情消退（7.4%）、感情转淡（3.7%）。

与男性相比，女性与伴侣不亲近的原因更多为对伴侣不满、激情消退、无法跨越的关系阻碍。在访谈中，无法跨越的关系阻碍体现为，女性会比较不同亲密关系中的亲近度，从而得出自己与伴侣的亲近度。有一位女性提到，比起自己，伴侣与他的母亲更亲近。还有一位女性提到，比起伴侣，自己与家人更亲近。男性与伴侣不亲近更多是因为相处时间少、私人空间需求。

以下为一位女性对体验到的无法跨越的关系阻碍的描述：

> 他跟他妈妈关系挺好的，他跟他妈妈那种亲近的程度，因为都是女性，和跟我那种亲近的感觉不太一样，就是，这方面比较微妙，感觉不太一样……可能是他从小跟着他妈吧，就是感觉他们好像特别自然，有时候我在他们家待着，我感觉我和他的关系好像有时候还比不上他和他妈妈的关系。

——I_SJZ06，女性

综上所述，女性恋爱者和男性恋爱者都会提到，女性的亲近和依赖更多来源于情感投入以及获得陪伴与支持。与此相反，男性一般不会表达出自己对伴侣的亲近和依赖来源于情感与陪伴需求，他们大多提到自己依赖伴侣是为了获得生活照顾，而从女性的叙述中可以发现，男性也会因为渴望陪伴而依赖伴侣。除此之外，女性恋爱者和男性恋爱者都会提到，男性比女性在恋爱中需要更多私人空间。

因爱情而改变

参与者恋爱后发生的改变主要有三个方面：恋爱付出（53.8%）、自我特质改变（24.0%）、自我收获（22.1%）。

在恋爱付出这一范畴中，精力投入（21.2%）被提及的次数最多，其次是相互包容与理解（18.3%），最后是约束感（7.7%）。参与者提及的精力投入主要涉及照顾伴侣的精力投入（15次）、时间投入（7次）、做家务的体力投入（5次）、感情投入（4次）、取悦伴侣家人的精力投入（2次）。从单身生活走入双人情感殿堂，学习并努力照顾伴侣最被当代恋爱者所重视。走进双人情感殿堂的同时，人们也体验到了"爱的束缚"，这种束缚是爱情赋予他们的责任，也是对个人生活中某些自由的舍弃。约束感总共被提及8次，这种约束感表现为有担当（3次），恋情中自己的生活会受到伴侣干预（3次），恋情中彼此需要一些私人空间（2次）。

以下为一位女性认为自己的生活受到伴侣干预的描述：

我对象这个人，他太大男子主义了，有的时候要求这个，要求那个，有时候好多事儿都不能去做……他管我管得比较严……就是比如说我们单位要是有个主持活动啥的，他一般不让我去，他觉得抛头露面的事儿，最好还是不要参加。

——G_SJZ05，女性

在自我特质改变这一范畴中，脾气变好（7.7%）被多次提到。受访者在恋爱中会克制自己的脾气以迎合伴侣。克制脾气也意味着人们在磨平自己的棱角，学着和伴侣相处。同时，改掉自己身上伴侣不喜欢的习惯、努力提升能力、努力积累财富等也被提到，这意味着人们努力让自己变得更优秀，以讨伴侣欢心。恋爱中的人通过改变自我特质，承担起讨好伴侣、维持关系的责任。

在自我收获这一范畴中，归属感与爱（7.7%）被提及的次数最多，共被提及 8 次，其中 7 次在"女方在恋情中的收获"这一问题中被提及，表现出明显的性别差异。女性更注重从爱情中满足归属感与爱的需求。找伴侣的标准上升（4.8%）这一概念也被多次提及，参与者能够从之前的恋爱经历中获得经验——自己心仪的伴侣或讨厌的伴侣是什么样子。人们会从这些经验与教训中，逐渐丰富和具体化自己寻求伴侣的标准。

先看看他妈好不好相处，了解他……其实你从一些言行举止中是可以看出他父母怎么教他的，我以前就是太年轻了，现在还是交往当中……你看他跟父母之间的相处以及他的人际关系，我就可以大概了解一下他父母是怎么教育他的。

——G_SZ03，女性

性行为与性观念

第一次性行为

在性行为部分，访谈收集了参与者第一次性行为的年龄和地点等个人信息。19人回答了年龄的问题,他(她)们第一次性行为的平均年龄为21.6岁,其中女性的平均年龄为22.7岁,男性的平均年龄为21岁。16人回答了地点的问题,有10人第一次性行为的地点为宾馆,有3人为在男方父母家里,有2人为在出租房里,有1人为在女方父母家里。

性观念

在性观念部分,访谈收集了每个参与者的个人态度,包括对婚前性行为、婚外性行为、无性婚姻、性爱分离和开放性关系的个人接受度,如表8-4所示。

表8-4 不同城市恋爱者的性观念

	广州	深圳	上海	北京	洛阳	哈密
婚前性行为	▼▼▼▼▽▽	▼▼▼▼▽▽	▼▽▽	▼▽	▼▼▽▽▽	▼▼▼▽▽
无性婚姻		▽			▽	
婚外性行为	▼▼	▼	▼			▼
性爱分离	▼▼▽	▼				
开放性关系						
	南充	石家庄	青岛	齐齐哈尔	人数	
婚前性行为	▼▼▽▽	▼▼▼▽▽▽	▽▽	▼▼	42	
无性婚姻	▼		▽	▼	5	
婚外性行为					5	
性爱分离					4	
开放性关系					0	

注:▼表示接受的男性,▽表示接受的女性。

参与访谈的42名参与者全部接受婚前性行为，有5名参与者（3名女性，2名男性）接受无性婚姻，有5名参与者（皆为男性）接受婚外性行为，有4名参与者（3名男性，1名女性）接受性爱分离。

值得注意的是，有6名参与者（4名女性，2名男性）认为婚前性行为的发生应该有前提条件，即必须与对方到了谈婚论嫁的阶段。

我觉得，就是要矜持……不能比较随便，要矜持，但是，如果两个人已经……到了谈婚论嫁这个时候，没有结婚，没有领证的时候，我觉得我还是可以接受的。

——I_LY07，女性

除此之外，对于婚外性行为的个人态度有性别差异，接受的5名参与者全部为男性，他们对于接受的理解是不同的。有2名男性的态度为自身出轨可以接受，而对方出轨不可以接受或者仅在一定条件下才可以接受；有1名男性的态度为自身和伴侣出轨都可以接受；有1名男性的态度为伴侣出轨可以原谅。

我觉得男生出轨是无所谓的。但前提是你要养得起人家，你要对人家负责，不能说甩了人家这种……你要对你自己负责，你要对你出轨的那个人负责，你要对你的家庭和父母负责……而且要保护自己，不要弄脏自己，也不要得病……不是有句话，叫家里红旗不倒，外面彩旗飘飘……我认为如果，将来我妻子她真的有一天出轨了，其实要看情况，如果真的是因为我忙得照顾不到她，我会选择原谅她的。但前提是她保护好自己，就是不要再产生个小孩，不要带疾病什么的。

——I_SZ02，男性

接受性爱分离的也是男性多于女性，他们认为性行为和感情是分离的。

第8章 飞花两岸照船红，风和日晴人意好：恋爱者

我觉得感情跟性行为是分开的，不是说我可以这么做，你也可以这么做……是说它只是一个行为，不要把它看得那么重要。就像你吃饭是在中餐馆还是西餐馆一样，可能你很喜欢中餐馆，但是你偶尔吃西餐馆的话，我觉得是一个很正常的事情，这不代表你不喜欢中餐馆，也不代表你就突然特别喜欢西餐馆，不是这样子的。它只是一个行为而已，它不影响一个人的思维和思想，我是这么看待的。

——I_GZ07，男性

答：爱是从心的，然而性可以只是一种行为，要看是（和）陌生人啊，还是和伴侣啊这样子。

问：所以陌生人和伴侣是有区别的吗？

答：有区别，如果是陌生人就只是一种需要啊，发泄而已。但如果是伴侣，就是一种表现，对他的爱的表现。

——I_GZ12，女性

恋爱满意度

亲密关系满意度是指人们对所处的亲密关系质量的主观感受和判断（Rusbult，1980）。毫无疑问，维持高满意度的恋爱关系需要诀窍，如何应对恋爱中的不如意也需要诀窍。在此，综合42名参与者对恋爱关系满意和不满意的解读，展现参与者体验到的或期待中满意的恋情是怎样的，以及应对不如意的各种策略。

高满意度恋爱的诀窍

参与者认为，恋爱中的满意度取决于五个方面：道路确定性（33.7%）、契合程度（22.1%）、相处融洽度（17.4%）、感情投入度

（16.3%）、物质条件（10.5%）。

在所有概念中，理想爱情模式契合程度（16.8%）被提及的次数最多。提及次数较多的影响恋爱满意度的因素还有理想伴侣（12.8%）、感情和睦（11.6%）、被伴侣关注照顾（10.5%）。由此可见，以上这四个概念是实现高满意度恋爱的首要诀窍。

理想爱情模式契合是指，恋爱者在恋爱关系中扮演的是他认同的角色。当代青年遇到较多的是专制故事、师生故事、牺牲故事等，体现恋爱关系中的磨合，这些故事会在后面详细描述。

以下为对一名男性如愿以偿掌握恋爱关系中权力的描述：

她就很随和，什么她都愿意迁就你，也没有什么小脾气，她是做什么都行。就觉得很舒服……我们很合得来，很适合结婚。

——I_SZ02，男性

以下为对一名女性被动处于教师角色的描述：

我就希望以后他能成长一点……但是生活上，因为我父母没有那么溺爱我，从小我自己能做的事都让自己做了，然后我就感觉他现在就是哪怕生活上很小的一些事，他可能都不太知道，就一直需要我教他……这种事情本来应该男生去做的，但是在一起之后我就发现了，这件事可能还是得我来干，可能我跟他说，他以后才会慢慢明白。

——I_QD03，女性

理想伴侣的概念被提及的次数也很多，当参与者认为目前的伴侣适宜结婚或拥有令自己极为欣赏的特质时，他会感到恋爱是令人满意的。被伴侣关注、照顾的概念的提及者多为女性，这与爱情中的依赖来源结论一致。

满意的部分是他都以我为中心……就是感觉在一起以后，他对我的各个方面都很用心，就是感受得到。

——I_GZ12，女性

应对恋爱中的不如意

对于恋爱中的不如意，当代恋爱中的青年表现出四种应对方式。

第一，不作为。不作为是一种比较消极的应对策略，采用这种策略的人相信伴侣的改变、时间的推移能够淡化恋爱中的不如意，因此他不会采取任何行动。

这东西不是我能做的，就像你让我换工作，让我找到更好的工作，其实什么才是最好的工作呢？没有一个硬性标准，这个需要你不停地去尝试，不停地去获取这方面的知识，你不能说我换工作，一跳槽就找到一个很好的工作，这种概率很小，所以我能做的，我会去做好，可是我不能做的，你也不能强求……她要改变的应该就是能够为我着想，就是换位思考，能够不要一根筋地这样去想，能够多方面、多思维地去考虑。

——I_SZ11，男性

现在的恋爱状态不太好，我是觉得我习惯了一个人生活，然后这个男的可有可无的感觉。当然，这可能是暂时的，可能过一段时间我就改变我的状态了。

——G_SZ03，女性

第二，转移目光——"着眼于恋爱中令人满意的地方"。这是一种积极的应对策略，采用这种应对策略的人相信伴侣身上的优点能够掩盖那些缺点。

每个人都会有缺点，你既然要在一起的话，你就要说你喜欢她什么，然后你也要包容她的缺点。那你说她的缺点你更多忍受不了，还是说你更多看到她好的地方。

——G_SZ04，男性

第三，接受恋爱中的不如意——"不过是个小问题"。这是一种积极的应对策略，采用这种应对策略的人不仅接受伴侣身上的缺点，而且相信恋爱中的不如意是爱情中不可缺少的，必然会出现的。

因为他是我喜欢的人。他就算没有那么完美，其实我也是可以接受的。因为我知道，任何一个感情状态都不可能是完美的，我觉得，只有人跟人相处，才能慢慢和谐，慢慢成为生命中最重要的人，所以刚刚说的最完美只是想象当中的，就好像小时候我也会幻想韩剧里面的人。但是当面对现实，我是完全可以接受的，因为我自己也是不完美的人。

——I_SH08，女性

理想中的爱情，应该是他很浪漫……但毕竟现实生活它就是会牵扯到生活中那些琐事，柴米油盐酱醋茶的，你不可能那么浪漫，不可能。

——I_QD11，女性

第四，解决恋爱中的不如意——"解决问题"。这是一种最直接的应对策略，采用这种应对策略的人会直接想办法解决问题。

我们两个人会沟通吧，我觉得两个人的沟通在关系中是很重要的，遇到事情还是以沟通为主。

——I_HM11，女性

其实情侣之间产生一些小矛盾，不能说从心里产生一种不满意的感觉，这样肯定是不行的，只要有问题我们解决就可以了。

——I_NC09，男性

第8章 飞花两岸照船红，风和日晴人意好：恋爱者

理想中的爱情

综合42名参与者对于自己理想中的爱人、爱情、婚姻的叙述，总结参与者理想爱人的特征、理想爱情故事的模式和理想婚姻的特征。

理想爱人

与理想爱人相关的概念一共被划分为五个范畴，各范畴及其概念的频次统计如表8-5所示。

表8-5 恋爱者的理想爱人形象侧写

范畴（比例）	概 念	概念总频次	男性频次	女性频次
讨喜品质（33.3%）	孝顺父母	11	5	6
	积极向上	8	3	5
	善良	6	5	1
	幽默	6	2	4
	脾气好	4	4	0
	成熟、理性	4	2	2
	有才华	3	1	2
	开朗、大方	2	1	1
	没有大男子主义	2	0	2
	自信	1	0	1
	浪漫	1	0	1
	受欢迎	1	0	1

续表

范畴（比例）	概　念	概念总频次	男性频次	女性频次
契合程度 （24.5%）	顺应我的权力感	8	6	2
	三观一致	8	3	5
	理解我	8	4	4
	共同的兴趣爱好	8	5	3
	共同语言	4	1	3
可依赖的品质 （23.1%）	关心照顾我	12	2	10
	顾家	8	6	2
	有担当	7	1	6
	感情投入多	4	0	4
	做事能力	2	1	1
	包容我	1	0	1
外貌与气质 （14.3%）	好看	10	3	7
	体型高大	5	0	5
	体型娇小	1	1	0
	不胖	2	0	2
	运动型	2	0	2
	文质彬彬	1	1	0
物质条件 （4.8%）	经济富足	3	0	3
	经济背景相似	2	1	1
	有车有房	1	0	1
	不在意我的家庭背景	1	1	0

注：比例代表该范畴被提及的次数在所有范畴被提及的总次数中所占的比例。

在被要求描述理想爱人的形象时，男性作出描述的总数量比女性少。因此，在这里，我们对比男性和女性提到的某概念的次数在其提到的概念总次数中的比例。女性在构想理想爱人时，更看重伴侣的讨喜品质（29.5%）、可依赖的品质（27.8%）。男性在构想理想爱人时，更看重伴侣的讨喜品质（39.0%）、契合程度（32.2%）。综合来说，女性更倾向于将心仪的外貌与气质、可依赖的品质、物质条件纳入理想爱人的构想中；男性更倾向于将讨喜品质、契合程度纳入理想爱人的构想中。

在可依赖的品质这一范畴中，顾家被提及8次，其中男性6次，女性2次，但他们表达的含义其实是不同的。男性侧重于希望女性可以承担家务，做一个贤妻良母；女性则侧重于希望男性可以在家务上帮忙，不要把照顾家庭的责任全部交给自己。

比较能持家吧……综合能力稍微强一些……就比如说做饭呀，或者是有一些事业上的小成就啊，而不是说特别倾向于工作，在生活上不擅长……最重要的是生活能力这方面吧……就比如说能自己独立做一些事情……比如说以后有孩子了能带孩子。

——I_BJ04，男性

我会做家务，但你也一起做，我们一起生活，然后你要顾家，不能不顾家，就是（如果）你去外面赚钱，然后丢点钱给我，你就花天酒地，不让我管，那不行。

——G_SZ03，女性

理想爱情故事

为了勾勒出当代青年理想的爱情故事，此处参考斯滕伯格的爱情故事理论，并根据参与者对理想爱情的叙述，提炼出当代青年的四种理想爱情故事，它们分别为童话故事、旅行故事、园艺故事、协作故事。需要说明的是，这里的理想爱情故事是从参与者的直接回答中提取的、意识层面的故事，而每个人真正的理想爱情故事往往是自己意识不到的，即潜意识中的故事，而且参与者对于理想爱情故事的外显回答往往会受到父母、主流社会、影视媒体的影响和约束。因此，接下来介绍的理想爱情故事和斯滕伯格提到的人们成长过程中逐渐形成的理想爱情故事不同。本研究的理想爱情故事是意识层面的，即使如此，这些理想爱情故事对于呈现恋爱者的爱情观念与行为同样重要。

整合访谈资料，分别描述四个理想爱情故事。

第一，浪漫、梦幻的童话故事。

理想爱情故事为童话故事的人向往拥有一个浪漫和激情占主色调的故事，在故事中，这种人和伴侣的爱情轰轰烈烈、引人注目，不用承受经济和社会的压力，也能够天长地久。他们和伴侣有着一拍即合的默契，不用过多的表达，伴侣就可以理解自己。

这个故事中的元素大多提取自女性的回答。

就拿《微微一笑很倾城》来说，大神（男主）对她特别好，是个人看见就觉得好忌妒啊！我就喜欢让别人都看得见自己的幸福。

——I_NC05，女性

反正就是很惬意地在一起，然后什么都不用想，也不用考虑，想干吗就干吗，没有经济压力。

——G_SZ04，女性

默契吧……可能就一个眼神他就知道我想要干什么，他要能够达到这个点就更好。

——G_GZ04，女性

第8章 飞花两岸照船红，风和日晴人意好：恋爱者

第二，同舟共济的旅行故事。

理想爱情故事为旅行故事的人向往与伴侣拥有共同的目标，一起努力朝着目标进发。这种人往往重视的不是努力的目标是什么，而是能够和伴侣一起实现目标。在实现目标的过程中，他们会相互扶持，共同进步，一起克服恋爱关系道路中的阻挠。

> 两个人的话，在一块儿都要往更好的方向去发展，是比较积极的。
> ——I_LY07，女性

> 森林里有两棵小树……风吹过来叶子可以朝着同一个方向偏，可以一起接受雨露，接受阳光，一起成长……以后如果我们有什么问题的话，我们两个可以携手一起去面对这些问题。可能我们的经验都不太足，可能我们的选择也是错误的，但是我觉得最起码（可以）一起去分析，共同去做这件事情，积极面对这件事情。
> ——I_BJ08，女性

第三，相敬如宾的园艺故事。

理想爱情故事为园艺故事的人向往拥有双方努力经营关系，成熟、和谐的爱情故事。在爱情中，他们相互磨合，然后成熟地解决问题。彼此给予对方尊重、包容与信任，而且留给对方和自己私人空间。

> 就是很和谐，相互之间"三观"很一致，然后又能包容。没有太多问题，有了问题大家都可以拿出来很契合地去讲，去解决。
> ——I_SH12，女性

> 理想中的爱情，就是两个人之间相敬如宾，不会对对方有很苛刻的要求。然后生活比较和谐……因为我是射手座嘛，比较崇尚自由。我觉得两个人该在一起的时候在一起，该做事的时候就做事。两个人

做自己的事，并不影响两个人之间的关系，每个人可能都需要自己的空间，需要自由。

——I_SH06，男性

第四，平等、互利的协作故事。

理想爱情故事为协作故事的人向往在关系中享有平等的权利和责任。这类人希望和伴侣在协商后共同制定决策，关系中的责任也是平等的，彼此之间信息共享。

坦诚相待。

——I_QQHE12，男性

遇到什么事情跟我商量。

——G_SZ03，女性

理解我的牺牲……我为她做了很多，希望她也为我做一些事。

——I_GZ07，男性

理想婚姻

有关孩子的概念被提及 22 次（32.4%），有关感情经营的概念被提及 19 次（27.9%），有关婚姻责任的概念被提及 12 次（17.6%），有关物质需求的概念被提及 10 次（14.7%），有关父母的祝福的概念被提及 5 次（7.4%）。

在有关孩子的概念中，婚后肯定要孩子被提及 20 次，其中打好经济基础再要孩子被提及 6 次，先二人世界再要孩子被提及 2 次，孩子是保证家庭完整所必需的被提及 4 次，孩子与婚姻没有必然联系被提及 1 次，决定丁克被提及 1 次。在当代大部分青年的心中，与伴侣共同生育孩子是婚姻的重要组成部分，当然也有不同观点存在，有些人认为不要孩子能够使爱情生活保鲜。孩子在当代青年

第8章 飞花两岸照船红，风和日晴人意好：恋爱者

爱情中的角色是多元的。在人们憧憬未来婚姻时，第一种类型的人将孩子的出生视作自己的爱情美好、圆满的证据，认为孩子是爱情的结晶与证明；第二种类型的人借助孩子来让自己的爱情更令人满意，认为爱情是缓冲剂和柔顺剂；第三种类型的人认为孩子是家庭完整的标志，是在社会期待的家庭结构下，使家庭得以完整的组成部分。

在感情经营中提及的概念与理想爱人和理想爱情中提及的概念比较相似，在此不作过多阐述。

在有关婚姻责任的概念中，对伴侣关系负责被提及6次，对大家庭负责被提及4次，希望可以不承担责任被提及2次，承担经济责任被提及1次。与理想爱情不同，在人们对理想婚姻的憧憬中，多了责任这一项。这表明，在人们对爱情和婚姻的分类中，婚姻与现实有着更强的联系。因此，大部分人期待在婚姻中双方都承担负责，这既包含了对自身负责任品质的向往，也包含了对对方能够帮助自己分担压力的期待。也有部分人期待婚姻能像单纯的恋爱一样，不被压力所困。

我觉得理想中的婚姻是两个人共同组成一个家，生活中一定要共同承担。有些事情，原则性的问题一定是不能犯的……有事情两个人一定要商量，你不能背着对方偷偷摸摸去做一些事情，然后你做之前没有说，做的时候没有说，你做完之后还是没有说，等到对方某一天突然发现这个事情，然后你们两个人就会争得面红耳赤。（所以）我希望有事情了，不管大事或者小事，两个人有商有量去做这个事情。

——I_HM11，女性

讨论：现象阐释

爱情观念的性别差异

当代青年中，男性和女性在自身对伴侣的亲近和依赖、感情中的权力分配、感情中的冲突及其应对、对理想爱人的期待等方面都有所不同。

在亲近和依赖方面，女性在获得陪伴、情感支持和倾诉对象上格外依赖与亲近男性，而男性在获得生活照顾和学习、工作帮助上依赖与亲近女性。男性不依赖与不亲近的原因主要为工作占用精力、相处时间少、私人空间需求，而女性不依赖与不亲近的原因主要为相处时间少、对伴侣不满、激情消退、无法跨越的关系阻碍。其中，无法跨越的关系阻碍在访谈中体现为，女性会比较不同亲密关系中的亲近度，从而得出与伴侣的亲近度的结论。综上可以看出，女性在恋爱中更看重情感的维系和互相陪伴，假如情感出现问题，女性对伴侣的亲近与依赖就会降弱。男性表现出更多的私人空间需求，在恋爱中相对于女性来讲是"情感剥离"的。访谈结果同样显示，虽然男性一般不会表达出他们对伴侣的亲近和依赖来源于情感与陪伴需求，但他们大多提到自己依赖伴侣是为了获得生活照顾，女性常在叙述中提到自己的伴侣会因为渴望陪伴而依赖自己。这也许反映了社会文化对男性的期待，对情感支持与陪伴的索求与男性坚强、理性的社会标签不相符，因此男性会较少表现出对伴侣的亲近或依赖，更多使用中性理由来解释自己对伴侣的亲近或依赖。

在拥有权力方面,男性大多自然而然处于主导者的地位。男性的权力不仅体现在支配或控制伴侣上,也体现在不被伴侣影响上。女性的权力主要体现在支配或控制伴侣上,几乎不会体现在不被伴侣影响上。掌握权力的男性倾向于对自身的责任与能力以及影响其他人的能力有很强的感知,而女性仅仅倾向于对影响其他人的能力有很强的感知。综上可以看出,"女性掌权者"在关系中常常会忖度男性伴侣对自己的顺从程度和认可程度,而且善于为对方而改变自己的决策,可以说,女性的权力感依然是依附于男性的。同时,在关系中,哪怕是惯于顺从的男性,如果不能让女性依赖,就会感到不舒服;哪怕是惯于掌权的女性,如果不能依赖男性,就会感到不舒服。这也许反映了传统文化中男性与权力感的高度联结,延续至今则表现在爱情关系中。

在亲密元素方面,女性更重视与伴侣的关系亲密元素,因此更容易因为男方没有满足此类需求而引发冲突和争吵。值得注意的是,在感情中由男性主动应对冲突的情况占大多数,女性大多在冲突中被动接受男性的示好,或是在双方协商下修复关系。在当代恋爱青年中,"男性向女性道歉求和"非常常见,以至于成为男性维持关系稳定发展需要遵守的"金科玉律"。

在对理想爱人的期待方面上,女性更看重对方可依赖的品质、外貌与气质、物质条件等,而男性更看重彼此的契合程度以及伴侣的讨喜程度。女性对对方可依赖的品质的看重,与女性因陪伴与情感需求而依赖男性,而且重视感情中的亲密元素的结果相一致。女性对对方的外貌与气质、物质条件的看重,与女性的理想爱情故事常为浪漫、梦幻的童话故事的结果相一致。针对这种差异,我们推测女性更倾向于去幻想自己的"白马王子",这也与目前媒体传播的许多以青年女性为受众的热播爱情剧、爱情小说有关,女性观众很容易将自己代入其中,与吸引人的男主角谈恋爱,因此对伴侣的外貌与气质、物质条件有很多期待。

中国文化浸润下的爱情

"父母之命"下的当代爱情

在中国,自汉代父母之命、媒妁之言就开始主导婚姻的缔结,父母参与子女的爱情生活成为具有广泛约束力的嫁娶习俗和伦理规范。这既是宗法文化影响下的汉代社会家长制在婚姻关系中的必然体现,又是"父为子纲"伦理原则在社会生活中的统治地位的客观要求(刘举,2016)。这种婚姻文化与我们现行的自由恋爱相去甚远,但在当代,老一辈人仍在子女的爱情中发挥不容忽视的作用。在影响配偶选择、参与爱情生活两方面有所体现。

择偶是构成婚姻过程的一个重要环节,同时也是渗透父母意志的一个过程(艾丽丽,2012)。父母会对子女选择伴侣的标准设立一些规范,既有关于物质条件的规范,例如对方的经济条件好、门当户对、生活习俗相同、对方需要的彩礼少,也有关于身材的规范,例如对方不矮等。

父母的爱情模式会对子女的择偶标准产生影响,部分子女可能会将父母中的异性一方作为自己的择偶模板。

父母对子女的催婚会引导子女在爱情中不只关注爱情本身,而是更多考虑现实因素,例如金钱或物质、对方是否适宜结婚等。同时,子女会更容易将找一个合适的人而不是找一个喜欢的人作为爱情原则，从而快速恋爱。

爱情是否得到父母的认可，也是影响恋爱关系质量的重要因素（艾丽丽，2012）。大多数青年将双方父母的支持看作爱情美好的一个必要条件。与前文提到的相同，与对方父母是否和睦，双方父母相处是否融洽，等等，都决定了爱情关系的满意度。同时，见父母被大多数青年当作感情确定或者订婚的形式。

对于婚后和父母一同居住或是购买属于自己的婚房，访谈中提及从父母处获得购买婚房的资金支持。

浸润在华夏文化中的当代爱情

历史上每种社会形态的存在和发展，都内在地规定社会成员具有与经济基础相适应的道德观和价值观（黄悦波，2008）。当代青年的爱情观念与社会文化有着紧密联系，在人生阶段思想、单身恐慌、性别刻板印象中都有所体现。

其一，人生阶段思想。

中国当代青年大多数认为"什么时候就该做什么事"，因此会按部就班踏入"恋爱""结婚""生子"的时段，期待自己的一生守时而圆满。我们常常可以看到，一个喜欢玩乐的青年到了某个年龄阶段就固定与一个伴侣相处，以求人生从此安稳下来；或是一对恋人相处了几年后互相觉得满意，就自然而然进入了谈婚论嫁期；或是一对夫妻在结婚几年后，开始正式备孕……

人生阶段思想有很多衍生品，例如恋爱年龄、适婚年龄、生育年龄。它帮助许多探寻中的青年有效地规划自己的人生，但它也强制要求每个青年在某个年龄段必须完成他的人生任务，否则就会被家人、朋友催促，这无疑给许多青年带来了焦虑和压力。在经济加快发展的当代，人们对自己的人生有更多、更密集的规划，社会也发展出一种反人生阶段的言论，例如"没有适宜结婚的年龄，只有适宜结婚的爱情""人生的赛跑没有规定的速度"等，这反映了一部分青年对自己掌控生活的诉求。

其二，单身恐慌。

有这个人在，起码世俗的眼光就不会与你针锋相对了，你就感觉自己不会这么突兀……我去了一趟石家庄的万象天城，里面全是女孩给男孩买衣服的，就我一个人在里面买袜子，我好尴尬……你周围的人都结婚了，要不就都有男女朋友了，你会发现你这个人是孤立的，格格不入的，是这种感觉的。但是如果有这样的一个人在，你就不再有这种感觉了。

——I_SJZ12

对大多数人来说，这是一个爱情高于单身的时代，许多青年开始恋爱的原因都是渴望摆脱一个人出行的局面，独自一人活动在他们看来是尴尬的、格格不入的。还有一部分青年由于看到身边朋友纷纷恋爱、结婚而感到无聊、焦急。在身边人都与爱人你侬我侬的背景下，大多数青年渴望追随大众做法，摆脱单身恐慌，迫不及待地加入恋爱群体。

其三，性别刻板印象。

男的要求有车有房，还要有稳定的工作，积极向上，要有上进心，然后要踏实肯干，这些要求特别特别多，而且现在男性作为家里的顶梁柱，（要面对）社会的压力，尤其是（在）金钱方面，建立家庭以后包括孩子的教育问题啊，这些都是需要钱的，是很现实的。然后女性那边的话……社会主流文化认为女的就应该相夫教子什么的，就是不应该抛头露面。

——G_SJZ06

社会主流文化对男性和女性的期待不同。这与前文提到的，男性在恋情开始时承担表白角色，在恋爱中较少表现出对伴侣的情感依赖，在冲突中采取更主动的应对策略，女性对男性的期待是可以保护自己等结果相一致。恋爱中的男性被要求主动、可靠、保护女性，因为社会对男性的期待是刚强、有主见、有力量。前文提到，男性渴望女性伴侣温顺、依赖自己、持家等，这也体现了社会对女性的期待是温柔、勤俭持家。需要注意的是，如果这些期待变成性别标签，就会给青年带来很多压力。在访谈中许多参与者提到，男性如果买不起婚房就会被丈母娘看不起，太强势的女性不被喜欢，等等。

当代爱情故事描摹

为了勾勒出中国当代恋爱群体的现实版爱情故事，这里参考斯滕伯格的爱情故事理论，并整合访谈参与者的爱情经历，虚拟了五位恋爱者的形象，他们分别代表五个爱情故事类型：专制故事、园艺故事、师生故事、牺牲故事、旅行故事。以此还原和代表中国当代青年的典型爱情观念和行为。以下爱情故事以揭示特征为主，不在性别上作区分，因此虚拟人物的性别均为男女混合体，这里为了涵盖两种性别统称为"Ta"。

高泉利的爱情故事——权力与爱的交缠

高泉利处于一段高满意度的爱情中，Ta 觉得爱情中的自己自信满满、胸有成竹，因为 Ta 的伴侣似乎能满足 Ta 对爱情的许多追求。最让 Ta 觉得舒服的一点是，伴侣总是什么都听 Ta 的，从不会生出临时的想法和变化，因此 Ta 的计划总是能够无阻力地顺利实施。Ta 很满意伴侣的顺从和对 Ta 的认可，但 Ta 偶尔会在一些小事上询问伴侣的意见，按照伴侣的想法实施，这让 Ta 感觉自己是一个民主的人。高泉利认为，自己在这段感情中表现出很强的能力，这不仅体现在为双方快速作出决策上，而且体现在帮助改进伴侣的生活上，Ta 时常纠正伴侣的懒惰行为，Ta 也很自豪自己一眼就看出伴侣的工作没有前途，并让自己的父母为伴侣找了一份更好的工作。伴侣常常认真倾听并采纳 Ta 的建议，这让高泉利觉得自己正在帮助伴侣变成更好的人。高泉利觉得自己是一个生活独立的人，不依赖伴侣也可以很好地生活，但伴侣就会有些黏人，不过 Ta 觉得这是因为自己能力强。

正当高泉利觉得感情质量稳步提升之时，Ta 和伴侣发生了一次较大的争吵，原因是 Ta 认为伴侣不够上进。Ta 将自己为伴侣找到工作机会的事情兴冲冲地告诉伴侣，可伴侣表示不想辞去现在的工作，高泉利苦口婆心地讲述新工作的诸多好处，可伴侣愤怒地喊道："为什么你不提前跟我说一声就帮我找工作了？你凭什么觉得我就要听你的？"高泉利很委屈："你不想让我帮你参谋，你怎么不早说呢？"

在某种专制关系中，爱情角色与权力分配有关，一方实际上持有所有权力，Ta 作出决策，然后决定如何实施、由谁实施，以及何时、何地实施（Sternberg，1998，p.69）。按照斯滕伯格的解释，形成专制关系的第一种原因是宗教，它不符合中国国情，在访谈中也没有得

第8章 飞花两岸照船红，风和日晴人意好：恋爱者

到事实支持，因此本研究不作阐述；第二种原因是一方具有极高的权力欲，把亲密关系当作表达自己观点的手段，把爱情中的专制当作补偿在其他情况下产生的挫折感的方式；第三种原因是一方非常温顺，愿意尽可能少地承担决策的责任。访谈发现，在传统文化中，社会角色思想影响了当代恋爱群体的权力分配。在专制关系中，处于统治者地位的一方很容易认为自己无所不能，从而导致权力滥用。当一方认为另一方的决定过于专制时，之前有效的权力分配模式就会失灵，如果不及时调整，就会导致关系中的冲突。有时，在亲密关系建立的初期，人们会容忍伴侣的专制行为，但相处很长时间后，这些行为会变得让人难以忍受。感情的深度在此起到作用，如果一个人足够爱伴侣，Ta 就有可能不去计较这些问题。除此之外，在一段亲密关系中，一个人放弃权力后很难重获权力。另一方通常会认为，如果你对权力分配感到不满，应该第一时间提出来。

袁丁的爱情故事——爱情中的辛勤耕耘

袁丁和 Ta 的伴侣是朋友圈里公认的模范情侣，这不仅是因为 Ta 们经历了 9 年的爱情长跑，而且因为袁丁很关注伴侣的情绪和身体，给伴侣无微不至的照顾，并在收获伴侣的关注和照顾之后及时表达感谢。

袁丁与伴侣每周举行一次"家庭小会"，将这一周发生的摩擦和不愉快都摆在台面上沟通，并商量出解决方法，袁丁认为在关系中倾听对方的想法非常重要，这也锻炼了彼此在关系中的包容和理解能力，为避免之后的矛盾打下基础。

与其他感情久了不屑表达爱意的人不同，袁丁从不吝啬自己对伴侣的情话和亲密举动，Ta 认为没有亲密表达的关系是有缺失的。袁丁

有很多对关系有益的"爱情经",这让 Ta 的爱情关系如茂盛的植物一般蓬勃发展,Ta 是朋友们的榜样。Ta 经常看着同样非常贴心的伴侣,心里想着:"真是合适的结婚对象啊!"虽然觉得自己的爱情中没什么激情和心动,但 Ta 觉得爱情本就平淡是真。可是,袁丁有时会有经营爱情的疲倦感,但 Ta 又不希望因为自己在关系中的"错误"而影响关系的稳定性。Ta 最近常常一个人出来透气,叹着气跟朋友说:"经营关系真难啊!"

在园艺故事中,关系被视为需要不断培育的花园。一方或双方强烈认为,只有悉心浇灌,提供充足的阳光,不受到杂草的干扰与花园害虫的侵害,这段关系才能持续下去并蓬勃发展(Sternberg,1998,p.158)。任何事物如果受到照料,往往会得到较好的发展,因此园艺故事具有较强的适应性。拥有园艺故事的人把自己视为园丁,把伴侣或关系视为需要照料的花园。但过多关注关系会使关系双方产生厌倦情绪,激情消逝,恋爱者也需要知道顺其自然,让雨水和大自然发挥作用。

郝皎施的爱情故事——非禁忌的"师生恋"

郝皎施常觉得自己的伴侣不够成熟,很多细节都考虑不到,因此有时 Ta 必须教给伴侣一些做事的规则和方式,而且 Ta 热衷于将自己对事情的看法讲给伴侣听。例如,郝皎施经常对现代职场人际风波发表看法,有时在外人看来言辞比较激进,但伴侣总是乐于倾听 Ta 的世界观,而且明确表示自己在交往过程中受益良多。有几次,自己对涉及伴侣工作方式的事情发表观点后,郝皎施发现伴侣开始模仿自己的工作方式,并按照 Ta 教的步骤做。伴侣的积极学习更加激发了郝皎施发表"演讲"的意愿,Ta 经常在约会中无拘无束地高谈阔论,伴侣也专注地听着，郝皎施觉得自己找到了"灵魂伴侣"，因为伴侣总是肯定自己比较独特的世界观。但有时，郝皎施会意识到自己花费太多时间去教伴侣做事，而且事后反省时发现教给伴侣的做法中有些是不正确的，但是伴侣并无明显的不满，也不会发表自己的看法，只是附和郝皎施。

在师生故事中，一方喜欢扮演教师的角色，一方愿意扮演学生的角色，有的情侣会在不同领域互换角色，有的情侣则始终扮演一种角色（Sternberg，1998，p.58）。在这类故事中，不对等性取决于归因，而不取决于事实。比如说，一方认为自己的伴侣对于自己是教师一样的存在，即使对方可能什么也没教，或者所教的并不对。当一方不再想扮演学生的角色时，这类师生关系就会改变。

席笙喆的爱情故事——自我奉献的爱情

席笙喆时常抱怨自己为伴侣做了太多事情，而伴侣什么也不会做，每件事都要自己亲力亲为。事实也的确如此，为了伴侣不会受累，席笙喆包揽了所有家务，为了向伴侣示好，Ta经常在与伴侣的争辩中屈从。今年年初，Ta为了与伴侣相处更长时间，改变了自己的工作地点，在新的工作场所Ta极其不适应，但Ta时常鼓励自己：为了与伴侣相处，我可以忍受这些困难！Ta从自我奉献中获得了将伴侣照顾得很好的成就感，但也觉得有些不太公平。最近，这对恋人发生了冲突，原因是伴侣不愿按照席笙喆要求的那样减少与一个朋友的联络。席笙喆认为，一直以来都是自己为伴侣无私付出，伴侣是时候为自己改变一点了，伴侣却表示这是两码事。席笙喆感到非常不满和失望，Ta认为自己的牺牲和付出没有得到应有的回报。

在牺牲故事中，一方重复不断地为另一方作出牺牲，或者认为自己为另一方作出牺牲（Sternberg, 1998, p.64）。自我奉献是引发这类爱情故事的因素，只有当 Ta 是给予者（而非受益者）时，Ta 才会感到快乐。拥有牺牲故事的人认为牺牲是不可避免的，而不是自己的选择。而且，拥有牺牲故事的人虽然抱怨自己的付出，但是总会创造出使自己成为给予者的情境。当双方扮演的角色是 Ta 们在意识中不想扮演，但潜意识中认为自己不得不扮演的角色时，关系中就会出现摩擦。研究显示，各种关系在大体公平时最令人满意，牺牲故事的最大风险是关系中的给予和索求变得极其失衡，以致一方或双方开始觉得难受（Elaine & Berscheid, 1978）。

吕星赭的爱情故事——齐头并进的恋人

吕星赭希望和伴侣一起走过爱情的旅途，包括积攒共同经历，共同解决问题，等等。Ta 始终认为伴侣就应该共同进退，共同解决问题，一起成长。最近，吕星赭发现伴侣的经济状况出现了问题，但无论 Ta 怎么问伴侣，伴侣都不愿意告诉 Ta 经济问题出现原因和经济漏洞有多大，伴侣表示："你帮不上忙，告诉你也是瞎操心，我自己能够解决，放心。"但吕星赭非常不满，Ta 表示哪怕自己帮不上忙，也希望能够和伴侣共同面对这个问题。

在旅行故事中，当事人把爱情看作两个人共同度过的旅行。伴侣通常认为目的地不太重要，重要的是一起旅行的过程。双方朝着同样的目标，行走在同样的路上，协调一致，相互扶持，共同成长。当关系中的一方脱离双方的路线，想要独自成长时，关系就会出现摩擦。

总结

高泉利、郝皎施、席笙喆的故事均具有内在的不对等性。当一方不满意自己所扮演的角色时，关系就会失衡，从而引发矛盾。但这些

第8章 飞花两岸照船红，风和日晴人意好：恋爱者

关系并不是无法维持下去，如果双方都对自己扮演的角色高度满意，都可以在关系中获得充分满足，关系就可以维持下去。

袁丁、吕星赭的故事均属于协作故事，爱情被看作是在双方共同创造或保持某个事物的过程中不断发展的。其中，袁丁的爱情故事适应性最强，因此常带来和谐而持久的关系。

不管人们处于怎样的爱情故事中，现实生活中的故事与理想故事相互匹配是很重要的，只有恋爱者在爱情中获得自己适应的角色，才能更平稳地将故事发展下去。值得注意的是，人们通常将自己经历的爱情故事称为命运，而引领现实爱情故事发展的动力常常来源于人们自己。可以说，不是故事塑造了人，而是人塑造了故事。

结论：沉浸于恋爱的背后

访谈参与者的恋爱动机可以划分为激情型、日久生情型、有计划的感情培育型。关系的开始可以划分为有开始标志、没有开始标志。在42名参与者的恋情中，由表白作为开始标志的有29人，其中男方先表白的有25人，占60%。

建立恋爱关系时，访谈参与者最看重对方是否具有自己偏好的特质，以及对方和自己在多方面是否契合。

访谈参与者主要通过增加爱情中的激情时刻、维持亲密感、向彼此开放个人交际圈和解决关系中的摩擦四个方面来经营爱情。其中，送礼物占比最大。

在访谈参与者的爱情故事中，与权力分配有关的故事非常普遍。恋爱关系中，男性大多自然而然处于权威者的地位。比起掌握权力的

女性，掌握权力的男性倾向于对自身的责任与能力有很强的感知，而不是对影响其他人的能力有很强的感知。女性的权力主要体现在支配或控制伴侣上，而几乎不会体现在不被伴侣影响上。男性的权力既体现在支配或控制伴侣上，也体现在不被伴侣影响上。

提及次数较多的引发冲突的原因包括内心需求被忽视、观点冲突、不满对方的生活习惯与行为方式、权力关系失控。女性更容易因为内心需求被忽视而引发关系中的冲突。由男性主动应对冲突的情况占大多数，女性大多在冲突中被动接受男性的示好，或是在双方协商下修复关系。

恋爱中的女性和男性都会提到，女性的亲近和依赖更多来源于情感投入度、获得陪伴与支持。与之相反，男性一般不会表达他们对伴侣的亲近和依赖来源于情感与陪伴需求，他们大多提到自己依赖伴侣是为了获得生活照顾，而从女性的叙述中可以发现，男性也会因为渴望陪伴而依赖伴侣。除此之外，恋爱中的女性和男性都会提到，男性比女性在恋爱中更需要私人空间。

恋爱者在关系中的改变主要集中在精力投入、相互包容与理解的方面变多、脾气变好、感觉到被约束、收获了归属感与爱等方面。

在对婚前性行为、无性婚姻、婚外性行为、性爱分离、开放性关系的态度上，性开放的程度受到环境的影响。其中，婚前性行为的接受度较大，有小部分人认为婚前性行为的发生应该有前提条件，即必须与对方到了谈婚论嫁的阶段。

实现高满意度爱情的首要诀窍是理想爱情模式契合、理想伴侣、感情和睦、被伴侣关注与照顾。面对感情中的不如意，当代青年常使用不作为、从恋爱的不如意处转移目光、接受恋爱中的不如意、解决恋爱中的不如意的方式来应对。

在对理想爱人的选择上，女性更看重对方可依赖的品质、外貌与气质、物质条件等，而男性更看重彼此的契合程度与伴侣的讨喜程度。当代青年通常怀有的理想爱情故事为童话故事、旅行故事、园艺故事、协作故事。当代青年在对理想婚姻的憧憬中看重孩子的参与、感情经营、婚姻中的责任、物质需求、父母的祝福。

正如权力关系分配不当会引发关系中的冲突，人们爱情故事的匹配程度与关系满意度和关系中的冲突紧密相关。这里的匹配有双重含义：人们拥有的理想爱情故事与现实爱情故事是否匹配；伴侣双方拥有的理想爱情故事是否匹配。

本研究展现了中国当代青年爱情观念和行为的现状，揭示了男性和女性在爱情观念和行为上的差异，为读者描摹了中国当代青年爱情故事的轮廓，并提出斯滕伯格爱情故事理论本土化的必要性。未来研究可以更多聚焦于斯滕伯格爱情故事理论的本土化，以及当代文化下恋爱性别角色的发展与变化。

恋爱小贴士

根据研究结果，我们提出有关人们建立与维持高满意度爱情的应用性意见：

在建立恋爱关系时，不仅要注重对方的特质是否吸引自己，而且要注重对方的特质是否同自己的特质匹配，高契合度会带来高满意度的爱情。

深厚的感情可以帮助缓解关系磨合导致的不适，没有感情基础或感情基础薄弱则会导致磨合阶段更多的冲突。对因被催婚而快速建立恋爱关系的人来说，恋爱与婚姻都需要慎重考虑。

意识到爱情故事类型的重要性，探索和了解自己拥有的爱情故事类型，清楚自己在爱情中扮演的角色，以及对对方的期待和角色定位。

在恋爱中，处于非平等关系中的人们需提防关系中角色的地位差距过大：关系中强势的一方需要让伴侣也适当参与决策；关系中总是接受伴侣牺牲的一方需要认可和尊重对方的付出，并以适当的方式为对方付出；关系中总是教导伴侣的一方需要反省自己是否说教得太多而使伴侣厌倦。

处于园艺故事中的恋爱者需要适时地暂缓对关系的过度关注，学着让关系顺其自然地发展，花更多精力享受爱情的亲密和激情。

关注恋爱中伴侣的需要。恋爱中的女性更容易因为内心需求被忽视而不满，男性更容易因私人空间不够而不满。双方需要理解爱情中男性和女性在感情投入上表现出的差异，理解和包容对方。

在解决关系中的冲突时，需要谨慎使用回避问题的策略。伴侣双方需要评估冲突对关系的威胁是否巨大，如果不会造成很大威胁，仅靠双方情绪冷静就可以解决问题，搁置争议就是合理的。但如果冲突会造成很大威胁，双方回避冲突的核心问题，假装这些冲突不存在，那么这些核心问题依然会潜在地威胁亲密关系，长远来看不利于亲密关系的维持和发展。

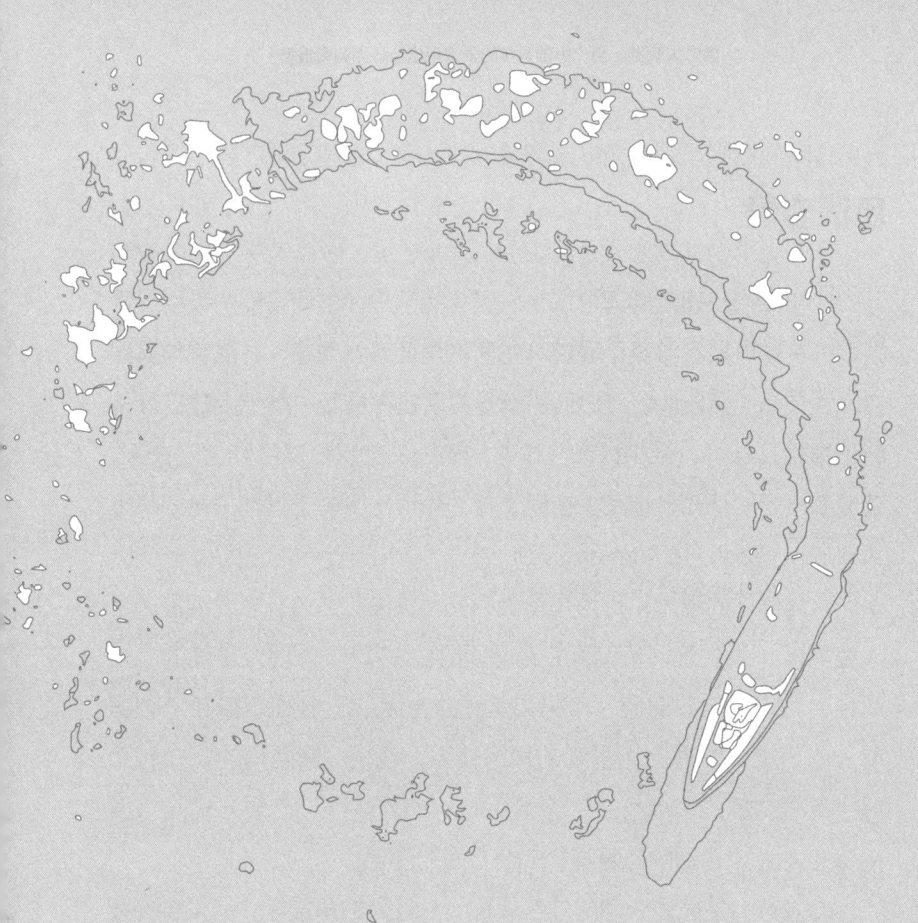

第 9 章

满船清梦压星河：成对恋人

所谓恋爱

沙利文的心理发展理论认为，因感受到异性之间强烈的吸引，青春期的个体可能会对某个异性产生喜欢与爱慕的情感，并渴望与其建立恋爱关系（贾晓明，2003）。恋爱关系是在性吸引基础上建立起来的一种相互认可、至少持续一段时间的强烈的情感联系和互动关系，它使恋爱者的认知、情绪、自我及行为表现出不同于其他关系的特征（Collins，Welsh，& Furman，2009）。

恋爱群体的观念和行为是备受研究者关注的热点。恋爱观是一个人世界观、人生观、价值观在恋爱问题上的具体体现，正确的恋爱观会引导人们走向健康、幸福和美好的生活。汪小强（2012）根据前人的研究，整理出恋爱观的概念体系，包括"对爱情的认知和理解""恋爱对象的选择条件""恋爱目的""恋爱途径""恋爱方式""恋爱情感的表达""婚姻的恋爱观"七个方面的内容。

恋爱行为是恋爱心理的外在体现。从行为的角度看，恋爱会使双方相互靠近，为彼此付出。许多心理学家也从理论的角度解释了恋爱，如认为恋爱就是行动，包括赠送礼物、共同活动和袒露心声等（Kierkegaard，1947）。

此外，认知因素也会影响恋爱关系的稳定性。就恋爱的认知方面而言，恋爱双方会在情感的积淀下，逐渐理性接纳对方的外貌、性格和价值观等个人特点，从整体上对恋人作出客观的判断，从而继续维持稳定的恋爱关系。

作为亲密关系的一种，恋爱关系同样适合采用亲密关系满意度的评价。亲密关系满意度是指个体对所处的亲密关系质量的主观感受和判断（Rusbult，1980）。高亲密关系满意度意味着，个体主观上认为自身所处的亲密关系是高质量的。高亲密关系满意度恋爱群体的恋爱观念和行为对亲密关系的发展具有启示性意义，但目前鲜有针对性研究。此外，针对恋爱群体的研究，大多以个体的形式展开，或者以问卷调查的形式展开。

本研究通过对高亲密关系满意度的成对情侣进行深度访谈，应用扎根理论分析文本资料，试图从中提炼出与高亲密关系满意度相关的爱情观念和行为。

研究参与者的基本信息

本研究的访谈资料主要根据施特劳斯和科尔宾（Strauss & Corbin，1998）的编码程序展开分析。研究参与者是 10 对处于恋爱关系中的情侣，居住在一线到四线城市，年龄介于 21 岁到 31 岁，20 名参与者的平均年龄为 24.90±2.99 岁；恋爱时长从 1 个月到 6 年不等，平均恋爱时长为 30.50±24.92 月；平均关系满意度为 8.50±1.19 分。具体的人口统计信息见附录。

研究结果：恋爱的世界

爱情的萌芽与成长

相识：认识途径

与认识途径相关的概念可划分为两个范畴——线上途径和线下途

径。其中，线上途径包括通过游戏和社交软件相识，线下途径包括通过同学、同事和共同好友相识。

线下途径仍是发展恋爱关系的主要方式。在接受访谈的 10 对情侣中，有 7 对是通过线下途径认识的，有 5 对在交往前是同学关系，这实际上包含了多种可以使两人产生交集的方式，包括班级、社团和地区性的聚会，给予人们更多认识异性的机会并由此发展出恋爱关系。

线上途径呈现出多样化的现状。除了专门针对交友的网络平台，如微博和探探，一般性娱乐平台，如手机游戏王者荣耀，也可能发展出高亲密关系满意度的恋爱关系。

相吸：促进因素

与促进因素相关的概念可划分为五个范畴：特质因素、主观体验、关系因素、符号因素和外界因素。

特质因素是指建立恋爱关系时，人们考虑的对方身上的特质因素，包括对方的外形与内在。主观体验是指个体在关系中认为具有促进作用的主观感受。关系因素是指双方相处过程中促进恋爱关系的关系特点。符号因素是指恋爱关系中特定的事件作为符号标记推动关系的发展。外界因素是指恋爱关系中除双方之外的促进因素，包括来自家人、朋友、其他异性和社会方面的推动。各范畴的具体概念及统计频次如表 9-1 所示。

表 9-1 成对恋人的恋爱关系促进因素范畴

范畴	概　念	女性	男性	总频次	女性	男性	总频次
特质因素	对方的外貌	1	4	5			
	对方的身材	0	2	2			
	对方的能力	3	2	5			

第9章 满船清梦压星河：成对恋人

续表

范畴	概　念	女性	男性	总频次	女性	男性	总频次
特质因素	对方的性格	5	8	13	15	20	35
	对方上进	3	1	4			
	对方的人品	2	2	4			
	对方有主见	1	1	2			
主观体验	被追求	2	0	2	16	9	25
	被照顾	5	3	8			
	被记住喜好	1	1	2			
	被感动	3	3	6			
	被保护	2	0	2			
	被纳入规划	1	0	1			
	想谈恋爱	2	2	4			
关系因素	相处舒服	4	4	8	12	10	22
	共同的爱好	4	4	8			
	观念符合	4	2	6			
符号因素	亲吻	1	1	2	8	9	17
	牵手	2	2	4			
	告白	2	4	6			
	昵称	2	0	2			
	同居	1	0	1			
	发生关系	0	2	2			
外界因素	朋友撮合	1	1	2	6	4	10
	向家长公开	2	0	2			
	向朋友公开	0	1	1			
	第三方追求	0	2	2			
	年龄压力	3	0	3			

从各范畴的频次统计对比中可以发现，在建立恋爱关系的过程中，当代青年最看重的是特质因素和主观体验，而且存在较为明显的性别差异：男性更看重特质因素，而女性更看重主观体验。

在特质因素这一范畴中，提及次数最多的概念是对方的性格，男女双方都提到这一点。值得注意的是，在外形这一点上，无论是外貌还是身材，都是男性较为看重，早在遇见对方之前已经对另一半的外形有较为明确的喜好与要求，因此在建立恋爱关系的过程中，男性会因为女方的特质符合自身的喜好而被吸引。女性则鲜有提及对方的性吸引力，但会非常注重相处过程中自己的感受。综合而言，男女双方在建立恋爱关系的过程中对对方好感的增加并不同步，男性注重的外形因素出现在相识之初，而女性注重的主观感受出现在点滴相处之中。

没见面之前吧，有一种神秘感，你知道吗？有一种神秘感，其实没见之前心里是很忐忑的，我希望她长得符合我的审美，不管是身材还是什么的，然后见面之后挺符合……其实她最闯进我内心的一个动作是，因为她矮嘛，她一米六，咱俩走路，第一次见面走着走着，她落后了我两米，（她就）往前迈了一大步，猛地迈了一步，感觉很萌萌哒的那一种。你知道吗？就那一幕觉得（心动），再加上性格、长相、身材、身高都比较符合我的审美。

——I_QD01

那天放学后天气特别热，我们俩顺路，我只是说了句好热，想吃冰激凌，他就突然在一站停下，让我下车。他说去买个东西，我说好，那我陪你去。因为我喜欢吃榴梿，他就自己在网上搜到了某个地方有榴梿冰激凌卖，然后他就特意带我去买了这个冰激凌，我就觉得

第9章 满船清梦压星河：成对恋人

这个男的，我只是随口一说，他却记得那么清楚。

——I_SH03

比如说我们两个骑车过来，我就总爱说话嘛，然后在车上我就说这说那的，其实有风，但是我自己都注意不到，他就会过来扒拉我一下，告诉我你别说话了，会被呛到，就是无时无刻不是这样的。过马路的时候他从来都会让我走在里面，从来不会让我走在外面，就很小的事情，但是他都做得很好，就比如说第一口都会给我吃（笑）。

——I_QQHE02

在关系因素这一范畴中，备受关注的是相处舒服和共同的爱好，这是男性和女性都重视的因素。外界因素中则存在明显的性别差异，对男性而言，建立恋爱关系后向朋友公开能促进两人的关系。女性受访者则提及见了男方的家长后觉得两个人的关系更进一步，此外，年龄压力作为促进恋爱关系的外界因素，主要体现在女性身上。由于恋爱关系建立模式中以男性追求为主，因此来自第三方追求的压力也主要体现在男性身上，值得注意的是，这样的压力普遍存在于恋爱前是同学的恋人中，意味着本已相识相知、互相欣赏的男女双方，在已经满足特质因素和关系因素的条件下，实现从朋友关系到恋人关系的突破往往靠的是外界的助力。

尽管告白并不是恋爱关系建立过程中必备的因素，但仍然是主流的符号因素。在多样化的符号因素中存在明显的性别差异：男性会将发生关系视为重要的促进因素，女性则会将同居以及昵称（如老婆）等与稳定的感情相联系的符号视为重要的促进因素。值得注意的是，牵手作为关系推进的符号普遍存在于通过线上途径认识的恋爱关系中，而且牵手本身成为带有潜在择偶倾向的男女双方确认对方心意的一种试探方式。

就是说如果你拉她，就是拉她的手，她没有把手抽出来，或者没有缩开，那你就觉得，她能认可你，就是说跟她谈恋爱什么的是有希望的。如果你拉她的手，她很反感，把手赶紧缩回来了，或者说你想拉她手，她赶紧把手闪开了，这就是希望不大，差不多就算了。

——I_SJZ08

相爱：经营方式

与经营方式相关的概念可以划分为四个范畴：活动、物质、精神和言语。各范畴及其概念的频次统计如表9-2所示。

表9-2 成对恋人的恋爱经营方式范畴

范畴	概念	女性	男性	总频次	女性	男性	总频次
活动	做饭	3	1	4	13	12	25
	接送上下班	0	1	1			
	运动	0	1	1			
	工作分担	1	1	2			
	见面	2	1	3			
	同居	1	1	2			
	看电影	1	1	2			
	吃饭	2	2	4			
	陪玩游戏	1	1	2			
	照顾起居	2	2	4			

第9章 满船清梦压星河：成对恋人

续表

范畴	概　念	女性	男性	总频次	女性	男性	总频次
物质	送礼物	5	6	11	11	12	23
	买零食	3	3	6			
	买衣服	3	3	6			
精神	线上联系	3	1	4	8	4	12
	经济支持	1	0	1			
	控制情绪	2	2	4			
	顺从	2	0	2			
	支持对方	0	1	1			
言语	言语示爱	1	0	1	2	1	3
	说晚安	1	1	2			

从总体范畴来看，活动和物质是当代青年经营恋爱关系的两种主要形式，且不存在性别差异，其中物质方面尤其体现在重大的日子上。相比男性，女性更倾向选择言语和精神形式的表达。

比如什么情人节呀、生日呀，他都会给我（礼物），反正不大不小都会有惊喜的。送我花、蛋糕啊，会给我买首饰啊。

——I_QQHE02

比如他28岁生日的时候，我给他准备了一个特别特别大的惊喜，就是我们那里有一个特别特别大的KTV，就在当地来说是最大的一个KTV。我把我的朋友叫上，在网上买了那种布置的气球、灯，还有小蜡烛，拼成生日快乐。我也是经常会给他一些惊喜，就是他想象不到的惊喜，我们是这样子。

——I_HM10

恋爱中的风雨

冲突原因

在恋爱关系中发生冲突的原因分为三个范畴：特质因素、关系因素和外界因素。特质因素是由于个人特质而产生的，关系因素与两人的关系互动有关，外界因素是指关系双方之外的因素。各范畴的具体概念及统计频次如表 9-3 所示。

表 9-3 成对恋人在恋爱关系中的冲突原因范畴

范畴	概念	女性	男性	总频次	女性	男性	总频次
特质因素	对方情绪不稳定	1	3	4	16	9	25
	对方的性格	3	1	4			
	对方不讲道理	2	0	2			
	对方不重视	4	1	5			
	对方说话的方式	0	1	1			
	自己说话的方式	4	2	6			
	自己的脾气	2	0	2			
	对方翻旧账	0	1	1			
关系因素	自己的生活习惯	0	1	1	10	11	21
	对方的生活习惯	2	2	4			
	家务分配	2	2	4			
	经济原因	1	1	2			
	观念冲突	5	5	10			
外界因素	对方的家庭成员	3	1	4	5	3	8
	对方的异性关系	2	2	4			

第9章 满船清梦压星河：成对恋人

从总体范畴来看，双方冲突的原因主要集中在特质因素和关系因素中。在特质因素中存在较为明显的性别差异，相比男性，女性会更倾向于认为对方身上的某些特质成为双方矛盾的导火线，颇有指责对方的意味。值得注意的是，在特质因素中也存在自我反省的部分，即认为自身的特质引发了矛盾，而这也存在明显的性别差异，女性比男性更多地反省自我。

在关系因素中没有明显的性别差异，备受双方认同的冲突原因是观念冲突，而这些观念涵盖的范围非常广，并不是人们常说的三观（世界观、价值观、人生观），而是诸如消费观、交友观、审美观等较为具体的观念。

我的天哪，夏天的衣服你就更别说了，那白衬衫都能穿成黄衬衫。我可烦了，然后这都是同居之后我才发现的嘛，然后我就改变他，让他给自己买一些好的衣服啊，让他注意自己的形象。

——I_LY05

有时候有些坏事什么的，比如说干坏事什么的，之前超市的工作人员不小心贴错牌子还骂人的那种服务态度我是真的受不了，以我的性格我是直接跟他干到底的，我男朋友只是说，算了算了，不要跟他吵了，我给钱就是了，我说这不是钱的问题，是尊严的问题。

——I_GZ06

在外界因素中，女性较多提及对方的家庭成员这一概念，表明即使尚未走入婚姻，双方的原生家庭也已经卷入两人的关系中，而且男性的家庭对两人的影响更为深远。

明明是自己买的房子呀，他们就是出了一个首付。其实我觉得家长出个首付好像也不是什么太过分的事情，反正以后房贷都是我们还的，名字也是我对象的名字，然后装修的钱也是我对象出一大半。他家人可能，我就说我对象有点"妈宝"嘛，所以这些东西他要给他家人看，反正他家人说不喜欢，然后他就妥协了。导致现在装修啥也没有做，就铺个地板砖，刷个墙。

——I_LY05

刚开始我们在一起住的时候，我们两个一闹小别扭，一吵架什么的，他有时候会跟他妈妈讲，第一次我就觉得，是不是两个人在一起生活就是这样子，后面我们两个再发生什么事情，他还会跟他妈妈讲，这是我们谈恋爱前半年的情况。第三次的时候我就觉得我该跟他讲了，我觉得咱俩一起闹矛盾，不要跟父母讲，因为我们两个要自己去解决事情。

——I_HM10

冲突应对

冲突应对可分为四个范畴：问题解决、单方缓和、情绪剥离和借助外力。问题解决是指双方针对问题采取行动以应对冲突，单方缓和是指仅通过单方面行动来缓和双方冲突，情绪剥离主要针对冲突中的负面情绪，借助外力是指通过不直接针对问题本身的途径缓和双方冲突。各范畴的具体概念及频次如表9-4所示。

表9-4 成对恋人在恋爱关系中的冲突应对范畴

范畴	概念	女性	男性	总频次	女性	男性	总频次
问题解决	沟通	5	6	11	8	11	19
	道歉	3	3	6			
	强迫对话	0	2	2			

第9章 满船清梦压星河：成对恋人

续表

范畴	概念	女性	男性	总频次	女性	男性	总频次
单方缓和	忍耐	0	2	2	6	8	14
	退让	3	2	5			
	示弱	1	1	2			
	补偿行动	1	3	4			
	心理调节	1	0	1			
情绪剥离	冷战	3	1	4	7	3	10
	暂时冷静	4	2	6			
借助外力	买礼物	1	1	2	3	6	9
	家人介入	0	1	1			
	言语/动作哄	1	2	3			
	逗开心	1	2	3			

从总体范畴来看，双方共同努力解决问题是最主要的冲突应对方式，这是 10 对高亲密关系满意度情侣的共同特点；其次是单方缓和，这意味着在双方产生冲突的情况下，仅单方作出努力也是行之有效的冲突应对方式。

值得注意的是，情绪剥离是女性常用的一种冲突应对方式，但这种方式并不是单独使用，而是结合问题解决一起应对冲突，表明在双方产生冲突时，女性更容易受到情绪的影响。尽管双方都认可直接解决问题是有效的，但实际上女性更迫切的需要是将情绪从中剥离，这种性别差异如果不被男性所认识，就有可能带来新的冲突。

可能就是一开始的时候吧，我们俩一开始的时候会有一些争执，她会直接不理我，我可能受不了她吵架的时候冷暴力，我就会一直打她电话什么的,她也会受不了,那时候我们好像争执得还蛮厉害的。可能过了几个小时后,大概三四个小时之后,她也会跟我说为什么,她就想自己一个人冷静一下,不想在气头上跟我发生更多的争执,所以就冷静一下。我觉得我也能理解,然后解决好之后,大家讲好以后,万一以后再碰到这种争执或者争吵,那你说一声我需要冷静一会儿,然后大家就都冷静一下,不要在争吵的时候因为这个大家情绪不太好,又发生进一步的争执,这没有必要。

——I_SH01

恋爱中的依赖与亲近

在访谈中,我们让每一位参与者针对依赖与亲近分别作 1 分到 10 分的自评打分,包括自己对对方的依赖与亲近程度,以及自己感受到的对方对自己的依赖与亲近程度,最终收集到来自情侣双方的主观评分。在计算的过程中,为了综合男女双方的主观评分,我们将男女双方的分数进行平均作为最终的分数,再综合双方的主观评价,这样的处理方式更加客观。在每一对情侣中,最终得到 4 个分数,分别代表男性对女性的依赖与亲近及女性对男性的依赖与亲近。

依赖与亲近两个维度存在较为明显的差异:高亲密关系满意度的情侣的亲近程度也高,分数主要集中在 7—10 分;依赖程度则跨度较大,分布在 2.75—9 分之间。

因为正常情况下,我是五点多下班,他有时候上十二个小时班,要上到晚上八点多。我就会下班后去找他,然后我们俩一起吃个饭,可能吃到十点多了也无所谓,回家很晚,第二天我还要上班,也无所谓。只要能碰上他有空我也有空，我都会去找他。比如说这个月已经出去玩过一次了，我回来以后就会想我们俩下一个月要去哪里，我就会抓紧一切时间说，我要去找你，我要跟你出去玩。

——I_SH03

依赖程度 2 分，就是觉得有个人陪伴就不怎么孤独了。不依赖就是很多事都是我自己能完成的，就是觉得有跟无没什么区别。

——I_SZ05

依赖与亲近也存在性别差异，尽管男女双方的亲近程度都很高，但男性的亲近程度略高于女性；依赖程度则相反，女性对男性的依赖程度明显高于男性对女性的依赖程度，如表 9-5 所示。

表9-5 成对恋人双方亲近和依赖程度统计（$M \pm SD$）

维度	女性对男性	男性对女性
亲近	7.975 ± 0.786	8.425 ± 1.028
依赖	7.525 ± 1.392	6.800 ± 1.881

恋爱中的我们：恋爱关系的双方认知

在访谈中，我们让每一位参与者谈论在当下的这段恋爱关系中，与自己和对方的认知有关的内容，包括双方的收获和付出、优点和缺点，以及如果拥有魔法，希望改变对方的哪些方面。以参与者的性别为横轴，以参与者评价的性别为纵轴分成四个象限，分别是女性眼中的男性、女性眼中的女性、男性眼中的男性和男性眼中的女性。收集所有参与者的回答，将其分别填入对应的象限，为了更好地比较男女双方认知的异同，将回答一致的部分放在靠近中轴的一侧，将独有的部分放在外侧。成对恋人双方的收获和付出、优点和缺点，以及希望对方改变的认知图如图 9-1 至图 9-5 所示。

收获与付出

在评价自己的收获时，参与者提及的内容可以分成两个部分：一部分聚焦于自身，关乎个人的成长与变化；另一部分聚焦于对方，关乎对方身上的优点以及在关系中表现出的特点。在评价自己的收获时没有明显的性别差异，但在评价对方的收获时，对女性而言仍然包含如上划分的两个部分，男性在评价女性的收获时，还会提及物质上的收获。

时间、金钱、精力是男女双方在评价男性的付出时都会提及的内

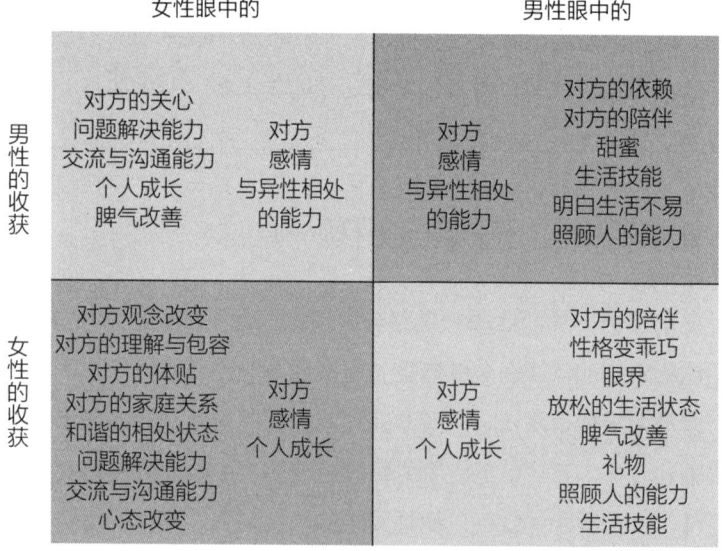

图 9-1　成对恋人眼中双方的收获

第9章 满船清梦压星河：成对恋人

	女性眼中的		男性眼中的	
男性的付出	青春 关心对方 容忍对方的脾气 改变自己的性格 改变自己的脾气	时间 金钱 精力	时间 金钱 精力	感情 真心 照顾对方 为对方考虑
女性的付出	时间 金钱 精力 调教对方	感情 关心对方	感情 关心对方	真心 变得上进 改变自己的性格

图 9-2　成对恋人眼中双方的付出

容，然而在评价女性的付出时，仅女性认为自己同样付出了时间、金钱、精力，男性则未曾提及，这意味着男性并不认可女性在时间、金钱和精力上的付出。

可以注意到，男女双方在评价对方的付出时都会提到对方在脾气和性格上的改变，但是不曾提及自己有同样的付出。这意味着，这方面的改变在女性看来是自然而然发生的，并不被当作一种付出；当对方发生这方面的改变时，她们真切地看在眼里。无论男女双方，都觉察到了对方为自己作出的改变，并将这样的付出记在心中。

优点与缺点

从评价者的角度来看，在评价自己和对方的优点时，双方的重合度较大，意味着双方对优点的认知较为一致。从被评价者的角度来看，可以明显观察到性别角色的差异。男性扮演的是负责、有担当、

婚恋大数据：当代中国青年的爱情观念与行为调查报告

	女性眼中的		男性眼中的	
男性的优点	体贴 乐观 善良 上进 不固执 有主见 为对方着想 孝顺 正直	有责任心 有耐心 细心 诚实	有责任心 有耐心 细心 诚实	做饭好吃 给予时间陪伴 执着 保护对方 见识广 能引导对方 大男子主义
女性的优点	照顾对方 勤俭持家 为对方考虑 贤惠 经济体谅	细心 积极、乐观 关心对方 善良 体贴	细心 积极、乐观 关心对方 善良 体贴	有耐心 勤劳 性格开朗 脾气好 温和 聪明 做饭好吃 乖巧 识大体 孝顺

图 9-3　成对恋人眼中双方的优点

	女性眼中的		男性眼中的	
男性的缺点	情绪不稳定 吃垃圾食品 粗心 邋遢 理解能力不足 不会照顾对方	自以为是 懒 固执 脾气暴躁	自以为是 懒 固执 脾气暴躁	无法给予物质享受 爱玩 说话直接 大男子主义 占有欲强
女性的缺点	固执 不够漂亮 不够白 情绪不稳定 敏感 被动 任性	懒 脾气暴躁	懒 脾气暴躁	不运动 唠叨 查岗 忘性大 不善于表达 不听话 **没有缺点**

图 9-4　成对恋人眼中双方的缺点

保护对方、引导对方的角色；女性扮演的是善良、体贴、乖巧、贤惠的角色，这种传统的"男主外，女主内"的关系模式，是男女双方都认可的，意味着尽管时代在不断发展，这种关系模式仍是主流。

在缺点的评价中同样存在性别角色的差异。女性会着眼于自身的外形，认为自己的长相不够好看，但这其实并不成为男性眼里的缺点；同样，男性着眼于无法给予物质享受，这其实也没有成为女性眼里的缺点。

希望发生的改变

尽管双方都认为对方是有缺点的，但参与者仍然持有不需要对方作出改变的观点，这实际上体现出对缺点的包容态度。不过，这一态

	女性希望		男性希望	
男性的改变	专一 迁就对方 上进 有责任心 自信 有钱 成熟 不固执 不粗心 不喝酒	注重打扮 身材管理 不抽烟 不多疑 多赚钱 脾气改善 勤快	注重打扮 身材管理 不抽烟 不多疑 多赚钱 脾气改善 勤快	多陪伴 外向 减少游戏时间 更关注对方 **不需要改变**
女性的改变	留长发 不唠叨 不固执 说话不伤人 有耐心	脾气改善 爱运动 勤快 更依赖对方 **不需要改变**	脾气改善 爱运动 勤快 更依赖对方 **不需要改变**	注重打扮 承包家务 性格开朗 灵活变通 坚强 多休息 事业心

图 9-5 成对恋人希望双方改变的方面

度并没有出现在女性对男性的评价中，而且女性提出的希望男性改变的数量也是四个象限之最，这与冲突原因中展现的内容较为一致。

恋爱中的性观念

在性观念部分，访谈收集了每个参与者的个人态度，包括对婚前性行为、婚外性行为、无性婚姻、性爱分离和开放性关系的个人接受程度。将男女双方的态度结合起来，可以得到四种情况：双方均接受；仅男方接受；仅女方接受；双方均不接受。用不同方块标记每对情侣的每种态度，综合五种态度从开放到保守进行从左到右的排列，具体情况如图9-6所示。

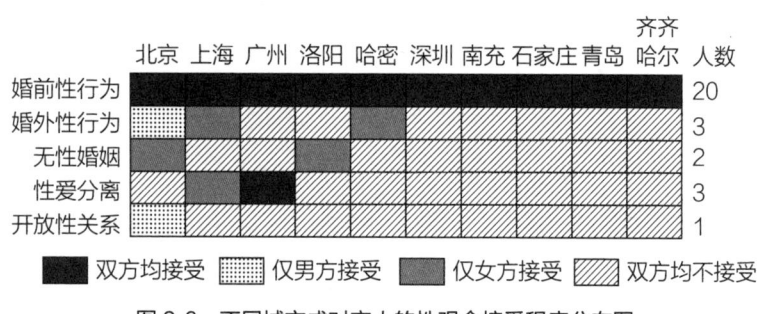

图9-6 不同城市成对恋人的性观念接受程度分布图

综合五种态度，总体而言10对情侣在性观念上都偏保守，除了婚前性行为双方都接受之外，其余四种性观念都有一方（或双方）不接受。

从城市之间的比较来看，北京、上海、广州的开放程度较高，从具体的访谈内容来看，这实际上受到大环境的影响。

第9章 满船清梦压星河：成对恋人

没有爱情的性关系在大学里面很正常啊。一开始我觉得不太能接受，当发现越来越多人这样，但是想想，确实啊，大家这个年纪，然后这样也很正常啊。

——I_SH03

有性无爱，有爱无性，这个观念也认可。因为有一些人他们可能发生性行为，但是他们没有感情，有一些人可能彼此比较相爱，但是不会发生性行为。我自己两种都可以接受。

——I_GZ05

值得注意的是，即使对同一性观念男女双方都持接受的态度，也仍然存在性别差异，即双方对接受的理解实际上不一样。以婚外性行为为例，女性所说的接受是指接受男性出轨，即使男性出轨自己也是可以原谅的；男性所说的接受则是指可以接受自身出轨，但不允许对方出轨。尽管男女双方对接受的理解不一样，但值得注意的是，男女双方都存在默认的观念倾向，即相比女性，男性更容易发生婚外性行为。

我觉得出轨很正常啊，我不喜欢，但是我能理解。因为你不可能让一个男的对着你十几年、二十几年，你越来越老，然后他还不看年轻的小姑娘，这是不可能的事情。但是区别就在于，你肉体出轨了，你能不能回到这个家庭中。如果你能回来的话，我哪怕生气一段时间，最终我也会理解你。

——I_SH03

婚外性行为说实话我觉得我行，但是女的不行。就是我觉得如果你有了外界的影响，你正好也有这种想法，不谋而合的，男的女的都可以有这种想法，但是相对来说，我是可以接受的，但是我不希望影响未来家庭的生活，我希望女的不能有，我要求女的是一定不能有的。

——I_BJ09

恋爱中的期待：未来心愿

未来心愿可分为双方关系、大家庭和个人状态三个范畴。各范畴的具体概念及统计频次如表9-6所示。

表9-6 成对恋人的未来心愿范畴

范畴	概念	女性	男性	总频次	女性	男性	总频次
双方关系	感情稳定	7	6	13	12	13	25
	经济基础	3	4	7			
	双方健康	1	2	3			
	不出轨	1	1	2			
大家庭	两个孩子	1	1	2	12	11	23
	父母健康	4	2	6			
	父母支持	2	0	2			
	家庭融洽	4	6	10			
	孩子平安	1	2	3			
个人状态	不干家务	1	0	1	4	2	6
	管钱	1	0	1			
	个人空间	1	1	2			
	养猫	0	1	1			
	先离世	1	0	1			

第9章 满船清梦压星河：成对恋人

从总体范畴来看，未来心愿主要集中在双方关系和大家庭上。双方关系中最重要的是感情稳定，大家庭之中最重要的则是家庭融洽，这两个范畴中都没有明显的性别差异。个人状态这一范畴备受女性关注，相比男性，女性更多感受到自身的个人空间受限，因此拥有个人空间的愿望更为强烈。

> 因为我的假期是做五休二，还会有国定节假日，我还有年假，所以算上我休息时间的话，可能我的时间会比他多，我就想在我休息的时候，自己也可以出去玩，自己跟朋友多接触。而不是我们俩如果以后结了婚，我们俩已经天天见了，我空下来的时间还要跟你出去。现在的话自由也有，但是我空下来的时间更想去找他，因为我们俩不是结了婚以后可以一直见面那种。虽然也不算难得见面，但不像以前那么经常见面。

——I_SH03

讨论

恋爱关系中女方的依附

尽管近几年来女权主义盛行，但在研究中并未发现这一现象。相反，在恋爱关系中，男女双方并不像两个独立、平等的个体，有些女性在其中扮演着依附男性的角色。

建立恋爱关系时，女性就非常强调被对方接纳的重要性。这包括进入对方的社交圈、与男性家中的长辈见面，以及被男性纳入对未来的规划中，女性认为这些事件是恋爱关系发展的里程碑。与此对应，男性从未提及主动接纳。可见，在关系中，男女双方并不是相互接受的平等个体，而是一方面对另一方的审核和接纳的关系。

经营恋爱关系时，同样存在女性对男性的依附，这一点主要体现在物质方面。在对男性的访谈中，提及经营方式时，男性回答的通常为经济方面的支出，甚至有个别男性指出在交往过程中会承担所有经济支出，不让女性花一分钱。然而，在对女性的访谈中，女性并没有主动提及上述经济模式，但会提及在男性经济状况并不好的时候，会以精神上的体谅来经营关系，可见女性并不是刻意隐瞒上述经济模式，而是认为它是合理的存在。

在恋爱关系的权力模式中，同样可以看出女性的依附性。爱情故事理论中就权力分配这一点介绍了专制关系（Sternberg，1998）。在专制关系中，一方实际上掌握所有权力，作为统治者或独裁者存在，而另一方成为被统治者或臣民。专制关系的形成具有多种原因，一种原因关乎统治者，即统治者本身有极高的权力欲；另一种原因关乎被统治者，即被统治者本身非常温顺，在关系中因能力有限或个人意愿而较少承担作决策的责任。研究还发现，在存在不对等的权力关系的情侣中，男性大多作为统治者而存在。在这样的关系中，女性实际上对此有所觉知并将其描述成占有欲，男性则会将自己的行为解释为保护欲和大男子主义，并认为这是对女性的调教，最终希望对方变得更贤惠、乖巧、识大体。这样的专制关系是在双方的共同作用下形成的，既满足了男性的权力欲，又适应了女性的依附性，是双方都感到舒适和满意的状态。尽管研究中也有女性作为统治者而存在的关系，但是深究原因，是因为女性对男性当前的能力不信任而不愿意将自身的权力让渡给对方，因此暂时掌握关系中的权力，最终期待男性变得成熟，等男性有能力掌握关系中的权力时再将权力让渡给男性。在这样的关系中，女性实际上并不因拥有权力而感到舒适，这只是作为中间态的存在，最终仍然期待自己成为依附者，由男性主导关系。

大家庭对恋爱关系的影响

"恋爱是两个人的事情，婚姻是两个家庭的事情"，这样的观念在访谈中被多次提及，然而，事实上，从人们描述的具体事件来看，恋爱和大家庭并不能脱开干系。

恋爱关系本应是两个独立个体的结合，但当个体并不十分独立的时候，原生家庭对关系的干涉就会显现出来，其中男方的原生家庭的干涉尤为明显。

个体的不独立主要体现在两个方面。第一种是人格上的不独立，这就是人们所说的"妈宝男"，即孩子总是对母亲言听计从（Khan，1971）。"妈宝男"的典型的特征是高度依赖父母，小到个人的着装打扮，大到恋爱双方的冲突解决，都依赖父母帮忙作出决策与解决问题。第二种是经济上的不独立，由于经济能力不足而接受来自父母的帮助时，原生家庭就会在恋爱关系中拥有话语权，左右恋爱双方大小事情的决策，使得恋爱双方失去对关系本身的自主掌控。

此外，对未来家庭关系的设想也会影响恋爱关系。近年来，不婚主义的呼声逐渐高涨，但在访谈中，婚姻成为恋爱关系的最终归宿仍然是主流观点。恋爱关系始终是走向婚姻关系的中间态，而不是亲密关系的最终态，因此，双方对未来家庭关系的设想就会对当下恋爱关系的走向产生重要影响。

恋爱关系中的性客体化

性客体化（sexual objectification）是指女性的身体（身体部位）或性功能脱离她本人，仅仅被看作供他人使用或娱乐的物品的现象（Bartky，1990）。当社会文化过多地将女性身体的性征显现出来，比如通过人际交往、视觉媒体和他人注视显现出来，女性即遭遇了性客体化（Fredrickson & Roberts，1997）。

在恋爱关系中，男性通常是客体化者，女性则是被客体化者。性客体化的现象在恋爱关系建立之初就已经显现。在关系的促进因素中，男性会强调女性特征的重要性，包括外貌、身材和说话语气，强调性吸引力对恋爱关系建立的重要性。反过来，女性很少把男性的外表看作关系建立和维持的重要因素。女性之所以很少性客体化男性，主要是因为缺少相应的权力，即男性作为关系中权力更大的一方，对另一方有实际的主导性（Haslanger，2012）。

客体化的关键特征是强调目标的工具性，否认其人性特征（Loughnan et al.，2010）。在性观念部分，会出现男性将女性工具化的现象。在对婚外性关系的理解上，男性认为在随着年龄逐渐增长，生理因素造成男女性需求不匹配，即女性无法满足男性性需求的情况下，婚外性行为是可以理解和接受的，这样的态度就是将女性视为满足自身性需求的工具。

此外，由于社会文化的影响，女性会内化他人的性客体化，恋爱关系中就会出现自我客体化（self-objectification）的现象。在男女双方的认知中，女性会非常关注自身的外形因素，对自己的相貌不满意，认为这在对方眼里会是缺点。这就如《观看之道》中所说的"男性观察女性，女性注意自己被别人观察"。

结论：恋爱，别怕

本章分析并总结了 10 对高亲密关系满意度的情侣在恋爱关系建立与维持中的异同。尽管在具体概念上存在诸多性别差异，但本质上体现的是男女双方对另一半以及恋爱关系的想象存在的差异。亲密关系满意度高在很大原因上是因为现实与想象相契合。

在恋爱关系的发展中，冲突是不可避免的，高亲密关系满意度的情侣亦如是。值得肯定的是，在冲突的归因中高亲密关系满意度的个体存在对自我的反省，承认自己对冲突也负有责任。在冲突的解决中，单方缓和是仅次于双方交流沟通的常用策略，这意味着在双方产生冲突的情况下，仅单方作出努力也是行之有效的策略，这一点对提升亲密关系满意度具有一定的启发意义。

高亲密关系满意度并不意味着完全满意，无论是自身还是对方都存在缺点，但恋爱双方并不会对对方有过多要求，相反，自身会在不知不觉中作出相应的改变以适应对方。这样的改变是自愿且不自知的，并不被自身当作一种付出；但当同样的改变发生在对方身上时，他们又真切地看在眼里，并对这样的付出心存感谢。

在性观念和对未来的规划中，存在许多男女双方不匹配的观点，存在仅单方提出更前卫、更大胆的想法的现象，然而这些想法也仅仅是想法，由于伴侣保守，这些想法并不会付诸实践，对伴侣的这种考量与让步也是高亲密关系满意度的重要影响因素。

第 10 章

中流何寂寂，孤舟也依依：
单身者

中国青年单身状态一览

国金证券消费研究中心发布的《单身经济崛起，消费新势力抬头》显示，2017年全国单身人数已达2.2亿，占总人口的15%左右，单身群体有着庞大的数量。不同研究者对单身群体的定义不同，结合黄碧祺（2012）提出的定义，可将单身群体定义为，所有不在婚姻状态或者没有处于一种具有与婚姻相似的经济及社会情景关系中的人群，包含未婚、离婚、寡居及非婚有孩的人群。结合已有研究的定义和分类，本书将单身群体定义为未婚组中不处于恋爱状态的群体，包含有过或者没有过恋爱经历，但正处于空窗期的青年群体。

在时代快速发展的背景下，人际距离变大，人们虽然生活在人群之中，却过着"原子化"的生活，成为物理距离近、心理距离远的"孤岛群"。不同于父辈，当代青年脱离社区支持网络，表面上交际广，实际多为围绕事业的工作关系，大多浮于表面，互动有限，这些关系难以转变为潜在的伴侣关系。资源和人才的自由流动更是弱化了青年原有的群体关系，事业中的激烈竞争也使婚姻成本增加，人们更有可能选择单身（黄碧祺，2012）。

外在的环境变化导致青年失去了传统的关系建立渠道，而且他们尚未完全发展出新型关系网络。社会化开始的第一个群体是初级群体，如父母，初级群体对单身生活有重要影响，父母也是人们学习和建立关系的首要群体。步入社会后，社会支持网络发生解构和重构，从初级群体过渡到朋友（毛燕凌，2009）。父母、朋友以及其他外在环境，会影响单身群体的关系建立，因此本书会揭示单身群体受到的社会环境的影响。处于社会变化浪潮中心的青年，迫切需要找到适合自身的对待爱情、寻觅爱情的方式。

社会变革除了在客观上增加关系建立的难度，也会影响人们的内在观念。当代青年期待拥有彼此亲密、经济独立、相互尊重、自我实现的高质量关系，期待新的关系分工模式（伍麟，刘天元，2019），对待关系的态度是"宁缺毋滥"，这样的观点在一定程度上导致单身率的升高。有研究者（Qian & Qian，2014）发现，社会进步以及受教育水平提高，反而可能导致男性的晚婚和女性的不婚。社会变迁通过改变人们的观念，也在某种程度上推动人们保持单身状态。

依恋是个体与特定的人形成牢固的情感纽带的倾向，成人婚恋关系中的情感联结也可以被理解为一种依恋关系（李培红，刘志龙，李丹萍，2006）。依恋在研究青年爱情中占有重要地位，通过不同类型单身者的依恋情况，可以发现单身者与前任恋人以及其他亲密关系对象之间的互动，发现单身者的个人特性和相处模式。

单身的原因多种多样，除了婚姻成本、职业竞争、观念更迭外，还有原生家庭不幸婚姻的阴影（常进锋，2016），过往的不愉快经历，朋友关系不佳导致爱情期待降低，媒体中明星失败的婚恋状态，以及人口性别比例失衡，等等（夏春秋，2018）。有的单身者因为完美主义而错过与他人建立亲密关系的机会（查德怀，2013）。同时，社会压力与人生发展形成冲突，人们通过单身迎合现代社会的高效，但生命时间被快速的社会节奏挤压，两者不断抗衡，造成持续单身（方旭东，2016）。除此之外，本书会进一步探索当代青年主动或被动单身的原因。

出于以上种种原因，单身正成为当代青年重要的生活状态之一，单身生活承载着经济压力，单身女性也面临安全问题（Chasteen，

1994)。相比关系中的群体，单身群体的科学研究较少，而且关系中的群体与单身群体相处较少，单身群体有时不被理解（Stolk & Brotherton，1981），因此需要探究当代单身青年的真实生活现状、形成原因和未来发展等问题。

研究参与者的基本信息

参与者来自 10 个抽样城市，均通过联络员电话招募，单身状态的参与者共有 47 位（25 位女性、22 位男性），平均年龄 28.9 岁，可分为三个类别：

理想爱人的追寻者（21 位），平均年龄 29.3 岁，包括 10 位女性（平均年龄 28.9 岁）、11 位男性（平均年龄 29.7 岁），受教育程度主要是大专和本科；

习惯单身的自由者（17 位），平均年龄 28.6 岁，包括 11 位女性（平均年龄 27.5 岁）、6 位男性（平均年龄 30.7 岁），受教育程度主要是中专、大专和本科；

尚未恋爱的空白者（9 位），平均年龄 25.7 岁，包括 4 位女性（平均年龄 25 岁）、5 位男性（平均年龄 26 岁），受教育程度主要是大专和本科。具体的人口统计信息见附录。

从整体来看，单身男性比单身女性年龄略大，可能较多女性已经建立亲密关系，因而单身比例下降，理想爱人的追寻者和习惯单身的自由者的平均年龄大于尚未恋爱的空白者，因为部分尚未恋爱的空白者单身的原因是年轻。受教育程度有中专、高中、大专、本科，其中以大专、本科为主。5 位参与者自己评价的经济水平高于平均水平，

8位参与者自己评价的经济水平低于平均水平，剩下34位参与者认为自己的经济水平处于平均水平。

研究结果：单身青年心中的爱情

研究结果主要分成七个部分依次呈现，第一部分呈现单身者的三个类别，逐个分析这三个类别，以便理解不同状态的单身群体。第二部分探讨单身生活状态及其影响因素，包含曾经关系破裂的原因，旨在探究当代青年的生活现状、处于单身状态的原因和影响因素，揭示单身者的过往和现状。第三部分揭示单身群体的择偶标准以及对未来的规划。第四部分和第五部分分别探讨依恋和性，这是与爱情紧密联系的两个因素。第六部分收集了恋爱经历对单身者的改变以及单身者的成长。第七部分调查了单身群体对不同恋爱形式的看法，例如相亲、网恋、异地恋、婚前同居。

前五个部分的内容后附有"单身青年的爱情小贴士"，用更直白的方式概括研究结果，并给出建议和策略，读者可以有选择地借鉴。

追寻爱情还是享受自由：单身群体分类

对待爱情，单身者有不同的看法，有人积极寻觅，热切等待，有人享受自由，从容生活，也有人尚未探索爱情的真谛。爱情对每个人来说含义不同，人们可以且能够选择适合自己的爱情宣言。

按照改变单身意愿的强度，可将单身群体分为理想爱人的追寻者和习惯单身的自由者。考虑到从未经历过恋爱的群体的特殊性，将这一群体单独成组，命名为尚未恋爱的空白者，包括没有恋爱经历，只有暗恋，等等。

在本研究中，理想爱人的追寻者有 21 位，习惯单身的自由者有 17 位，尚未恋爱的空白者有 9 位。表 10-1 到表 10-3 依次呈现了这三类单身群体对单身状态的自我感受，包括单身满意度、改变强度和遇到理想对象可能性的预估，全部为 10 分制打分，分数段分为三类，分别为 1—3.9、4—6.9 和 7—10，分数依次提高，分数越高代表强度越大。将改变强度为 7—10 分的参与者划分为理想爱人的追寻者，改变强度为 6.9 分及以下的划分为习惯单身的自由者，没有恋爱经历的参与者均划分为尚未恋爱的空白者。

为了对比更加清晰，将不同类别单身者的单身满意度与改变强度的关系表呈现出来，可发现理想爱人的追寻者对单身状态整体较为不满，有欠缺感，改变单身状态的需求强烈；习惯单身的自由者对单身状态的满意度整体偏高，改变单身状态的需求较弱；尚未恋爱的空白者打分分散，他们主要分为两种，一种为年纪轻，没有机会，但渴望恋爱的追寻者，一种为本身恋爱需求低的自由者。

表 10-1　三种类别单身群体单身满意度与改变强度的比较

	单身满意度高改变强度大	单身满意度高改变强度小	单身满意度低改变强度大	单身满意度低改变强度小
理想爱人的追寻者	2	1	**6**	0
习惯单身的自由者	0	**6**	0	4
尚未恋爱的空白者	1	**4**	1	2

注：有些参与者没有回答改变强度，因此没有记录；表中数据为人次；加粗的数字为比较典型的状态，以下相同。

第 10 章 中流何寂寂，孤舟也依依：单身者

对于爱情，永远有人满怀期待，努力寻觅，不断追寻属于自己的理想爱情，这样的单身青年可称为理想爱人的追寻者。

表 10-2 理想爱人的追寻者：单身状态

	单身满意度 （人次与百分比）	改变强度 （人次与百分比）	遇到理想对象的可能性 （人次与百分比）
7—10	10（48%）	9（82%）	4（50%）
4—6.9	9（43%）	2（18%）	2（25%）
1—3.9	2（10%）	0	2（25%）
打分原因 （频次）	自由（7） 没有关系冲突（3） 也可以生活（2） 亲朋陪伴（2） 宠物陪伴（1） 时间空闲（1） 享受生活（1） 事业为先（1）	遇到就尝试（2） 行为努力（2） 朋辈比较（1） 接受介绍（2） 网络交友（1）	改善自身（1） 朋辈成功（1）
扣分原因 （频次）	孤单（5） 无人关心照顾（3） 欠缺感（3） 周围压力（3） 经济和生育压力（2） 无聊空虚（2） 渴望关系（2） 遇到问题（2） 年龄压力（2） 缺少陪伴（2） 朋辈比较（2）	努力赚钱（1）	经济压力（1） 理想高（1） 不可控（1）

注：不是每个参与者都回答了全部问题；数据相加不一定是人数总和，某些参与者会在一个问题上回答多个观点，均记录了下来。表格中的"频次"是指某种观点被提及的次数，"人次"是指赞同或者反对的人数，如在单身满意度打分中为"人次"累计，在扣分原因中为"频次"累计。表格中的百分比是指每个小范畴下该观点在回答人群中的频次或人次百分比，只保留了整数，总和相加会有 1% 以内的误差。根据对文本资料的分析对比，数据趋势与真实情况非常契合。本章同类表格情况一致。

表 10-3　理想爱人的追寻者：单身满意度与改变强度的整合

	单身满意度高	单身满意度低
改变强度大	2	6
改变强度小	1	0

注：有些参与者没有回答改变强度问题，因此部分信息可能会被忽视；表中数据为人次。

在理想爱人的追寻者中，有一个特殊例子是 I_SH11，他是单身满意度高、改变强度小的单身者。从数据上看，他更像习惯单身的自由者，但根据对整体访谈资料的分析，他因毕业压力而暂时减少对恋爱的关注，实际上非常向往爱情，也有通过网络软件交友的具体行为，该行为属于积极交友行为，是一种积极改变现状的方式，因此他被划分到理想爱人的追寻者的类别。

值得注意的是，每位参与者在不同维度上提供的信息不对等，部分参与者并没有回答全部问题，还有部分参与者在某些问题上不止提供了一个原因，因此数据统计和原因统计并非一一对应。在单身群体的全部数据描述中，数据是描述青年群体单身状态的一种方式，目的是让读者更好地感受单身群体的发展趋势，通过质性分析检验，研究结果整体的数据趋势符合真实情况。

理想爱人的追寻者普遍改变强度较大，其中 6 位对现状不满且希望尽快脱单，2 位对现状满意且对未来的伴侣充满期待。从表 10-2 可以看出，82% 的理想爱人的追寻者有强烈的改变意愿，而对现状满意与不满意的人数相当。他们对单身生活满意的原因主要是生活自由，没有约束，与恋爱状态相比减少了很多关系带来的冲突和压力。虽然缺少伴侣的陪伴，但是父母和朋友的陪伴补偿了关系需求，都市单身女性也会选择饲养宠物获得陪伴。没有伴侣的陪伴可以拥有更多空余时间，可以把更多精力放在自我爱好和事业发展上。

虽然单身生活有很多优点，但面对独自生活，理想爱人的追寻者普遍感到孤单和空虚，尤其是面对紧急问题时，如生病时无人关心和照顾。青年正处于亲密关系建立阶段，没有完成这一阶段的任务会给单身者带来欠缺感和不完整感，促进单身者对关系的渴求。除了自己对关系的需求，外界环境（父母压力、朋辈优良恋情、年龄压力）也会影响理想爱人的追寻者的单身生活。

面对单身状态，其中10位理想爱人的追寻者采取主动结识潜在伴侣的方式来应对；部分人虽然改变意愿强烈，但并没有付诸实践，以等待和开放的态度为主；有2位暂时关注自我提升、学习和工作，为未来的感情作好准备，对伴侣的要求相对宽松。行为改变方式主要包括保持开放的态度，给潜在伴侣尝试的机会，努力认识更多人，接受亲朋介绍的对象。有1位理想爱人的追寻者认为，提升自我、努力赚钱才是更应该关注的事情。

对未来遇到理想对象的可能性的预估，理想爱人的追寻者的分布比较分散，低分段、中分段和高分段分布均匀。高分者对未来遇到理想对象比较自信，通过不断改善自身来提高相遇的可能性；低分者则较多考虑现实因素，如经济压力；部分理想爱人的追寻者将理想目标设置得过高，从而难以达到。值得一提的是，在4—6.9分这一区间的参与者，很多选择了5分，5分具有特殊的含义，他们并不愿意对未来作出预估，认为相遇随缘。

与理想爱人的追寻者不同，有部分单身青年主动选择保持单身，抱着随缘的态度，对爱情的态度更淡然。一个人也有一个人生活的方式，这类青年可称为习惯单身的自由者。

表 10-4　习惯单身的自由者：单身状态

	单身满意度 （人次与百分比）	改变强度 （人次与百分比）	遇到理想对象的可能性 （人次与百分比）
7—10	12（67%）	0	1（25%）
4—6.9	6（33%）	4（40%）	1（25%）
1—3.9	0	6（60%）	2（50%）
打分原因 （频次）	自由（5） 自我提升中心（3） 经济压力小（3） 亲朋陪伴（3） 生活充实（3） 工作稳定（2） 约束少（2） 前任恋爱阴影（1） 性格独立（1） 掌控生活（1） 考虑少（1） 爱好（1） 习惯（1）	缺乏陪伴（1）	坚持会有结果（1） 自信（1）
扣分原因 （频次）	失恋打击（3） 需要陪伴（2） 经济上不满意（1） 年龄压力（1） 父母压力（1） 孤单（1）	不刻意改变（2） 失恋疗伤（2）	要求高（1） 男性不启动关系（男）（1）

表 10-5　习惯单身的自由者：单身满意度与改变强度的整合

	单身满意度高	单身满意度低
改变强度大	0	0
改变强度小	6	4

注：数据含义为人次。

第10章 中流何寂寂，孤舟也依依：单身者

相比理想爱人的追寻者，习惯单身的自由者对单身生活的满意度更高，改变意愿更低，他们享受或者习惯单身状态，对恋爱和婚姻有更为随缘的态度，将关注重心放到生活和自我提升上；虽然没有积极、主动地寻找伴侣，但是并不排斥合适伴侣的出现。

习惯单身的自由者中有部分人单身满意度低，但改变强度小，这种独特的现象出现的原因是，他们正在疗伤，如I_QD08、I_QQHE03、I_HM12和I_NC08，这些参与者并没有走出与前任的那段感情，有的是受到前任的伤害，留有伤痛，有的是陷入失去完美恋人的悲伤。单身满意度高且改变强度小，则表明这些习惯单身的自由者比较享受当下的生活，对恋情没有过多期待。

习惯单身的自由者报告出更高的单身满意度，他们感觉自由、束缚少，关注自我提升，生活充实，工作稳定且经济压力小，自己能够掌控自己的生活。也有习惯单身的自由者提到习惯成自然，单身太久便不愿改变，享受当下的状态。

> 我觉得这么多年我习惯了，然后可以自己安排自己的生活，就是现在这个状态，如果想学点什么、看点什么，都会有时间。关于恋爱，我还是那句话，就是随缘。
>
> ——G_SZ01

在习惯单身的自由者中也有人认为单身生活存在不足的地方，如因失恋而选择舔舐伤口和休整的参与者，他们在生活中情绪比较悲伤、低落。大多数习惯单身的自由者独立生活，陪伴的需求难以得到满足，偶尔感到孤独。虽然内心认可单身的生活状态，但是来自环境的压力、父母的期待等，依旧会使他们感到单身状态的不足。

面对未来的感情，相比积极、主动的理想爱人的追寻者，习惯单

身的自由者显得"佛系",有时会因为缺乏陪伴产生改变的想法,但是整体状态为不想刻意恋爱,或者选择总结之前的经验,静静停留在单身的状态。

在遇到理想对象的可能性评分中有两种极端的习惯单身的自由者,例如I_SH10(男)认为自己是单身贵族,没有求偶需求,关系建立的主动权在男性手中,如果男性不主动,就没有遇到理想对象的可能性。I_NC08(女)则打出10分,因为她有足够的自信,认为终有人会欣赏自己。习惯单身的自由者并没有很大的改变动力,因此对未来的期待也较为随性。

与理想爱人的追寻者和习惯单身的自由者相比,有一类单身青年尚未有恋爱经历,他们对爱情的态度更为丰富、发散,这类单身青年可称为尚未恋爱的空白者。

表10-6 尚未恋爱的空白者:单身状态

	单身满意度 (人次与百分比)	改变强度 (人次与百分比)	遇到理想对象的可能性 (人次与百分比)
7—10	6(67%)	2(25%)	2(25%)
4—6.9	3(33%)	4(50%)	2(25%)
1—3.9	0	2(25%)	4(50%)
打分原因 (频次)	自由(3) 自我提升中心(2) 享受生活(2) 经济压力小(1) 亲朋陪伴(1)	给予机会(女)(1) 渴望体验恋爱(1) 恋爱故事吸引(1)	年轻(1) 介绍认识(1)
扣分原因 (频次)	能力欠缺(2) 无聊(2) 生病无照顾(1) 父母压力(1)	不刻意改变(1) 经济不满意(1) 担心能力(1) 事业为先(1)	朋辈恋爱争吵(2) 事业为先(1) 要求高(1) 物质条件不足(1)

表 10-7 尚未恋爱的空白者：单身满意度与改变强度的整合

	单身满意度高	单身满意度低
改变强度大	1	1
改变强度小	4	2

注：数据为人次。

尚未恋爱的空白者是三个类别的单身者中最为特殊的一类，他们没有双方都参与恋爱的亲身经历（部分人有暗恋经历），对爱情的态度和看法比较容易受到周围人的经历和评价的影响，同时对爱情的理解更空泛，受到社会媒体和文化的影响较大，是三个群体中最容易受到外界影响的群体。平均而言，他们年龄偏小，年龄带来的婚恋压力也较小，从而能够将更多精力放在自我提升和经济积累上。6 位尚未恋爱的空白者对单身状态非常满意，2 位有着比较强的改变意愿。这两种态度并不矛盾，因为尚未恋爱的空白者对恋爱的态度可能包含理想爱人的追寻者和习惯单身的自由者对恋爱的态度，因此表 10-6 和表 10-7 中数据分布比较均匀。

尚未恋爱的空白者也因为自由、享受生活本身等原因而对单身状态满意度高，他们一般在 30 岁以下，更多关注自我提升和事业发展。他们认为自己经济压力小，亲朋陪伴也是他们补偿情感缺失的一种方式。但是，单身也会让他们感到无聊，加上可能发生生病但无人照顾此类事件，年龄大的参与者会感受到来自父母的压力。

尚未恋爱的空白者对恋爱的期望整体较低，6 位参与者改变意愿不强，2 位参与者改变意愿强烈。面对潜在的伴侣，有女性参与者选择给予追求机会，她们想要改变单身状态的原因主要为渴望体验恋爱和被恋爱故事吸引。尚未恋爱的空白者对恋情有所顾虑是因为年纪较轻，担心个人能力不足，恋爱加重经济负担，因此选择事业为先的生活策略，不刻意改变。

关于理想对象，尚未恋爱的空白者一般要求比较高，认为不吵架、完全符合要求的才是理想对象，这一要求很难达到。有6位尚未恋爱的空白者对未来遇到理想对象的预期较低，但因为年龄小，亲朋愿意帮忙介绍等有利条件，他们对未来还是充满期待。

不同类别的单身者代表了对爱情的不同看法，在对待未来的恋爱上这三类单身者也存在差异。理想爱人的追寻者更愿意采取主动认识的方式来改变单身状态，或者采取自然开放的态度，接受生活中的潜在机会。习惯单身的自由者则更为随缘，处于等待状态，没有积极、主动的行为和接纳态度，更关注自我提升。尚未恋爱的空白者因为混合了改变强度大和改变强度小的人群，每种选择下人数分布均匀。从整体来看，持有主动认识、随缘等待和自然开放态度的人数较多，分布比较平均，随缘等待的人数位列第一（见表10-8）。

表10-8 三类单身者的恋爱态度

	理想爱人的追寻者（频次）	习惯单身的自由者（频次）	尚未恋爱的空白者（频次）	合计（频次累计与百分比）
随缘等待	2	12	2	16（34%）
主动认识	11		2	13（28%）
自然开放	6	2	2	10（21%）
工作/自我提升	2	4	2	8（17%）

注：自然开放整体上是面向未来，期待机缘；随缘等待则期待不高，如果非常合适也可以尝试。

表 10-9 三类单身者对未来的规划

	理想爱人的追寻者（频次）	习惯单身的自由者（频次）	尚未恋爱的空白者（频次）	合计（频次累计与百分比）
尽快脱单	10		1	11（24%）
经济积累/发展事业	2	5	3	10（22%）
顺其自然	2	6	1	9（20%）
自我提升	4	4	1	9（20%）
在一定年龄脱单	1	3	3	7（15%）

注：自我提升更泛化，如学习技能、考研、调整状态及发展爱好均为自我提升，而经济积累/发展事业主要体现在工作方面。

表 10-9 呈现了三类单身者对未来的规划，可以看出，理想爱人的追寻者更期待尽快脱单，同时关注自我提升和经济积累。习惯单身的自由者则为自己设定脱单年龄，目前主要关注发展事业和自我提升，对爱情秉承顺其自然的态度。尚未恋爱的空白者在各个维度分布均匀，但稍微偏重在一定年龄脱单和经济积累/发展事业。从整体来看，尽快脱单、经济积累/发展事业、顺其自然和自我提升是主要的未来规划，且分布较为均匀。

单身青年爱情小贴士：[①]

（1）人们为什么渴望爱情与陪伴？

一是内在需求，青年时期正好是人生发展中建立亲密关系的阶段，没有完成这一阶段的任务会感受到欠缺感；二是客观需要，生病

---

① 爱情小贴士是每节的概要整理，呈现受访的单身青年面临的问题和作出的努力，读者可以根据个人情况加以思考或借鉴。

时缺乏照顾与陪伴等；三是社会环境中的压力，父母期待、朋友秀恩爱、年龄的增长让心理压力增加。

（2）没有爱情的日子该如何提升生活满意度？

首先需要发掘单身的积极影响，减少心理压力，如生活自由，约束少，关系冲突少，经济负担小，没有陪伴也意味着拥有属于自己的时间；其次是积极利用自由时间，如提升自我，发展爱好（健身、绘画等），积累物质资源；最后可以通过其他渠道补偿未满足的陪伴，如多结交朋友，看望父母，都市青年也可以尝试饲养宠物。

（3）面对未来，可以做些什么？

如果希望迎来一段感情，可以主动结识潜在对象，参加更多活动，没有合适的机会则以开放的态度等待，给予追求者更多机会，或者接受亲朋的介绍。如果对爱情的需求并不急切，则可以关注自我提升、工作与学习，做一些可以自我掌控的事情，为未来作好铺垫以减少焦虑感，也可以选择总结过去，安静地在属于自己的空间里疗伤与休整，让时间给予答案。

当代中国的单身生活群像：单身生活状态及其影响因素

每个人都有自己的故事，曾经的美好与伤害都潜移默化地影响单身青年的生活。在当代中国环境下，单身青年除了要与自己的单身状态和解，也要与周围环境共处，社会互动既塑造了单身青年，也塑造了他们心中的期待。

接下来的分析中与类别相关较大的范畴，如影响因素、择偶等，会按照单身群体的三种类别分别统计，与类别无明显相关的范畴会按照性别分开统计。

表 10-10 呈现了不同性别的单身观，回答了单身群体为什么处于单身状态，他们对自己单身的事实有何种态度和评价，以及单身生活存在哪些问题。

表 10-10 不同性别单身者的单身观

	范畴 1	范畴 2	男性提出（频次）	女性提出（频次）	合计 1（频次累计）	合计 2（频次累计与百分比）
单身原因	环境	无合适对象	11	10	21	21（40%）
	经历特点	留恋前任	2	4	6	14（27%）
		不敢追求	4		4	
		前任阴影	1		1	
		自我封闭	1		1	
		习惯单身	1		1	
		不会相处	1		1	
	个人条件	经济限制	7		7	9（18%）
		外貌不佳	1		1	
		能力限制	1		1	
	关注重心	自我提升	2	4	6	7（14%）
		事业为先	1		1	
单身态度	接纳当下	接纳满意	7	8	15	31（62%）
		随缘等待	6	4	10	
		提升自我	4	2	6	
	面向未来	尽快脱单	6	7	13	15（30%）
		担忧养老		1	1	
		自然开放		1	1	

续表

范畴1	范畴2		男性提出（频次）	女性提出（频次）	合计1（频次累计）	合计2（频次累计与百分比）
单身态度	回顾往昔	总结经验	2		2	4（8%）
		抚慰伤痛	1	1	2	
单身生活	关系补偿	朋友陪伴	9	9	18	24（41%）
		照顾父母		3	3	
		宠物陪伴	1	1	2	
		同辈陪伴		1	1	
	娱乐放松	其他娱乐	6	2	8	19（32%）
		网络游戏	5	1	6	
		看剧		2	2	
		旅游	1	1	2	
		购买礼物		1	1	
	提升自我	锻炼身体	3	2	5	16（27%）
		关注工作	2	3	5	
		关注学习		3	3	
		尝试新事物		2	2	
		收拾家务		1	1	

单身者单身的原因主要有两大类，分别是个人原因和环境原因。其中，个人原因被提及30次，而环境原因被提及21次。与预料的不同，单身并不是完全因为环境因素，某种程度上也是人们自己选择的结果。

个人原因主要包括经历特点、个人条件、关注重心三大块，其中经历特点被提及14次；个人条件被提及9次，关注重心被提及7

第10章 中流何寂寂，孤舟也依依：单身者

次，三者对解释单身都有一定贡献。男性有7次提及经济限制，而女性没有提及，在个人条件中女性并没有受到个人能力的限制，即在当代择偶过程中人们对男性而不是女性的经济状况和个人能力有较高的期待，由此导致男性自我要求高，畏惧步入恋爱状态。男女因为提升自我、关注事业而选择单身的比例相近，在个人发展上并没有明显的性别差异。

过去经历塑造了单身者，其中对前任的留恋阻碍了单身者的步伐。出于外界压力或者异地等原因，他们被迫与理想对象分开，导致后期不断将现任伴侣与理想对象加以比较，从而对爱情的兴趣降低，重复陷入对前任的留恋。有6位单身者陷入对前任的留恋，女性相对较多。男性还会因为自身不敢追求而错过良缘，这一点与社会文化关注男性能力有关，男性对自己"有资格进入恋爱状态"的评判标准比较高，认为只有自己做好经济积累和外貌修饰才能进入恋爱状态。

然后现在很火的一句话，就是说谋外先求生，如果要谋外，就要先谋生。就是男人一定要先有经济（能力），再去考虑情感问题。现在我比较认可这句话。所以现在看到，例如我现在公司里的同事，工资会有区别，有些人的工资比我高很多。对于高工资那种女性，其实我现在是有一种胆怯、自卑，不敢去追。就是觉得，我现在打心底里觉得不可能，不敢追的。

——I_GZ01

对我来说是27、28岁那样吧，因为现在我刚毕业，23岁嘛，去挣几年钱，然后再想这些事情。如果连钱都没有，就不想这些事情，根本一点都不想的。

——I_QQHE05

环境原因主要集中在没有合适的对象这一方面，这一因素对男女的影响没有显著差异。没有合适对象是单身青年提及最多的原因，习惯单身的自由者也部分因为周围没有合适的伴侣而选择单身，秉持着宁缺毋滥的态度，但如果出现合适的对象仍会选择接纳。

单身态度可按照时间线索分为三类，分别为接纳当下、面向未来、回顾往昔。需要注意的是，单身者可能同时具有两种态度，例如在理想爱人的追寻者中，有单身满意度高、改变强度大的人，他们既希望"脱单"，也享受当下的生活，这里统计的不是人数，而是不同态度被提及的次数。

整体而言，接纳当下是最主要的态度，其次是面向未来。接纳当下的态度是指对现在感到满意，关注当下的自我提升，对未来没有太大预期，保持随缘的态度。面向未来的态度是指希望尽快"脱单"，对未来关系充满期待。保持自然、开放态度的单身者也提到对未来养老的担忧。拥有回顾往昔的态度的人一般刚经历关系破裂，这种态度与个人经历息息相关。在态度方面并没有显著的性别差异，男女对单身的态度整体比较积极、稳定。

单身者会选择不同的方式来丰富自己的生活，主要包括关系补偿、娱乐放松和提升自我。其中，关系补偿是最主要的方式，虽然缺乏恋人的陪伴，但是单身者仍然拥有父母、兄弟姐妹和朋友的陪伴。比较独特的一点是，都市生活中人们也会选择让宠物陪伴自己。在所有陪伴中，朋友陪伴是不分性别的最优情感补偿方案。娱乐放松和提升自我也是丰富单身生活的重要方式，娱乐放松主要包括玩手机、网络游戏等。有趣的是，在娱乐方式上有着显著的性别差异，男性更喜欢网络游戏或者其他网络娱乐，而女性更喜欢看剧或者购买商品。提升自我主要是关注学习和工作，尝试一些新事物，培养有益的爱好，等等。一个有共识的有益爱好是锻炼身体，比如跑步、游泳，当代单身青年比较关注自身身体状况。

表10-11 三类单身者单身观的影响因素

			理想爱人的追寻者（频次）	习惯单身的自由者（频次）	尚未恋爱的空白者（频次）	合计1（频次累计）	合计2（频次累计与百分比）
个人因素（择偶）	父母关系	父母典范	1	2	1	4	13（46%）
		父母关系冲突——对爱情失望			4	4	
		父母要求——男性物质条件	2		1	3	
		父亲/母亲标准		1		1	
		父母择偶观			1	1	
	同辈关系	同辈关系不良——对爱情失望	1	2	3	6	11（39%）
		同辈问题——避免问题			3	3	
		同辈关系破裂——看重感情	1	1		2	
	前任影响	前任阴影	1	2		3	4（14%）
		前任标准	1			1	

续表

			理想爱人的追寻者（频次）	习惯单身的自由者（频次）	尚未恋爱的空白者（频次）	合计1（频次累计）	合计2（频次累计与百分比）
社会压力（单身）	朋辈	朋辈恋情	8	3		11	21（51%）
		朋辈催促	4	2	3	9	
		朋辈评价	1			1	
	家人	家人催促		5	5	10	13（32%）
		家人比较	2		1	3	
	同事	同事催促	4	1	2	7	7（17%）
社会支持（单身）	亲朋	亲朋介绍	7	2	4	13	25（93%）
		家人支持	2	3		5	
		朋友支持		3	1	4	
		朋辈单身		2		2	
		朋友咨询	1			1	
	同事	同事介绍	2			2	2（7%）
社会环境（择偶）	媒体	电视剧	1	3	3	7	24（65%）
		综艺	2	1	1	4	
		抖音、快手	3		1	4	
		电影	2		2	4	
		明星			3	3	
		微博故事			1	1	
		动漫	1			1	
	文化	男方物质要求	2		2	4	8（22%）
		迁就女方	1			1	
		生命节奏	1			1	
		西方文化——开放	1			1	
		传宗接代		1		1	

第10章　中流何寂寂，孤舟也依依：单身者

续表

			理想爱人的追寻者（频次）	习惯单身的自由者（频次）	尚未恋爱的空白者（频次）	合计1（频次累计）	合计2（频次累计与百分比）
社会环境（择偶）	书籍	《平凡的世界》——贤妻良母	1			1	3（8%）
		《简爱》——自我感受		1		1	
		网络小说——禁欲			1	1	
	政策	婚假减少			1	1	2（5）
		独生子女政策——缺少陪伴			1	1	

对单身状态的看法和态度以及后期恋爱和择偶的想法，会受到不同因素的影响，主要包括个人因素和社会因素两大范畴。在个人因素上，父母关系、同辈关系和前任影响发挥了较大作用；社会因素对单身状态的影响主要体现在社会压力和社会支持上，社会因素影响择偶主要体现在社会环境上，如媒体、文化和书籍等。

在个人择偶因素上，父母和同辈对单身者的影响最大，如果父母关系良好，感情稳定，有事情互相商量，单身者就会产生父母典范关系的需求，希望学习和找到与父母相处模式相似的关系；如果父母关系不佳，就会使单身者对爱情失望，降低单身者寻求爱情的动力。除此之外，如果单身者喜欢父母的个人特质，就会按照这一标准来寻觅理想伴侣，父母也会向单身者传播自己的择偶观念和择偶标准，例如父母对男性有物质要求。

我觉得影响自己恋爱的一个重要的人是父亲。我喜欢这个男孩子

其实是因为我觉得他像我父亲。当时大家还没有这种朦胧的爱恋意识，更多看到的是父母两个人相处的一种模式。我其实脾气比较暴躁，很容易急，跟我父母很像。

——I_SH09

同辈关系对单身者既有积极影响也有消极影响。一方面，同辈不良的恋爱关系会使单身者对爱情感到失望；另一方面，面对朋友恋爱中出现的问题，单身者会吸取教训，尽量避免这些问题，因而不会对爱情产生畏惧心理，如认为同辈感情破裂是因为缺乏情感基础，于是更关注自身关系中的情感因素。前任阴影和前任标准对单身者的影响与之前探讨的相似，且占比较低，此处不作延伸。

在单身状态下，单身者会受到来自社会的压力和支持。在社会压力上，压力源主要来自朋辈、家人和同事。与设想的不同，单身的最大压力源并不是家人催促或者家人比较，而是来自朋辈，尤其是朋辈恋情，对单身者造成了巨大压力，这在理想爱人的追寻者身上表现得最明显，他们受朋辈恋情的影响最大。习惯单身的自由者和尚未恋爱的空白者相对而言受家人催促影响较大，这可能是因为这两个类别的单身者本身脱单意愿并不强烈，自我施压小。同事也会对单身者的生活表达关心，并给他们带来压力或者帮助。面对朋友和同事的催促，有些单身者会一笑置之，部分单身者会用玩笑的方式回复，"那你给我找一个啊"。对于家人的催促，应对方式一般比较温和，单身者会选择忍受或者暂时躲开，只有1位男性单身者会认真向父母表达自我需求。

换一个角度来看，希望收获恋情的单身者会把亲朋的介绍作为支持，亲朋介绍是重要的支持被提及13次，理想爱人的追寻者和尚未恋爱的空白者对亲朋介绍的感知较多，而习惯单身的自由者感知较少。亲朋支持中除了亲朋介绍、家人支持、朋友咨询外，还有一种有趣的支持——朋辈单身，即不需要特意支持，周围人和我一样就是最大的支持。社会支持还有一个维度便是同事，理想爱人的追寻者 2 次提及同事介绍。

社会环境会潜移默化地影响单身者的择偶观，其中媒体和社会文化是主要的影响因素。在三个类别的单身者中，尚未恋爱的空白者最容易受到媒体影响，他们的择偶观会受到影视剧角色或者明星特点的塑造，这主要体现在女性单身者身上。比较具体的影响源主要包括抖音、快手等短视频 App，以及电视剧、明星。理想爱人的追寻者的影响源以短视频 App 为主，他们会在抖音上关注主播，通过平台寻求交友，媒体影响因素具体分类见表 10-12。文化影响主要体现为对男性的物质要求，其中生命节奏就是人们所说的"什么时间做什么事"，到一定时间就应该结婚生子，单身者会内化这些概念，在一定的时间择偶。

表 10-12 媒体对单身者的影响

类 别	具体内容	影 响
综 艺	成真恋爱学、涂磊、日本综艺	如何交往、贤惠媳妇择偶观
短视频 App	抖音、快手	对男性的物质要求、爱情故事
电视剧	《天龙八部》《双面胶》等影视作品	贤妻良母、婆媳关系好、不物质的纯真感情
	《金秘书为何那样》等韩剧	高富帅择偶观、美好幻想、现实落差导致单身

续表

类　别	具体内容	影　响
电视剧	《最好的我们》《亲爱的，热爱的》《奈何 boss 要娶我》等流行电视剧	男方体贴和顾家、看重感情、关注能力（女主形象）、喜欢男生主动（男主形象）
电影	《X 战警》《蜘蛛侠》	修饰男性外表
电影	《喜剧之王》《雏菊》	呵护女性、女性对男性无私的爱
动漫	《你的名字》《千与千寻》	爱情状态
明星	明星恋情波折	追求平淡与稳定
明星	偶像	偶像标准、尊重女性
明星	男明星角色特点	男生担当、事业优秀
明星	女明星晚婚晚育	大众也可以晚婚晚育

这些偏向韩剧、网剧和浪漫因素的媒体的影响会有偏差，主要影响那些关注媒体，没有过多经历的人。不关注媒体的人并没有过多受到影响，或者他们并不认为自己受到影响。

在容易受到媒体影响的群体中，他们主要受综艺、电视剧、短视频、电影、动漫、恋爱节目以及明星等的影响，单身者会从中学习恋爱技巧，理解异性的思维。

（涂磊）也是做这个，他是《爱情保卫战》的情感导师，我就经常看他的节目，他说有时候女孩子也要主动，我觉得也挺好的。

——I_HM07

优酷上，有人专门会做这种教程，也尝试一下。它有时候会教你两个人咋相处，两个人咋约会、咋聊天。它教的这些东西刚好是我薄

第10章 中流何寂寂，孤舟也依依：单身者

弱的方面，我看了这个视频之后，有成果。基本从第三段开始，第三段之前的感情，反正那时候什么都不懂，第三段之后的感情多少是明白了两个人咋相处。

——I_LY02

在抖音、快手等短视频 App 中，单身者了解到有关爱情的观念和感人的爱情故事。男性提到从抖音中学到物质条件才是感情的基础；女性看到令人感动的爱情故事，对异地恋的接纳度上升。整体而言，短视频对部分单身者的影响可以深入到改变观念和行为的程度。

电视剧中有恋爱剧，恋爱剧的主要受众是女性，她们喜欢男主角的体贴、帅气，希望能找到像男主角一样的伴侣；也有女性单身者追求女主人设，关注自我提升。很多单身者回忆曾经看过的电视剧，多是描述淳朴的感情，他们对关注物质条件的现状感到不满。电影和动漫主要描绘爱情的状态，男性呵护女性，以及女性对男性无私的爱。

明星的影响主要体现为，单身者把明星的优点或者角色的优点作为择偶标准或者生活标准，追寻像偶像一样尊重女性、事业有成的男友，看到女明星结婚晚，于是放宽自身婚姻的时间要求。也有单身者因为看到明星遭遇爱情波折而期待平淡、稳定的感情。

表10-13 有过恋爱经历者曾经关系破裂的原因

		男性提出（频次）	女性提出（频次）	合计1（频次累计）	合计2（频次累计与百分比）
人品	男方有不良嗜好		1	1	1（2%）
性格	女方黏人	1		1	3（7%）
	男方强势		1	1	
	男方的控制欲		1	1	

续表

		男性提出（频次）	女性提出（频次）	合计1（频次累计）	合计2（频次累计与百分比）
物质条件	男方经济条件		2	2	2（4%）
情感	不喜欢		3	3	3（7%）
环境	异地	6	4	10	12（26%）
	忙碌	1		1	
	民族不同		1	1	
观念	生活理念不合	1	3	4	8（17%）
	结婚计划不同	1	2	3	
	消费观不同		1	1	
家庭	家庭反对	2	6	8	10（22%）
	婆媳问题		2	2	
相处问题	不会沟通	1	1	2	3（7%）
	不会恋爱		1	1	
出轨	男方出轨		3	3	4（9%）
	女方出轨	1		1	

相比尚未恋爱的空白者，要想更深入地了解理想爱人的追寻者和习惯单身的自由者，需要进一步探讨他们曾经关系破裂的原因。曾经关系破裂的原因主要包括人品、性格、物质条件、情感、观念、家庭等。提及次数较多的原因是男性和女性都容易因为异地而分手，最常见的情况就是大学毕业、异地工作，后遭到双方家庭反对而分开。从表中也可以看到，因为不喜欢等情感因素，女性有较多的关系破裂经历，而男性缺少此类经历。可以认为，女性在关系中更在意感情和喜欢。

第 10 章 中流何寂寂，孤舟也依依：单身者

单身青年的爱情小贴士：

（1）人们为什么会单身？如何接纳单身状态？

单身最主要的原因是周围环境中无合适的对象，这一因素对男女的影响相似。部分单身者持有能力发展为先、恋爱为次的态度，将更多精力分配到自我提升上；男女都可能秉持这样的单身态度。相比较而言，男性更容易因为经济不自信而选择单身，女性更容易因为留恋前任而选择单身：部分男性会为自己设置外貌、工作或经济上的自我要求，只有达到自己设立的标准才有底气追寻爱情，部分女性会在心中保留"曾经最爱的人"的影子，不断将现任与心中"曾经最爱的人"进行比较并不断失望，最后维持单身状态。

对于单身这一事实，首先要接纳当下，即接纳单身的状态并积极生活，关注自我并等待机缘。其次是积极面对未来，可以主动拓展人际关系或保持开放的态度。迎接未来的基础是立足当下。

（2）丰富单身生活有什么具体的途径？

主要有关系补偿、自我提升和放松娱乐三个途径。关系补偿指关心朋友、家人以获得陪伴，对都市单身青年而言，朋友的支持是最优途径，建立牢固的朋辈友谊有利于提升单身满意度；自我提升指尝试新事物，培养兴趣爱好，如锻炼等；放松娱乐因人而异，男性更偏好网络游戏，女性更偏好购物和追剧。

（3）单身时如何看待环境对自己的影响？

单身青年会面对来自社会的压力和支持。朋友对单身青年有较大影响，当身边朋友的婚恋关系出现问题时，与其"围观"后产生畏难情绪，逃避关系，不如积极面对并引以为戒，主动避免问题以提升未

来关系的质量。朋友的挫折会带来压力，朋友的幸福也会让单身青年内心泛起波澜，面对朋友的爱情炫耀而默默自我施压。对单身青年而言，朋友最大的支持就是一起单身，抱团取暖。

与理想爱人的追寻者相比，对于并不十分关注"脱单"的习惯单身的自由者和尚未恋爱的空白者，更大的压力来自家人的催促与比较，甚至同事也会表达对他们的过分关心。但家人的压力可以转换成支持，家人的介绍可以有效拓展人际网络。面对家人的关心这一把双刃剑，单身青年需要积极面对、有效沟通，或者接受善意并愿意相亲。

（4）心中"Ta"的形象从何而来？

单身青年心中理想伴侣的形象主要受到亲朋、媒体和书籍的影响。原生家庭对单身青年的影响比较复杂，父母关系良好的单身者会以父母为榜样，将父母的相处模式作为理想的关系互动模式；对父母其中一方（如女儿对父亲的喜爱、儿子对母亲的喜爱）的偏好会促使单身者以父母的标准作为择偶标准，希望找一个像父亲/母亲一样的人；父母关系恶劣则会降低单身者的爱情期待，对爱情失望。

原生家庭和个人经历对理想爱人的追寻者、习惯单身的自由者和尚未恋爱的空白者都有不可磨灭的影响，而媒体仅对尚未恋爱的空白者影响较大。没有恋爱经历的青年更容易被媒体、网络宣扬的爱情故事所塑造，短视频、电视剧、电影等可以改变单身青年的爱情观念。媒体的作用主要为榜样作用，如以女主角的形象要求自己，以男主角的形象要求未来伴侣，学习男女相处模式，以及接受

"什么年纪做什么事情""男性先立业后成家""男性要照顾女性"等观念。

（5）为了维持长久的关系，有哪些应该避开的雷区？

青年恋人最主要的分手原因是，大学毕业因身处异地而分手，中间会涉及一方或双方父母的强烈反对，因此大学时期的恋人应该有所规划或作好心理准备，尽量避免异地。择偶时选择人品佳（无不良嗜好）、物质条件适合、"三观"一致、家庭背景相似的伴侣会降低关系破裂的概率。女性更可能因为不喜欢而分开，在早期择偶时可以适当关注内心感受，遵从内心的选择。

中意的"Ta"：单身群体择偶观与未来规划

不同的经历和性格让每个单身青年都有不一样的爱情蓝图，但一样的是对美好生活的向往，对遇到那个"Ta"的渴望。

表10-14 单身群体的择偶观

维度	内容		理想爱人的追寻者（频次）	习惯单身的自由者（频次）	尚未恋爱的空白者（频次）	合计1（频次累计）	合计2（频次累计与百分比）
理想恋爱对象	双方契合	共同话题	5	5	5	15	57（37%）
		相互理解	8	5	1	14	
		性格契合	5	3	3	11	
		"三观"一致	4	5	1	10	
		感觉、眼缘	5			5	
		共同商量		1	1	2	

续表

维度	内　容	理想爱人的追寻者（频次）	习惯单身的自由者（频次）	尚未恋爱的空白者（频次）	合计1（频次累计）	合计2（频次累计与百分比）
理想恋爱对象						
伴侣素质	男方上进	4	4	2	10	29（19%）
	男方成熟	2	3		5	
	男方体贴	4			4	
	女方人品	1	1	2	4	
	男方顾家		2		2	
	男方照顾女方情绪	2			2	
	男方人品			1	1	
	女方独立	1			1	
伴侣性格	女方温柔	4		3	7	27（18%）
	男方乐观	1	1	3	5	
	女方贤良淑德	3		2	5	
	男方脾气好	1		1	2	
	女方体贴		2		2	
	乐于倾听	2			2	
	男方果决		1		1	
	男方幽默		1		1	
	女方乐观	1			1	
	生活情趣			1	1	
家庭因素	孝顺长辈	3	5	1	9	15（10%）
	原生家庭和睦	1	1		2	
	婆媳问题少		1	1	2	
	父母满意	2			2	

第10章 中流何寂寂，孤舟也依依：单身者

续表

维度		内　容	理想爱人的追寻者（频次）	习惯单身的自由者（频次）	尚未恋爱的空白者（频次）	合计1（频次累计）	合计2（频次累计与百分比）
理想恋爱对象	伴侣能力	男方责任心	1	4	2	7	11（7%）
		男方能力		2	1	3	
		男方内涵			1	1	
	伴侣外貌	女方好看	3	1		4	7（5%）
		男方好看	2			2	
		女方瘦			1	1	
	伴侣物质	男方物质条件	2	1	1	4	6（4%）
		稳定收入		1		1	
		物质条件匹配	1			1	
理想恋爱关系	关系状态	稳定、简单	1	6	2	9	22（37%）
		平等	4			4	
		保持沟通	2	2		4	
		默契	1	1		2	
		旅游	1	1		2	
		平等			1	1	
	支持因素	彼此支持	1	2		3	14（24%）
		彼此陪伴		1	2	3	
		彼此信任		1	1	2	
		彼此包容		2		2	
		彼此尊重			1	1	
		共同目标	1			1	
		彼此忠诚			1	1	
		彼此坦诚		1		1	

续表

维度		内　容	理想爱人的追寻者（频次）	习惯单身的自由者（频次）	尚未恋爱的空白者（频次）	合计1（频次累计）	合计2（频次累计与百分比）
理想恋爱关系	独立因素	独立空间	2	2	3	7	13（22%）
		彼此独立	2	1	2	5	
		经济分开			1	1	
	感觉因素	相处舒适	2	1	3	6	8（14%）
		灵魂碰撞	2			2	
	物质因素	无经济压力			1	1	2（3%）
		经济稳定		1		1	
理想婚姻对象	伴侣物质因素	男方物质条件	2	1	3	6	6（30%）
	感情因素	感情基础			1	1	1（5%）
	家庭因素	父母满意	3		1	4	4（20%）
	伴侣素质	尊老爱幼	3			3	4（20%）
		男方有担当		1		1	
	伴侣性格	女方温柔		1		1	3（15%）
		门当户对			1	1	
		伴侣家庭好相处		1		1	
	观念	丁克			1	1	1（5%）
	外貌因素	男方外貌			1	1	1（5%）
理想婚姻关系	支持因素	相互支持	1	1		2	7（24%）
		共同奋斗	2			2	
		相互尊重	2			2	
		相互包容		1		1	

第10章 中流何寂寂，孤舟也依依：单身者

续表

	维度	内　　容	理想爱人的追寻者（频次）	习惯单身的自由者（频次）	尚未恋爱的空白者（频次）	合计1（频次累计）	合计2（频次累计与百分比）
理想婚姻关系	感情因素	因爱结合		1	1	2	2（7%）
	家庭因素	孝顺父母		1		1	1（3%）
	关系状态	相伴终生	3	2	1	6	17（59%）
		平稳和睦	3	1		4	
		男主外，女主内	1		2	3	
		分担家务	3			3	
		保持新鲜		1		1	
	物质因素	经济分开			2	2	2（7%）

注：婚姻部分很多内容与恋爱部分相同，主要呈现婚姻比恋爱多出的因素或者更为看重的因素；彼此独立是性格独立，更喜欢自己一个人，偶尔互相陪伴，而独立空间诉求是指期待互相陪伴，但希望保留自己的一部分空间。

从整体择偶观上来看，理想爱人的追寻者和习惯单身的自由者这两类有过恋爱经历的人在择偶和关系诉求上大致相似，相对而言，尚未恋爱的空白者的诉求比较空泛，他们的择偶观更多受到周围朋友、父母、媒体等的影响。

面对未来伴侣，单身者在双方契合、伴侣素质和伴侣性格上有着较大的诉求。在双方契合上，三种类别的单身者都非常看重共同话题和性格契合，有过恋爱经历的人提到相互理解和"三观"一致的重要性。"三观"一致主要指生育观、消费观和生活态度一致。理想爱人的追寻者对爱情的期待最高，多次提及感觉好、有眼缘等择偶标准。

就是人生观的话，比如说，怎么看待人生？你到底是想要当下的快乐，还是说必须把未来一步一步都规划好，就是这样的吧？然后价值观的话就是，很简单，花钱，钱花在哪里，对吧？然后买什么，就是能满足你心里想要的那个东西。这个其实都是容易产生分歧的地方。要是两个人观念基本吻合，就不会产生分歧，也可以互相理解和包容。

——I_BJ11

在择偶标准上，男性和女性有着不同要求。女性更看重男性的上进心、成熟度，但男性对女性能力的要求比较低，少数男性受访者提到希望女性独立、聪明。男性对女性在性格上有更多要求，希望女性贤良淑德、温柔体贴。对人品和彼此关心的需求，男性和女性都很看重，男性会用"女性体贴、包容"，女性会用"男性呵护人、脾气好"来表达对关心的需求，两种表达方式中男性更像强有力的保护者，女性则为温柔的照顾者。

在伴侣素质上，参与者提及的独特的一点是男性对女性情绪的呵护。有单身女性表示前任过于理性，遇到事情并不呵护自己的情绪，总是说教，让自己感到受伤。

那个男的（不理想的前任）跟我讲，他跟我说你应该好好提高一下你自己。我觉得这个男的就是让我最讨厌的，我这辈子不会再找这样的人。他就是什么东西都怪在我头上，我告诉你这件事情不是说我要你告诉我道理什么的，对吧？但他的态度就是都是你的错，是你脸色不好，是你让别人误会你了什么的，他还跟我讲你要去跟他说对不起，我为什么要去跟他说对不起？然后我就觉得这个人脑子有病，我就不想跟他在一起了。（理想伴侣）就会从我的角度来跟我讲这些事情，说他们怎么这样，真的好过分，好气啊，以后不要睬他们了。

——I_SH09

在情绪需要抚慰的情况下，女性参与者表示希望伴侣能够接纳自己的情绪，理解自己，而不是全然理性地讲道理。

参与者虽然提及对男性物质条件的要求，但与其他要求相比，这一要求并不是非常普遍，也就是说，人们在考虑理想伴侣时并不会把物质条件作为决定因素。而在前面讨论的单身原因中，很多男性因为自我物质条件不足而选择不展开恋爱关系，这种观念对男性来说可能成为一种限制。

在伴侣性格上，希望女性贤良淑德、温柔、体贴、乐观，希望男性乐观、开朗、幽默、果决，对男性和女性共同的性格要求是乐于倾听。在伴侣能力上，主要强调男方的责任担当和能力，对女性能力的要求较少。在伴侣外貌上，对女性的要求偏多，主要指向身材和长相；理想爱人的追寻者更看重女性的外貌，但他们并不是追求完美，而是要求看着顺眼，也就是有眼缘，只有一位明确提出希望女方瘦一点。

在家庭因素上，三种类别的单身者都提到了伴侣需要孝顺长辈，理想爱人的追寻者提到希望父母对伴侣满意，女性还提到希望男方家庭关系和睦，没有婆媳问题。

对于理想的恋爱关系，单身者主要提到了关系状态、关系中的支持因素、寻求自我空间的独立因素、关注情感的感觉因素以及物质因素。在关系状态上，受访者希望保持关系稳定、简单，理想爱人的追寻者提出了平等的诉求，双方可以相互商量、彼此平等。支持因素主要包括彼此支持、彼此陪伴、彼此信任、彼此包容、彼此尊重、共同目标、彼此忠诚、彼此坦诚，其中彼此支持和彼此陪伴得到人们的普遍认同，彼此支持意味着支持对方的喜好和决定。独立因素包括独立空间、彼此独立和经济分开，独立空间和彼此独立都是对自我空间的诉求，说明当代青年对个人空间和独立的看重。

感觉因素强调相处舒服和灵魂碰撞般的心动，相信缘分，在物质条件上希望没有经济压力，双方经济稳定。

理想婚姻对象部分主要列出了每位参与者回答择偶问题时，没有在理想恋爱对象部分提及的因素，体现婚姻择偶的独特性。婚姻择偶主要考虑伴侣物质因素、感情因素、家庭因素、伴侣素质（尊老爱幼和男方担当）、伴侣性格、观念和外貌因素等。单身者考虑婚姻时对男方物质因素的考虑增多，而且更多考虑父母的意见，以及未来对长辈和子女的照顾。婚姻在单身青年看来是两个家庭的事情，并不是简单的两个人的事情。

理想婚姻关系诉求包括支持因素、感情因素、家庭因素、关系状态和物质因素。在关系状态中，单身者6次提及希望相伴终生，他们会用"开始了就是一辈子"来表达自己的这种意愿，与中国传统的维持关系长久的理念相似。单身者希望婚姻状态平稳、和睦，没有过多波折，将关注点放在家务分担和分工模式（男主外，女主内）上，更多考虑生存因素。

在择偶考虑中，单身者3次提及宁缺毋滥的态度，主要由习惯单身的自由者和理想爱人的追寻者提出。

第 10 章 中流何寂寂，孤舟也依依：单身者

表 10-15 三类单身者对未来生活的期望

		理想爱人的追寻者（频次）	习惯单身的自由者（频次）	尚未恋爱的空白者（频次）	合计 1（频次累计）	合计 2（频次累计与百分比）
感情生活	幸福、稳定	6	5	2	13	67（81%）
	天长地久	5	1	1	7	
	伴侣合适	4	2		6	
	互相关心、包容	2	3	1	6	
	物质基础	2	2	2	6	
	共同进步	3	1	1	5	
	家庭温馨	3	2		5	
	平等、自由	2	1	1	4	
	伴侣经济基础（男）	1	2		3	
	被呵护（男）	1	1		2	
	共同维护	2			2	
	独立空间		1	1	2	
	共同话题		2		2	
	相互理解	1			1	
	及时沟通			1	1	
	新鲜感	1			1	
	"三观"一致		1		1	
个人因素	事业进步		3	2	5	12（14%）
	经济基础	1	1		2	
	旅游	2			2	
	保持开心		2		2	
	自我提升	1			1	
家庭因素	家人健康		3	1	4	4（5%）

除了单身生活状态，访谈还关注人们对未来生活的期望（如表10-15所示）。从表中可以发现，人们对生活的期望并不全部指向感情生活，也包含个人因素和家庭因素，如事业进步、有经济基础、家人健康等。对于感情生活，单身者保持着比较积极的向往，希望幸福、稳定、家庭温馨，其中理想爱人的追寻者特别提及了对天长地久的期待。

单身青年的爱情小贴士：

（1）单身青年心中的理想爱情状态是怎样的？与以往有何异同？

恋爱时，想要获得最美好的状态首先要彼此支持，可以相互信任，相互尊重，相互坦诚，长久陪伴，包容彼此并支持对方的决定；其次要留有独立空间，感情中适当留白反而可以使关系升温。单身青年仍然期待怦然心动的缘分，希望双方经济稳定，关系平稳，遇到问题平等地商量。

面对婚姻大事时，单身者将更多精力放在双方家庭和生存因素上：更多考虑男方物质条件，希望获得彼此父母的同意和支持，两人一起赡养父母和照顾后代；感情更加和睦、平顺，生活合理分工，一起面对生活中的波澜。婚姻中的理想状态与爱情仍有相似之处，但更关注合作和现实因素。

单身青年对外貌没有过高的要求，顺眼就好。人们对独立空间提出了更高的诉求，更希望感情松弛有度，留有余地。

（2）什么样的人会受到爱神的眷顾？

爱情既是多样的也是私人的，没有一个统一的标准可以满足所有人的期待。比如人们最看重彼此契合，强调有共同话题，性格合适，

第10章 中流何寂寂，孤舟也依依：单身者

"三观"（生育观、消费观和生活态度）一致，但只要找到欣赏自己、彼此匹配的伴侣，每个人都可以受到爱神的眷顾。

在多样性和私人性之外，有些因素是单身青年普遍偏好的，也是爱神更眷顾的，如孝顺长辈，关心和照顾伴侣，家庭和睦，乐于倾听，等等。一个有上进心、有物质基础、乐观开朗的男性，抑或一个温柔体贴、相貌良好、善解人意的女性，都更有可能受到爱神的眷顾，成为大家偏好的伴侣。

（3）爱情中的男女来自同一个星球吗？

整体而言，男性和女性对爱情的诉求是相似的，都关注伴侣的人品，希望伴侣积极、阳光，相互支持和倾听，本质上并不是来自两个星球，可以达到平衡的状态。但男性和女性之间仍有细微的差异，差异会导致部分冲突或误会。

男性和女性对伴侣和自己的要求有所不同。女性看重伴侣的"硬实力"，如上进心、成熟度、对自己情绪的呵护、性格乐观开朗、幽默、果决、富有能力、乐于担当；男性看重伴侣的"软实力"，如温柔体贴、长相好。

普遍来讲，女性对自己没有很高的经济或者能力要求，这与男性对女性的期待相符；部分男性对自己有很高的经济和能力要求，无法满足要求时就会限制自身恋爱，但在恋爱中女性没有重点强调男性的经济条件，有时男性对自己的经济要求是一种自我设障，会阻碍爱情的到来。

在对对方的要求上出现了差异，即男性会忽略女性对"男性呵护自身情绪"的需要，面对问题，男性更多采取问题解决策略，因此善于

第一时间处理女性情绪问题的男性可能更受欢迎。

爱情中的冷暖：依恋

在爱情旅途中跋涉的人们，既会感到幸福和温暖，也会感到担忧和心寒，相处就是一个动态磨合的过程，彼此同心协力才能让感情更稳定，成为让人心安的伊甸园。

依恋是个体与特定的人形成牢固的情感纽带的倾向。在本研究中，为了让参与者更好地阐述依恋状态，使用了自己对他人依赖、他人对自己依赖、自己对他人亲近、他人对自己亲近的十分制打分的询问方式。

表 10-16　理想爱人的追寻者的依恋关系打分及原因

	自己对他人依赖（人次与百分比）	他人对自己依赖（人次与百分比）	自己对他人亲近（人次与百分比）	他人对自己亲近（人次与百分比）
7—10	12（60%）	8（40%）	17（85%）	15（75%）
4—6.9	6（30%）	9（45%）	3（15%）	5（25%）
1—3.9	2（10%）	3（15%）	0	0
基本一致（6—10）	6		15	
基本一致（1—5.9）	1		0	
不一致（男高）	7		2	
不一致（女高）	5		2	

第10章 中流何寂寂，孤舟也依依：单身者

续表

	自己对他人依赖（人次与百分比）	他人对自己依赖（人次与百分比）	自己对他人亲近（人次与百分比）	他人对自己亲近（人次与百分比）
打分原因（频次）	情感依赖（8） 寻求意见（6） 每日接送（1） 表达关心（1） 热恋依赖（1） 家务依赖（1） 规划未来（1） 花费精力（1） 情绪抚慰（1） 见面频繁（1） 聊天频繁（1） 陪伴（1）	主动聊天（3） 情感依赖（3） 报备生活（2） 聊天诉求（2） 生活依赖（2） 陪伴（2） 主动邀约（1） 征求意见（1） 男性体力（1） 聊天频繁（1） 关心（1） 经济（1）	肢体接触（6） 情感（3） 情感付出（2） 无话不谈（2） 自己心中恋人比自我重要（1） 男性主动（1） 情感纯粹（1） 规划未来（1） 彼此报备（1） 关心（1）	情感（2） 肢体接触（2） 主动发信息（1） 换位思考（1） 彼此报备（1） 习惯（1）
扣分原因（频次）	独立空间（5） 自己也可以（2） 彼此独立（1） 感情不好（1） 性格独立（1） 对方忙碌（1） 个人爱好（1） 性格不合（1） 工作（1） 经济水平（1）	工作（2） 性格独立（2） 需要才找（2） 自我空间（2） 不告知事情（2） 心理成熟（1） 生活习惯不合（1） 分开也可以（1） 考虑因素多（1） 个人娱乐（1） 不上心（1）	感觉对方不亲（1） 生育观不合（1） 工作忙碌（1） 个人空间（1） 不了解彼此家庭（1） 吵架（1）	对方心中自我比恋人重要（1） 不表露内心（1） 女性不主动（1） 生育观不合（1） 没有结婚（1） 自我空间（1） 沟通不畅（1） 保留信息（1）

注：不一致为两者相差大于或等于2分；基本一致比较高的分布是6—10分，没有选择5分作为划分标准是因为恋人之间普遍打分高于5分。

在三种类别的单身者中，理想爱人的追寻者的依恋程度是最高的，自己对他人依赖（60%）、自己对他人亲近（85%）和他人对自己亲近（75%）都整体处于高分段，他人对自己依赖在各个分数段

分布较为均匀。在曾经的恋爱关系中，双方大多彼此很亲近，15人的态度基本一致，认为彼此很亲近。在双方不一致的情况下，分别有2位男性和2位女性在关系中感到更亲近，没有性别差异。在依赖部分，7人的态度基本一致且主要认为彼此高度依赖。不一致的伴侣中有7位男性依赖程度高，5位女性依赖程度高；总体来说，男性依赖程度略高，但没有明显的性别差异。男性依赖程度略高原因在于依赖具有多样性，最多体现为情感依赖和意见询问，较少体现为具体事务的帮助和物质依赖。在意见询问上，女性会向男性咨询关于电子产品的意见，男性会学习女性的社会交际和为人处世的方式。双方都很看重情感依赖。

  其实，真的并没有完全依赖。但例如我要买一些电子产品时，我可能是完全依赖他的。我可能会跟他讲，手提电脑好像不太好用了，我想换一台，我说你帮我看看有什么性价比高的（产品）。因为我很相信他的选择，就是他总会选择那种性价比很高、很实用的东西。

——I_GZ03（女）

  当时在一块，因为她主意比较多嘛，所以还是我依赖她稍微多一些。她依赖我的话，比如说去买东西特别沉，我帮她拿，像出力气这方面。或者说她太热，然后我去帮她，比如说去个地儿帮她拿东西之类的……就这种出力的活，她依赖我多一些。……而思想方面她比我（想法）多，所以我今天来也想找一个思想方面能（想法）多一些的，因为可能我想得不怎么全面，有时候脑子一蒙，

第10章 中流何寂寂，孤舟也依依：单身者

就不知道（该怎么做）。

——I_BJ07（男）

情感依赖包括每天接送（男接女）、表达关心、情绪抚慰、彼此陪伴等。在他人对自己依赖这一方面，伴侣主动发起聊天，表现出情感依赖，积极、主动分享生活状态，展露对自己的需要以及陪伴，都会让人们感受到伴侣对自己的依赖，而且这种依赖也带来实际的帮助，比如需要男生做力气活、经济上的支持等。

大多数单身者在依赖程度上并没有打出10分，主要原因是需要独立空间，同时秉持着"有最好，没有也行"的观点，认为自己一个人也有能力生活和工作。双方性格独立、感情不和会降低对伴侣的依赖，同时工作繁忙也会降低彼此的依赖。伴侣有需要时才找自己，这种目的性强的依赖让理想爱人的追寻者感到痛苦，认为对方内心并没有真正需要自己。

在亲近程度上，大部分单身者对自己和前任都打了高分，双方一致的态度在高分段分布较多。表达亲近的方式主要有肢体接触、情感亲密、无话不谈，伴侣对自己表达情感和肢体接触是感受对方亲近的主要方式。除此之外，表达亲近的方式还有规划未来、彼此报备、表达关心等。可以发现，彼此报备对依赖和亲近都有重要作用，因此，多报备和分享生活是良性的关系维护方式。

关系中亲近程度低的原因并不集中，因人而异，主要包括感到对方不亲密、生育观不合、工作忙碌等，对方不肯表露内心、女性过于被动、沟通不畅也会降低亲近程度。

表 10-17 习惯单身的自由者的依恋关系打分及原因

	自己对他人依赖（人次与百分比）	他人对自己依赖（人次与百分比）	自己对他人亲近（人次与百分比）	他人对自己亲近（人次与百分比）
7—10	10（56%）	7（41%）	12（67%）	12（71%）
4—6.9	4（22%）	9（53%）	5（28%）	4（24%）
1—3.9	4（22%）	1（6%）	1（6%）	1（6%）
基本一致（6—10）	7		9	
基本一致（1—5.9）	4		4	
不一致（男高）	2		2	
不一致（女高）	2		1	
对方高（非恋人）	2		1	
自己高（非恋人）	0		0	
打分原因（频次）	情感依赖（8） 征求意见（3） 女性内心期待（1） 融入交际圈（1） 表达关心（1） 热恋依赖（1） 家务依赖（1） 情绪抚慰（1） 共同商量（1） 寻求帮助（1） 生病照顾（1） 父母经济条件（1）	征求意见（3） 情感依赖（2） 规划未来（1） 热恋依赖（1） 寻求帮助（1） 关心（1）	情感（2） 肢体接触（1） 网络聊天（1） 性格契合（1） 热恋亲近（1）	接触原生家庭（1） 男方脾气好（1） 公开亲密（1） 伴侣黏人（1） 男方体贴（1） 相处多（1） 情感（1）

第 10 章 中流何寂寂，孤舟也依依：单身者

续表

	自己对他人依赖（人次与百分比）	他人对自己依赖（人次与百分比）	自己对他人亲近（人次与百分比）	他人对自己亲近（人次与百分比）
扣分原因（频次）	女性故意冷落（2） 自己也可以（1） 独立空间（1） 彼此独立（1） 性格独立（1） 工作忙碌（1） 聊天少（1） 经济条件（1） 反感（1） 生活（1）	自我空间（2） 情感表露少（1） 分开也可以（1） 彼此独立（1） 沟通不畅（1） 个人隐私（1） 自己承担（1） 异地（1） 工作（1）	拒绝公开亲密（1） 分开也可以（1） 情感表露少（1） 对方与自己原生家庭接触少（1） 了解原生家庭（1） 个人空间（1） 保持距离（1） 保留隐私（1） 热恋后无（1） 不在意（1） 聊天少（1） 见面少（1） 异地（1）	迎合独立要求（1）

注：（1）彼此独立指双方非常独立，享受互不依赖的状态；独立空间指可能双方彼此很依赖，但需要留有部分自我空间。（2）I_SH10 没有提及他人对自己亲近；I_HM10 在他人对自己依赖上未打分。

从表 10-16 和表 10-17 的对比中可以看出，习惯单身的自由者的依恋程度相对降低，他们更为独立，双方依恋程度不一致的情况变多。自己对他人依赖在三个分数段都有较多分布，但高依赖程度的人数比较多；他人对自己依赖主要集中在高依赖程度（41%）和中等依赖程度（53%），中等依赖程度的人数比较多；自己对他人亲近主要集中在高亲近程度（67%）和中等亲近程度（28%），高亲近程度的人数比较多；他人对自己亲近主要集中在高亲近程度（71%）和中等亲近程度（24%），高亲近程度的人数比较多。习惯单身的自由者在分数分布上更为均匀，中等程度比例加大，依恋程度变低，在他人对自己依赖上，中等依赖程度成为主要状态。

在双方一致性上，虽然以基本一致为主，如基本一致（偏高）有16人（依赖打分一致7人和亲近打分一致9人），基本一致（偏低）有8人（依赖打分一致4人和亲近打分一致4人），但可以看出双方一致偏低的比例增大，也就是习惯单身的自由者在曾经的恋爱关系中更可能出现彼此低依赖或低亲近的状态。在不一致状态中，有2位男性和2位女性依赖程度更高，有2位男性和1位女性亲近程度更高；在对非恋人亲密关系打分中，有2人提及对方依赖程度高，1人提及对方亲近程度高。不一致状态没有明显的性别差异，男性和女性都可能是关系中依赖程度更高或者亲近程度更高的人，而面对非恋人亲密关系，如朋友和家人，对方的依赖和亲近程度可能高于自己的依赖和亲近程度。

对习惯单身的自由者来说，对他人的依赖主要是情感依赖，其次是征求意见。女性内心期待、表达关心、融入交际圈、家务依赖、情绪抚慰、寻求帮助等都是依赖的体现；女性故意冷落、独立空间、性格独立、工作忙碌等是不依赖的体现。女性期待男性的关注却故意冷落，不敢主动，是很有意思的一点，但是女性的冷落会让伴侣觉得对方高冷，反而对关系依赖程度打分较低。依赖是双向的，既需要自己依赖他人，也需要他人依赖自己，当感受到对方依赖程度较低时，人们也会降低自己对他人的依赖程度，导致关系依恋减弱。

在他人对自己依赖这一部分，对方征求自己意见、表现出情感依赖、规划双方的未来都会让习惯单身的自由者感受到被依赖；伴侣情感表露少、彼此独立、沟通不畅、异地等会降低习惯单身的自由者对伴侣依赖程度的评估。

习惯单身的自由者在关系中一般会通过情感、肢体接触和网络聊天等行为表达亲近，但是会保留自己的空间，减少自我表露，保持距离，拒绝公开亲密。伴侣脾气好、体贴和黏人会让习惯单身的自由者感受到来自对方的亲近。

表 10-18 尚未恋爱的空白者的依恋关系打分及原因

	自己对他人依赖 （人次与百分比）	他人对自己依赖 （人次与百分比）	自己对他人亲近 （人次与百分比）	他人对自己亲近 （人次与百分比）
7—10	3（33%）	0	4（44%）	3（43%）
4—6.9	3（33%）	5（71%）	4（44%）	4（57%）
1—3.9	3（33%）	2（29%）	1（11%）	0
基本一致 （6—10）	3		6	
基本一致 （1—5.9）	2		1	
对方高 （非恋人）	1		0	
自己高 （非恋人）	1		0	
打分原因 （频次）	朋友（3） 父母（2） 渴望爱情 （家庭缺爱）（1） 有爱情更好（1） 情感依赖（1） 情感珍惜（1） 道德要求（1）	寻求帮助（3）	无话不谈（3） 一张床睡觉（1） 肢体接触（1） 道德要求（1） 向往异性（1） 共同活动（1）	期待伴侣（2） 善于交际（1） 渴望亲密（1）
扣分原因 （频次）	愿意自己解决（2） 童年缺乏陪伴（1） 自己也可以（1） 喜欢一个人（1） 不会表达（1）	工作（1） 学习（1）	发现对方不满（1） 喜欢一个人（1） 自我空间（1）	迎合独立诉求（1）

注：I_QD04、I_SZ09 没有在他人对自己依赖和他人对自己亲近上打分。

尚未恋爱的空白者中有一部分人的态度与理想爱人的追寻者的态度类似，一部分人的态度与习惯单身的自由者的态度类似，因此分布比较均匀，但是在他人对自己依赖上打分偏低，可能是为了迎合这一群体不愿被打扰的独立个性。尚未恋爱的空白者自己对他人依赖的分数在三个分数段分布均等（33%）；他人对自己依赖的分数只分布在中等程度（71%）和低等程度（29%）上，以中等程度为主；自己对他人亲近的分数主要分布在高等程度（44%）和中等程度（44%）上；他人对自己亲近的分数只分布在高等程度（43%）和中等程度（57%）上。

在双方一致性程度上，以一致为主，9人一致性打分高（3人高依赖和6人高亲近）和3人一致性打分低（2人低依赖和1人低亲近）。在不一致部分，自己和他人都可能成为更依赖的人，没有显著差异。从表10-18中可以看出，虽然依赖和亲近基本一致且主要以双方高度依赖和亲近为主，但低分的一致性也占据一定比例，即尚未恋爱的空白者可能包含两种态度——追寻爱情和享受自由。

尚未恋爱的空白者主要依赖朋友和父母，因为他们平均年龄偏小，所以和原生家庭的联结更为紧密。有参与者提到与人交往更像道德要求，自己很喜欢独处，但是社会道德要求人和人互动，因而不得已依赖他人和被他人依赖。当朋友或者亲人寻求自己的帮助时，尚未恋爱的空白者会感觉被依赖。

对于尚未恋爱的空白者，除了因客观条件没有合适的对象之外，也有自己性格独立、自由需求高的原因，比如不喜欢过度依赖他人，更愿意自己解决问题，喜欢一个人生活，不会表达。

无话不谈、肢体接触、共同活动都是尚未恋爱的空白者对他人亲近的方式，自己对他人亲近也会提供他人对自己亲近的机会，他人对

第10章 中流何寂寂，孤舟也依依：单身者

自己亲近程度降低也有迎合自己独立诉求的意味。

我没什么很特别的事情，我也不会特意去找。或者自己很重要的事情，特别需要帮忙的，我自己去解决也不会去找他……反而他们有什么事的话，我是比较在乎的，例如说他们有什么事我是第一个出来帮忙的人，但是我自己有问题的话，我选择自己去解决或者我不想让他们知道……朋友对我的话，其实怎么说呢，因为他们也知道我的性格，因为他们没什么特别要讲的，或者有时候他们想聚一聚也会找我，当然有什么困难需要帮忙的时候才会找我，没什么特别的事情他们也不想骚扰我……可能有3分是因为我自己的因素吧，因为我也不想跟他们太亲近。

——I_GZ11

在依恋部分，理想爱人的追寻者依恋程度高，且双方一致性强，彼此之间有着比较强的联结；习惯单身的自由者的依恋程度逐渐偏向于中等程度，而且双方在基本一致的依恋状态的低分段人数增加；尚未恋爱的空白者对空间距离的需求更大。尚未恋爱的空白者更像是理想爱人的追寻者和习惯单身的自由者的结合，他们在各分数段的分布比较均匀，但依赖部分打分偏低，因为这类单身者性格独立且自我空间诉求高。成为尚未恋爱的空白者有两种原因，一是追寻理想爱情但是没有合适的对象，或者年龄小、经历少，二是享受单身的自由，没有强烈的关系需求。

在依恋中，除了依赖和亲近，还有一个重要的因素是疏离，疏离感受和担心疏离都会降低关系中的安全感和满意度。一般情况下，如果处于亲密关系或者与亲人、朋友的关系中，人们主要会感受到舒适，没有疏离感，也不担心疏离。因此，此处主要探讨产生不适感的原因

和关注疏离的成因，同时探讨当代青年在关系中缓解担忧的方式。

表 10-19　有过恋爱经历者的疏离感受打分及原因

	感受不舒适（人次）	感觉疏离（人次）	没有疏离感（人次）	担心疏离（人次）	不担心疏离（人次）
男性	0	7	3	3	2
女性	1	10	1	5	3
累计	1	17	4	8	5
男性（频次）		购物不考虑男方（1）对方家庭反对（1）女方吵架（1）异地（1）联系少（1）忙碌（1）"三观"不一致（1）	女方体贴（1）见面频繁（1）*喜欢自我空间（1）*	女方拉黑（1）吵架（1）	多沟通（1）女方单纯（1）
女性（频次）	**偏好一个人（1）**	忽视情绪（3）工作忙碌（2）男方沉迷游戏（2）信息回复不及时（1）分手前冷暴力（1）男方沉迷打牌（1）男方控制欲强（1）下班不陪伴（1）*产生矛盾（1）*"三观"不一致（1）	及时沟通（1）主动询问（1）	担心诱惑（2）异地（2）**不在意自己的情绪（1）**男方安全感（1）工作忙碌（1）男方家庭反对（1）**担心关系（1）**	**相互理解（3）更多陪伴（2）拒绝冷暴力的共识（1）善于沟通（1）**

注：一个参与者可能提到多个原因；加粗内容代表参与者个人原因和处理方式，斜体内容代表双方的作用，其余内容代表对方行为。

先分析经历过恋爱关系的理想爱人的追寻者和习惯单身的自由者。从表 10-19 中可以看出，他们在关系中非常可能感到被忽视或者疏离，存在担心疏离的现象。整体而言，女性在关系中安全感略低，更多感受到被忽视和担心疏离。

第10章 中流何寂寂，孤舟也依依：单身者

有7位男性在关系中提到有疏离感，感受到疏离的原因并不相同，有女方购物只考虑自己，不为男方着想，对方家庭反对，女方吵架，异地，忙碌等伴侣行为，也有双方"三观"不一致导致的疏离。女性主要会因为男方工作忙碌，信息回复不及时，沉迷游戏，分手前冷暴力，沉迷打牌，控制欲强，忽视情绪，下班不陪伴等伴侣行为感受到疏离。双方"三观"不一致，产生矛盾，也会引发疏离感。

在关系中，有3位男性和1位女性报告了高安全感，没有在关系中感受到疏离，读者可以从中发现如何培养安全感。男性认为，女方体贴、见面频繁是重要原因，当然，自己个性独立，不需要过多陪伴也很重要。女性则看重及时沟通、主动询问，如果有疑问就主动沟通，不要猜测，这也会增加女性的安全感。

除了真实地感到疏离，参与者也会担忧未来发生疏离，男性会担心女方生气拉黑和吵架，女性会担心男方受到诱惑、不在意自己的情绪、工作忙碌等伴侣行为，担心异地会对感情产生不良影响，也有自己对关系的持续、弥散的担心。不担心疏离的单身者提到，需要双方多沟通、相互理解、更多陪伴。

表10-20 尚未恋爱的空白者的疏离感受打分及原因

	感受不舒适（人次）	感觉疏离（人次）	没有疏离感（人次）	担心疏离（人次）	不担心疏离（人次）
累计	2	6	2	1	1
朋友（频次）	不想当情绪垃圾桶（1）聊天疲惫（1）	朋友忙碌（2）不及时回复信息（1）其他小集体（1）	自我陪伴（1）共同活动（1）直接沟通（1）		理解体谅（1）

续表

	感受不舒适（人次）	感觉疏离（人次）	没有疏离感（人次）	担心疏离（人次）	不担心疏离（人次）
父母（频次）		生病未在意（1） 父母忽视（1） **不善表达（1）**	接受现状（1）		
他人（频次）		同事不熟悉（1）		担心告白对象拒绝（1）	

注：加粗内容代表参与者个人原因和处理方式，斜体内容代表双方的作用，其余内容代表对方行为。

尚未恋爱的空白者的依恋对象主要是朋友和父母，有时候与朋友过于亲密也会让单身者感受不舒适，因为他们并不想当情绪垃圾桶，聊天也会让人感到疲惫。6位尚未恋爱的空白者提到在亲朋关系中感觉疏离，比如朋友忙碌，没有及时回复信息，朋友中分离出其他小集体，自己生病但父母未在意，同事彼此不熟悉。没有疏离感是因为自我陪伴，有群体共同活动，朋友之间可以直接沟通。

单身青年的爱情小贴士

如何使爱情保温？

要想使爱情保温，必须明确三点：第一，保温的程度；第二，怎样的行为可以保温；第三，应该避免的降温行为。

保温不需要一直保持炽热，持续的炽热会耗费过多精力且难以持久。选择适合自己的温度，既不过度损耗精力又能维持感情即可。对理想爱人的追寻者也许8分适宜，对习惯单身的自由者也许4分即可。爱情保温需要为自己和伴侣留有独立空间。

爱情中彼此依赖、彼此亲近是使爱情保温的重要因素。心中牵挂恋人，遇到事情多询问对方意见；用积极的态度学习为人处世，生活中可以多口头表达关心，在对方失落时陪伴、抚慰，积极分享自己的生活；表达自己对伴侣的需要，提升伴侣的价值感。肢体接触是增加亲密的良方，相处中尽量彼此坦诚、多沟通、共同规划未来、报备行程。女性可以适当放下矜持，主动沟通，减少被动等待的情况，男性需要女性释放需要伴侣的信号，双方互动才能使爱情保温。

爱情是一朵玫瑰，虽然娇艳但全身带刺，两个人相处需要避免使感情冷却、关系降温的"刺"。工作繁忙会降低彼此的依赖程度，需要平衡工作与感情，及时沟通或者报备行程都是可以考虑的补偿措施。"三观"不一致、个性独立、沟通不畅、异地、对方家庭反对、男性控制欲强、女性情绪敏感都会降低亲密感、信任感。

性与爱：性观念与性行为

性就像一个甜蜜的"禁果"，朦胧地存在于生活之中，从爱情中生根发芽，受爱情滋养长大，又树大成荫，庇护爱情。

性在亲密关系中有重要作用，但人们对性的看法和接受的性行为存在差异。性在关系中有什么作用？人们如何看待性？性的对象和情况如何？

表 10-21 单身者对性的看法

	看重贞操（频次与百分比）	婚前性行为（频次与百分比）	性爱分离（频次与百分比）	无性婚姻（频次与百分比）	婚外性行为（频次与百分比）	开放性关系（频次与百分比）
男支持	1（25%）	21（88%）	8（47%）	2（9%）	2（10%）	3（25%）
女支持	1（25%）	18（78%）	1（4%）	1（5%）	0	0
支持合计	2（25%）	39（83%）	9（23%）	3（7%）	2（5%）	3（9%）

续表

	看重贞操（频次与百分比）	婚前性行为（频次与百分比）	性爱分离（频次与百分比）	无性婚姻（频次与百分比）	婚外性行为（频次与百分比）	开放性关系（频次与百分比）
男反对	3（75%）	3（13%）	9（53%）	20（91%）	18（90%）	9（75%）
女反对	3（75%）	5（22%）	22（96%）	20（95%）	20（100%）	22（100%）
反对合计	6（75%）	8（17%）	31（77%）	40（93%）	38（95%）	31（91%）
支持原因（频次）	年长的长辈（2）	感情基础（7）深入了解（4）快餐恋爱（2）保障（2）成年（2）男性欲望（男）（1）尝试心态（1）双方同意（1）环境开放（1）男性主动（1）家长同意（1）勿堕胎（1）	大学可以（1）男性为性而爱，女性为爱而性（男）（1）先爱后性（1）有性无爱是常态（1）爱有性，性不一定有爱（男）（1）有性无爱，单身也可以（1）包容偶然（1）柏拉图式恋爱（1）金钱、生理需求匹配（1）	完成生育后（2）双方同意（1）合伙人（1）	不能被发现（1）包容偶然（1）	婚前可以（1）安全就可以尝试（男）（1）

第10章 中流何寂寂，孤舟也依依：单身者

续表

	看重贞操（频次与百分比）	婚前性行为（频次与百分比）	性爱分离（频次与百分比）	无性婚姻（频次与百分比）	婚外性行为（频次与百分比）	开放性关系（频次与百分比）
反对原因（频次）	过去不重要（男）(1)	不能多给（女）(1) 保护女性（男）(1) 传统（女）(1) 珍惜自己（女）(1) 不负责（男）(1) 迎合男性择偶（女）(1) 安全问题(1)	感情基础(12) 男可女不可（女）(2) 有爱无性不深刻(2) 结婚不可以(1) 欲望动物(1) 不长久(1)	影响生育(4) 缺乏感觉(3) 影响感情(3) 异常(1) 无法缓解婚姻冲突(1) 朋辈无性离婚(1) 可能出轨(1)	出轨(5) 恶心(2) 破坏家庭(2) 耻辱(1) 伤害孩子(1) 大众批判(1) 不自爱(1)	安全问题(3) 感情破裂(3) 传统(2) 婚后不可以(1) 不负责(1) 刺激(1)

注：有参与者依据环境而改变态度，如I_HM04认为大学可以性爱分离，但结婚后不行，于是分别在支持和反对性爱分离上计分，因此此处计数单位为频次。

在对性的看法上，男性比女性更为开放，且更认可自身的性欲望，在婚前性行为、性爱分离、婚外性行为和开放性关系上，男性都比女性表现出更高的接受度。

> 就是男生拍拖都会有那种欲望，就是心理欲望……都有，都会有的。女生我不知道，男生的话都会有。我身边的男的在拍拖时都会有，都有婚前性行为……女生就不是……我是有点处女情结的吧。……我问过周围的同事，他们有一些人说不介意，觉得OK。其实也是，有一部分人看重，有一部分人不看重。
>
> ——I_GZ01

从整体上来看，当代青年没有非常看重贞操，83%的参与者接受婚前性行为，77%的参与者反对性爱分离，93%的参与者反对无性婚姻，95%的参与者反对婚外性行为，91%的参与者反对开放性关系。参与者在无性婚姻、婚外性行为和开放性关系上一致程度比较高，都暂时不能接受；对于性爱分离，参与者则存在分歧；也有单身者不愿接受婚前性行为。年长的长辈更看重贞操，青年单身群体认为过去的就已经过去，并不是很重要。参与者整体偏向于支持婚前性行为，但前提是有感情基础和彼此深入了解，而且要在成年后发生以避免身体上的伤害。

性是爱情的一种保障，目前的许多恋爱为快餐恋爱，大环境对婚前性行为的包容也会提升人们对婚前性行为的接受度，例如对男性欲望的认可。但是，较少有男性会提到女性也需要性，女性对性的评判也以男性为主，而较少表达自己对性的需要。只有一位女性单身者提到性是自己的需求，需要得到满足，但是也用"难以启齿""不上台面"等词汇来表达对性的需求。

因为我说句不好听的，我说句难以启齿的话，也不算难以启齿的吧，就是我们平时不会放在台面上去说的话。男人到了一定岁数……很多男的他既要顾这个，又要顾那个，他没有那么多的精力和体力了，我已经，我已经空档了这么多年，我就一直没有婚姻上的一些生活什么的，就是没有那种（生活）。我如果结了婚或者什么，他那方面要是不行，我会更痛苦。然后我就觉得他连点朝气都没有，他连那种活力都没有的话，我跟他就简直要……

——I_SZ03

相比男性，反对婚前性行为的女性更多。女性反对婚前性行为主

第10章 中流何寂寂，孤舟也依依：单身者

要是因为传统观念、珍惜自己、迎合男性的处女情结，也担心过早满足男性性需求会降低结婚概率；男性反对婚前性行为是觉得要对女性负责、保护女性，同时还担心安全问题。

对于性爱分离，人们有不同的解读，主要有一夜情、无性婚姻、先爱后性、先性后爱。对于一夜情，人们有不同看法，大多数人不认同这一行为，12位单身者提出性必须有感情基础。有单身者认为，读大学时可以"混乱"一点，但是结婚后不可以，结婚是金钱和生理需求的匹配，一个愿打一个愿挨，不克制就是欲望动物。对于无性的爱，人们认为它是不深刻的，就像柏拉图式恋爱，它更像一种分工合作。在爱和性的顺序上，人们认为一般先有爱再有性，有时候可以有性无爱，爱里面会包含性，但是性里面不一定有爱，甚至有1位男性单身者提出"男性为了性而爱，女性为了爱而性"的存在性别差异的观点。

大多数单身者对无性婚姻持反对态度，重要原因是生育问题，无性没有办法生育后代，生育完成后部分单身者可以在双方同意下接受无性婚姻，但是参与者认为最好不要发展为孕后无性婚姻。除了影响生育，无性婚姻还会影响感情，性作为缓和婚姻冲突和维护婚姻的重要方式，一旦缺乏就会导致冲突、出轨等行为。

对，一种必要的调和剂吧，因为中国的古话是床头吵架床尾和。你都不睡在一起了，不在一张床上，没有交流了，那你还说什么呢？不是说吵架过程，而是性可以缓和矛盾及冲突，就是这样的。

——I_SH10

婚外性行为更多被认为是背叛和出轨，会让被背叛者感到恶心，破坏了家庭的平衡，伤害孩子，男性会有"绿帽子耻辱"，女性认为

婚外性行为是不自爱的表现，同时婚外性行为会受到大众的批判。部分单身青年认为可以有，但是不能被发现，或者愿意原谅伴侣偶然的婚外性行为。开放性关系让双方非常担心安全问题，并会导致感情破裂，开放性关系对中国当代青年来说过于新异，难以接受。但也有人可以接受婚前的开放性关系，在保障安全的前提下可以尝试，支持者多是男性。

表 10-22　单身者的性观念

		男性提出（频次）	女性提出（频次）	合计（频次累计）
对性的看法	感情升华	6	4	10
	感情基础	3	4	7
	双方同意	4	1	5
	本能欲望	5	1	6
	感情需要	2		2
	准备结婚	2		2
	感情标志	1		1
	顺其自然		1	1
	交流方式	1		1
	存在冲动		1	1
	感情保障		1	1
	安全（艾滋病）		1	1
	成年		1	1
	保护措施	1		1
	最后防线		1	1
	负责	1		1

第10章 中流何寂寂，孤舟也依依：单身者

续表

		男性提出（频次）	女性提出（频次）	合计（频次累计）
感情影响	促进感情	4	4	8
	不和谐会妨碍感情		2	2
	必须存在	1		1
	相辅相成	1		1
周围人的观念	保守、传统	5	5	10
	婚外性行为	3	5	8
	开放	4	4	8
	感情基础	2	2	4
	男性开放，女性部分开放		3	3
	无性婚姻		2	2
	酒吧/一夜情	1	1	2
	多个伴侣		1	1
	频繁更换伴侣	1		1
	献给最后的伴侣		1	1
	女同性恋者		1	1
性知识来源	朋友	11	9	20
	网络	5	6	11
	生理课	3	4	7
	书籍	3	2	5
	电视/传统媒体	3	1	4
	视频	3	1	4
	电影	2	1	3

续表

		男性提出（频次）	女性提出（频次）	合计（频次累计）
性知识来源	大学艾滋病知识宣传	1	2	3
	小说		1	1
	讲座		1	1
	公众号、自媒体		1	1
	男友		1	1
	微博		1	1
	超市产品	1		1
	经验		1	1
	广告		1	1
	父母告诫		1	1

注：有些内容没有特别提到，并不是参与者不认同，而是参与者没有提及，例如双方同意。

对性的看法，男性和女性大多持积极的态度，认为性需要建立在一定的感情和双方同意的基础上，是感情的升华。男性可以坦然地表示性是人的本能欲望，但女性较少提及性或对自身的性需求有所回避。周围人的性观念有的开放，有的传统，开放和传统的标准是大多数人是否接受婚前性行为，大多数人接受即开放。

需要注意的是，无论是男性还是女性，性知识的最主要来源都是朋友和网络，其次是学校生理课和大学艾滋病知识宣传、书籍和影视剧，父母对这方面的教育非常缺乏，有少数父母告诫女性要自爱，不发生婚前性行为。朋友和网络传播的性知识非常繁杂，且不完全科学，以这两种方式为性知识传播的主要途径会导致很多问题，有部分女性过于听从男性的引导，不避孕导致意外怀孕。学校性教育体现在生理课和大学艾滋病知识宣传上，可以继续开展下去，但有关性教育的生理课更多是在大学和高中开设，教授时间值得进一步思考是否需要提前，因为访谈中发现部分青年初中已经发生性行为。父母对孩子的性教育很缺乏，这样单方面的屏蔽会让青年从其他途径学习性知识，但不一定学到科学的性知识。人们仿佛被蒙着眼睛，和父母心照不宣地避开这个话题，只靠自己慢慢摸索学习，性教育在家庭中是不上台面的灰暗地带。

父母从来没有说过两性关系，都没有提过。

——I_GZ01

那父母会教给你这些吗？肯定不会。

——I_SZ01

首次性行为的发生多是男方示意女方接受，但也有女方示意男方接受的情况，主要发生在宾馆，部分发生在男方或者女方家里。男性发生首次性行为时并没有很大的情绪波动，更多是好奇和累，但女性会感到害怕和疼痛。13位参与者在大学期间发生首次性行为，4位在大学毕业后发生，也有2位在初中发生，1位在30岁后发生。首次性行为的对象一般都是伴侣，主要是首任伴侣。

之后的性行为一般都是和伴侣发生，性生活的频率一般为2—3次/周，更密集的有7次/周、3—4次/周，更少的有1—2次/周、1—2次/月，甚至1次/半年。

性满意度一般比较高，10位参与者给出高分，5位参与者给出中等分数。参与者觉得不够满意的一部分原因是，目前单身，没有发生性行为，在过去的关系中男方需要而女方不需要，性行为中男性过于疲惫，等等。

总体来说还是比较满意。毕竟人会比较累，人会更累一点。因为又要学习之类的。

——I_SH11（男）

其实也不是，只是我对性的需求没有那么大吧。然后有的时候他会（有）想要的时候，但我并不想，是在这块。

——I_BJ11（女）

在保护措施上，15位参与者使用避孕套，4位会在发生性行为后使用避孕药，这些都算比较科学的避孕方式；2位参与者会计算安全期，1位参与者一直使用体外射精的避孕方式。在避孕频率上，有3位参与者提到并非每次均避孕，1位参与者提到每次均不避孕。避孕的提出者一般是男性，但是部分女性提出需要避孕。在避孕方式上，很多参与者没有科学避孕，并且提出者以男性居多，部分男性会为了体验感而减少避孕套的使用；女性主动提出避孕的人数少，需要进一步加强性教育。

单身青年的爱情小贴士

（1）性与爱的关系？

整体上，单身青年对性的态度从传统变为开放，大部分单身青年接受婚前性行为，但对无性婚姻、婚外性行为、开放性关系持反对态度。大多数青年认为，性与爱不可分离，爱是性的基础，性是爱的升华。

（2）初尝蜜果那些事儿……

在家中，性是避之不及的话题，它被父母刻意隐藏在黑暗之中，

第10章 中流何寂寂，孤舟也依依：单身者

大部分青年只能从学校、朋友和网络上了解性的本貌，朋友和网络是了解性的便利方式，但通过朋友和网络得到的性知识并不科学和系统，大部分青年会在高中、大学获得性生理课的启蒙。

大部分青年在大学和伴侣初尝蜜果，在宾馆里进行首次探索，往往为男性示意女性接受。性行为的过程中男性并无深刻感受，更多为好奇，女性则敏感、细腻，可能感受到疼痛和害怕。情侣一般会特意避孕，偶尔放松警惕，最常通过避孕套避孕。发生首次性行为后，大部分青年可能会保持一定频率的性行为，对性生活也较为满意。

逝去之爱的遗痕：爱情改变了什么？

不管是理想爱人的追寻者还是习惯单身的自由者，他们都经历过爱情，虽然曾经的爱情已经结束，但这些经历悄悄改变了他们，改变了曾经坚定不移的择偶标准，改善了关系中的相处模式，也改变了对爱情的固有观念。这些改变无论好坏，都会影响他们未来的生活和恋爱状态。

经历让人们明晰：择偶标准改变

从前面对尚未恋爱的空白者的分析中可以看出，尚未恋爱的空白者的择偶标准更加宽泛、模糊，而亲身经历过恋爱的理想爱人的追寻者和习惯单身的自由者的择偶标准更为明晰。在访谈过程中，有不少单身者表示曾经的爱情改变了自己的择偶标准。择偶标准的改变主要分为避免前任缺陷、依据前任标准择偶、明确择偶标准、看重感觉、拒绝异地恋和网恋等。

经历破裂的关系，结果并不是全然消极。关系的破裂会让人们进一步明确择偶标准，比如会选择性格更合适的伴侣，或者关注共同爱好和共同话题。

前任在性格或者行为上的缺陷，会让单身者经历痛苦，并避之不及，I_NC11经历了伴侣经济不稳定后发现经济基础的重要性，I_QD08经受女方多次翻旧账后明确提出一点——不可以翻旧账，I_QQHE03在曾经的关系中不被尊重和信任，被查岗，因此更希望与新伴侣能够互相信任。

除了避免前任缺陷，还有一类单身者会陷入对理想前任的回忆，未来择偶也依据前任标准进行筛选，有3位女性和1位男性的择偶标准变成前任标准，有时这也会导致对后来的关系不满意，因为"永远不是曾经的Ta"。

虽然当今社会生活节奏快，很多恋人通过相亲相识，但这并没有完全抹杀人们对心动和喜欢的追求，4位单身者提到感觉重要，看重喜欢，I_SZ01指出只要喜欢便愿意包容，愿意付出努力维持关系。

关系破裂后，单身者会总结经验，追究破裂的原因并作出新的决定，如I_QQHE03决定拒绝异地恋，I_HM12决定拒绝网恋，以降低关系再次破裂的风险。

择偶标准的改变有时会让人们回避（前任缺陷和对关系破裂的归因），有时会让人们直面（明确的新标准），单身者经过实践得出的这些想法读者也可以借鉴一二，以反思自己的生活状态。

错过让人们成长：相处模式改变

伴侣之间的相处需要磨合，曾经相爱的恋人可能无法应对简单的相处问题而导致关系破裂，经历感情后不断摸索，单身者总结出一些维护关系和表达自我的方式。

对女性而言，丰富、敏感的情绪在关系中经常被伴侣忽视，4 位女性单身者明确指出，在关系中表达情绪感受、保持自我个性是应该学习的相处方法，但也有 1 位女性单身者提到，适当迁就和迎合对方的爱好也是自己的收获。人们可以在保持自我个性、关注自我感受和作出让步、迎合对方之间寻找平衡，既不要过于迁就对方，也不要过于以自我为中心。

对男性而言，则学会在关系中作出让步、包容、迁就女方，学会如何爱人和被爱，如何理解伴侣的想法，6 位单身者对此有深刻理解。

> 就是两个人假如说，在一起这么长时间，尤其是在一起两年的情况下，如果可以，两个人尽量还是别因为一时的性子而导致后面不可逆转的错误。就是多谦让一下。
>
> ——I_QD08

除了互相谦让，经历关系破裂的 3 位单身者还发现交往是一件需要学习的事情，需要投入精力去了解伴侣的想法，在关系中可以主动报备以维护关系；2 位女性单身者提到自身强势，在双方都强势的情况下容易产生冲突，维系一段感情需要"示弱"，不要因一时冲动而产生话语伤害。

岁月让人们沉淀：爱情态度改变

除了关系破裂后总结经验，随着岁月的浸润，人们对爱情的看法也不断变化。曾经两情相悦便是真，但现在 3 位单身者择偶更加谨慎，遇到喜欢的人不会立刻追求。人们意识到恋爱和婚姻还涉及双方的家庭，并不容易。6 位单身者表示需要考虑双方经济基础、文化背景、家庭因素以及感情本身的磨合。

随着岁月的浸润，人们的择偶观也发生了改变。12位单身者不再完全追求激情，更看重长时间的了解和磨合，希望能有更多陪伴和责任，拥有平凡的日子。2位单身者降低了择偶标准，从看重外貌到关注内在。如随着时间的推移，I_SZ03变得更加开放，给予潜在恋爱对象一些机会。单身者一方面看重关系的平稳，一方面拓宽关系的可能，两者并不冲突，而是更加契合现实，利于关系的建立和维持。

面对关系破裂和曾经的争执，2位单身者选择放下，用新的方式看待爱情。在爱情里没有绝对的对错，只有是否合适，如果不合适不需要勉强，应该寻找合适的灵魂伴侣。

除了相对积极地寻觅适合自己的伴侣以及观念的改变之外，曾经的爱情也会对单身者造成伤害，因此产生逃避或者富有攻击性的行为，如I_SZ01认为不能对女友太好，真心会被忽视；I_LY02从对男友温柔转变为认为男友不"打"不行。也有2位单身者认为，恋爱过于麻烦，浪费时间：I_BJ11认为生活繁忙，无暇顾及恋爱，认为恋爱和享受生活、自我提升是冲突的；I_NC11也有相同的观点。因此，单身者更愿意成为自由者，享受单身生活。

遇见爱情的一切可能：单身群体对恋爱形式的看法

随着网络和交通的发展，恋爱的不同形式不断出现，如异地恋、网恋等，同时观念的开放让婚前同居成为婚前准备的一种重要形式，而相亲这种通过内群体关系拓展人际面的传统恋爱形式也保留下来。

第 10 章 中流何寂寂，孤舟也依依：单身者

表 10-23 单身者对不同恋爱形式的看法

	异地恋（人次与百分比）	网恋（人次与百分比）	相亲（人次与百分比）	婚前同居（人次与百分比）
接受	7（24%）	10（36%）	15（75%）	10（67%）
拒绝	22（76%）	18（64%）	5（25%）	5（33%）
接受原因（频次）	性格独立（2）感情看人（1）尝试心态（1）	现实生活中求偶困难（3）朋友成功（2）抖音故事（1）快速、高效（1）	拓展人际圈（6）快速（1）了解家庭情况（1）感情可以培养（1）朋辈接受（1）	感情基础（3）以结婚为目的（1）朋辈做法（1）全面了解（1）以父母同意为前提（1）
拒绝原因（频次）	维持困难（3）陪伴少（5）无法提供日常帮助（2）了解不全面（2）难长久（4）诱惑多（2）情感痛苦（1）	虚幻、不真实（7）欺诈（4）可能性小（1）了解不深入（1）朋友失败（1）	喜欢自由恋爱（1）喜欢顺其自然（1）缺乏了解（1）约束（1）	女性名声（2）旅游可替代（1）父母禁止（1）女性吃亏（1）

调查发现，大多数人并不支持异地恋，而之前关系破裂原因的统计也支持异地是分手的重要原因。单身者拒绝异地恋的原因有维持困难、陪伴少、难长久，需要帮助时伴侣无法提供日常帮助，异地的伴侣和自己都面临着周围的巨大诱惑，经受情感痛苦，等等。选择接受异地恋的单身者则性格独立，对陪伴的需求低，异地的形式正好符合自身要求，或者异地恋更多是一种行为尝试，并不非常在意结果。

单身者接受网恋的很重要的一个原因是，他们悲观看待在现实生活中成功求偶的可能性，认为现实生活中自己的人际圈小，难以寻找伴侣，而网络便捷、高效，是寻找伴侣的一种方式。朋友网恋成功与

抖音中的爱情故事对单身者也有激励作用，提高了人们对网恋的接受度。拒绝网恋的人比接受网恋的人多，他们认为网恋是虚幻、不真实的，对彼此了解并不深入，网络中容易掩盖真实的问题，遇到合适伴侣的可能性小，网络恋爱欺诈事件频发进一步降低了人们对网恋的信任度。与接受网恋相对应的是，人们拒绝网恋也有朋友网恋失败的原因，受到朋友经历的影响比较大。在感情中人们除了自我体验学习之外，还存在大量观察学习，朋辈状态很容易影响单身青年的爱情观念。

相亲是一种传统的择偶方式，单身者中接受人数远多于拒绝人数。随着年龄增长，很多单身者对相亲的态度从拒绝到接受，认为相亲是一种拓宽人际圈的有效方式，而且可以匹配家庭情况，避免无用功。接受相亲的人对待感情的态度是感情可以培养，而不是命中注定或者天生的缘分，同时受到朋辈接受相亲的氛围的影响。拒绝相亲的人则喜欢自由恋爱和顺其自然，更看重自己寻找恋人，认为相亲有很多束缚和额外的考虑。

婚前同居是一种新形式的试婚行为，接受的人次是拒绝的人次的2倍，单身者提到如果以结婚为目的，有感情基础，婚前同居可以促进对彼此的全面了解。朋辈接受的氛围也影响人们的态度，部分年轻单身者认为婚前同居要获得父母的同意。拒绝婚前同居的原因有担心女性的名声和让女性吃亏，以及父母嘱托不能有婚前性行为，认为相互了解也可以通过旅游实现，旅游是风险较小的替代方案。

讨论与反思

通过对曾经关系的回顾，单身者总结了关系维护的实践经验和关系破裂的原因，并指出丰富单身生活有利于提高单身生活的满意度。单身群体人数众多但难以遇到合适的伴侣，这主要是因为社会交往流动强，人际关系浮于表面。积极的一面是，在某些择偶观念上人们有较大共识，要找到合适的结识途径，减少自我设限，走出前任留恋，这样遇到理想伴侣的可能性会变大。访谈过程暴露出当代青年缺乏更全面的早期科学性教育。

关系建立困难与网络交友

单身群体人数众多，但为何难以找到理想的伴侣？这是因为，现代社会人际距离增大，与以往较为固定、熟悉的生活不同，人们通过高考、工作等方式离开原有的关系网络。在新的关系网络中，人际互动少，更多是浮于表面的工作关系，社区网络建构不紧密，虽然认识的人多，但是深入了解的人少，导致现实生活中即使单身群体人数众多，也难以匹配。在这种情况下，人们会选择通过网络交友，如陌陌、探探、抖音、快手，在某个平台上关注合适的伴侣，网络交友对部分单身者而言更具可能性。除了解决择偶问题，网络媒体、短视频App、交友软件还影响人们对爱情的期待和看法，甚至成为学习相处的平台，主要影响对象是尚未恋爱的空白者。爱情是个命题，却无人教授，于是单身者自己寻找，被方便、快捷的网络媒体影响，实践后会产生自己的想法，网络话语的力量就会减弱。

单身生活的幸福法则

目前，单身者的生活是丰富多彩的，人们会在感情的空窗期自动寻求更丰富的生活方式和改变，比如自我提升、娱乐放松等。面对爱情的暂时空缺，社会支持网络增强或者保持强大的自我支持都是重要的举措。尚未恋爱的空白者年纪较小，与原生家庭的联系更为密切，他们的部分关系需求会转移到父母身上，更多地和父母交流。三种类别的单身者都得到朋友的巨大支持，朋友提供了陪伴与帮助，因此建立良好的人际网络，寻找陪伴一生的朋友会有效提升生活满意度。同时，接受当下的单身状态，享受当下是最主要的选择，而这种选择会提高单身满意度。对未来的规划无论是尽快脱单还是随缘等待，抑或关注自我提升，单身者都可以先接受当前的状态，享受单身生活，悦纳生活本身是最快、最有效的幸福法则。

寻觅未来伴侣

对于希望遇到理想伴侣的单身者，有几条爱情经验可以学习，如减少自我设限，停止理想化前任。有7位男性认为物质条件是爱情的基础，有4位男性不敢追求女性，但是选择恋爱对象时明确提到对男性有物质要求的女性只有4位，而且仅要求物质条件匹配而不是男方物质条件优越。婚姻择偶中对男性的物质要求有所增加，有6位女性提出物质要求，占比增大。女性选择恋爱对象时更看重性格、人品、"三观"等因素，物质重要但并不是最重要的因素。因此，男性单身者可以适当放松，减少自我经济能力设限，保持自信和开放的态度，提升自我品质和能力，相信自己是可以在恋爱中寻找到理想伴侣的。部分单身者在理想关系破裂后难免将现任和前任进行比较，导致当下的关系满意度降低甚至破裂。留恋前任，将理想化的前任作为择偶标准，会放大现任伴侣或者潜在伴侣的缺点并忽视优点，如果想要继续在爱情道路上前行，应该放下执念，"让过去真正过去"。

在择偶观方面，单身者在某些维度上有着共同的要求，如希望双方契合，这是一个较为积极的结论，青年恋爱或择偶有较多共同点，匹配可能性大，单身者并不孤独。要想提升自我能力，期待爱情的单身者也可以参照大众普遍接受的择偶标准进行自我改进。在双方爱情看法一致的情况下，找到认识彼此的途径很重要，网络、相亲、朋友介绍都是当代青年愿意接受的人际拓展方式。

关系维护的经验

单身群体曾经历过感情破裂，从对单身者过往感情的回顾中可以发现很多重要但被忽视的细节，单身者在以后的关系中可以有所察觉并予以弥补。男性有时会过度关注事实和讲道理，当男性过于理性化时女性会感受到不被理解和呵护，进而产生更强烈的情绪反应，并将情绪攻击转向伴侣。因此，对男性而言，面对女友的困扰，除了给出意见之外，还可以在开始时进行情绪抚慰，关注伴侣的情绪，这对女性而言意义重大。

彼此报备、共同商量、寻求意见、规划未来都是重要的关系维护方式。时刻分享生活琐事，报告行程会让双方更加了解彼此，提升亲密感，降低不安全感。寻求意见会让伴侣感到被尊重和需要。共同商量以及其他沟通行为，都可以减少双方的猜测，是解决冲突和避免疏离的有效方式。把伴侣纳入未来规划或者和伴侣分享自己对未来的规划都是表达关注和尊重的方式。

在单身群体中，关系破裂的重要原因是异地。异地的确会增加关系破裂的风险，即使如此，仍有7位单身者选择接受异地恋，表明异地并没有完全磨灭人们对恋爱的信心。但选择接受异地恋的单身者表示，还是希望未来能够结束异地恋的状态，或者保持每周或者每两周见一次面的频率，可见线下见面对于单身者仍然是重要的。

性教育亟待发展

无论男女，这些单身者大都从朋友和网络处获得性知识，但是来自这两种途径的性知识并不完全科学。在性方面，男性占主导地位，甚至承担性教育和性指导的任务，部分女性处于被动地位。在学校教育中，生理课和艾滋病知识宣传教育效果良好，但父母教育持续缺位。如果不尽早科学、客观地揭开性的面纱，青年就更可能接受其他渠道的、非科学的性知识，甚至在了解性之前采用伤害自我或他人的性方式。我们对传统或开放的性看法都应该予以尊重，但学习和了解科学的性知识，对于爱情和自我都有重要的作用，值得单身者关注。

单身群体的爱情故事

为了让读者进一步形象地理解当代青年的爱情观念和行为，将所有编码统合编写，虚拟5位单身青年形象，分别为追寻者珣艾、自由者梓悠、空白者筌柏，以及男性单身者楠丹、女性单身者女澹，撰写三种类别的单身者的爱情故事和不同性别者的单身观，尽力还原当代中国单身青年的爱情观念和行为。

追寻者珣艾：我从未停止期待遇见你

珣艾，29岁，城市中的单身青年，对现在的单身生活非常满足，认为没有伴侣的日子自由、随性，看到朋友们因为恋爱和婚姻问题忙得焦头烂额，自己因为没有关系冲突而自得其乐，更觉得爱情不是生活的一切，一个人生活也可以，寂寞时有朋友和家人陪伴。但有时珣艾也会对当前的状态感到些许不满，也会期待爱情的来临。在生病时，身边空无一人，缺乏一份关爱，孤单像影子一样，虽然并不致命却时时跟随着自己；无聊时总觉得空虚，希望能够迎来一段美好的关系；生命到了繁衍的年龄，除了亲朋对生育的催促和羡慕朋友的感情，自己也感慨生活仿佛缺了一块，需要一段关系来填补。

对于爱，珣艾并不犹豫，遇到合适的就会选择尝试，对朋友介绍、网络交友、周围人介绍都保持开放的态度，主动认识更多人。偶尔珣艾也有担心，关注积累财富和工作会不会才是更好的选择？虽然对未来关系非常期待，但是到底能否遇到理想的另一半？珣艾并不确定，毕竟当前社会婚姻和爱情都面临经济压力，感情又如此多变，不过自己愿意改善自身，加上朋友们成功的恋爱，珣艾还是抱着积极的态度，希望能够尽快迎来一段好姻缘。

单身生活除了要照顾好自己，也承受着外界的压力，朋友、家人甚至同事都会催促。对向往爱情的珣艾来说，最大的影响就是朋友们美满的爱情，让珣艾既心生羡慕也暗自紧张，觉得在生命节奏上慢了半拍。珣艾也拥有很多社会支持，比如亲朋的介绍，或者家人对自己单身状态的接纳和理解。珣艾在各种压力和支持中努力保持平衡。

珣艾一直期待理想的伴侣，有时候想遇到那个"Ta"，两个人可以相互理解，有心动的感觉、共同的话题、相似的"三观"和默契的性格，不管自己做什么都会得到支持。珣艾经历过几段爱情，现在只希望有一段平稳、简单、互相商量、彼此尊重的感情，每天相互陪伴，舒服地相处，偶尔有自己的小空间，这便是最理想的恋爱状态。想到婚姻伴侣，珣艾更关注物质基础和家人的意见，"婚姻不是两个人的事，是两个家庭的事情"，夫妻二人平平稳稳，男女分工又共同合作，牵手便是一辈子。

个人经历和社会文化对珣艾的爱情观念有着一定影响。父母的相处模式成为珣艾的学习对象，看到朋友遇到情感问题，珣艾也会尽量避免此类问题。珣艾会特意回避之前感情中无法忍受的问题，也会将前任的美好作为下一任的标准。在生活中，珣艾受到媒体的影响，综艺、电视剧、短视频、动漫都潜移默化地渲染了珣艾对理想爱情的想象，社会文化对男性物质条件的要求和照顾女性的期待也被珣艾逐渐接受，中国传统的生命节奏，即"到哪个年纪就做什么事情"，和西方文化的影响，让珣艾有了关系诉求和更为开放的态度。

面对未来，珣艾期待拥有一段幸福、稳定的关系，遇到互相支持、互相尊重的"Ta"，而自己也面对社会生活的压力，需要继续积累经济基础，在等待的过程中学会照顾自己，不断去旅行、去尝试，在理想爱情的追寻道路上保持希望，继续前行。

自由者梓悠：独自也幸福；倘若你来，我也愿意携手

梓悠，29岁，单身青年，对当前单身的生活状态十分满意，认为单身的日子自由而随性，可以将大把精力放在自我提升上，有着亲朋的陪伴和充实的生活。梓悠已经步入社会很长时间，工作稳定，没有伴侣，这也减轻了经济压力，生活状态在梓悠看来有所提升。相比关系中的约束和矛盾，如今的日子可以自我掌控，随心而行，加上性格独立，对梓悠来说，现在已经是最佳状态。

如果说有什么不足，那便是失恋留下的伤痕。有时候梓悠会因为短暂的失恋而失去建立新关系的渴望；当梓悠走出失恋，与前任不愉快的经历也会留下阴影。偶尔梓悠也感到孤独，需要陪伴，父母和外界的压力会使梓悠烦心。虽然梓悠工作稳定，但经济水平仍需要有所提升，这也是不小的挑战。

对目前生活状态的满足让梓悠没有很大欲望去改变。梓悠不会刻意改变行为，往往随缘等待或者关注自我提升，回顾过去或者享受当下，但这并不意味着梓悠抗拒一切关系，如果有合适的人选，梓悠仍

第10章 中流何寂寂，孤舟也依依：单身者

愿意打开心门接受。对于未来的伴侣，因为自身的随缘态度，所以梓悠并不认为有很多机遇，但有自信终究会遇到合适的人，即使遇不到也可以有自在的生活。经常可以从梓悠口中听到"缘分"这个词，梓悠更愿意相信和等待上天的安排，顺其自然是梓悠秉持的态度。

单身的日子里难免有父母和朋友的催促，梓悠一般一笑而过，实在难以忍受，便逃离现场。当然，朋友纷纷脱单，自己逐渐脱离朋友圈，会有些落寞。亲朋积极支持，也介绍朋友，不过让梓悠更舒适的是家人和朋友对自己单身选择的理解，"不将就，一个人也可以生活得很好"。

对于理想伴侣的标准，与珣艾一样，梓悠也提及共同话题、相互理解、性格默契和"三观"一致，但梓悠并没有特别提及心动，更看重伴侣对长辈的态度。梓悠与父母联系密切，对伴侣原生家庭的和谐更为看重。感情只要简单就好，要能够互相支持和包容，独立空间也非常重要。有时梓悠希望和伴侣彼此独立，只在需要时才在一起。对于婚姻，梓悠并没有多少想法，但整体还是期待天长地久的感情。

和珣艾一样，梓悠对伴侣的要求也受个人经历和社会文化的共同影响。梓悠学习和接受父母的关系模式，希望和未来伴侣有相似的互动。朋辈失败的恋爱经历和自己曾经不愉快的恋爱关系，降低了梓悠对恋爱的期待。梓悠性格独立，偶尔会看电视剧，但不太容易被社会文化影响。

对于未来，梓悠希望能够提升自我，开心地享受生活，和家人在一起。如果有缘能够遇到理想的爱人，可以拥有幸福、平稳、互相关心的关系就最好了。爱情在梓悠的生活中并不是必需品，宁缺毋滥，得之我幸，没有也可以一个人好好生活，"我会继续好好生活，等待合适的缘分"。

空白者箜柏：爱情是玫瑰，美丽又危险

箜柏，25 岁 6 个月，目前还没有双方都卷入的恋爱经历，对生活满意度相对较高。相比珣艾和梓悠，箜柏年轻了许多，这让其单身满意度有所提高，很享受单身的自由。对刚刚步入社会的箜柏来说，关注工作和自我提升是相对重要的事，生活上也学着自我享受。但在生病无人照顾，孤单无人陪伴时，箜柏也会期待爱情。在社会压力下，能力不足带来的挫败感等也降低了箜柏的单身满意度。

箜柏希望有所改变，这种想法不强也不弱，因为没有恋爱经历的箜柏渴望体验故事中的恋爱，但担心自己经济条件不佳或者欠缺能力，总是缩回去选择继续关注事业。对未来遇到理想的"Ta"，箜柏也保持中立的看法，虽然年轻提供了底气，未来皆有可能，但是物质要求和朋辈恋爱问题也打击了箜柏的信心。

朋友和亲人已经开始催促箜柏，这成为最重要的压力源。箜柏的朋友也较年轻，多为单身，朋友之间相互比较的压力小。主要的社会支持是热心亲朋的介绍。

对于爱情，箜柏的想法大多来自曾经的暗恋或者美好的故事，并没有具体、深刻的要求。当然，箜柏希望彼此有共同语言，关系简单，相互陪伴。箜柏非常强调个人空间，甚至超过梓悠，也许箜柏也有自由者的一部分特点，享受单身生活和个人空间。箜柏也希望婚姻中经济分开，相对独立。

箜柏缺乏关于感情的概念，对婚姻尤其没有头绪。箜柏选择单身的重要原因是原生家庭父母关系不良，出现家庭暴力，双方吵架，让箜柏对爱情感到失望和畏惧，朋友遇到的不良伴侣和恋爱问题进一步强化了箜柏的自我保护意识。箜柏对恋爱的期待在很大程度上受到网

络媒体的影响，综艺、电视剧、电影、短视频、动漫都会引发堃柏对爱情的畅想，并真实地影响其择偶标准。可以说，堃柏的择偶观是由外界故事塑造的。

对于未来，堃柏仿佛是珣艾和梓悠的结合，既随缘等待又积极主动地追求，既关注事业又期待伴侣。爱情是什么？堃柏还在寻找答案的路上，"我努力生活，也继续探索"。

男性单身者楠丹：打好经济基础，期待一个家

楠丹，30岁，单身男性，在曾经的感情生活中有被忽视感，有时候是因为异地而联系减少，有时候是因为工作繁忙，但更多时候是因为伴侣的性格和观念与自己不一致，多次吵架让楠丹感觉自己不被在意。在较舒适的关系中，伴侣一般更体贴，双方沟通频繁，楠丹对疏离的担忧也少了很多。冲突的累积会影响感情，女友黏人、工作忙碌、观念不合与伴侣出轨会导致关系破裂，但最直接的原因往往是异地，环境上的分离导致双方生活节奏不同，情感被忽视，也因此被父母反对。最让楠丹印象深刻的是，大学毕业后女友回乡工作，父母不同意自己跟随，最后感情慢慢变淡，楠丹感到十分惋惜。

没有合适的对象是楠丹目前单身最主要的原因，除此之外，社会文化对男性的物质条件要求也让楠丹感到压力。"没有物质条件，就不谈感情"，面对优秀的潜在伴侣，楠丹也不敢追求。单身的日子比较自由，可以随心地娱乐，尽情投入喜欢的网络游戏之中。虽然没有伴侣，但依旧有朋友的陪伴；都市生活比较孤单，楠丹也会选择宠物陪伴自己。精力充足时会关注自我提升，锻炼身体和提升工作能力。对于单身的状态，楠丹整体是满意的，但内心希望能够尽早遇到理想的"Ta"，行为上会关注自己经济基础的积累和能力的提升。

爱情中非常重要的一个因素便是性，对于性，楠丹认为男性比女性更为开放，而且楠丹大方认可自己作为男性的性欲望。对楠丹而言，性行为需要双方同意并在一定感情基础上才可以发生。它可以促进双方的感情，让感情升华；它是人类的本能欲望和情感需要，是正常且重要的，是必要的存在。关于性的知识最多来自朋友间的讨论以及网络，电影也会有所涉及，学校里的生理课、大学里关于艾滋病知识的宣传都是重要的性知识来源。但楠丹从未从父母那里接受关于性的知识，性在家庭中是禁忌，不会被提及。

楠丹的初次性体验是在大学，对象是伴侣，旅游时在宾馆发生。初次体验时没有很多想法，只是有些好奇。之后的性行为主要是和伴侣发生的，每周大约有2—3次性行为，整体比较满意。楠丹主要使用避孕套避孕，这也是楠丹自己提出的。在性行为中，作为男性的楠丹扮演引导者的角色，但他不是每次都避孕，有时为了体验感，楠丹也会不使用避孕套。

对于贞操，楠丹并不太看重，能够接受婚前性行为；在关系空窗期，对性爱分离接受度高，容易尝试，但是在关系中更偏向于性爱不分离；基本不能接受无性婚姻和婚外性行为；对于开放性关系，可以理解他人的行为，但自己不倾向于尝试。

面对未来，楠丹希望找到一个性格温柔体贴，最好能够照顾家庭的女性，如果外貌上好看一点，瘦一点就更好了。他对女友没有什么物质要求。

女性单身者女澹：敏感又上进，期待灵魂的碰触

女澹，28岁，单身女性，在曾经的感情中经常感到被忽视，也常常担忧。女澹对感情中的问题非常敏感，前男友忙于工作，沉迷游

戏或者打牌，自己委屈时他只讲道理，不安抚情绪，不及时回复信息，控制欲强，这些都让女澹感到痛苦。对于异地恋，女澹会担心对方受到诱惑，时常担忧。有些关系会让女澹感到安全、舒适，因为双方沟通到位，时刻陪伴，女澹也愿意努力理解对方，减少矛盾。

女澹的感情总是会因自己家庭或者对方家庭的卷入甚至反对而不了了之，异地、男方出轨和经济条件差也是分手的重要原因。相比男性，女澹更在乎感觉，如果自己不喜欢，就会干脆地切断关系。

没有合适的对象是女澹单身的重要原因，但有时候女澹也会因为沉浸在过去的美好感情中，不断留恋前任而使自己无法走出阴影。目前女澹优先考虑自我提升。单身生活中朋友的陪伴非常重要，同时女澹也很注意陪伴父母，注重营造良好的家庭氛围。女澹喜欢看电视剧和一些轻松的娱乐节目，偏好积极的生活方式，例如锻炼身体，关注工作和学习，尝试新鲜事物和整理家务，不断丰富单身生活。面对单身的状态，女澹整体是满意的，但仍期待一段新感情的到来。

对于性，女澹认为身边的男性更开放，而女性部分开放，部分传统。对女澹而言，性需要感情基础，不能"乱来"，只有这样，性才是感情的升华和助推剂。女澹的性知识主要来自朋友间的讨论或者对朋友经历的学习，网络上也有部分知识，学校的生理课和艾滋病知识宣传是比较正规的途径。女澹的父母有时候会跟女澹谈论性，但主要是谆谆教导女性要自爱，不要有婚前性行为，其余不会多说。

女澹的首次性体验是在大学毕业时和伴侣发生的，由男友主导，自己接受，发生在宾馆。初次体验感到害怕和疼痛，情绪复杂。之后所有的性行为都是与伴侣发生的，一般每周2次。在有些关系中，几个月才有一次。主要使用避孕套避孕，此外还有计算安全期、事后服用避孕药和体外射精。并不是每次性行为都使用安全的避孕方式，甚至在有段关系中从不使用安全的避孕方式，只体外射精。避孕主要由男方提出，偶尔女澹也会提及。

女澹并没有很看重贞操，可以接受婚前性行为，但对性爱分离非常抵触，不愿意接受无性婚姻，厌恶婚外性行为，认为婚外性行为是严重的背叛，对于开放性关系也零容忍。

对于未来，女澹主要看重男性的能力，希望伴侣上进、成熟，有责任心，有担当，有物质基础，在性格上更希望伴侣乐观、呵护女性。女澹一直认真地生活并饱含期待，比较渴望理想关系的到来。

珣艾向往爱情，生活丰富；梓悠拥有强大的自我支持，看重自我空间，对感情随缘；筌柏对爱情既向往又充满担心；楠丹更为开放，承担着较大的经济压力；女澹看重自我提升，在爱情中细腻、敏感，看重心动的感觉。五个典型的人物是当代中国单身青年的缩影，呈现出大多数单身青年的丰富生活和爱情观念。

结论

单身者主要有三类，分别为理想爱人的追寻者、习惯单身的自由者和尚未恋爱的空白者。理想爱人的追寻者渴望建立关系，依恋程度高，接纳单身状态，单身满意度高，积极寻求潜在配偶，关注自我提升和享受生活，但是面对无人关心、照顾的境况，会感到孤独和欠缺，同时外界压力和自我压力大。习惯单身的自由者看重独立空间，单身满意度偏高，对自由诉求高，依恋程度偏于中等，更看重自我支持和发展，对理想爱情不主动追求，但也不绝对排斥，抱着随缘的态度，甚至因为长时间单身，已习惯单身状态，不愿改变。尚未恋爱的空白者更像是理想爱人的追寻者和习惯单身的自由者的结合，成为尚未恋爱的空白者的原因有环境限制，也有原生家庭父母关系不良，但是尚未恋爱的空白者仍然可以反思，形成成熟的婚恋观（伍麟，刘天元，2019）。尚未恋爱的空白者年纪较轻，外界压力小，更多关注经济积累，对于爱情既好奇又担心受伤，容易受环境、媒体的影响。

没有合适的对象是单身最主要的原因，更深层次的原因可能是社会流动导致人们离开初始的关系网络，新的关系网络难以建立深刻的关系，更多为工作关系。因此，人们更多通过网络择偶，或者通过接受传统的相亲方式拓展人际圈。

父母的关系状态和朋辈的关系状态是对单身者影响最大的因素。父母关系良好会促使单身者学习父母的相处模式，或者选择类似父母的伴侣，而父母关系不良会导致单身者对爱情失望。同辈关系压力会提升单身满意度，或会增加单身者对关系的担忧；同辈亲密关系良好且普遍（已有伴侣）会给单身者带来压力，令单身者感到孤单或者难以融入话题。

在择偶观上，单身者对双方契合、伴侣素质和伴侣性格有很高的诉求。单身者有一定的共识，但存在性别差异：女性更看重男性的上进心、成熟度和能力；男性更看重女性的贤良淑德、温柔体贴，对能力没有过多强调。男性更像保护者，女性更像照顾者。在相处中，当代青年格外强调保留个人空间的重要性。

对于婚姻，单身者一般期待天长地久，期待执子之手，与子偕老，这与中国传统文化契合。他们更希望婚姻平稳、和睦，关注男女分工（男主外，女主内），考虑物质要求和生存因素，看重对长辈的孝顺，关注双方的原生家庭。

单身者在关系中可能会感到被忽视或者疏离，普遍担忧双方疏离。整体而言，女性对关系的安全感略低，对关系有更多担忧。

对于性，单身者的态度整体趋于开放，没有非常看重贞操，对婚前性行为持包容态度。但在无性婚姻、婚外性行为和开放性关系上，较为一致地表示反对。男性相比女性更开放，更认可自身的性欲望，对开放的性模式有更高的接受度。

异地是关系破裂的主要原因，但仍有单身者愿意尝试异地恋。单身者对网恋持怀疑和保留态度。对于婚前同居，则更多持赞同态度。

分析当代单身青年的爱情观念和行为，可以获得单身者提高生活满意度和关系状态的经验。如男性在恋爱时减少对自我经济条件的要求，经济基础虽然重要但并不是最重要的因素，个人素养和性格匹配更为重要，经济设限过高可能会错过良缘。关系是需要精心维护的，投入精力去了解伴侣的想法，创造共同的活动，积极主动地分享生活状态，沟通未来规划，展示对伴侣的需要是维护良好关系的方式。男性需要关注女性的情绪，因为对女性而言，向伴侣倾诉时，情绪抚慰要优先于问题解决。增强社会支持网络，多陪伴父母，多结交朋友，增强自我支持都是提升单身满意度的重要举措。不要畏惧关系破裂，每一次关系破裂都是对自我和关系的新觉察，可以让单身者更加明确对伴侣的要求。

从结果中可以看到，理想爱人的追寻者、习惯单身的自由者和尚未恋爱的空白者都是高满意度的群体，单身生活是自由的、冲突少的；恋爱生活是有陪伴的、互相扶持的，两者都有积极作用。单身时拥有朋友陪伴，发展兴趣爱好，都可以使单身者感到充实。只要找到适合自己的生活方式，单身者也可以获得快乐。

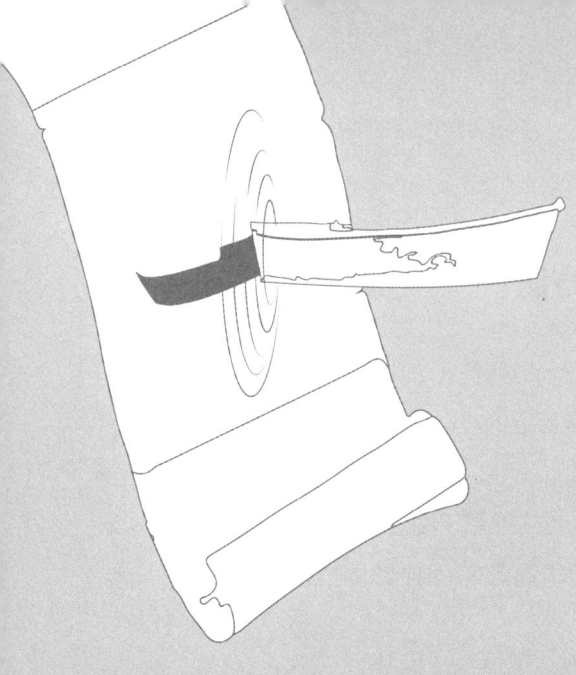

第 11 章

一张图画意万重,
道尽平生情感事

为什么选择图画的方法？

涉及恋爱和婚姻的话题，对有些人来说是非常容易开启的甜蜜的话题，对有些人来说是非常苦涩的难以谈及的话题，对有些人来说又是非常隐私的话题，不太会和陌生人谈论。为此，在研究中我们用图画来开启话题和收集资料，这主要基于图画技术本身的特点。

图画技术是表达性艺术治疗的一种具体技术类型 (Bucciarelli, 2016)，它有以下五个特点。

第一，绕过人们的防御，在作画者觉得安全的环境中开展工作 (Levey & Lawson, 2018)，这是图画技术容纳性（containing）的体现。作画者的任何负面情绪都可以通过图画表达出来，包括敌意、挫折感、悲伤、被抛弃感，不会被指责，更不会不被社会允许，这种表达方式既不伤害自己，也不伤害别人。画出这些积极情绪之后，它们不仅会受到强化 (Wilkinson & Chilton, 2013)，而且会成为审美对象。图画为作画者提供一个合理、安全、自由的空间，一个不被评判的空间，一个可以表达自己的空间 (Heenan, 2006)。研究者用图画作为访谈的起点，可以让作画者放松，让访谈不具有威胁性。

第二，图画能够把无形转化为有形，把抽象的内容具象化（严文华，2019），这是图画治疗外化（externalizing）的体现。把无形的情绪、感受、想法和体验转化为有线条、有构图、有色彩的图画时，作画者需要同时调动自己的左脑和右脑，既进行抽象思维，又进行形象思维，这个过程蕴含多种可能性：这有可能是一个困难的过程，需要作画者去面对和处理 (Czamanski-Cohen & Weihs, 2016)；这个过程是有意义的，可能是一个梳理自己思路的过程(赵香华，2014)，过去模糊、朦胧的内容变得清晰；这可能是一种转化的过程，在想象和创作的过程中，最初的画面发生了变化，创作出来的是一幅全新的或不同的画面，而这种变化本身是有意义的；这可能是一个顿悟的过程，某根线条、某种色彩、构图或图画会触动作画者，让作画者产生联想，把图画与自己的过往经历或当下事件联系在一起，领悟其中的某些信号或深意(Hogan，2016；孟沛欣，郑日昌，2004)。借助图画，作画者更容易把自己的情感经历或感受有形化、具象化，为后面的访谈作准备。

第三，能充分调动作画者的能动性。作画的过程是自发和自控的过程，由作画者自己决定画什么、怎么画、画多久。在作画的过程中，作画者被赋予完全的自主权，不会被强迫，也不会被评判，可以自己作出决定，每根线条都是作画者自己的决定(Kris，1952)。作画者内在的能动性被充分调动，因而在访谈过程中更容易谈及所画的内容。在整个过程中，作画者有足够的内在空间，能获得充分的尊重，他作画的过程、行为，他完成的作品，都不会被评判。

第四，图画作品是很好的客体。当图画作品还没有产生时，心象(mental image)和作画者是一体的。创作图画作品的过程，就是作画者孕育和表达想法的过程(McNiff，1998)。当图画作品完成时，也就是图画作品独立于作画者而成为一个客体的时刻。这个客体是被作画者创造出来的(Levey & Lawson，2018)，作画者会有创作的自豪感，也有对图画作品的理解，但它也可以被别人看到和解读，它给了别人一个机会可以与作画者分享同一个现实。研究者也可以从图画作品中解读非常多信息。

第五，图画可以被反复观看 (Popova, 2007)。图画体现了作画者凝固的思想和感受，能够跨越时空加以保存，可以让作画者本人和研究者反复观看。图画是以隐喻方式表达的作品，具有丰富的情感内容 (McNiff, 1998)。图画不仅传递了作画者当下的情绪感受，而且包含作画者生命空间的丰富内容 (Czamanski-Cohen & Weihs, 2016)，有过去、现在、未来以及在时间轴上延展开来的空间，这些丰富的含义会在反复观看中一层一层被揭示。

图画方法的具体介绍

图画材料和指导语

给每个作画者提供 A4 白纸两张、铅笔一支、橡皮一块、24 色油画棒一套。

给每个作画者提供书面指导语，要求作画者画两幅图画，每个类别作画者的指导语略有不同。单身群体、成对恋人、恋爱个体、已婚群体、成对夫妻这五类作画者的第一幅图画关于当下的情感生活，第二幅图画关于未来理想的爱情或婚姻生活；离婚群体的第一幅图画关于上一段婚姻，主要目的是了解离婚群体之前的感情经历，第二幅图画关于理想的婚姻生活。

两幅图画的指导语分别打印在两张 A4 白纸上。

以已婚群体为例，书面指导语内容如下：

请您用我们提供的 A4 白纸，选用我们提供的油画棒、铅笔和橡皮，根据指导语分别画出两幅图画。鼓励您尽量用到油画棒。

第11章 一张图画意万重,道尽平生情感事

请不用担心自己的画技,因为我们不会对图画进行任何美学方面的评价,只要你能表达自己的感受即可。

全部作画时间为10—15分钟。请尽量在15分钟以内画完。请你记录一下自己两幅图画作画的开始和结束时间,写在答题纸的相应横线处。

画完之后,我们会对图画进行一些交流。

第一幅图画:

请画出你现在的婚姻生活。可以写实地画出你的婚姻关系和/或婚姻中的另一半,也可以画出你对婚姻关系和/或婚姻中另一半的感受。请试着用颜色、线条、构图把你的感受表达出来。请在第一张A4白纸上作画。

第二幅图画:

请画出你理想的婚姻生活。可以画出具体的、理想的婚姻关系和/或婚姻中的另一半,也可以画出你对理想的婚姻关系和/或婚姻中另一半的感受。请试着用颜色、线条、构图把你的感受表达出来。请在第二张A4白纸上作画。

作画过程

作画者签署完知情同意书之后,研究者即向他们出示书面指导语,展示作画的材料,请他们开始作画。研究者对作画的过程不进行任何干预。如果作画者非常为难,说自己不会画画,研究者会给予鼓励。在超出时间的情况下,研究者会提醒对方关注时间,但并不会直接要求对方结束作画。

两幅画完成之后，研究者会对图画有标准化的提问，具体内容如下：描述图画内容；形容图画中的情绪（3—5 个形容词）；给图画取名字；图画中喜欢或不喜欢／满意或不满意的地方；请根据图画的内容编一个故事；图画内容和现实生活的联系；对图画的自由联想。提问和回答的过程都会录音，之后将录音资料誊录成文字稿。

图画的挑选和分析

240 名作画者共完成 480 幅图画，研究采用图画个案分析法来解读图画。

首先，研究者分析访谈资料，挑选每个类别中具有代表性的个体，共选出 31 个个体。

然后，根据这 31 个个体的图画，挑选出具有表达性的图画，同时平衡地区、性别等变量，最终确定 14 个个体的图画。

最后，解读和分析图画。

在图画分析的过程，先由研究团队一起解读四幅图画，每个人从不同角度谈谈自己对图画的理解，然后把这些解读整理成文字。从这些文字中整理出用以分析其他图画的基本原则。根据这些基本原则，由一位资深研究者解读所有图画，其他人则对解读加以补充和修正，如果有不同意见，则整个研究团队一起讨论。

图画的解读分为两大部分。

第一部分，结合爱情主题从不同角度解读每一幅图画，既关注整体又关注细节，既关注结构又关注内容，既关注一般性又关注个性化。

图画的整体包括对图画的整体印象、表达的准确性和完整性、画面的大小、笔触的深浅和力度、线条的方向和特点、图画在纸张中所处的位置；图画的细节是指图画中最引人注目的部分。

图画的结构包括画面的构图、作画者的视角、图画中各部分的比例；图画的内容包括作画者画了什么，画面上有什么元素，各部分细节的特点，等等。

一般性的分析和个性化的解读相结合是指，既用图画心理技术的一般规律去分析图画作品，同时又关注作画者对自己图画个性化的解读。

第二部分，解读完同一个作画者的两幅图画之后，将两幅图画进行对比。这不仅是两幅图画的对比，而且是作画者现实情感生活与理想情感生活的对比，可以全面解读作画者的爱情观念和行为。

典型图画的解读

连枝比翼，相偎知冷热——已婚者

独立又亲密，相爱又自由

其一，仿佛永远分离，却又终身相依——现实画。

在 I_QD07 号作画者的第一幅画（图 11-1）中，他描述画面中的两种颜色代表自己和爱人：绿色的是自己，红色的是爱人。两种颜色既相对独立，又相互融合。他把这幅画命名为"$1+1=1\frac{1}{2}$"，用"融合""紧密""包容""独立"来形容这幅画。作画者和爱人结婚已经有八九年，基本没有吵过架，两个人密不可分。他认为自己和爱人之间

图 11-1 1+1=1$\frac{1}{2}$（现实画）

图 11-2 家（理想画）

的这种状态极少人能够达到，表现出他对自己的婚姻很满意，这与访谈后期他对自己婚姻满意度的打分一致。

从画面上来看，画纸是横放的，可以看出他的婚姻中包含很多东西，具有一定的广度，以至他无法用一幅具体的画来呈现，因此作画者只用了绿色和红色两种颜色，以非常简洁、抽象的表达方式来呈现他们的爱情。作画者认为，只有用这种抽象的方式才能够描述他们之间的关系。

图画位于纸张上部，这一方位代表作画者非常看重精神层面的追求，强调两个人精神层面的关系。在访谈后期，作画者特别指出"依赖"更多指向物质或者行为方面，而"依靠"是指精神方面的契合，他在两个人互相依靠的程度上打出了相对高的分数，这和他看重两人精神层面的关系相吻合。

第11章 一张图画意万重，道尽平生情感事

从图画的表达性上来说，尽管作画者只用了两种颜色，只有寥寥数笔，几乎谈不上构图，但他有非常好的表达能力，尤其是在他用这幅画来象征两个人的关系，用"融合""紧密""包容""独立"等形容词来形容他的感受，并给图画起了名字之后，这幅图画就具有了表达性、准确性和完整性。对于访谈问题，他大都会作出详细、丰富的回答，可以看出作画者具有较强的表达欲。

画面的笔触比较粗犷，这代表作画者可能注重行动力，做事情讲究效率。通过作画者的自我描述，他认为从恋爱进入婚姻，不需要有任何准备，顺其自然即可，平时也不会做特别的事情来经营婚姻。访谈时的回答多是抽象的、笼统的个人看法，很少谈及生活的具体细节，这些反映了作画者不怎么在意细节的性格特点。

在用色上，红色与绿色的交融意味深远。红色和绿色本身是对比颜色，而作画者用这种对比颜色来象征自己和爱人，这表明两个人之间有非常大的差异，彼此都是独立的个体。但是随着时间的推移，这两种对比色朝着对立面慢慢靠近，相互融合，既有交叉的部分，又保持自己的独立。具体来看，作画者和他的爱人在培养孩子的想法上存在较大的分歧，但是他们选择了互相包容，所以这不会对他们的婚姻造成什么威胁。

通常绿色代表生命力，红色代表热情和活力，这两种颜色使得整幅画充满积极向上的能量，这与作画者良好的婚姻状况相匹配。作画者并没有把颜色所占的区域画得很大，只在画面上方涂了一些颜色，而其他部分留有余地，这可能代表作画者认为除了婚姻关系之外，他们还会有各自更广阔的世界，婚姻关系只是生活的一部分，所以作画者给图画命名为"$1+1=1\frac{1}{2}$"，不同于别人在关系层面通常表达的

"1+1＞2"。在他看来，能相互融合的只要有 1/2 就足够了，其他部分保持独立。

其二，分割开的空间——理想画。

作画者对第二幅画（图 11-2）的自我描述是两个人有各自的生活空间。他对这幅画的形容是独立和照顾，取名为"家"。

这幅图画被分割成四个空间。上半部分是对外的，描述两个人分别在自己的单位工作的情景。绿色的人物仍然是作画者自己，右边的红色人物是妻子，两个人相互独立。下半部分是对内的，也有两个空间，左边是两个人一起做蛋糕，右边是两个人一起带孩子。可以看出，他们的工作和生活模式彼此不同。

在单位工作的情景中，画出了人物具体的五官和四肢，但在家庭中人物的五官被省略了，好像在家里就可以完全放松，不需要在意这些。同时，这幅画突出了空间的分割。对作画者来说，拥有自己独立的空间非常重要，尽管在家庭中两个人在一起，但仍然用空间分隔开不同的状态。通过作画者的描述，两人不仅工作独立，朋友圈、对孩子的教育理念也独立。对作画者而言，空间的分割就意味着秩序。

从作画者的表述而言，他并没有区分现实的婚姻生活和理想的婚姻生活，因为他在现实的婚姻关系中描述他们的婚姻状态极少人能达到——结婚多年没有红过脸，彼此能给对方绝对的自由，但很多时候又是"你离不了我，我也离不了你"的状态。第一幅现实画就能够表现出理想的、彼此离不开的状态。在第二幅理想画中，作画者只是把独立又融合的部分在工作和家庭中具体展示出来。在作画者看来，现实中的婚姻已经和理想中的一样。

这位作画者表达出来的状态是已婚者的一种典型代表,双方都希望保持独立性,也愿意接纳对方的独立性,这是他们匹配的一个方面。红和绿代表两种不同的个性特征,又具有互补性,这对夫妻关系来说是非常理想、完美、稳定的。他们能够符合彼此的期待,在现实中也有很高的吻合度,这种吸引力和匹配性会一直持续下去。

实心圆的混沌

图 11-3 孤独的婚姻(现实画)　　图 11-4 理想的后半生(理想画)

其一,被绑架的婚姻——现实画。

描述第一幅画(图 11-3)时,I_NC10 号作画者运用了"不融洽""不和谐""不自由""不包容"等形容词,而且给这幅画命名"孤独的婚姻"。虽然用鲜艳的颜色表达婚姻,但这幅画充满了苦涩和无奈。

作画者解释说,她想表达的是她和丈夫两个人的交集非常少,唯一的交集就是孩子。在工作和生活中丈夫都帮不了自己,丈夫也没有尽到作为丈夫的责任,顶多扮演一下父亲的角色,而扮演父亲的角色也是她要求的。

从构图来看，作画者在纸张的中央画了两个实心圆，代表婚姻中的双方——橙色圆象征热情外向，代表自己；蓝色圆象征冷静，代表另一半。图画所占的面积不大，约占纸张大小的1/5，其余部分留白，可能代表作画者感受到婚姻之外的其他压力。

这幅画的构造比较美，是一个完整的图案，两个圆重叠部分填充的颜色比较细致，可以体现出作画者的细致和创造力，也可以看出她想要表达自己的完整性。在图画中看不到的部分通过语言加以补充。作画者对图画内容的描述让人觉得比较沉重，因此这幅图画被赋予了更多象征意味。

两个圆有交集的部分实际上是婚姻有交集的部分，对有些人来说，这样的交集就足够了，但是对作画者而言，她所期待的婚姻交集远远要大于这个部分。在他们目前的婚姻关系中，家庭的核心是亲子关系，孩子是家庭的中心，夫妻之间没有任何情感交流，所有交流都是围绕孩子发生的，这种家庭结构具有一定的危险性。在婚姻关系中，最重要的应该是夫妻关系，其次是亲子关系，而他们似乎颠倒了这种顺序。

另外，作画者的言语描述和画面效果呈现给人的感受不一样。言语描述凄惨、绝望，但画面整体和谐、有序、充满生机。可能作画者画现实画的时候，已经投射了理想的部分。她描述婚姻的时候用了很多否定词，说明婚姻关系不融洽、不和谐、不自由，夫妻相互不能理解，难以包容，没有得到对方理解的一方会产生很多负面情绪，而这些在图画中都没有表现出来。这可能是因为作画者技术有限，也可能是因为作画者潜意识层面对婚姻的看法与言语层面对婚姻的表达不一致。我们从这幅画中可以看到，作画者对现在的婚姻仍然心存希望，

第 11 章 一张图画意万重，道尽平生情感事

她持有积极的态度，而且希望婚姻关系能够重新变得和谐、有序。

其二，婚姻是五彩和交融的——理想画。

作画者对第二幅图画（图 11-4）的描述是："我画的是两个人的关系。理想的婚姻是各有各的生活空间，但是交流占了生活的大部分内容。婚后共同生活的关注点并不只有孩子，还有我们生活的其他方面，比如说我们的父母、同事，兴趣爱好和共同点比较多，两个人的观念相互渗透。"

从画面布局来看，第二幅图画与第一图幅画无异。在理想的婚姻关系图中，作画者仍用橙色圆代表自己，蓝色圆代表伴侣。不同的是，这两个圆的边界已经不是特别分明，交集部分显著增大且边界更加模糊。左边橙色部分加入了蓝色线条，右边蓝色部分也加入了橙色线条，意味着夫妻的融合、相互影响。中间是两人的交集部分。若红色代表孩子，那么由红色部分面积的大小可推知孩子在理想婚姻中的占比。除了红色，核心部分还有绿色、黄色，这可能代表作画者所说的两个人共同的人际关系、兴趣爱好。总的来说，整个画面给人的感觉是界限没有那么分明，两个人融合的部分增多，而且蓝色圆似乎有更多融合。这也许是对目前婚姻状况的弥补，她希望丈夫或者理想中的丈夫可以更多地投入家庭，更关心自己。

其三，纵使热情如火难融坚冰，奈何我心仍期如水柔情——现实画与理想画。

由两幅图画的边界清晰度可推知，作画者对婚姻的期待在当下的婚姻中没有得到满足。首先，她和伴侣的冲突很有可能是在边界和空间上面。她渴望伴侣的陪伴，也希望两个人为了家庭能够交流、融合和渗透，做到我中有你，你中有我，但这些都没有得到伴侣有效的回

应，所以她觉得不被理解和包容，感受到巨大的孤独。其次，作画者可能期待跟伴侣一起约见共同的朋友，拓展共同的朋友圈；期待伴侣支持自己的原生家庭，甚至走入彼此的原生家庭，但伴侣并不愿意在这方面花费时间。最后，作画者期待伴侣和自己有共同的兴趣爱好，但很有可能伴侣没能做到这一点。总的来说，作画者对这段婚姻感到很失望。

从颜色基调可以看出，作画者在两幅图画中用了相同的颜色，她肯定伴侣的为人和能力，只是觉得伴侣对双方关系以及家庭的投入没有达到自己的预期。这也是他们婚姻中最大的冲突。

这位作画者的婚姻模式是中国已婚家庭一个典型的代表——夫妻双方对婚姻的期待不同，对婚姻中独立性和融合性的理解不一样。由此，人们会体会到极大的落差，从而感到失落和失望。这个问题会阻碍婚姻的经营，甚至严重影响夫妻关系，使其濒临破裂。

伉俪情深，同德同心——成对夫妻

对不起，第二次才遇见你

其一，尘嚣之外，快乐至上——现实画。

I_QQHE09 号作画者的第一幅画（图 11-5）呈现了全家人一起出游的场景。正值孩子放暑假，全家人带着帐篷自驾游。画面上，作画者在钓鱼，妻子在做饭，孩子在玩耍。因为是在大自然中，所以整体布局较满。远处有山，中间有河流，自己在钓鱼；近景是妻子在做饭，旁边有树、有草、有帐篷。画面内容丰富，代表作画者内心的丰富。这幅图画充分展现出作画者感受到的幸福：身处自然，心情放

图 11-5　幸福一家人（现实画）　　图 11-6　理想与目标（理想画）

松；家庭和谐，其乐融融。

尽管作画者说自己小学之后就没有画过图画，但是呈现出的画面非常完整，用色十分讲究，有很多值得关注的细节。图画的中心位置是作画者在钓鱼，体现了他把自己当作家庭中心的观念。他将自己定位为家庭的顶梁柱，无形中也定义了其他家庭成员的地位。例如，在他心目中，妻子和孩子理应在一起，毕竟照顾孩子的责任更多落在母亲身上。值得注意的是，作画者用了同样的颜色来画妻子和孩子，这表明在他眼里，母子两人更加亲近。在颜色的对比上，他用黑色画自己，用红色画妻子和孩子，由此可知，妻子和孩子更热情，更有能量。

作画者的情绪是愉悦而享受的。这幅温馨的世外桃源图景，是他对家庭生活质量的强调。他多次提到全家人集体出游的事情，可见这对他来说是非常重要的。他会有意识地去经营婚姻中的这部分，让三个人有单独相处的机会。出游的重要性与作画者有意识的经营相辅相成。

其二，闲云野鹤，翼彼新苗——理想画。

作画者描绘了未来理想的生活环境（图11-6）：右边是别墅，代表自己未来会在城市周边或者稍微偏远一点的地方有幢类似农家小院的房屋。左边是孩子考上的理想大学——清华大学或北京大学。这个家庭很重视孩子的教育，孩子考上名牌大学是作画者最大的愿望。

在这幅画中，作画者主要用了绿色和红色：校门部分用红色，自己的住所用绿色。

画面基本上被分成两部分。在未来的生活中，孩子和夫妻二人有着各自独立的生活圈。尽管孩子还只是初中生，但作画者已经开始考虑并规划未来的生活。右边的房子是他和妻子生活的部分，占比更大。但在用色上，孩子的理想学校采用了更有能量的红色，这说明他虽然觉得自己的生活更重要，但他对孩子寄予了更高的期望。至于这种教育理念对孩子的影响，画面中并没有呈现出来。

作画者对自己房屋的描绘非常精致，门窗、屋顶、车库、汽车都画了出来。但学校画得十分粗糙，只勾勒出一个大门，这体现出作画者对自己未来的生活有细致、具体的想法，但对于孩子将来到底能上什么学校，他缺少一个明确、具体的概念。对他而言，关于孩子的部分与其说是理想，不如说是一个美好的愿望，他也不清楚愿望能否实现。

其三，脚踏实地，活在当下——现实画与理想画。

与第一幅画相比，第二幅画的元素较少，主要集中在纸张中上部分。画面上半部分代表精神层面或者未来层面,因此这幅理想图画的布局与主题"未来理想"有直接的对应关系。

通过作画者写实的图画风格以及清楚回忆往事的能力,我们可以推知作画者在生活中实事求是、脚踏实地,属于行动派,但他并不擅长作长远的规划或具体的想象。在当下的生活中,作画者本身是家庭的中心,一切由他说了算。在未来的生活当中,决策权归属问题的重要性减弱。可能作画者更关注未来生活的环境,他的描述一直有一个中心思想——他不喜欢喧闹的城市生活,渴望远离城市的平静、放松的生活。他的这种家庭自我角色定位以及生活风格的偏好是否与伴侣匹配呢?我们需要看他妻子的图画。

为你走出"公主房"

图 11-7 幸福一家人(现实画)

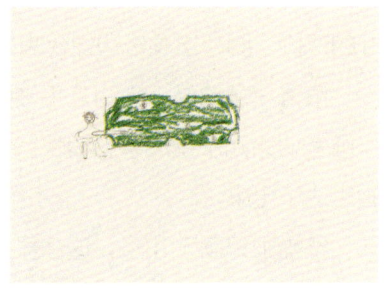

图 11-8 我们的工作(理想画)

其一,细水长流,恬淡安然——现实画。

I_QQHE10 号作画者和 I_QQHE09 号作画者是一对夫妻,他们共同参与了访谈。在访谈的过程中,I_QQHE10 笑盈盈地诉说着自己的浪漫故事。她的原生家庭富裕且幸福,结婚前她从来没有进过厨房,也没有做过家务,算得上是一个"公主"。和丈夫结婚之后,她走出了"公主房",学会了做家务,为他人付出,以及经营属于两个人的小家庭。即使已经结婚 11 年,他们之间的感情依旧保持着初恋般的感觉。

第一幅画(图 11-7)整体上给人贫瘠、阻塞之感,作画者好像不能完整表达自己的想法。她几次提到自己不会画画,由此可见,她的内心并不是特别丰富,在用图画表达自己时存在一定困难。

就笔触而言,反复描画的笔迹反映出自卑、犹豫、优柔寡断的心理。

图画中,左下角画的是小孩(她的儿子),右上角画的是风筝,整体呈现出儿子放风筝的场景。人物用铅笔勾勒,风筝呈鸟状,涂有两种颜色。

人物画体现出非常幼稚的人物处理手法,而且漏掉了人物的耳朵和脚。漏掉耳朵可能显示作画者对批评的敏感性,她只选择性地听取好的评价。脚超出画纸边缘代表她内心缺乏稳定感。

值得注意的是,人物几乎被隐去,风筝尤其引人注目,这反映出作画者认为儿子是风筝,很快就会飞走。她无处诉说的担忧,通过图画表达了出来。

整幅画只画了儿子,这凸显出儿子在家中的重要性。现实生活中儿子对他们产生了很大的影响,他们的一些行为会因为儿子的存在而发生改变,比如,作画者说,他们夫妻之间之所以很少争吵,是因为自己与丈夫吵架曾经吓坏了儿子,自那以后他们就下定决心不再吵架。除此之外,丈夫一直抽烟的习惯也因为儿子的一句话"抽烟不是好宝儿"而戒掉了。这两个例子都证实孩子是他们关系的一个强有力的纽带。

虽然图画的内容比较单薄,但在描述图画内容时,作画者流畅地

第11章 一张图画意万重，道尽平生情感事

讲述了他们幸福一家人的故事，图画展现了作画者想要的生活，脸上透露着喜悦和幸福，积极的情绪显示他们的婚姻是一次成功的结合。

其二，本已知足，何求多笔——理想画。

第二幅图画（图11-8）的画面较小，约占纸张的10%—20%，处在中间位置，呈现出作画者在台球室工作的日常情景。

台球桌用绿色填充，人物很小，几近消失。图画的内容略显单薄，而且在作画的过程中作画者反复强调自己不会画，画得太难看，每一次动笔都小心翼翼，可能绘制理想的婚姻状态对她来说很困难，因为她觉得当下的生活已经足够理想，想象不到比目前更好的状态。

有意思的是，孩子出现在第一幅画中，自己出现在第二幅画中，唯一没有出现的家庭成员就是丈夫，但作画者在访谈中多次提到丈夫。从她的讲述中可以看出丈夫是家里的顶梁柱，与这个家庭有着必不可少的关联，因此即使不画出来，丈夫的角色也已包含在画中，无画胜有画。

其三，两相情愿，和而不同——现实画与理想画。

由工作场景推知，作画者非常看重工作，她会花很多时间在工作上面，而她丈夫更在意家庭生活。在访谈中，作画者坦言，自己从来不做家务，这么多年所有家务活都是丈夫做，这反映出她的自我定位——自己应该把时间花在工作上，或者工作更能体现她的价值。工作中，她是一个独立的个体，只有工作才能让她实现自己期待的独立性，而生活中她是被照顾的一方。

她和丈夫的图画风格有鲜明的对比。丈夫非常擅长表达，用各种各样的颜色和元素来充分表达自己内心的想法和感受，而她不擅长把自己内心的想法表达出来。一方面可能是因为，她内心本身就不是特

别丰富；另一方面可能是因为，对她而言，用图画来表达自己是有难度的。但无论如何，在表达的丰富性、完整性和准确性上，她和丈夫都不在同一层次上，这就可能导致丈夫的一些想法和感受在她这里得不到有效回应，因为她感受不到丈夫的需求，或者即使感受到也很难对丈夫的需求作出回应。

尽管两人存在很大差异，但是双方的婚姻幸福指数都非常高。夫妻双方极高的互补性赋予婚姻极高的匹配性，例如女方不做家务，男方愿意承包所有家务；女方不愿意承担太多照顾人的责任，男方就承担起照顾自己小家庭和原生大家庭的重任；更重要的是，丈夫的控制欲及以自己为中心的角色定位，能够与家庭完美匹配，这种匹配是他们长久的婚姻能够保持初恋之感的秘诀。

这对夫妻是成对夫妻中的典型代表，他们的匹配度很高，两个人第一幅图画的题目都是一样的，叫作"幸福一家人"。由他们的关系可以推知，幸福的秘诀不在于两个人的风格是否有差异，而在于两个人的差异能否完美匹配。

东南雀飞，回眸与前行——离婚者

我们的过去

其一，灶台人生——过去画。

I_GZ08 号作画者在第一幅图画（图 11-9）中自述这是离婚前的日常生活。她经常围着厨房转，不停地做饭给前夫和他的朋友们吃，而前夫就躺在外面的沙发上看电视。房间里有很大的落地窗，透过落地窗可以看到外面的江。家里还有装饰的假山，像一个园林。

第11章 一张图画意万重,道尽平生情感事

图 11-9　自给自足的农村生活(过去画)　　图 11-10　自由自在(理想画)

整体上看,画面较满且黑色居多,略显暗沉。作画者虽然只画了两个房间——厨房和客厅,但在介绍图画时又补充说明了家里的其他房间。由此我们可以看出,她对这个家还是充满了美好的回忆,因为她使用的形容词都是非常积极和正面的。

图画笔触比较简洁和随意,线条基本上一气呵成,这表明作画者行动力强,做事干脆利落,不喜欢拖泥带水,这一点在她的生活中也有印证。例如,她和前夫认识三四个月的时候就开始试婚,一年后就步入婚姻的殿堂;离婚的进程也比较快,尽管她自己的总结是"结婚要慢,离婚要快"。

图画内容很丰富,家具多到占满了整个房间,而留给人物的空间很少。这可能透露出作画者在家庭中感受到的压抑。婚后作为一名全职太太,她需要承担所有家务。在某种程度上,家务给她带来非常沉重的负担,使她完全失去了个人自由。

从构图上看,图画被中间的一条线分成左右两个割裂的空间,像是两套房子,而不是一套房子的两个房间。似乎两个人通过不同的门进入不同的房间。如此清晰、彻底的分割折射出她和前夫遥远的心理距离,两个人没有太多的交流,在不同的空间里各自做着不同的事

情。她在访谈中提到，在家里夫妻唯一的交流就是两人坐在一起讨论电视节目。彼此之间的隔离感、分割感给她留下特别深刻的印象。

　　从人物上看，蓝色代表前夫，桃红色代表自己。虽然画的都是火柴人，但是她把前夫画得更粗糙。就能量水平而言，桃红色比蓝色更有能量，她觉得自己在家中是更有能量的那个人。另外，在图画中她站着，前夫躺着，通常站着的人能量水平高于躺着的人。

　　从图画中两个人的空间位置可以看出两个人的权力地位，她负责做家务，被照顾的前夫提供家庭经济来源，这是"男主外，女主内"的典型婚姻模式。最后婚姻的破裂一方面是因为经济原因，前夫生意破产，居无定所；另一方面是因为两个人没有任何沟通。

　　她给这幅画命名为"自给自足的农村生活"，但其实画中表现的场景是城市。这种矛盾源于她曾经的经历：她回到前夫的老家，见过他们农村的生活之后，突然明白前夫把农村老家的生活模式搬到了城市里。她意识到，自己和前夫老家的家庭妇女的功能相同——在家里负责做饭给男人吃。她不能够接受这一点，这体现了城乡观念的差异。她认为，在城市里可以去餐厅招待客人，但前夫持有陈旧的观念，觉得一定要在家里招待客人才能体现自己的心意。在作画者看来，最终导致他们婚姻破裂的其中一个原因就是两人迥异的生活观念。

　　其二，你和自由都是我想要的婚姻元素——理想画。

　　作画者自述，在城市里面待惯了，她很想到外面去。图画（图11-10）描绘了作画者与喜欢的人在户外草地上共享美食的场景。图画中有蓝天、白云、桌布和他们亲手制作的甜品、小吃。他们带着宠物，依偎在湖水旁的草地上，因为她自己很喜欢游泳。她希望生活中双方可以有比较多的共同休息时间，这样他们就可以离开压抑的城市，

第11章 一张图画意万重，道尽平生情感事

去过轻松、闲适的生活，比如在外面租别墅，或者到附近采摘果子。

和第一幅画相比，第二幅画的画面更加丰富，色彩更加多样，自由空间更多。色彩上用色比较平均，以蓝色为主。

图画的重点是左上方两个人在桌布上野餐的场景。人物画得较抽象，虽然画出了躯体，但是五官和手臂都没有画出来。躯体也是圆鼓鼓的，非常像婴儿，这表明作画者在生活中依赖对方。在访谈中她反复提到，希望男方能够创造比较好的经济条件。即使在她喜欢对方，对方也喜欢她的情况下，如果经济条件不好，她也不会选择结婚，相比和爱人一起白手起家，她更希望对方有现成的、可供自己享受的条件，因此图画中的人是没有具体形状的、婴儿化的人。

在第二幅图画中，作画者特别强调到大自然中享受休闲时光，因为她觉得城市生活太压抑。前一段婚姻生活让作画者产生了这样一种补偿机制。在第一幅图画展现的婚姻生活中，她必须每天在家里，帮前夫准备一日三餐，没有一餐能落下，所以她被无形地关在家里，没有办法出门，这给她带来很大的压力。在第二幅图画表现的理想生活中，她一定要远离室内空间和压力，到大自然中去，获得更多的轻松感。

第二幅图画中，一个吸引眼球的点是这幅图画有三个明显的圈层——桌布、湖水和绿色的草地。作画者用圆圈圈出不同的部分以营造边界感，从而获得安全感。草地原本没有圈出的必要，但作画者圈出来了，这体现了她对安全感的强烈需要。在婚姻中，她对自己的定位是一个附属品。在她的家族中，自外婆开始，家里的女性就都是家庭主妇，因此她在第一段婚姻中也这样定位自己。然而，第一段婚姻的破裂让她发现，当她完全附属于家庭时，她个人会拥有非常多的不

确定感和不安全感。

在她的前一段婚姻中,边界感非常模糊。因为她是家庭主妇,前夫的就是她的,她的也全部是前夫的,所以夫妻之间没有边界。离婚的经历让她开始有边界感,在她的潜意识中她已经认识到边界的重要性,只是这种重要性还没有在意识层面表达出来。

她坦然强调未来的丈夫一定要有良好的经济条件,能够给她提供房子、车子。但是在访谈中,她也表达了做独立女性的重要性。因此,这些圆圈也体现了一种矛盾。到底是以独立女性的身份进入婚姻,还是以附属品的身份进入婚姻,对她来说仍然是一个悬而未决的问题。

她并不看好自己的新恋情,因为她觉得对方经济条件较差,没有办法支持婚姻生活。同时,她自己没有作好开始一段新的婚姻的准备。这是离婚群体非常典型的状态。离婚者在前一段婚姻中吸取了很多经验和教训,但是仍然没有办法进入现实的、新的婚姻关系,因为自身内部还存在很多没有解决的冲突和矛盾。

被原生家庭抓住的婚姻

图 11-11 被迫分离(过去画)

图 11-12 只有三个人的家(理想画)

第11章 一张图画意万重,道尽平生情感事

其一,一棵树,我在这头,你们在那头——过去画。

在整个访谈过程中,I_QD12号作画者对第一幅图画(图11-11)只有很少的描述。

图画中的人物是她、前夫和女儿,表达出她与前夫及女儿被迫分离的现实,离婚时女儿被判给了前夫。在她的理解中,之所以和前夫分开,是因为婆婆看不上她,说了她很多坏话,而且对她为人处世有很多意见。她认为,这是造成她目前生活状态的最主要的原因。

画面中有三个人,左边是她,头发很长,穿着橙黄色的衣服,拎着包。右边是她的前夫和女儿,女儿的样子和她很像,只是呈现出小朋友的状态,扎着麻花辫,穿着红色的衣服。前夫穿着灰色的上衣和黑色的裤子。图画中每个人的手都没有画出来,这体现了作画者内心的匮乏和无助。

就人物画法而言,她把自己画得头发特别长、特别多,这是画面中被强调的内容,体现出作画者感受到的忧虑和压抑。通过作画者的描述我们可以知道,婆婆很节俭,不舍得扔东西,导致她吃过期食品,孩子穿别人剩下的衣服;公公有很严重的大男子主义,不把她当自家人;前夫刚愎自用,买房、辞职等大事都不和她商量,而且对她日渐冷漠,丧失信任。她融入不了前夫的原生家庭,在家里感受到的都是排挤、怀疑、厌恶,再加上身体不好,因此不可避免地承受了巨大压力。

图画中所有人物都没有耳朵,这代表了她没有很好的倾听能力,或者她听不进别人说的话。这在访谈中也有体现。访谈者说话的机会很少,几乎都是作画者在滔滔不绝地讲述自己的故事,完全没有时间可以留给访谈者提问。这可能是她被压抑很久的结果,她需要在访谈

中表达自己未曾充分表达的情绪。从她的描述来看，她选择忍受婆婆的刁难，不跟婆婆正面冲突；而前夫又是"妈宝男"，什么都听婆婆的，没有办法维护小家庭的立场，更没有办法替她辩解。她在这个家庭中没有一个可以倾诉的对象。

相比三个人物，图画正中央的那棵树显得特别大，不容忽略。人在这棵树前是弱小的、无能为力的，这也代表了她与婆婆的关系。作画者一直在说婆婆的不是，将自己婚姻的破裂归因于婆婆。她觉得婆婆就是那棵树，强势、霸道，硬生生地把她和前夫分开。虽然现实中婆婆的身材非常瘦小，但是发挥的作用非常大。在他们没有和公公婆婆住在一起的时候，她和丈夫的感情一直很好，但是在他们婚姻的第十一年，公公婆婆和他们住到了一起，矛盾开始爆发，婆婆代表的原生家庭，对他们的婚姻造成了破坏性影响，使他们被迫分离。在婚姻中，她觉得自己被排挤，是一个外人，公公婆婆和丈夫才是真正的一家人。

其二，我们仨——理想画。

这幅图画（图 11-12）中也出现了三个人。不同的是，左边多了一幢房子，仍然有树，只是这棵树变小了很多，它不再是一个阻碍，而成为花园中的装饰品。右边有三个人，孩子在中间，男性在左边，女性在右边。这三个人的穿着、身形和第一幅画中的一模一样。由此可知，作画者描述的理想家庭中的三个人仍然是自己原来家庭中的三个人。正如作画者所说，如果没有婆婆的阻拦，他们一家三口仍然可以幸福地生活在一起。

她希望自己的小家庭和双方父母分开生活，期盼一家三口过着自己的日子。这样一个非常简单的愿望却成为作画者的理想，甚至是一

第11章 一张图画意万重,道尽平生情感事

种奢望。这个理想在现实中没有办法实现,因为他们好像都被各自的原生家庭拉扯着。离婚之前她就已经回娘家住。她父母也都反对离婚,体现出原生家庭对她的生活的深入影响。因此,在理想的画面中,她希望双方的原生家庭都不要介入。

在人物的画法上,这幅图画中的人物比第一幅图画中的人物多了确定感,表情也更加生动。第二幅图画有了温馨、和谐的感觉,但房子是黑色的,门也没有画完整,似乎是一个没有办法进入的房子,表明她对未来的婚姻并不是特别乐观,仍然只是把它当作对未来美好生活的期盼和向往,而不是一个可以实现的目标。

她在访谈中提到自己不是很想再婚,因为她害怕相处的时间长了,两个人又发现彼此不合适,将之前的离婚故事重演一遍,这样会很麻烦。现在她对婚姻的态度很消极,认为婚姻只是一纸承诺,并不重要。

从描述的细节可知,婆婆确实有做得不够好的地方,但事实也不完全如作画者所述——只要婆婆不干涉他们的家庭,她和前夫就会有幸福的生活。

尽管婆婆是导致他们离婚的一个很重要的因素,但婚姻破裂的首要原因一定是夫妻之间出了问题。把一切简单归因于婆婆可能导致她不能够更好地面对下一段婚姻。

在访谈中,当问及这段婚姻带给她的影响时,她说自己最大的改变就是对伴侣经济条件的看法。她并没有关注人本身的特质,也没有对这段婚姻中自己的表现有所反思。

第二幅图画右上方飘着一团云,代表了作画者感受到的压力和烦恼。作画者说她每天面临很多烦恼和忧愁:工作辛苦,脚和膝关节劳

损，生完孩子后身体欠佳，等等。现在，她每天回家就想躺在床上休息，工作之余基本都宅在家里，没有太多娱乐活动，所以她用非常浓重的色彩、杂乱的线条涂出一朵非常厚重的云，诉说着自己承受的压力和痛苦。

另外，可能很少有人受得了作画者在访谈中的沟通模式，因为她完全不分情境，不问对方意图，只顾自己滔滔不绝地从头讲到尾，不留给对方任何空间和机会表达自己，这种方式一定会给婚姻带来非常多的冲突和挑战。她的前夫有半年时间在外地工作不回家，这可能是一种逃避，去外面寻找自己的空间。

以前，作画者和前夫彼此可以互用手机，这在很大程度上缩减了两人的独立空间。若是在甜蜜期，这种做法或许不会引发太大的问题，但是随着时间的推移，矛盾会逐渐暴露。前夫比较注重私人空间，当然，这也可能是因为前夫自身存在出轨行为。

在这个典型的离婚者身上我们可以看到，婚姻是需要保留私人空间的。如果女方在心理或语言上不给对方空间，对方就会逃离家庭，后果就是女方拼命追逐，在这个过程中，逃的一方会逃得更远，追的一方会抓得更紧，这样的婚姻不会幸福，甚至最终走向破裂。原生家庭对婚姻的介入也是作画者婚姻破裂的原因之一，前夫没有划出明晰的边界，没有坚持明确的立场，让婆媳之间发生直接的对抗，这是中国文化背景下婚姻破裂比较典型的原因。

此生报国，来世赠你

其一，一别两宽，各生欢喜——过去画。

在作画前，I-SJZ09 号作画者很犹豫和紧张，不知道该怎么画，认为自己画不出来，最后勉为其难地用一幅人物画像代表他过去的

图 11-13　祝她幸福（过去画）　　图 11-14　幸福之家（理想画）

婚姻。

第一幅图画（图 11-13）中只有一个用红色画成的女性人物，是作画者的前妻。根据作画者的描述，前妻是典型的职场女性，很上进，打扮时尚，而且自我感觉十分良好。

从第一幅图画中可以看到，人物在画纸上占据的面积较大，而且作画者精心描绘了人物头部，衣服部分也被强化，突出了时尚感。

值得注意的是，画面中的人物是不完整的，她的手和躯体并没有被画出来，五官中缺失了耳朵。这些缺失的部分具有特别的含义，缺失耳朵可能代表听不进别人的话，或者对批评比较敏感；缺失手可能意味着缺乏行动力或者没有能力完成某些事情；缺失躯体部分可能意味着婚姻中缺乏实际的接触。

因为职业性质，作画者回家的次数非常少，在家的时间非常短，夫妻之间缺乏陪伴具体体现在画中人物的身体缺失上。

另外，十分引人注意的是，画中人物的脚一高一低，似乎无法站稳，这与人物被精心描画的脸部形成对比。同时，尽管人物脸部被精心描画，但又有一部分被丑化。这些反映了作画者对前妻的矛盾态度：一方面认可前妻是一位能干、漂亮的时尚女性，另一方面又不喜欢她强势、职场上叱咤风云的女强人形象。

令人感动的是，作画者将第一幅图画命名为"祝她幸福"。虽然已经离婚，而且对这段婚姻以及前妻、丈母娘有一定的抱怨，但他仍然对婚姻关系结束感到十分遗憾，并给前妻送上祝福。

其二，看着别人的幸福，品味自己的孤独——理想画。

在第二幅图画（图11-14）中，作画者描绘的理想婚姻生活场景是一家三口幸福地在公园里散步。在访谈中，作画者提到，因为看到公园里经常有一家三口散步，所以他才画了这样的场景，但他对未来的婚姻不抱任何希望，他并不认为自己可以像别人一样拥有这样的幸福生活。

在第二幅图画中，人物的共同点是都没有手，只有孩子的人物形象相对完整。由孩子的穿着可知，她是个和妈妈很像的小女孩，成年男性和女性都是没有完成的人物，显得更粗糙一些。

整幅图画只用了红色，体现了作画者对这项任务的确感到很为难。他不擅长用图画来表达自己，完成需要发挥主动性和创造性的任务对他来说有很大的困难。在访谈中，作画者谈到生活中与前妻产生矛盾的一个事例：买菜时如果没有清楚地告知作画者要买什么菜，买多少菜，他可能就会出错。当受到指责的时候，作画者会觉得出错的原因是对方没有清楚地告诉他如何具体执行这次的"买菜"任务，这也反映了作画者更擅长具体的、可执行的任务，正是这种思维方式影响了他的人际沟通。另外，图画还反映了作画者不注重细节，缺乏想象和创造力，这也会直接影响他的生活和人际关系。

第11章 一张图画意万重，道尽平生情感事

从细节上看，图画中的三个人物之间没有联系，隔着一定的距离，这代表了作画者在现实生活中感受到的与他人之间的距离。作画者不知道怎样在心灵层面与他人建立亲密关系，建立亲密关系对他来说并不是一件容易的事，这一点从作画者的表述中也可以发现。他在访谈中提到，自己回家次数很少，即使回家也不知道该与前妻聊些什么，只是各自玩手机、看电视。此外，作画者表示回家后自己更喜欢宅在家里，而前妻更希望他能出去见见朋友，他对此比较抗拒。

从人物的画法来看，图画中的男性人物是"空眼人"。"空眼人"代表对环境和他人的漠然态度，只关注自己的内在世界，这与作画者不太愿意和别人交往有直接联系，或者说作画者只愿意和自己喜欢的、认可的、熟悉的人交往。女性人物的眼睛虽然有眼珠，但眼珠一大一小，似乎无法正常与人对视。这反映了对作画者来说，和他人相处相当困难。

作画者没有给三个人物画嘴，似乎在强调他无法与人沟通、交流的事实。对作画者来说，开口与他人沟通是有难度的。

另外，画中人物手的缺失反映了作画者缺乏一定的行动力。三个人物似乎无法稳定地站立，要么头重脚轻，要么身体倾斜，这体现了作画者没有内在的安全感和稳定感，在这个社会中他似乎无法找到自己稳定的立足之地。

这个作画者的画反映出婚姻中存在的三种典型状态：第一，出于职业的原因，个人牺牲了自己和家人在一起的时间，对这类群体来说，维系婚姻关系成为一个较大的问题；第二，个人无法与他人真正沟通和交流，不知道该如何与对方建立关系，在婚姻中感受到对方的

强势和自己的失望;第三,作画者提到丈母娘对他们婚姻关系的介入使得他们的婚姻走向破裂,亲人对婚姻关系的这种影响在一定程度上无法避免。

似水如鱼,两情相悦——恋爱者

中规中矩的幸福

图11-15 与爱同行(现实画)

图11-16 家和万事兴(理想画)

其一,我喜欢的样子你都有——现实画。

在第一幅图画中,I_HM11号作画者画的是她和男朋友在一起的场景。两个人一起去安静一点的地方旅游,这个地方有花、有草,两个人携手走在草地上。

从整体上看,两个人物居于画面中央,并不是特别大。男性和女性都有非常明确的性别特征。周围有绿树、花,背景用一些长的横线条涂抹填充。

这幅图画给人的感觉很温馨,完整的图画构造反映出作画者是一个具有整体意识和计划的人。她把整张纸都画满了,尽管主要元素集中在画面中央,但也勾勒了背景。

第 11 章 一张图画意万重，道尽平生情感事

在笔触上，她大量使用铅笔，特别是人物部分，刻画得非常细致。铅笔勾勒之后用彩笔修饰，表现出作画者比较细腻的一面。在现实关系中，她的年龄比男朋友大，属于姐弟恋，所以她在关系中考虑问题时也比较细致。除了细腻之外，作画者的笔触中规中矩，可以看出她非常注重规则，不越雷池半步，在生活各个方面都遵守规矩，遵从社会的主流规范，根据社会要求来塑造自己的生活。适应环境时，她更多的是服从环境，没有很多的创新性。

从内容上看，作画者用了最多时间和笔墨来描绘人物，这不仅展现出她的细致，而且体现出她对人的关注。人物的五官、四肢都很完整，没有任何遗漏，可以看出她既关注整体，也关注局部。

作画者对人的建构比较完整，表现出她的自我意识比较清晰。图画中两个人手拉手，体现出彼此关系亲密。图画中很重要的一个特点是，作画者笔下的人物有明确的性别特征：男性留着短发，穿着灰色的上衣、黑色的裤子；女性扎着辫子，穿着红色的裙子、红色的鞋子。男性和女性性别特征明确，表明他们在关系中有明确的角色分工。

另外，画人物时作画者还表现出一种幼稚性，画出的人物像天真烂漫的儿童，而不是成人，这可能与作画技术有关，但也与作画者想要表达的感受有关，她觉得和恋人在一起就像回到了天真烂漫的童年。

其二，你是我想不到的未来——理想画。

第二幅图画（图 11-16）描绘的是理想的爱情关系。画面中有两个独立的物体：左边是一张大餐桌，上面有一些彩色笔画出的食物，桌子周围有八把黑色的椅子；右边是一幢房子，用偏冷色调的单色笔

画出来。

和第一幅图画相比，第二幅图画的元素比较少。画面的面积也较小，大概占整张纸大小的20%，其余部分留白。餐桌以俯视的角度呈现，可以看出作画者离自己理想的生活比较远，她难以想象未来的画面，这可能与作画者缺乏想象力有关，也可能是作画者对未来有太多不确定感，所以很难把它画出来。

第二幅图画流露出来的冷漠和第一幅图画流露出来的温馨形成鲜明对比。作画者的语言描述也非常简短和抽象，只说这是在一个房子里，冬天一家人在一起吃火锅的场景，没有具体的内容。由此可知，作画者对未来并不抱很大希望。作画者可能很难想象具体的画面，更难以用语言形容具体的画面。

对作画者来说，未来能够拥有自己的房子，能够支撑起一家人的生活似乎是一个非常重要的生活目标，或者说是她的生活理想。然而，作画者不是非常确定这一目标能否实现，也不确定在实现这一目标的道路上会遇到怎样的困难和考验。

作画者是恋爱群体的一个典型代表，代表了中国五线城市青年的恋爱观。他们的恋爱非常生活化，恋爱内容也很单纯，空闲时两个人一起走走、玩玩、聊聊，没有一线城市那么多的诱惑，也没有一线城市那么辛苦，整体节奏比较缓慢。但如果考虑未来，就会有些许迷茫和不确定，这些迷茫和不确定与一线城市中青年的感受具有相似性。他们不确定将来能否拥有自己的房子，能否建立温馨的家庭。这体现了中国这一代年轻人共同面临的问题：当我成家时，我的家安在哪里？我的房子在哪里？我该怎么面对自己的小家庭和双方的原生家庭？这些问题在这个作画者的图画中都呈现了出来。

形影不离的甜蜜

图 11-17　我想到的最浪漫的事（现实画）　　图 11-18　陪着你走（理想画）

其一，驴友变男友——现实画。

I-GZ12 号作画者对第一幅图画（图 11-17）的描述是：白天，室外有太阳，晴空万里，在绿色的草地上她跟男朋友初次相识，两个人一起走着。

他们的爱情始于一次短途旅行。相同的兴趣爱好、体态落差带来的安全感、匹配的性格催生了一段佳话。八年爱情长跑，他们分分合合，兜兜转转，最后又回到彼此身边。

从整体上看，画中的场景很辽阔，有蓝天、白云、草地。室外的环境让人心胸开阔，心情放松。在旅行中两个人相遇、相识，擦出爱情的火花，这是一种非常自然的恋爱方式。

比较夺人眼球的是作画者对画面中元素的处理。画中的太阳很大，离地面非常近，似乎要碰到地面和人，这反映出作画者在生活中特别需要一个崇拜的对象为自己指引方向；太阳也可能代表她对男性理想化的部分，是她对父性人物的一种理想化，希望自己的安全感由这样的人提供。与此一致的是她对人物的刻画，尽管人物画像都是简单的火柴人,但是一个大一个小。由访谈信息可知,对方是一个比她高大,能够给她带来安全感的人,因此可以推断右边大一点的人是她的男朋友,她需要对方给她安全感。

在这幅图画中还特别强调了草地,草地在画面中占据的面积最大,这也是对安全感的强调——需要有坚实的大地,才会有安全感。对安全感的反复强调体现了作画者很重视两个人关系中的安全感,她特别需要对方给她稳定的、安全的感觉,因此在关系中她可以接受对方不爱她、离开她,但是无法接受对方背叛她。

其二,风里雨里一路随你——理想画。

在第二幅图画(图11-18)中,作画者描绘的是海滩的夜景,有星星和月亮。原本两个人都喜欢去海边玩,但目前为了还贷款,男朋友晚上基本都要去做兼职,生活节奏比较快,每天回来都很晚,因此没有时间一起去海边散步。她期待将来有时间两人一起到海边走一走。

画面右下角有两个大头人,涂黑的颜色代表夜幕,天空中有三颗比较大的星星,画面的整个下方是蓝色的海滩。

和第一幅图画相比,第二幅图画有一个明显的改变——视角。第一幅图画是一幅中景图或者远景图,因为画面中间的人物相对较小;第二幅图画则是一幅近景图,因为人在画面的最前面,其他景物都在后面。第二幅图画突出了人物,也突出了作画者的感受。她想在夜晚的星空下,和男朋友到海边走走。通过这幅理想画,她诉说着自己当下的诉求和渴望:男朋友晚上不用出去加班,能在家陪伴自己,这是一件多么令人向往的事情。但她没有办法表达出来这一点,因为这样的生活状态是他们面对现实经济压力时不得不作出的妥协。一场自我

形影不离的甜蜜

图 11-17 我想到的最浪漫的事（现实画）　　图 11-18 陪着你走（理想画）

其一，驴友变男友——现实画。

I-GZ12 号作画者对第一幅图画（图 11-17）的描述是：白天，室外有太阳，晴空万里，在绿色的草地上她跟男朋友初次相识，两个人一起走着。

他们的爱情始于一次短途旅行。相同的兴趣爱好、体态落差带来的安全感、匹配的性格催生了一段佳话。八年爱情长跑，他们分分合合，兜兜转转，最后又回到彼此身边。

从整体上看，画中的场景很辽阔，有蓝天、白云、草地。室外的环境让人心胸开阔，心情放松。在旅行中两个人相遇、相识，擦出爱情的火花，这是一种非常自然的恋爱方式。

比较夺人眼球的是作画者对画面中元素的处理。画中的太阳很大，离地面非常近，似乎要碰到地面和人，这反映出作画者在生活中特别需要一个崇拜的对象为自己指引方向；太阳也可能代表她对男性理想化的部分，是她对父性人物的一种理想化，希望自己的安全感由这样的人提供。与此一致的是她对人物的刻画，尽管人物画像都是简单的火柴人,但是一个大一个小。由访谈信息可知,对方是一个比她高大,能够给她带来安全感的人,因此可以推断右边大一点的人是她的男朋友,她需要对方给她安全感。

在这幅图画中还特别强调了草地,草地在画面中占据的面积最大,这也是对安全感的强调——需要有坚实的大地,才会有安全感。对安全感的反复强调体现了作画者很重视两个人关系中的安全感,她特别需要对方给她稳定的、安全的感觉,因此在关系中她可以接受对方不爱她、离开她,但是无法接受对方背叛她。

其二,风里雨里一路随你——理想画。

在第二幅图画(图11-18)中,作画者描绘的是海滩的夜景,有星星和月亮。原本两个人都喜欢去海边玩,但目前为了还贷款,男朋友晚上基本都要去做兼职,生活节奏比较快,每天回来都很晚,因此没有时间一起去海边散步。她期待将来有时间两人一起到海边走一走。

画面右下角有两个大头人,涂黑的颜色代表夜幕,天空中有三颗比较大的星星,画面的整个下方是蓝色的海滩。

和第一幅图画相比,第二幅图画有一个明显的改变——视角。第一幅图画是一幅中景图或者远景图,因为画面中间的人物相对较小;第二幅图画则是一幅近景图,因为人在画面的最前面,其他景物都在后面。第二幅图画突出了人物,也突出了作画者的感受。她想在夜晚的星空下,和男朋友到海边走走。通过这幅理想画,她诉说着自己当下的诉求和渴望:男朋友晚上不用出去加班,能在家陪伴自己,这是一件多么令人向往的事情。但她没有办法表达出来这一点,因为这样的生活状态是他们面对现实经济压力时不得不作出的妥协。一场自我

第 11 章 一张图画意万重，道尽平生情感事

与本我的竞争，自我抑制本我取得了胜利，就像画面中黑压压的天空影响着整个画面一样，但本我借助这幅图画表达了自己没有得到满足的不安全感。

整幅图画呈现暗沉的色调和低落的情绪基调，让人有些压抑，感觉让作画者感到焦虑的东西悬浮在两人头顶。他们共同经营这场历时八年的爱情长跑，虽然现在她已经 39 岁，但是她始终没有结婚的想法和计划。她似乎很担心从女朋友到妻子这种身份的转变会让一切事情都发生质变，因为在她看来恋爱是两个人的事，但婚姻就是两个家庭的事。她渴望得到双方父母的祝福，但是又害怕双方家庭的介入。

在访谈接近尾声时，作画者说到男朋友曾有一段婚姻经历，还有一个孩子，作画者在最后看似不经意地说出这一点，但这有可能是作画者最在意、最无法说出口的信息，她轻描淡写地说自己并不在乎这一点，这是对无法改变的现实的合理化，为自己的认知失调寻找一个出口，但画中透露出的信息未必像她表达的那样。这是双方感情的一个隐忧，无法谈及但又影响着双方的关系。

或许作画者还有其他担忧，没有办法直接表达，她需要伴侣主动谈及让她不安的那些东西，从而让双方的关系有真正的确定感。八年爱情长跑并不是一帆风顺，其间男朋友因有其他人追求而提出过分手，她也痛快地同意了，分手两年左右又复合，这段经历在两个人的关系上打下一个印记，成为他们相处过程中的一个潜在矛盾，这个潜在矛盾被隐匿在她内心某个不被轻易发现的角落，它如同定时炸弹影响着两个人的关系，就像天空黑压压的云一样。

以上两个作画者都是恋爱青年的典型代表，在恋爱关系中有甜蜜、陪伴、稳定、宽容和耐心，但同时也有非常强烈的不安全感和担

忧,这些是对未来关系的巨大挑战。

一生一世,心有灵犀——成对恋人

想给你霸道的宠爱

图 11-19　二人世界(现实画)　　图 11-20　合家欢(理想画)

其一,有你的地方就有我——现实画。

在第一幅图画(图 11-19)中,I_HM09 号作画者先用黄色蜡笔在中间偏左的位置画小人(自己和伴侣);然后用灰色蜡笔画楼房,绿色蜡笔画树木,蓝色蜡笔画河流、山;最后用橙色蜡笔画饭桌,用黄色蜡笔画父母。作画时间为 3 分钟。

从整体来看,布局比较均匀,画面分布在整张纸上,给人的整体印象是比较和谐,与现实生活很接近,是我们日常生活中常见的场景。

作画者具有较强的表达能力,画面较清晰、完整,包含了生活的多个方面,融合连贯,没有破碎。

作画者横向作画,表明他的内心很丰富,就如同他的画一样,能考虑到生活的方方面面。笔触比较轻,整张画中没有阴影的部分。画中既有直线也有曲线。

第11章 一张图画意万重，道尽平生情感事

从局部来看，房子、树、桌子、山都没有根基或者与地面连接的部分，给人的感觉有点漂浮。通过作画者的自我描述，可以发现他们在现实生活中的经济条件以及家人对他们结婚的看法可能不太理想。没有地基的房子是他的一个目标，但是要达到这个目标会有一定难度。

树由弯曲的线条绘成，线条给人的感受是向上的，但其中蕴含的能量并不是很多。

餐桌旁画了连绵的山脉，这是压力的表现。可能现在的生活与他理想的生活还有一定距离，在他们前进的路上存在障碍。

整幅图画既有室内场景，又有室外场景，比较生动形象。画面没有擦涂的痕迹，整个作画过程比较流畅。

从图画的结构和内容来看，整幅图画的布局很均匀，每个部分的相对比例也比较均匀，对细节的勾画较为细致，例如高楼的每一层窗户都被描绘出来。

作画者采用的是一种常见的平视角度。虽然没有将四个人物画在一起，但是他强调本来要将自己和恋人画成手牵手，就像现实生活中一样，无论走到哪里都手牵手，很少有落单的时候，而且他表示希望这几个人能够坐在一起吃一顿饭，这表明作画者渴望与恋人走进婚姻的殿堂，希望恋人能够融入自己的家庭。

画面中既有动态的部分也有静态的部分，高楼大厦是静态的，人物之间的互动（手拉手一起出去、一起吃饭）则是动态的，动静结合，使得画面生动、丰富。

从个性化的角度也可以看到一些独特之处。作画者是个大男子主义的人，他在最初追求恋人时只从自己的角度来思考，认为追求对方是自己的事，和对方答不答应没有关系，认定"你就是我的人，其他

我不管"。在恋爱过程中他希望对方顺从自己，接受自己的观点和家风，最看重恋人比较听话。

同时，作画者又是一个比较重感情的人，这和他的原生家庭有很大关系。他表示他的原生家庭很幸福，父母的感情非常好，这对他在处理感情问题时有很大影响。这样的家庭氛围使作画者非常注重家人之间的感情维护和经营。在他看来，维系感情最好的方法就是吃饭，他认为吃饭可以解决一切问题，因此画面中餐桌的颜色是整幅图画中最暖的，也是能量最多的，且餐桌放在一个非常显眼的位置。

其二，肩扛婚姻的梦想——理想画。

在第二幅图画（图 11-20）中，作画者先用灰色蜡笔从左到右画房屋、车、动物、钱的标志和走势图；然后用黄色蜡笔画下方的人，用紫色蜡笔画边缘，用棕色蜡笔画上方的四个人。用时 3 分钟。

从整体来看，画面分布在纸张的上方，这通常显示人理想层面的内容。作画者用走势图来展示感情生活中各方面的发展变化，包括经济条件、双方感情、双方家庭。

从局部来看，作画者比较注重细节，表达能力也比较强，能够使用抽象的走势图来表示自己对未来的期望。更引人注目的是，作画者用一个框将所有理想的东西圈起来，这是一种边界感的体现，他想把自己的家庭生活和其他事情区分开来，渴望与恋人进入婚姻阶段，而且自己的婚姻能够相对独立。作画者比较大男子主义，希望能将所有事情都掌控在自己手里。

画面整体用色偏冷色调，可以看出虽然理想美好，但是在实现的过程中会有一些阻碍和压力，压力一方面来自他自己的要求，另一方面来自恋人的期待。

从结构来看，作画者自己和恋人在画面中的比例较大，可以看出他是一个负责任的人，充满能量。在家庭中，无论是处理家庭成员之间的关系还是提供经济来源，他都承担主要的责任。

在理想的关系中，房子、车等始终是他考虑的因素之一，他比较看重经济条件，图中象征经济条件的标志占据较大面积。在经济方面恋人对他也有要求，希望他能够更有钱，能够重新回到享受生活的那种状态，恋人的这种期盼对他而言也是一种压力。

从内容来看，第二幅图画与第一幅图画最大的不同在于，第二幅图画中有四位老人，他期待婚后双方家庭能够和谐相处，希望所有人都关系融洽。

天涯海角紧相随

图 11-21　每天都很幸福、开心（现实画）　　图 11-22　陪伴彼此到老（理想画）

其一，有你便是幸福——现实画。

I_HM10 号作画者第一幅图画（图 11-21）的呈现顺序是：微笑的太阳、草、蓝色的恋人、橙色的自己、爱心、河、房子、表情、云。第二幅图画的呈现顺序是：橙色的恋人、橙色的自己、白头发、大房子、大太阳、云。两幅画共用时 9 分钟。

从整体来看，第一幅图画画面丰富，布局均匀，画面充满生机，展现了自己和恋人的爱情之路。从与恋人相爱起就一直对他不离不弃，不管恋人处于得意之时还是失意之时，都在他身边，不会因为他生意上的失败而抛弃他，正如画中的小人一样，女生一直追随男生。

从局部细节来看，一个圆圆的太阳用两种颜色绘成，红色和橙色都是暖色，而且进行了涂抹，使整个太阳充满能量，给予这对恋人无限的力量。正是因为有这些能量，作画者才能长时间追随恋人，能够在辛苦的生活中看到光明的前景。

虽然有希望，但是头上的三朵云彰显了许多压力。路面上的草都由简短的线条绘成，水由曲线绘成。短线条使整个路面显得缥缈不实，两个人走在这样的路上，对自己追求的目标充满不确定感。这些不实之路围绕在两个人的周围，突出现阶段对未来的不确定感。

小房子是作画者的期盼，也是维持生活的物质基础。正如作画者所讲述的，现在恋人处于失意状态，所以她对房子的要求不高，只画了一个小房子。小房子的房顶与恋人的用色一致，房顶是房子的保障，可以看出作画者对恋人充满了期待，希望他能努力实现他们共同的梦想。房体是房子的根基，用粉红色绘成。房体在房顶的保护下保持稳定，就像他们的恋爱模式一样，男方是主力和提供经济支持的一方，女生是被照顾和保护的一方。

值得关注的一点是，两个人物都朝向左边，左边意味着过去。他们一起经历过的点点滴滴给她留下很深的印象，从相识到相知、相恋，有过美好也有过坎坷。另外，作画者希望男友能回到创业失败之前的那个状态，能够找回信心，这也是对过去的一种眷恋。

从动态性来看，两个人物的脸上都露出笑容，对面部表情的描绘很生动，人物之间借助一颗红心进行交流，可以看出他们并不是孤独的人，在相处的过程中有很多互动。他们现在处于同居状态，走到哪里都会手牵手，彼此会为对方制造小惊喜，这也是他们爱情得以长久的原因。

其二，一起老去的我们——理想画。

从整体来看，第二幅图画（图11-22）的内容分布较广，画面很丰富，用色鲜艳，偏暖色调，场景生动、安详。

从局部细节来看，人物年龄很大，是他们老了的时候。左上角依旧有一个太阳，只不过随着时间的变化，太阳也发生了变化：现在的太阳是半个，能量有些减弱，和生命逐渐消逝一样；太阳的光芒不再耀眼，显得更加温和。天空中依旧飘着朵朵白云，可以看出要达到这个阶段的目标还需要不断努力，所以会有压力。

人物满头白发，虽然处于快要逝去的年纪，但依旧面带微笑，能看出她和恋人白头偕老的喜悦。此时，恋人的颜色已经变成和自己一样，可以看出在未来的日子里，她对恋人的期待都能够实现，这让作画者感到非常高兴。

和第一幅图画相同的地方是，画中人物依旧朝向左边，对她来说，过去确实有不能舍弃的部分。

第二幅图画中的房子比第一幅图画中的房子大了许多，她渴望在未来能够有更好的物质条件，但值得思考的是这座房子是尖的，似乎不太适合居住，也许她对未来的渴望和期盼还存在一些犹豫和顾虑，这些目标能否实现还有待时间的检验。

路依旧由短线条绘成，相比第一幅图画，这条路更平坦，但也不是一帆风顺。爱情要修得正果，还需历经生活的考验。

从动态性的角度来看，两个人虽然脸上带着笑，但始终没有面对面，男友总是面朝一边，不看女友，反倒是女友一直看着男友。当作画者被问到"想改变男朋友的哪三个方面"，其中一点就是希望他眼里有她，画中人物没有面对面可能与这一点有关系。

两个人物左手比较长，右手比较短，明明可以将手画长，但右手突然变短，使得两个人的手之间有一定距离，可以看出两个人的关系虽然很好，但是不会过度依赖对方。

从画面内容来看，男方会考虑双方家庭和父母，但女方不会，这样的差异与原生家庭的环境有关。男方家庭中父母关系很好，现在依旧保持着去哪里都会手牵手的亲密状态，他曾经认为会吵架的夫妻关系让人难以置信，后来才发现像他的父母一样如此和睦才是少见的情况，所以他在两幅图画中都提到了父母。他在当前的恋爱关系中看重自己父母的融入，婚后能考虑双方父母，家庭氛围在他心里很有分量。女方是在单亲家庭长大的，对于婚姻比较害怕，有恐婚的心理。她表示很反感双方父母见面，所以在画中只呈现了自己和恋人。

从笔触来看，男方笔触较轻，女方笔触较重。男方表示在他经历的每段关系中自己都占据主导地位，他对待感情很理智，可以掌控自己的恋爱关系，像是恋爱之船的船长掌握船的航行方向，所以画中笔触较轻，因为他不会把爱情当作生命的全部，爱情只是生活的调味品。然而，女方是被主导的一方，她在恋爱关系中是一个听话的角色，这段感情对她来说很重要，在很大程度上她的生活围绕着这段感情，所以用较重的笔触强调关系的重要性。

这对恋人是当代青年成对恋人的一个典型代表：即使未来的路途布满荆棘，但是只要彼此陪伴就会有前行的勇气，对未来充满期待。

落花人独立,微雨燕双飞——单身者

我在孤岛上徘徊,享受一个人的孤独

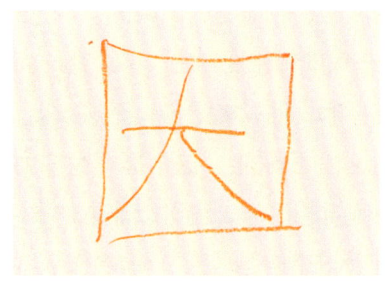

图 11-23　希望(现实画)　　　图 11-24　所爱(理想画)

其一,世界虽大,我只要一个自由的角落——现实画。

从整体来看,I_GZ11 号作画者的第一幅图画(图 11-23)的画面十分简洁,作画者用棕红色画了一个边框,框中有个"大"字。虽然作画者说这是一个图案,但它还是构成了一个有意义的汉字——"因"。

简洁的构图可能反映了作画者的思维十分抽象,也可能是由于作画者有一定的防御心理,对这个话题感到犹豫、迟疑,不愿意深入探讨。

图处于画面中央,大小约占整个画面的 2/3,体现了作画者有一定的自信。

在笔触方面,作画者笔触随意的特点反映了他做事情比较随意,有时不够细致。另外,作画者在画边框中的"大"时,力度要比画边框时的力度大,可以看出他对中间的自由度有特别高的要求。

在细节方面，作画者并没有认真建构边框，因此有些地方没有封口，有些笔画超出了边界，可以看出作画者在画边框时一蹴而就，甚至有些不耐烦的情绪。这可能是因为作画者本身没有耐心，或者是因为单身和爱情这个话题让他焦躁。

作画者描述画画时的情绪是"舒坦的、焦虑的、现实的"。舒坦是因为画出了自由的感觉，但同时存在焦虑感和现实感，甚至有一点无奈，因为这种现状是他没有办法选择的，他只能维持，无法改变，有种被困的感觉。作画者是这样描述这幅图画的："这个框好像成为我的空间，也是我的小社会。就好像睡觉的时候，我可以非常伸展，非常自由，没有任何束缚。"所以，尽管这个字是"因"，但是作画者的描述给人一种"囚"的感觉，在狭小的空间里只有有限的自由。

其二，乱麻似的我渴望一个简单的你——理想画。

从整体来看，第二幅图画（图11-24）的整个画面被橙色和蓝色分割成两个部分，左边1/3是用曲线绘成的一团橙红色，代表作画者；右边2/3是用蓝色绘成的若干几何形状，而且在外部加了一个边框，代表伴侣。另外，在画面的中间部分（蓝色部分的左下角）有一个倾倒的图案。橙红色部分十分无序，是一团圆圈，蓝色部分由松散的线条绘成。橙红色与第一幅图画中用到的棕红色是同一个色系，只是颜色更加浓烈，可以联想到作画者用这种颜色代表自己，用蓝色代表伴侣，是因为作画者希望双方"三观"一致，能够互相给予正能量。

作画者在画面中展现出如果未来有了伴侣，自己的空间就会缩小，对方占据的面积会很大。在他的理想状态中，彼此之间是有界限的，能够有各自的空间。尽管他对空间的要求不高，但这个空间对作画者而言是必需的。

第11章 一张图画意万重,道尽平生情感事

画面下方的一团蓝色可能代表未来的孩子,作画者希望孩子更像伴侣,而且更多地由伴侣照顾,所以他们的颜色一致,而作画者本人的颜色却不太一样,这也流露出作画者对个人空间被入侵的恐惧感。

值得注意的是,他用乱麻一样的线代表自己,用相对松散的、有序的线代表伴侣,这可能有多重含义。在第一幅图画中,作画者用非常简单的构图来代表自己,表现了他单身的状态。一旦进入两个人的生活状态,他只能是一团乱麻,反映出他似乎很不擅长应对家庭生活,只有家庭成为一团乱麻,自己才能够存在,而之前自由、简单的自己无法在家庭中存在。但矛盾的是,他认为自己扮演着家庭正能量"传递者"的角色,所以他要努力让自己成为能量最大的人,但这是他不擅长的,所以他只能成为一团乱麻,从而保持能量最大状态。这也是他在人际关系中面临的困难:要扮演一个自己并不擅长的角色,而且以这种形象出现在别人面前。作画者对自由、简单的生活的向往和对自己的期待投射到了伴侣的身上,希望伴侣是一个单纯的人。如果伴侣不符合他的期待,两个人可能会很难相处。

其三,理想与现实的碰撞——现实画与理想画。

和第一幅图画相比,第二幅图画中出现了许多杂乱的、纠缠在一起的线条,这有多种可能性。第一,这可能代表了作画者性格当中有多个层面,既渴望简单、独处,又渴望和别人相处;第二,这可能代表了他对恋爱和家庭生活的恐惧。恋爱、结婚对他而言就是一团乱麻,他认为恋爱、结婚与十分琐碎的事情相关,是可怕的、糟糕的、纠缠不清的,似乎会毁掉他单纯、自由的生活,所以这两幅画形成了鲜明的对比。

从第二幅图画可以看出,作画者并没有作好建立婚姻或恋爱关系的准备,这对他来说十分难以想象。即使他建立了婚姻或恋爱关系,他也会感到不舒服,觉得自己被捆绑在这段关系当中,会陷入充满暗流和不舒服的空间中,这对作画者而言是一种强迫自己和别人待在一起、难以忍受的感觉。

在给图画起名字时,第一幅图画名为"希望",这幅图画在某种程度上是他理想生活的写照;而第二幅图画名为"所爱",如果第二幅图画代表恋爱状态,这种状态让他如此难过、不舒服,他又怎么会进入呢?他只会回避这种情况的发生。

这个作画者是单身群体的一个典型代表,即无法建立恋爱关系,无法进入和别人共同生活的空间。即使真正建立了亲密关系,也会有不舒服、不自在的感觉,是牺牲了自己的单身生活作出的妥协。这是当下中国城市单身青年拥有的一种共同心态。

单身的我在等全能的你

图 11-25 初恋(现实画)

图 11-26 理想(理想画)

第11章 一张图画意万重，道尽平生情感事

其一，初恋的滋味——现实画。

I_SH10号作画者的第一幅图画（图11-25）比较简单，画了两颗心被一支箭射穿。作画者描述自己画的是初恋的感觉，那时候两个人还是高中生，年纪比较小，只是因为喜欢就懵懵懂懂在一起了，但是两个人脾气不合，恋爱过程一半甜、一半苦，最后分手了。

画面上的两颗心是连在一起的，心有两种颜色，红色的是一颗完整的心，它右边是半颗黑色的心。根据作画者的描述，红色的心代表初恋的甜蜜，而黑色的心代表初恋的苦涩。从画面来看，甜蜜的部分，也就是红色的心占比更大。

图画整体位置偏上，从空间位置来说，这是偏重情感和精神的领域，可以看出他的初恋远离物质因素，更多地关注双方的精神层面和情感层面，是因为好玩或者是为了找一个玩伴而交往的，这和高中阶段人们的心智成熟程度相吻合。

从作画者所用的线条和笔触来看，作画者用了非常简洁的线条来描画轮廓，中间涂色的部分没有非常细致地按轮廓边缘来涂，只在中间大致涂上颜色，可以看出作画者比较讲究效率而忽略细节，他更多地关注任务的完成，而不是任务完成的质量，也许在两个人相处的过程中他会有不太细致这个特点。

整体上这是一幅抽象画，似乎作画者觉得用抽象的方式更能概括和表达自己的意思。他不太关注情感性内容，而更多地关注对事件概括化的描述。

尽管作画者说初恋有苦有甜，但画面透露出的温暖和甜蜜似乎并不是特别多，在访谈中对这段恋情的描述也很简略，没有提到恋爱中的甜蜜细节和发生过的冲突，只是简单提了一下初恋这件事。

其二，空眼的机器猫——理想画。

在第二幅图画（图11-26）中，作画者描述自己画的是机器猫，头上的十字代表竹蜻蜓，可以自由地飞来飞去。这只机器猫有猫的特性，既有黏人的时候也有高冷的时候。它有一个神奇的口袋，作画者有一个愿望，希望自己的伴侣或者恋人能够有丰富的生活技能，希望她厨艺好一些，家务活可以多做一些。竹蜻蜓也象征着对恋人的期望，因为他希望对方告诉他去哪里玩，由对方指出方向和目的地，然后他来完善这个计划。他形容这幅图画是理想、平稳和生活。

在这幅图画中，作画者延续了第一幅图画的粗糙性。在涂色时，特别是给机器猫涂红色时，用不太讲究的笔触直接涂了一些竖线，完全不考虑美感。整个机器猫看上去有一些哭丧着脸，可能和作画者没有画出瞳孔有关系。

这幅图画整体上不太像在憧憬未来美好的生活，反而透露出一种敷衍、不得不完成任务的态度，这与他提到的自愿保持现今的单身状态，不主动追求爱情一致。

第二幅图画和第一幅图画都处于偏上的位置，代表了作画者仍然关注情感和精神层面，不关注现实层面。他提到自己家里的物质条件不错，所以不看重另一半的物质条件。同时，这也与他所讲的自己不会做饭、不太关注旅游景点等一致。他好像对这些生活琐事没有特别大的兴趣，只关注精神层面的东西。他希望恋人可以操心这些物质的部分，所以他需要一个万能的机器猫。

第二幅图画中最引人注目的是机器猫的空眼，他没有给机器猫画上眼珠和瞳孔。空眼的画法流露出来作画者对环境毫不在乎，只关注自己的内在，对他人有一种漠视。另外，作画者提到单身的一个好处

第11章 一张图画意万重，道尽平生情感事

是拥有绝对的自由，不用照顾恋人的感受，不用思考约会的地点，可以根据自己的状态规划每天的娱乐时间，这反映出他很关注自身需求的满足，对他人的需求会有一定的忽视。

作画者的两幅图画都流露出他与别人之间的距离感，以及他对这个世界不太感兴趣，这在很大程度上妨碍了他和别人建立亲密关系。如果他的眼睛里看不到别人，又怎么能指望别人信任他，并和他建立信任关系？从他对自己三段感情经历的描述来看，三段恋情都以和平分手而结束，而且他对这三段恋情的描述都很简略，似乎他对这三段恋情都没有投入太多的感情。

其三，女友还是母亲？——现实画与理想画。

从作画者的描述来看，他好像把太多希望寄托在恋人身上，他希望恋人会做饭，能照顾他，给他指引方向，这会让人联想到母亲的形象，他寻找女友的同时需要女友具有母亲的功能。对大多数女性来说，这是一个具有挑战性的要求。

从他画的机器猫和神奇口袋来看，可以认为这是全能幻想的一种痕迹。"希望生活中有魔法，希望自己的所有愿望都能够实现"，这是婴儿期的全能感在成人身上的体现。画出这样的图画的人往往对恋爱存有一些不切实际的幻想，对恋人有一些自认为理所当然的要求，但是不考虑这些要求的实际可行性。

作画者对机器猫有一段描述，他说不喜欢这幅画中机器猫的愚蠢，希望这个机器猫像波斯猫一样不黏人，只有召唤的时候它才过来。这样的话更加明确地体现了作画者对另一半的要求：不要黏着自己，彼此独立，只有他发出信号的时候对方才过来。这样的关系才不会让他有负担，他希望可以把两个人的接触降低到他需要的那个程

度，只在他有需要的时候对方才出现，不希望接触过于密切或频繁。这些都体现出作画者以自我为中心的状态，他希望所有事情都围绕他的需求来建构，他的需求凌驾于一切之上，包括在关系层面，他更多地希望对方满足自己的需要，而不是满足双方的需要。

在养育孩子的问题上，他认为哪个侄子、侄女对自己好，就把财产给谁；如果侄子、侄女比自己的孩子对自己还要好，就没有必要花钱去养育自己的孩子。这再一次突出表现了他以自我为中心，以及很怕在关系中被"黏"住和控制住的心态。如果这是对未来恋人的要求，这样的恋人似乎不太容易寻找，因为恋人也会有她的需要，如果对方的需要在他这里完全得不到满足，甚至对方的需要都不被看见，这段关系将会非常难以维持。

这个作画者是处于自由生活状态的单身人群的典型代表。他有过恋爱经历，对未来的生活也有一定憧憬，但是那些憧憬不是基于现实的期待，更多的是一种幻想，期望对方是一个全能的、能够满足自己所有要求的人，而这在现实当中是非常难以实现的。

凤兮凤兮归故乡，遨游四海求其凰

图 11-27　某个夏天的中午（现实画）　　图 11-28　一个悠闲的下午（理想画）

第 11 章 一张图画意万重,道尽平生情感事

其一,篮球场上给你送的那瓶水,是我青春时懵懂的爱恋——现实画。

I-SH09 号作画者的第一幅图画(图 11-27)是她在学校看初恋对象打篮球的场景,这幅图画名为"某个夏天的中午"。篮球场上的几个人中最靠近篮球的是初恋对象,她自己在后面的教室里。操场边有紫藤花和湖,还画出了校园大门和门卫室。

从整体来看,画面丰满,色彩多样,具有丰富性和强烈的对比性。丰富性是指这幅图画至少用到了 6 种颜色,强烈的对比性是指红色和黑色之间的对比强烈。这和作画者陈述的青春期初恋以及作画时的情绪是"悔恨"相对应。黑色是面积最大的颜色,在某种程度上可能代表了作画者的悔恨、追忆,或者启动了作画者回忆中的不愉快。

图画整体偏向上方,画纸下半部分为空白,这和恋爱时间对应,高中阶段年龄较小,比较关注精神层面。作画者提取的有关这个画面的回忆相对完整,表现了作画者对这个画面的熟悉程度,这个画面可能在她脑海中不断重现。画面占据画纸的 4/5,代表了这段经历或回忆对作画者很重要。

这幅图画的笔触非常流畅、自然,再加上画面内容丰富,反映出作画者具有非常细腻的情感,她不仅自己能感受到内心的情感,而且在恋爱中希望对方能够关注到她的细腻之处,并对她的情感作出回应。

从作画者的视角来看,整个画面采用观察者的视角,这幅图画呈现的是从远处看整个学校的场景,作画者似乎和这个画面有一定的距离。曾经的她只能在教室或者走廊上望着自己的初恋对象,她仿佛是

要自己和这段关系保持一段距离，这样她才会感到安全。这似乎是她的一种关系模式——处在旁观者的位置，无法全身心投入恋爱或者情感中。

从细节来看，黑色部分比较引人注意。黑色的门、黑色的墙、黑色的门卫室、黑色的教室、黑色的篮球架、黑色的人，这些黑色的部分是封闭的、静止的，黑色代表了作画者感受到的沉重。在作画者的记忆中，所有门窗都是紧闭的。封闭的大门代表把一段感情封存起来，这和作画者所说的这段关系已经结束有直接关系。黑色的人虽然在动，但仿佛已经被定格。另外，作画者在处理校名时，用符号表示，反映出作画者注重保护自我隐私，有一种边界感，对自我边界有清晰的意识，知道什么东西是安全的。

画面中另一个值得注意的地方是紫藤花，它占据了很大面积，也是画面中最鲜艳的部分。这反映了作画者的浪漫情怀以及她对这段感情的怀念。尽管这段感情已经被尘封，但作画者依旧会感到后悔，后悔自己曾经太任性。

即使这段关系已经结束，但对作画者而言它仍然是美好的，这也佐证了作画者细腻的浪漫情怀。

其二，一个身影从容地忙碌，一双手让时光有了温度——理想画。

第二幅图画（图 11-28）的内容是男朋友在做饭，自己悠闲地躺在沙发上。画面左下角有一只猫，沙发右边有一盆绿植。左边有很多照片挂在墙上，都是作画者旅行到过的地方，如埃菲尔铁塔、东方明珠、富士山等，旅行是她生活中非常重要的一部分。作画者描述画这幅图画时的情绪是"悠闲的、放松的和充实的"。

整体上，第二幅图画比第一幅图画更加丰富，画面的下半部分填

第 11 章 一张图画意万重，道尽平生情感事

充了一些元素，可以看出作画者在理想的图画中融入了自己的一些愿望、要求，照顾到自己最原始的本能。

第二幅图画用色仍以黑色为主，但同时使用其他颜色，共有 7 种颜色，因而整体画面并不沉重，流露出家的温馨。画面丰满、元素多样，体现出作画者内心的丰富性。她对生活品质的要求也可以通过画中的元素得到反映：沙发要很舒服，要有可爱的小猫，家里要有绿植，要挂旅行的照片，等等，这些都代表了作画者对浪漫、精致生活的追求。

对作画者而言，旅行是生活中非常重要的内容。在画面左上方，作画者用较多笔墨来描绘自己旅行过的地方，而且有一个空白相框，去其他地方旅行后可以补上。在理想生活中，她希望两个人能够一起去旅行，接触不同的人，看不同的风景。作画者特别强调"深度游"，不是走马观花，而是深度了解当地的风土人情。这也反映出在和另一半交往时，她可能不会特别快地确认恋情，而是希望从不太熟悉到相互熟悉，相对从容、不慌不忙地展开恋爱关系，对节奏有特别的要求。

作画者和男朋友在不同的空间里做不同的事——她在卧室或客厅休息，男朋友在厨房做饭。这反映了作画者需要自己的空间，两个人可以独立地在各自的空间里做事情。即使两个人都在家，作画者也希望两个人可以在不同的空间里做不同的事情。

在恋爱关系中，作画者希望自己是被呵护、滋养和照料的一方，所以画中的她悠闲地躺在沙发上休息，男朋友在准备两个人的饭。作画者既要求对方情感细腻，关注并回应她的情感，又要求对方能在生活中照顾自己，甚至希望对方除了是自己的男朋友之外，还能充当父

亲的角色。对作画者的男朋友而言，这可能会成为一种负担，以至于没有办法达到这种状态。

从图画的笔触来看，用笔随意而灵活。大部分线条都是一笔画成，有较好的计划性，空间的安排也井井有条。即使个别地方有线条反复的情况，但大部分地方是一气呵成的。作画者并不介意个别地方画得不那么完美，可以反映出作画者的智力水平比较高，在为人处世上具有足够的灵活性，自我评价也非常高，在关系中对对方的要求也非常高。

作画者进入关系的速度比较慢，而且希望对方在很多方面能够回应她、照顾她。虽然找到如此合适的伴侣不是一件特别容易的事情，但她觉得自己有足够的理由这样要求对方。在当代青年中，她是追求理想爱情的一个典型代表。

讨论

我们可以从14个作画者的图画中看到一些共通的议题。

第一，独立和融合的议题。从图画中可以反映出，恋爱关系和婚姻关系处理得比较好的个体，几乎都既保持自己的独立性，又和对方有适当的融合。典型代表就是I_QD07，在他的图画中可以看到红色和绿色的交融。在比较糟糕的恋爱关系或婚姻关系中，独立性和融合性是对立的，存在三种情况：（1）只拥有独立性，如I_GZ11，和对方完全没有交集，在亲密关系中仍然是完全独立的个体；（2）完全融合，自己完全被对方的生活占据，如I_GZ08；（3）双方的融合没有达到彼此的期待，如I_NC10，妻子希望在婚姻中彼此有更多交集，比如共同的朋友、共同的兴趣爱好，而丈夫远远不能够满足这一点。

第二，个人空间的议题。从图画中可以反映出，在比较好的恋爱关系和婚姻关系中，需要保留个人空间；即使个人空间的大小不能一概而论，但双方都应尊重彼此的个人空间。在比较糟糕的恋爱关系和婚姻关系中，个人空间通常受到挤压，这种挤压有可能来自原生家庭，如公公婆婆、丈母娘等，也有可能来自另一半。这会导致缺乏个人空间，即使有也非常小，而且个人空间不被尊重。

第三，人际边界的议题。从图画中可以看到，良好的恋爱关系和婚姻关系需要保护人际边界，这种人际边界是健康的、灵活的、有弹性的、清晰的。那些没有清晰的人际边界，或人际边界没有弹性的亲密关系，往往都会遇到挫折或困难，甚至会破裂。比如I_QD12，在现实中，她的核心家庭被公公婆婆入侵，在图画中她用一棵树来代表被人为割裂的核心家庭，她非常渴望能有人际边界来保护自己的核心家庭。她希望丈夫能够建立人际边界，但让她非常失望的是丈夫没有完成这个任务，最终婚姻走向破裂。没有人际边界的成人往往和自己的原生家庭处于共生状态，他们更多地对原生家庭保持忠诚，但无法深度卷入自己的核心家庭，为亲密关系带来不良影响。

第四，个人需要的议题。在良好的亲密关系中，双方的个人需要都被放在重要的位置；个人需要被清晰、明确地提出，而且得到对方的重视和回应。在比较糟糕的亲密关系中，对方的个人需要往往被放在不重要的位置，只有自己的需要是明确的，很少考虑对方的需要；即使对方明确提出需要，也不被重视，更谈不上回应或满足。比如I_SH10，他明确提出了自己的需要，但没有考虑对方的任何需要，那个神奇的机器猫满足的也全是他的需要。

第五，匹配的议题。就上述独立和融合、个人空间、人际边界、个人需要等议题，双方是否匹配非常重要。这里说的匹配，并不是说双方观点完全一致，而是有多种情况：（1）双方的相似性带来了匹配。由于双方在各方面的观点非常接近，因此可以达到匹配状态。（2）双方的差异性带来了匹配。以 I_QQHE09 和 I_QQHE10 这一对夫妻为例，妻子不会做家务，于是丈夫承担了全部家务。丈夫具有大男子主义，什么事情都喜欢自己拿主意，于是妻子让渡了自己的一部分权力，愿意让丈夫拿主意，这种权力定位上的差异性也带来了双方的最佳匹配。此外，两人在表达风格上具有差异性，女方表达能力差，但男方并不看重女方的表达能力，而更欣赏女方内在的善良和孝顺，这也在一定程度上弥补了两个人表达差异带来的不足。

结论

通过图画可以非常直观地看到，在人们的亲密关系中以及在无法言说的对亲密关系的感受中，包含一些深度的信任（I_QD07）和潜在的隐忧（I_GZ12）。由于绕过了人们的防御机制，这些信任和隐忧非常真实、可靠。

擅长用线条、颜色、构图表达自己的人，通常具有比较细腻的情感，在关系中对情感的要求会比较高；不擅长用图画表达自己的人，通常在语言表达或情感表达上存在一些困难，这会给亲密关系带来不良影响。如果没有恰当的方法弥补，可能会引发冲突。

从已婚者的图画作品中，我们可以看到已婚人士面临两种典型的

第11章 一张图画意万重，道尽平生情感事

婚姻状态：一种是幸福的，一种是不幸福的。在幸福的婚姻中，双方可以保持自己的独立性，也愿意接纳对方的独立性；既保有个人的个性特征，又有互补性，这种婚姻关系是理想、稳定的。在不幸福的婚姻中，双方对婚姻的期待不同，对独立和融合的理解存在不可磨合的分歧，彼此都会感到失落和失望，长期积累的失落和失望逐渐使夫妻关系濒临破裂。

从成对夫妻的图画作品中，我们可以进一步看到良好婚姻关系中夫妻双方的典型特征——他们的匹配度很高。良好婚姻关系建立与维持的秘诀不在于两个人是否有差异，而在于两个人的差异能否匹配，即能否求同存异。

从离婚者的图画作品中，我们可以进一步了解在不幸福的婚姻关系中夫妻双方存在的一些问题。第一，个人空间被入侵就像一个定时炸弹一样威胁着婚姻关系，一方步步紧逼，必定会使另一方慢慢逃离；第二，原生家庭的介入也是婚姻破裂的原因之一，常常是男方没有处理好婆媳之间的关系，也没有坚定自己的立场，使得婚姻慢慢走向尽头；第三，工作的忙碌使得夫妻双方缺乏陪伴和交流，在这种情况下，婚姻关系的维系就成为一个富有挑战性的难题；第四，个人性格的问题使得个体无法和他人真正地沟通和交流，无法真诚、深入地与对方建立关系，在这样的婚姻中有一方常常会感到失望。大多数离婚者在婚姻结束时，都会获得许多经验和教训，但是他们依旧不能或者不想建立新的婚姻关系，要么感旧伤怀，要么自身还存在很多没有解决的冲突和矛盾。

从恋爱者的图画作品中，我们可以看到恋爱者的典型特点：想法单纯、浪漫；在关系中有甜蜜、陪伴和宽容。从单身走向恋爱，能够

让一个人学会承担责任，为对方考虑，他们关于未来的计划都会有对方的存在，但同时也包含着对未来的不确定感和担忧。

恋爱者之间不仅具有共性，而且具有地域差异，城市化水平会影响恋爱观念。五线城市青年的恋爱更加生活化，更加单纯，相比一线城市少了许多诱惑和艰辛。但无论是一线城市还是五线城市，青年在适当的年龄处于恋爱关系中，如果考虑未来就会有些许迷茫和不确定。这些迷茫和不确定中不再只有单纯的甜蜜和美好，还掺杂着物质基础的考虑，这使得恋爱不再是游戏，而是"一半欢喜一半愁"的现实。

从成对恋人的图画作品中，我们可以看到恋爱关系的建立与维持是双方共同努力的结果。恋爱过程不会一帆风顺，但是只要双方坚定不移，互相陪伴与理解，就能实现海誓山盟的诺言。

从单身者的图画作品中，我们既可以看到单身者在经营自己单身生活时的惬意，又可以看到他们对爱情的渴望。根据具体情况单身可分为两种：一种是自愿单身，即主动不想建立亲密关系；另一种是被迫单身，即为建立亲密关系努力过，但是失败了。对第一种情况的单身者而言，建立亲密关系需要牺牲个人自由，亲密关系会使他们感觉自己被束缚，所以他们不愿意建立亲密关系。对第二种情况的单身者而言，他们没能建立亲密关系，或者在建立亲密关系的过程中遇到很多困难，很重要的一个原因在于，他们自身对亲密关系的期待不符合实际。他们期待的关系是不平等的、理想化的。他们理想中的伴侣是一个"全能的人"，这个"全能伴侣"更像一个机器人，他/她不能有自己的需求，但能够照顾人，能够处理一切事物，承担一切责任，这样的要求似乎只有机器人才能满足。因此，这些单身者想要建立亲密关系，但是很难实现。

综合所有图画来看，建立和维持良好的亲密关系有以下四个必要条件：

双方既独立，又可以融合；

双方都具有个人空间意识，而且尊重彼此的个人空间；

双方都具有清晰的、有弹性的人际边界，能够和原生家庭分离；

双方既有明确的个人需求，又尊重和满足对方的个人需求。

第 12 章

可乘明月,看花江船:
中国人的爱情与婚姻

本章是对整个研究的回顾与总结，讨论主要分为两个部分：第一部分整理并总结研究的重要变量，整合量化研究和质性研究的结果，初步挖掘现象背后的原因和具体呈现方式。第二部分深度介绍社会学、心理学的理论，深入解析重要变量，呈现更多维度和层面的理解。结论部分将会回顾研究内容，呈现最重要的研究成果，并给出可操作的建议。

爱情和亲密关系的关键变量

整合量化研究结果[①]和质性研究结果，将有关爱情和亲密关系的关键变量分为六大类，依次为爱情观念（包含爱情类型、婚姻与情感）、亲密关系描述（包含依恋、权力、冲突、破裂、关系调适）、性（性观念、性行为）、关系满意度、个体特征（包含性别差异、社会经济地位、自尊）、家庭系统和社会影响（孩子、父母、社会发展与政策），接下来依次讨论这些关键变量。

爱情观念

爱情类型

爱情观念主要包含爱情类型以及婚姻与情感。爱情类型有激情型、友谊型、占有型、游戏型、利他爱和实用型六种。与爱情类型有关的是恋爱者的爱情故事，主要有浪漫、梦幻的童话故事，同舟共济

[①] 质性研究部分为非"LGBT+"群体，讨论部分量化研究只使用非"LGBT+"群体的研究结果。

的旅行故事，相敬如宾的园艺故事和平等、互利的协作故事。

在量化结果中，中国青年激情爱成分最多，游戏爱成分最少。爱情类型为激情型的人，向往拥有一个以浪漫和激情为主色调的爱情故事，两个人的爱情不受经济条件的桎梏，幸福到天长地久。在关系的推动下，人们的爱情观念也在变化，关系越稳定、良好，激情爱和友谊爱成分就越多；关系越不稳定，甚至濒临破裂，游戏爱成分就越多。

随着年龄的增长，爱情态度也在变化，占有爱和游戏爱成分有减少的趋势，友谊爱成分逐渐增多，与之对应的爱情故事，也逐渐从浪漫、梦幻的童话故事转变为同舟共济的旅行故事，相敬如宾的园艺故事，或平等、互利的协作故事。拥有较为成熟的爱情态度和爱情故事的人经历磨合，会更喜欢相互扶持，共同克服困难并朝着目标前进，彼此更加信任，相互尊重，留有私人空间，共商问题。

婚姻与情感

对婚姻而言，情感极为重要，情感是婚姻的基础，婚姻是情感的保证。93%的参与者都是恋爱后结婚，平均恋爱时长为2.41 ± 1.54年，即大部分青年都是经过恋爱再步入婚姻，婚姻需要一定的情感基础。但也有数据显示，直接结婚而没有恋爱的人数在近几代逐渐回升，这可能是催婚压力下的产物。

恋爱后结婚对婚姻有推动和维持作用。因感情而结合的婚姻仍占多数，且婚后关系更为稳定，破裂风险小；有感情的婚姻关系比没有感情的婚姻关系满意度更高，其中拥有爱情的婚姻关系满意度最高；人们普遍认为没有爱情的婚姻没有意义。

随着结婚年数的增加，婚姻中的情感常常无法明确区分为爱情和亲情，两者融合在一起，成为复杂而深厚的情感。随着年龄的增长，尽管爱情可能永远回不到婚前的最高峰，但在良好的关系中，它始终不会跌落至基线以下。爱情的存在是婚姻关系中低调、长久的月光，让关系增加了一份美好。

47.7%的参与者都是同居后才结婚，平均同居时长为 1.22±0.98。婚前同居（又称"试婚"）成为近年来新型的模式，因为婚姻具有长远性和利益参与性，不仅需要考虑情感因素，而且需要考量人品以及各方面现实条件的匹配性，所以同居成为磨合和思考的重要缓冲期。

亲密关系描述

对亲密关系的描述包含依恋、权力、冲突、破裂和关系调适等多个因素，正是这些因素描绘了亲密关系的多维状态，也与关系满意度息息相关。

依恋

依恋与安全感、信任感密切相关，所以本研究使用依赖和亲近两个维度来测量成人依恋。所有群体的共同点为：关系满意度高的情侣的亲近程度打分比较一致，而且分数都较高；依赖程度则有较大的个体差异，亲近程度的打分和一致性一般高于依赖程度，如亲密关系满意度高的情侣，双方的亲近程度也高，分数主要集中在 7—10 分；依赖程度的分数跨度较大，分布在 2.75—9 分。这些说明当代青年彼此情感亲密，但愿意保持独立性，在生活、工作等方面保留独立空间。

在依恋方面有一定的性别差异，如一对恋人，尽管双方的亲近程度很高，但男方的亲近程度略高于女方；依赖程度则相反，女方对男方的依赖明显高于男方对女方的依赖。女性更多地在情感支持和问题解决上依赖男性，男性则更多地在生活起居上依赖女性，双方都有强烈的情感依赖。

情感状态越不稳定，对亲密关系的回避打分越高，这一点在已婚群体和离婚群体中得到验证。婚姻中依赖和亲近程度高反映了良好的婚姻状态，亲密行为减少会成为离婚前的应激源。

权力

在亲密关系中，除了双方的依恋方式，权力感也可用于理解关系模式。亲密关系中的权力一般包括分工和地位。

在建立家庭之前，大多数亲密关系由男性掌权，恋爱中的女性更像依附者，被男性影响，期待融入男性的交际圈，男性需要承担更多责任，把握恋爱节奏，提供依靠。在亲密关系中，女性的高权力体现为控制伴侣，即让对方服从；男性的高权力体现为承担责任、不被伴侣影响和控制伴侣。男性习惯被依赖，女性偏向于依赖男性，不被依赖的男性和不依赖人的女性，自身甚至也会产生不适感。男性与权力感的高度联结在当代社会仍然存在。

在婚姻中，"男主外，女主内"的分工模式是最普遍，也是最广为接受的家庭分工模式。在大部分婚姻中，男性是家庭的计划者，是把握家庭发展方向的一方，是家庭的经济重心。女性在婚姻中的地位的确在提升，但并不能完全撼动男性在婚姻中的地位。决策过程一般是两人共同商讨，但其中一方宣布结果。

当今，传统的性别观念与性别角色分工依然存在。家庭的经济重心通常是男性，男性的原生家庭在核心家庭生活中的参与程度也往往更高，人们更多地默认女性应该承担家务。随着社会的发展，目前性别角色分工出现了更多分化，25%的婚姻关系并不遵循"男主外，女主内"的模式，而是存在"男主内，女主外"的分工，或并没有明显的内外分工。前者的婚姻关系中往往女方更强势，后者的婚姻关系中双方地位相对平等，这些新型的婚姻模式比例较低，但关系满意度更高，濒临破裂的风险更低。

如果权力模式不能匹配，就可能导致关系破裂，如关系不对等，女性成为男性的附属品或"炫耀物"，男性对关系的控制，物质分配存在矛盾，家庭责任分配不满，以及男方是"妈宝男"而没有发展出与伴侣的相处模式，都可能成为导致离婚的应激源。

冲突

亲密关系中难免有冲突，有些冲突增加了伴侣之间的了解和磨合，有些冲突则导致关系破裂，冲突的结果与冲突应对策略有关。

恋爱中的冲突有多种原因，主要包括伴侣特质、关系特点、环境影响。伴侣特质主要包括伴侣人品、性格不良，关系特点主要包括缺乏爱情、观念（主要为消费观、交友观、审美观等）不一致、需求被忽视，环境影响主要包括家长反对。男性和女性对关系中的冲突的敏感性不同，女性更容易发现对方和自己的缺点，也更容易发现关系中存在的问题。

婚姻关系中的冲突更为普遍，涉及子女养育、意见分歧、生活习惯、观念差异、经济问题、沟通方式、对关系和伴侣不满、情绪发泄、脾气差、不被重视、缺乏信任、家务分工、缺乏忍让、婆媳关系、生育和重大关系转折等。

冲突的应对方式主要有问题中心型应对方式、回避型应对方式和情绪中心型应对方式。问题中心型应对方式关注问题解决，会采取主动沟通、共同退让、制定规则和父母干预等方式；回避型应对方式包括暂时缓解情绪和彻底回避；情绪中心型应对方式包括暂时冷静、把问题中性化、情绪发泄和情绪剥离，前两者是积极的情绪中心型应对方式，情绪发泄是常见且破坏性较小的冲突应对方式。最具有破坏性的冲突应对方式是彻底回避，如冷战。

问题中心型应对方式还涉及单方努力缓和、随着时间自然缓和以及共同沟通等方式。单方努力缓和中主要是男性主动求和，采取具体的行动和措施。男性的这种主动性和女性的这种被动性是社会教化的结果，男性从小被教育要主动，女性则被教育要被动等待关系的发展，这与男性在关系中的高权力感也相互映照。

在不同的处理态度和解决方式下，冲突的结果也会不同。如果积极沟通，使用问题中心型应对方式，冲突甚至可能成为深入沟通的契机，展现冲突的积极面；如果使用回避型或情绪中心型应对方式，则可能导致负面情绪的积累，甚至影响关系的稳定性。伴侣需要避免错误的冲突应对方式，如反复唠叨、情绪反刍、无端发泄情绪、冷战等，这些都是离婚的重要应激源。

需要注意的是，女性更加看重情绪问题的解决，在冲突中女性更容易产生情绪问题，可以使用情绪剥离、暂时冷静的应对方式。如果男性在冲突中不关注女性的情绪，处理问题过分理性，就可能引发矛盾。

破裂

亲密关系中的冲突如果非常激烈且持续时间长，实在难以解决，亲密关系就会面临破裂。在有恋爱经历的群体中，52.4% 的人的恋爱经验不止一次，可见关系破裂是许多人需要面对的问题。经历关系破裂的人可能会反思相处模式并改善自我，也可能改变对爱情的期待。

婚姻破裂带来的影响更为深远，离婚群体破裂婚姻的持续时间平均为 4.09±3.16 年，离婚的小高峰在结婚头两年和第十年。离婚的主要原因包括"三观"不一致以及感情破裂，离婚往往是许多矛盾共同导致的结果。在婚姻中女性承受的东西更多，忍耐更多。经济矛盾成为一线城市离婚群体婚姻破裂最主要的原因。

婚姻破裂会带来压力和污名化，离婚压力主要包括关系压力（父母不接受子女离婚）、（女性的）经济压力以及离婚后的情绪感受。男性和女性都认为婚姻的失败是人生的失败；总体而言，人们认为离婚对男性的伤害更小，对女性的伤害更大。

结束一段关系需要勇气，从关系破裂中走出来需要自我努力和社会支持，社会支持主要包括相同经历者的陪伴和迎接新感情。关系破裂后曾经的伴侣可能成为陌路人和朋友。

关系调适

虽然亲密关系中难免会有冲突，但是人们仍然可以通过积极的关系调适来为爱情保温。在恋爱中，需要表达自己的需求并适当作出让步，积极学习交往技巧。送礼物、共同参与活动、言语鼓励、精神支持、维持亲密感、彼此开放交际圈、日常接送上下班等，都是促进关系的方式。

在婚姻中，共同参与活动、精神支持、物质支持、表达与沟通、接纳彼此的不完美都是维系婚姻的重要措施，保持仪式感、生活细节处体贴与关怀、家务分工合作、关心双方原生家庭都是有效的关系调适手段。婚姻中需要一方积极行动，另一方主动回应，促进正向循环。关系维持是双方互动的过程，积极回应能带来更多的亲密、依赖和信任，消极回应则会造成不可逆转的关系疏离甚至关系破裂，如离婚群体中不良的互动（难以沟通交流）和双方的差异（决策分歧、彼此不满意）等因素会导致关系破裂。

性观念与性行为

性是爱情中的重要因素，它发挥着促进和维系感情的作用，是感情的升温剂，甚至是解决冲突的手段，也是人的基本生理需求。人们普遍能接受婚前性行为，但对性爱分离、无性婚姻、婚外性行为整体呈现出反对倾向。不同群体的共识是，情感是性的基础，先有爱再有性成为主要的性观念。相对而言，经济越发达的城市，对性的接纳度越高。

对性的看法存在性别差异：男性对性的接受程度比女性高，认可自身的性需求和性行为，对不同形式的性关系有更开放的态度，对色情作品的接受程度也高于女性；女性持有男性有性欲望的观念，但自身的性欲望仿佛被忽视。相对于女性，男性更容易发生婚外性行为。在对"LGBT+"群体的接受程度上，女性比男性更高。

在对性生活满意度的主观评价上，人们普遍较为满意——对性生活较为满意及以上的人占 72.3%。大部分参与者性行为的对象仅有一人，性行为的频率以一周两次为主；随着年龄变大和学历增高，性行为的频率相对较低。

性承担着生育功能，年长的参与者更关注性的生育功能和子女，不接受无性婚姻的原因是它会阻碍生育。年轻的参与者更开放，他们中有更多人认同在婚姻中子女是不必要的；可以同时与多名对象发生性关系；爱情对结婚而言很重要；同性恋是正常的；不认同人生有一个应该谈恋爱的阶段。

在获取性知识的途径上，无论男女，大都通过朋友和网络获取性知识，但是这两种途径并不完全科学。在性方面，男性占主导地位，甚至在发挥性教育和性指导的作用；部分女性处于被动状态。学校性教育的方式为生理课和大学的艾滋病知识宣传，效果良好，但父母性教育持续缺位。性知识的缺乏体现在不科学的避孕方式上，只有65.5%的人使用安全套避孕，有23.2%的人选择体外射精，21.6%的人使用安全期法，另外有20.3%的人使用避孕药，6.4%的人使用节育环，还有5.9%的人不总是采取避孕措施。从受教育程度来看，受教育程度越高，越注重避孕，这也体现了学校教育尤其是高等教育的有效性。

关系满意度

在恋爱群体中，人们对关系状态的自我感觉良好，但与此同时，19.9%的恋爱者和23.8%的已婚者希望改变现状，这意味着人们对关系仍不满意，希望能更好。了解在恋爱中如何保持高关系满意度对维持感情有指导作用。

在恋爱中，双方契合、符合择偶标准、感情和睦、被伴侣关注和照顾是保持高关系满意度的法则。在婚姻中，和谐的性生活、良好的家庭分工、感情基础、双方的沟通、彼此依恋、良好的亲子关系能有效提高婚姻满意度。相比恋爱中的人，已婚者更看重任务合理分工和孩子的养育。在关系中的人们，彼此积极互动、付出精力，才能维持爱情的温暖。

面对关系中的不满意，人们主要有以下几种应对方式：不作为、让时间解决、调整认知、关注满意的地方、接受问题存在的合理性、解决问题。可以与冲突应对部分的问题解决型应对方式、情绪中心型应对方式和回避型应对方式结合，丰富关系调适的方式以提升关系满意度。完全不作为，静待时间解决问题可能会使矛盾累积，但暂时冷静有利于缓和情绪、减少冲突。与数据分析结果相似，关系满意度与浪漫、激情具有正相关，与回避具有负相关。回避并不是解决问题、提升满意度的良好选择。

个体特征

爱情是两个独立个体之间的深度关系。每个人都有自己独特的个体特征，如性别、社会经济地位和自尊，这些变量也间接影响关系的状态。

性别差异

在关系中，男性和女性存在多方面的差异。在支出上，男性在恋爱中经济支出较多，平均每月支出 1558 ± 1061 元，女性平均每月支出 1026 ± 879 元。

在择偶上，女性更看重男性的经济条件、上进心、成熟度、能力，更多考虑生存因素；男性更看重女性的贤良淑德、温柔体贴，对能力没有过多强调。总体来说，男性更像保护者，女性更像照顾者。女性更为敏感，能够感受到自己和伴侣的变化与不足，择偶时偏于被动，以男性表白为主。曾经的关系给女性带来的改变是重视感情，给男性带来的改变是学会交往技巧、培养责任感和包容心。女性在生育后，注意力和精力主要围绕着孩子。

在依恋上，男性更多地依赖女性在生活中的照顾，而女性更需要男性的情感呵护。

在权力分配上，男性更多地被期待成为主心骨和经济承担者，这是男性和女性默认的，即男性在金钱和精力上付出更多。女性在婚姻关系中的地位的确有所提升，但并不能完全撼动男性在婚姻关系中的传统地位，婚姻中更多的是"男主外，女主内"的模式。

在性观念上，男性更开放，更接纳婚外性行为和自身的性欲望。男性会将发生性行为视为重要的促进因素，女性则会将同居、昵称（如老婆）等与长久、稳定的感情相联系的符号视为重要的促进因素，更关注情感和感受。女性更看重感情、喜欢和心动，会因为感情而主动选择分手，也会因为喜欢而长久怀念前任。

在关系维护上，男性多为送礼物和陪伴，女性多为言语和精神鼓励。发生冲突后，女性更容易产生情绪问题，需要情绪抚慰，直接解决问题可能会让女性感到被忽视；男性更倾向主动采取行动，解决问题。

婚姻破裂对男性的影响相对较小。在恋爱和婚姻中，男方的原生家庭会对关系产生更深远的影响，女性感受到更大的年龄压力。

社会经济地位

当代社会竞争压力大，经济条件成为人们无法忽视的问题，男性往往被寄予经济承担者的厚望。恋爱中，男性会承担大部分支出。

有趣的是，收入水平的主观评价基本符合正态分布，社会地位的主观评价却为正偏态分布,这就是说,尽管收入水平较高,但人们对社会地位的评价偏低,人们会低估自己的经济水平并对自己的社会地位不满意。通过数据分析发现,地域、年龄、收入的绝对数值对关系满意度没有绝对影响,男性可能高估了关系中经济水平的影响力。

择偶时,经济独立或经济状况良好是重要的标准;婚姻中,家中财产管理以女性管理或双方共同管理为主。社会阶层压力、经济压力和女性对住房保障的要求,也会成为离婚的应激源。

自尊

个体变量除了影响关系状态,也被关系状态所影响。自尊这一变量会随着感情的进展而发生一定变化,如在婚姻中,男性更看重自尊,自尊会随着年龄的增长而小幅提升;一线城市的参与者自尊得分更高,但受教育程度较高的本科生自尊水平较低;关系不稳定会降低自尊,如处于未婚状态、分居未离婚状态和离婚状态的参与者的自尊打分均比处于已婚状态和初婚状态的参与者的打分低。

家庭系统和社会影响

家庭系统

家庭系统主要包括孩子和父母。随着年龄的增长,参与者更加认同孩子在婚姻中的必要性。在质性研究中,42名参与者在谈及理想婚姻时有关孩子的概念被提及22次(32.4%),婚后肯定要孩子被提及20次。

孩子是婚姻关系的重要组成部分。孩子对婚姻关系可能存在积极、中性和消极影响：积极影响包括促进关系、缓和矛盾、维系婚姻、提高幸福感、肯定伴侣、提供共同话题和共同目标；中性影响包括转移重心、分配时间、提供结婚动机、改变个体；消极影响包括导致冲突、增加负担、减少性行为、导致关系破裂。过分重视亲子关系会侵害夫妻关系，导致婚姻破裂。因此，维持良好的亲子关系也是对婚姻的保护。

生活中与孩子有关的意外或挫折事件包括意外怀孕、意外流产、女方选择不生孩子而承受压力、怀孕时丈夫出轨、孩子出生后激化矛盾、加重经济负担等，生育第二胎同样有此类风险。对孩子教育的跟风投资、产后抑郁等是导致离婚的重要因素。离婚后的个体重新择偶时，孩子成为考虑的主要因素。

除了养育孩子，关系中难以避免的还有原生家庭的影响，即"婚姻不是两个人的事，是两个家庭的事"。受家族血缘文化影响，个体与原生家庭保持紧密联系，原生家庭难免卷入核心家庭。

在选择恋爱对象时，父母的关系状态和朋辈的关系状态会对单身者产生最大影响。父母关系良好的单身者更可能学习父母的相处模式，或者选择与父母相像的伴侣；父母关系不良则会导致单身者对爱情失望。父母对子女的催婚会引导子女在爱情中不只关注爱情本身，而是更多地考虑现实因素，促进子女快速进入恋爱。父母的态度与关系满意度有一定关系，大多数青年将双方父母的支持看作爱情美好的一个必要条件，与对方父母是否和睦、双方父母相处是否融洽都会影响关系满意度，带恋人回家见父母被大多数青年当作确定感情或者订婚的形式。

在婚姻中，和孩子一样，双方父母对婚姻关系可能存在积极、中

第12章 可乘明月，看花江船：中国人的爱情与婚姻

性和消极影响：积极影响包括分担家务、维持关系、提供支持、调解矛盾和榜样作用；中性影响包括提高结婚动机、帮助择偶、改变行为；消极影响包括增加生活负担、施加生育压力、教育观念冲突、破坏关系和影响情绪。父母对子女婚姻关系的过分介入会侵害夫妻关系，导致婚姻破裂。

双方的原生家庭也可能成为离婚的应激源，引发争吵。发生冲突时，人们往往会听从父母的观点和意见，忽视伴侣的感受。原生家庭对离婚的态度也会影响参与者的选择，父母的支持能促进参与者主动结束濒临破裂的婚姻；父母不愿子女离婚或者在乎面子，则增加了离婚压力。

社会发展与政策

除了孩子和父母，外界的大环境也对关系有着潜移默化的影响。一线城市青年对性更加开放，三线城市青年恋爱后结婚以及同居后结婚的人数占比最大，结婚压力小，不会匆忙结婚。大城市虽然环境开放，但大多数青年仍然会承受父母催婚的压力。

参与者平均恋爱 2.41 ± 1.54 年后结婚。随着年龄层变小以及城市发展水平变高，情感经历的时长在缩短；在大城市和年轻群体中，情感逐渐变得快餐化；人们受到短视频等新兴媒体的影响较大。

在结婚的决定中，人们容易受到外界的影响，近四成的已婚者是因为来自年龄、父母、周围人以及未婚先孕的压力才选择结婚。此外，这一决定还会受到生命节奏的影响，如到什么年纪做什么事情，承受很大的年龄压力。传统的生命节奏与当代社会的快节奏冲突，部分青年选择暂缓生命节奏，如接受"人生的赛跑没有规定的速度"的观点。

在关系中，来自齐齐哈尔、广州和洛阳的参与者透露，自己曾经的伴侣表现出对城市化或不同城市之间的差异和冲击的不适应。如城市化后交际圈子改变、伴侣兴趣改变以及忽视伴侣感受等，都会导致冲突。城市政策也会直接或间接地影响婚姻质量。

深入讨论：理论、分析与展望

爱情观念

爱情类型

很多心理学家都试图对爱情进行分类，其中最广为接受的分类就是李（Lee，1973）的六种爱情类型和斯滕伯格的爱情三角理论。本研究探索了这两种理论在中国青年群体中的适用性。

根据量化研究的结果，李的六种爱情类型在中国青年群体中的总体分布仍存在一定差异，而且受到性别、年龄、受教育水平、区域、城市类型、参与者类别和关系状态的影响。在性别方面，有研究表明，男性的激情爱、游戏爱、友谊爱、占有爱和利他爱皆高于女性（杨洋，白艳晶，徐清刚，2008），本研究也验证了这一点。国内研究者尚未探索其他变量与被试爱情类型的关系，本研究拓展了不同的人口统计学变量与爱情类型的关系，为后续研究者了解青年群体的爱情类型提供了更加丰富的视角。

对斯滕伯格爱情理论适用性的探索主要体现在质性研究的结果上。本研究中的恋爱者和离婚者身上发生的很多事情都可以使用斯滕伯格的爱情理论加以解释，其他研究结果也与这一理论息息相关。可

第12章 可乘明月,看花江船:中国人的爱情与婚姻

以看到,爱情三角理论基本能够解释从关系开始到关系结束的大部分现象;在爱情故事理论中,专制故事、牺牲故事、师生故事、园艺故事和旅行故事这五种故事类型在中国青年恋爱群体中具有典型性。这表明,斯滕伯格的爱情三角理论和爱情故事理论在中国青年群体中有一定的适用性,但它们能否跨类别解释,又是否存在跨类别的差异,仍然需要进一步探讨。

总体而言,西方用于讨论爱情观的主流理论在中国青年群体中有较强的适用性。这既反映了这两大理论强大的包容性和概括性,也反映了爱情观这个主题仍然存在跨文化的一致性。人们对爱情的认识固然会受到文化背景的影响而产生差异,但是作为人类的共同主题,它仍然能够引起普遍的共感和相似的认知。

婚姻与情感

不论是量化研究还是质性研究,结果都表明,情感是婚姻的基石。在关系的不同阶段,它具有不同形式,发挥不同作用。不可否认,它是在亲密关系中获得幸福的必备因素。恋爱关系是情感生发的自然结果,婚姻脱离了情感只会成为责任的锁链。这是因为,人始终不是纯粹的理性动物,而是天然地被感情影响。在亲密爱人的选择上,这种感性发挥作用,成为两性或同性趋向的一大内在动力。关系破裂时,尽管离婚可能是理性的决定,但作出这一理性的决定之前个体会经历痛苦的体验。感性诱发情绪,不断累积的情绪影响情感,最终指引整段关系的走向。

有趣的是,尽管本研究试图讨论关系中的爱情,但在已婚群体的婚姻关系中,亲情反而更被强调。这似乎是已婚者拥有的特别的爱情形式——少了些激情,多了些承诺和担当;既是激情爱向现实爱或友

谊爱的转化，也是爱情三维度中激情和承诺两维度的此消彼长。伴侣既是爱人，也是亲人，两种身份自然融合，两种感情难分彼此，沉淀为对伴侣复杂而深厚的感情，更加凸显了婚姻关系的深度和稳定性。在对已婚者的分析中提到，在婚姻中，爱情的变化曲线是波浪式前进的，随着婚姻关系的进展而起伏与变化，随着岁月与年龄逐渐转为亲情。尽管爱情可能永远也回不到婚前的最高峰，但在良好的婚姻关系中，它也始终不会低于基线水平。

然而，婚姻与爱情仍然存在差异，或彼此相融，或有所重叠，或互不相干。在对成对夫妻的爱情观的分析中提到，这种差异最重要的一点在于对现实需求的权衡。婚姻具有现实性、物质性，爱情具有理想性、精神性；婚姻更理性，爱情更感性；婚姻是柴米油盐，爱情是风花雪月。它们注定是异途，却并不是不能两全。想要殊途同归，就必须认清这两者的差异，合理分配资源，尊重彼此的独立性，探索彼此的共同性，从而开拓出一条婚姻和爱情和谐相处的道路。

亲密关系描述

依恋

自从鲍尔比和安斯沃思对依恋展开研究以来，研究者就没有停止过探索这一领域。尽管很难将依恋归类为某种爱情类型，但毫无疑问，在所有涉及爱情的关系中，成人依恋是一个重要的描述角度。它能够很好地反映关系状态和双方态度，描绘出特定的关系模式。

美国一项全国分层大样本调查发现，在成人依恋中，安全型占59%，回避型占25%，焦虑型占11%，余下的占据5%（Mickelson，

Kessler, & Shaver, 1997）。这一结果在本研究已婚群体和其他类别的群体中也得到一定程度的复现。除了离婚群体之外，大部分个体都有安全型依恋，哪怕关系中可能存在龃龉和摩擦。这意味着，对大部分正处于亲密关系中的个体而言，依赖和亲近是一件自然而然的事情。它就像亲密关系的一个天然佐证，关系中的个体不需要太多的学习就能够进入角色。

值得注意的是，不论是在质性研究中还是在量化研究中，依恋都是一个重要的中间变量。它不仅受到性别、年龄、婚姻状态、关系状态、地域、城市类型和受教育水平等许多因素的影响，而且与爱情类型、关系满意度都存在高相关。依恋的作用不仅是描述关系的特征，而且能够帮助解释关系形成的原因。可以确认的是，人格特征会影响个体的依恋类型，但到底是依恋类型决定亲密关系的长期发展，还是亲密关系的发展通过依恋类型体现出来，这仍然是一个未知问题。就本研究的结果而言，个人的依恋类型会在一定程度上影响关系的发展，但双方依恋类型的互动能够更加准确地预测关系能否顺利发展。

权力

权力同样是描述关系特征的一个重要变量。许多研究者都尝试研究和分析关系中的权力。在本研究中，所有群体的研究结果表明，关系中的权力有跨群体类别的共性。"男主外，女主内"的分工仍然普遍存在，但是女性的依附性逐渐减弱，两性平等的权力模式正在逐渐浮现，这有利于建立更加幸福、稳定的关系。

婚姻关系的权力模式折射出中国传统文化和当代经济文明发展的拉锯与碰撞。在传统小农经济的影响下，男性凭借更强的劳动力拥有更大的话语权，赢得了处理外务的权力，而女性由于只能承担家务，照料家中老小，沦为男性的附庸。在传统理念中，这种高地位和主外的分工是一体的，属于更加强势的男性群体。然而，随着社会进步和经济的发展，女性经济独立，走出家门，更多地看到了外面的世界，也展现出自己承担经济压力和为家庭负责的能力。女性的话语权变大，权力中分工和地位这两个方面也跟着悄然变化。在强调平权的社会文化中，女性的腰挺得更直，头抬得更高。她们并不打算一举掠走男性的权力，大部分仍然愿意遵循传统性别角色赋予她们的责任，但是她们决定要说更多话，作更多决定，得到与付出对等的话语权。至此，婚姻中的权力逐步多元化，即使披着"男主外，女主内"的外壳，但内核已经悄然变化，男女双方变得更加彼此尊重，更多地相互沟通，更加崇尚平等，或者女性（男女共同）作出决定但由男性对外发声。男性承认女性的努力和能力，愿意和她们站在同一高度，甚至后退一步站在她们身后，这种尊重和平等成为当代婚姻更加稳定和自由的重要因素。

冲突

冲突是亲密关系中不可避免的挫折和应激源。然而，正如危险总与机会相伴，冲突既可能是关系恶化的助燃剂，也可能是关系改善的磨刀石。

亲密关系中的冲突有多种多样的原因，主要包括关系因素、个体因素和外界因素。冲突会产生什么样的影响并不取决于冲突如何产生，而是取决于如何应对和处理这些冲突。有学者将冲突应对方式分为三类，即问题中心型应对方式、情绪中心型应对方式和回避型应对方式（Burger，2014）。总体而言，问题中心型、回避型和情绪中心

第 12 章 可乘明月,看花江船:中国人的爱情与婚姻

型应对方式都未必全然有利或有害,它们对关系是否具有破坏性,完全取决于个体选择的具体应对方式。

事实上,在冲突的过程中,个体采取的冲突应对方式常常不是单一的,而是具有互动性,这三种应对方式能够在冲突的不同阶段发挥不同作用。

成功的冲突应对往往是,一开始一方采取回避的方式,避免和另一方发生进一步的冲突,但真正解决问题的是在当时或事后采取问题中心型应对方式。在家庭模式的不断探索中,在冲突与磨合的过程中,每对伴侣会形成特定的、各不相同的关系内部规则。需要强调的是,在成功的冲突应对中,沟通和包容的力量十分强大。冲突是一根直扎心灵的利刺,沟通是拔除,包容是疗愈,两者结合才能将冲突带来的伤害消弭于无形。在这样的修复中,双方的心可能更加贴近,因为冲突可以照见彼此的边界和底线。

在失败的冲突应对中,问题中心型应对方式往往对其中一方或双方来说都无效。在沟通、退让或修复失败后,情绪中心型应对方式很可能占据主导地位,并在个体对关系彻底失望后转变为彻底回避。值得一提的是,在几乎所有关系中都会出现的一种应对方式是对应激事件冷处理。另一种尝试去除情绪的策略——沉默和隔绝,往往被认知为冷暴力。这种处理方式是被动的,容易实现的,往往伴随着解决问题失败的挫败感,人们认为这种处理方式有希望改善关系,"时间可以抚平一切",但它往往具有破坏性作用。

破裂

关系破裂也是亲密关系发展中的重要一环,有时不可避免。尽管有些人能够顺利地从第一段恋爱关系过渡到婚姻,并和伴侣携手白

头；但对大部分人来说，他们都经历过关系破裂带来的伤害。关系破裂包括恋爱关系破裂和婚姻关系破裂，后者带来的影响往往比前者更为深重、持久。

关系破裂往往始于对伴侣和关系的幻灭感，即现实与幻想不符。休斯敦及其同事（Huston et al., 2001）研究发现，将关系破裂的夫妻和关系仍能维系的夫妻区分开的正是幻灭感。经历关系破裂的人往往要在责任和情感之间反复权衡，婚姻关系濒临破裂的人几乎都已经处于不幸的婚姻中，和伴侣几乎没有任何感情，只靠对孩子和家庭的责任维系婚姻。然而，当这种不幸带来的痛苦超越责任感时，他们就会更加考虑自己的权益，最终选择离婚。这些都表明，只有对伴侣和关系感到满意，关系才有可能维系下去；不幸的婚姻无论如何勉力维系，最终可能都难免破裂。

有意义的是，关系破裂并不意味着双方彻底断绝关系。量化研究的结果表明，关系破裂的人中有超过半数的人渴望修复关系。鉴于这一参与者群体中同时包括恋爱关系破裂的人和婚姻关系破裂的人，因此很难确定这样的结果究竟代表了哪种关系破裂后的现状。但不可否认的是，这反映了很多时候关系破裂是由其中一方主动发起，另一方被动接受，且双方对关系的认知和感知存在差异。这种差异既可能成为关系破裂的原因，也可能导致关系破裂后双方以不同的方式应对。

关系破裂，尤其是婚姻关系的破裂，给人带来的伤害仍然是全方位的，包括关系压力、经济压力和可能的消极情绪感受。其中，最为严重的就是对离婚的污名，包括被污名和内化的污名。不论是男性还是女性，离婚后都有可能遭受社会的轻视，女性受到的不公对待尤为严重。更为致命的是，无论是男性还是女性，都有可能认为，婚姻的失败是人生的失败，会感受到很强的挫折感，这种将离婚和失败相关联的观点会强化或延续对离婚的污名。

即使采用合理的方式来面对离婚的消极影响，往往也至少需要半年的时间才能真正从离婚的阴影中走出来。想要步入新生活，社会支持很重要。除了来自父母、朋友和新的伴侣的支持之外，其他有离婚经历的人也是一种社会支持，甚至离婚率上升这个事实对离婚者来说也是一种心理支持，可以使离婚者感受到自己没有被孤立，寻找到与他人的共同感。

事实上，关系破裂从来不是终结，而只是亲密关系的一个阶段，是步入下一段亲密关系的过渡期。离婚者会被时间治愈伤口，渐渐走出失败婚姻的阴霾，当新的春天到来，他们也能再次步入新的亲密关系，收获新的幸福。离婚并不是婚姻的结束，再婚也并不是仓促的将就。过去失败的婚姻经历既是痛苦的回忆，也是宝贵的经验，能够帮助再婚者营造更加幸福的婚姻生活。

关系调适

关系调适能够反映关系中双方的适应性和关系的可持续性。在质性研究的所有群体中都发现，为关系调适作出的努力能够有效维持良好的关系。不良的关系调适则会成为应激源，导致关系恶化。

在关系调适中，首先被强调的是沟通。沟通被认为是处理冲突和经营婚姻的重要因素，萨提亚家庭系统也提出沟通是家庭功能的核心。

此外，关系中的回应会深刻影响双方的态度和情感的走向。回顾那些幸福和不幸的婚姻，关系的维持首先需要主动方积极行动，另一方则需要作出能够促进这种主动性的回应。如果一方无回应或作出令人不快的举动，对方的主动性会减弱，感情也会越来越疏离。积极的回应能促进对方的主动性，使感情变得更深厚。这种回应体现在维持关系的行为、情感表露、冲突应对、沟通等多个方面。积极的回应包括增强自我的主动性、正向的情感反馈、坦然接纳等。

在某种程度上，关系中的这种互动是动态的，仍然遵循奖惩原则。短时间的积极或消极回应可能不会对关系的发展起到决定性作用，但长时间的积累会发生质变：积极回应能带来更多亲密、依赖和信任，消极回应则会造成不可逆转的关系疏离，甚至最终关系破裂。

需要关注的一点是，亲密关系的双方都需要为关系调适作出努力，这不限于双方的性别或者在关系中的权力。女性不会过分矜持，弱势的一方也不会过分谄媚或过分被动。在渴望维系关系这一点上，关系双方都有充分的责任和自由，也有充分的动力，这正是积极回应的前提。

性观念与性行为

不论是量化研究还是质性研究，其结果都表明，人们对性的接受度正在逐渐提高。质性访谈资料的获取本身说明一个重要问题：性是可以讨论的。虽然有些参与者在谈及性时会有一些不自在，但所有参与者都可以谈及性经历和性观念。结合量化研究的结果来看，总体而言，人们对婚前性行为的接受度较高，但对婚外性行为、无性婚姻、性爱分离和开放性关系的接受度较低；男性对性行为的接受度比女性高,更不容易赋予性行为极强的道德意义。

性观念受到经济和文化的双重影响。然而,并不是在经济越发达、行政层级越高的城市,人们对性行为的接受度就越高。在较高行政层级的城市中,社会道德的力量更强,反而可能束缚大众的性观念。在经济水平更低的城市中,社会传统文化的影响更大,整体的性观念更加保守,人们对性行为的接受度更低。

当今社会,性这个话题已经不再令人畏惧。尽管人们获取性知识的途径很多样,但性教育和性知识仍然需要被强调。大多数人,无论男女,都从朋友和网络上获得性知识,但是这两种途径并不完全科学。学校性教育尚不完善,来自父母的性教育更是持续缺位。学习和了解科学的性知识,对亲密关系和人们自身都有重要作用,值得所有人关注。

同时,人们也越来越愿意承认性在婚姻关系中的作用:性行为是人类的正常需求,也是婚姻的重要组成部分,在婚姻中具有重要意义。它既是调节婚姻关系的有效手段,也是婚姻关系的晴雨表。性行为与婚姻关系的质量交互影响,高质量的婚姻关系往往能提高性行为的满意度,良好的性行为又能够促进感情和维护婚姻关系。

此外,生育也是性行为的重要一环。从进化心理学的角度考虑,生育和繁衍后代是一部分个体在婚姻关系中的终极追求和实现自我价值的手段。传统婚姻则讲究"不孝有三,无后为大",婚姻中的伴侣仍然能感受到很大的生育压力,甚至是生儿子的压力,这也体现了性在婚姻关系中的重要性。

需要强调的是,"LGBT+"群体在性方面的表现似乎波动更大。他们的性关系更加不稳定,满意度也更低。这很可能是因为,在

"LGBT+"群体中，由于缺乏法律和规范的约束，双方的关系没有明晰的界线，性关系因而变得不那么稳定。

关系满意度

关系满意度作为衡量关系状态的结果变量，能够最直接地反映当前个体或关系的状态。它是对关系的最终评价，是对所有变量产生的作用的统一描述。

关系满意度几乎与涉及两性关系的所有变量都有联系。这也就意味着，亲密关系的建立并不是一个单一的命题，而是一个复杂的过程。心动不是开始，心碎不是结束；生育不是必胜，争吵不是必败。亲密关系是一个动态发展的过程，满意度则是一个相对滞后的指标。事实上，当个体真正对关系感到不满意时，此时修复关系已经显得有些迟了。作为一个结果变量，满意度只能揭示行为的后果，无法建构结果发生的原因和机制。

需要指出的是，满意度并不是评判当前关系状态唯一无误的指标。事实上，大部分个体对不满意的事情都有一定的包容心。他们知道，完美无缺的伴侣和没有瑕疵的感情是不存在的，无关原则的缺憾只是关系的调剂品，唯有包容才能让关系变得更加完满。这不是一种屈服于现实的妥协，而是对亲密关系的真貌洞然于心。当然，总体而言，对于描述关系状态，满意度仍然是清晰的指标。

在本研究中，"LGBT+"群体的关系满意度比非"LGBT+"群体低。这并不意味着"LGBT+"群体的亲密关系是不幸福的，这种差异很可能由关系的不稳定性导致。"LGBT+"群体的关系缺乏法律的保护和约束，少了一份责任和重量。这样的关系往往无法为关系中的个体提供足够的安全感，自然也很难拥有高满意度。

个体特征

性别差异

在亲密关系中，性别差异不容忽视。男性和女性对关系的认知、应对和期待有巨大差异，影响关系的发展和结果。

从一开始，男性看待女性和关系的视角与女性看待男性和关系的视角就是不同的，这是因为双方在关系中的需求不同。男性的需求更为直白和现实，女性的需求则更为委婉和更具精神性。这并不代表男性不需要精神抚慰，而是传统性别角色和两性本能双重作用的结果。

正如前文提到的，传统文化影响了男性和女性权力分工的框架，也影响了男性和女性的性别角色定位。孔子云："夫妇别，父子亲，君臣严。三者正，则庶物从之矣。"（《礼记·哀公问》）他将"夫妇别"看作一种"正"：妻子应该维系夫妻关系和大家庭的关系并进行劳务活动，对丈夫的回应和信息共享则持宽容的态度，"如果做到最好"。

此外，进化心理学的观点解释了两性本能发挥的作用。根据进化心理学理论，女性在择偶时将精力放在对孩子的投资上，主要考虑对方是否会对关系和未来的孩子进行物质投资，以及对方投资的能力和潜力，更多展现出自己的爱心；男性则将精力放在寻求配偶上，主要考虑对方的生育能力和优势，以及在自己缺席时照料孩子和付出爱的可能性和程度，更多展现出自己的优秀特征（Sefcek et al., 2006; Trivers, 1972）。女性会寻求将物质资源的提供者作为配偶，而男性更看重对方物资分配的能力，以及对后代的投资和劳务处理的能力（Kelly, 1995）。男性成功得到配偶之后，社会地位和对其他异性的性吸引力会进一步提高（Kauth, 2000）。事实上，从进化心理学的角度来看，男性和女性在生育前后的关系是不平等的。生育前，男性的竞争更为激烈，女性拥有更大的选择权。生育后，两者的关系开始反转，女性需要依赖男性养育孩子，从而对男性有了更多的依附，男性则有了更多的选择。

社会经济地位

社会经济地位的影响同样很广泛。在传统的性别角色观念中，经济重担主要由男方承担，这一点也与本研究分析的结果相符。在对男性的访谈中，在提及经营关系的方式时，男方回答的通常为物质和经济方面的支出，甚至有个别人说在交往过程中会承担所有经济支出，不让女方花一分钱。然而，在对女性的访谈中，女性并没有主动提及这一经济模式，但会提及在男方经济状况不好的时候，会以精神上的体谅来经营关系，可见这种经济模式并不被女方刻意隐瞒，而被认为是天然的合理存在。

在关系中，尤其是在婚姻关系中，经济因素会发挥重要作用。强调经济基础是婚姻与恋爱最重要的区别之一。经济压力成为众多夫妻婚姻关系中的困扰和阻碍，这是婚姻关系面对的最为现实的问题。李涛（2014）提到，21世纪初期开始，择偶开始出现物质化倾向，看重经济因素。尽管这一点常常为人所诟病，但不得不说，经济基础在很大程度上影响了婚姻的稳定性。不够坚实的经济基础甚至可能导致

第12章 可乘明月，看花江船：中国人的爱情与婚姻

婚姻破裂，财产分离被视为缺乏信任感的标志，双方的经济条件在一定程度上决定他们在婚姻关系中的权力和地位。

在恋爱关系中，社会经济地位发挥的作用远小于在婚姻关系中发挥的作用。这是因为在恋爱关系中，双方仍然是独立的个体，不需要共担压力，也没有需要共同实现的未来规划。

家庭系统和社会影响

家庭系统

从关系建立到关系破裂，家庭系统都会发挥重要作用。家庭系统主要包括孩子和父母。

孩子在亲密关系中具有多样化的作用，如促进关系的开始，成为关系中重要的应激源，成为应对应激源的策略，增加了离婚的压力。在关系的开始阶段，"结婚"和"生子"的概念联系比较紧密；孩子出生之后，如前文提到的，有可能激化家庭中的冲突，成为家庭中的重要应激源；孩子的出生，尤其对女性而言，还会成为应对应激事件和压力的一种手段；孩子养育过程中的问题会加剧个体与大家庭之间的矛盾。此外，孩子会直接影响离婚决策，由于"有了孩子就很难离婚"，双方的大家庭都可能认为关系不容易破裂，从而拖延问题的解决，甚至使问题和矛盾不断加剧。

原生家庭的父母同样对关系有全面影响。在择偶阶段，传统婚姻遵循"父母之命，媒妁之言"，对当代青年而言，这或许过于古板，但在一定程度上，父母仍然在结婚这个问题上拥有一票否决权，父母仍然是婚姻关系的重要参与者；结婚后，婚姻中的伴侣仍然能感受到

来自父母的很大的生育压力，甚至是生儿子的压力；在传统孝文化的影响下，婚姻中的伴侣仍然需要赡养双方父母，这为他们带来了很大的经济压力。

家庭系统对婚姻关系的影响最为明显。婚姻有"1+1>2"的效果，夫妻会成为整个大家庭的中心，是大家庭重要的维系者和主导者。然而，过分重视亲子关系以及原生家庭父母对婚姻关系过分介入，都会侵害夫妻关系，导致婚姻关系破裂。如何处理小家庭和大家庭的结合，是一个重要命题。

家庭系统理论提出，要营造良好的家庭关系，必须确立夫妻在家庭中的主导地位，明确大家庭和小家庭的边界，尽量避免慢性焦虑在三角关系中的扩散（张志学，1990）。事实上，经典的婆媳问题就是家庭系统中恶化了的三角关系的体现。这种慢性焦虑影响下的三角关系会严重影响家庭关系，最终导致整个系统失衡。从家庭治疗的角度来看，婚姻的维持需要达成平衡，或者努力维持平衡，即当家庭自平衡系统被动摇时，家庭成员需要努力使它恢复平衡。

不难看出，大家庭对中国青年群体亲密关系的影响源于传统文化的影响。宗法制大家族的传承留在中国人的骨子里，形成中国人的家族伦理。同时，独生子女这一特殊情况也加大了双方父母干涉亲密关系的可能性，以及婚姻中的个体需要承担的赡养压力。

社会发展与政策

人生活在社会之中，必然受到社会文化的制约。社会环境的影响常常是潜移默化的，是一种普遍的观点和期望。

社会环境的影响包括媒体、文化、书籍等的影响，其中媒体和文化是主要的影响因素。单身者最容易受到媒体的影响。文化则帮助大部分人内化了社会所期望的人生阶段发展，它帮助许多探寻中的青年有效规划自己的人生，但也强制要求每个青年在某个年龄阶段必须完成人生任务，否则就会被家人和朋友催促。这无疑给许多青年带来了焦虑和压抑。

当代经济发展速度逐渐加快，人们对自己的人生有更多、更密集的规划，社会也发展出一种反人生阶段的言论，如"没有适宜结婚的年龄，只有适宜结婚的爱情""人生的赛跑没有规定的速度"，它们反映了一部分青年对掌控自我生活的诉求。

此外，城市发展也产生了巨大的影响。对齐齐哈尔、广州和洛阳的参与者的资料分析表明，他（她）们曾经的伴侣表现出对城市化过程的不适应，或对不同城市之间的差异和冲击的不适应。这些不适应体现为对原来生活方式的执意固守，因生活不适应而在亲密关系中爆发冲突，以及通过自己的朋友圈寻找社会支持但忽视伴侣的感受，等等，这些会严重影响亲密关系的存续。

城市政策也会直接或间接地影响婚姻质量，主要通过影响关系和物质的"可得性"对双方关系产生影响。

结论

本研究使用量化研究和质性研究结合的方式，剖析当代青年的爱情观念和行为。量化研究发放了测试问卷和正式问卷，有效样本包含150名"LGBT+"参与者和4966名非"LGBT+"参与者。质性研究采用个体访谈和焦点小组访谈的形式，在全国10个城市完成120人的深度个体访谈和120人的焦点小组访谈。对单身者、恋爱者、成对恋人、已婚者、成对夫妻和离婚者六类人群进行研究，揭示了当代青年的爱情关系状态和面临的问题。

本研究沿着一个清晰的脉络，试图研究和分析当代中国青年群体的爱情观念和爱情行为。具体如图 12-1 所示。

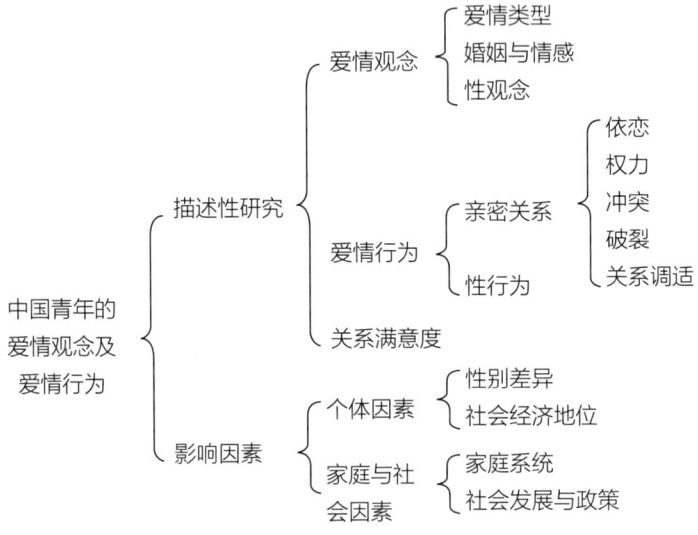

图 12-1　整体研究脉络

一些已经被研究过但没有被重点讨论的变量并没有在上图中体现出来，例如属于人口统计学变量的年龄和受教育水平，这并不意味着这些变量不重要。相反，这些变量对我们每个人的爱情观念和爱情行为都有着不容忽视的影响，只是在本研究中，我们主要讨论了图中提及的这些变量。

在对这些变量加以讨论后，中国青年的爱情观念及爱情行为中最重要的部分也凸显出来。但是，如果缺少对它们之间相互作用和因果关系的总结，这个研究将是不完整的。因此，研究者试图梳理这些变量之间的关系，并得到如下因果关系图（图12-2）。

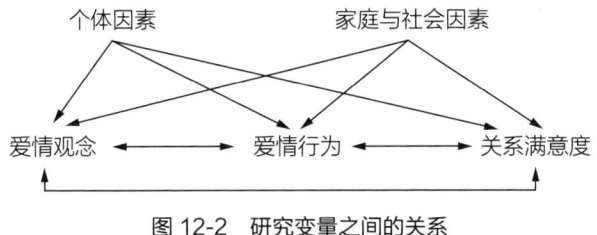

图 12-2　研究变量之间的关系

毫无疑问，在爱情观念和爱情行为的影响因素中，不论是个体因素还是家庭与社会因素，都会对爱情观念、爱情行为和关系满意度产生影响，但是后三者对前两者的影响很难进行讨论，因为个体因素及家庭与社会因素都是相对稳定的。值得一提的是，在家庭与社会因素中，家庭系统与爱情观念、爱情行为及关系满意度的关联似乎更加密切。爱情行为是否恰当和关系满意度的高低都会对家庭系统产生不容忽视的影响。

爱情观念、爱情行为和关系满意度两两之间也存在不容忽视的相互作用。一个人的爱情观念会引导他的爱情行为，也会被他的爱情行为带来的反馈塑造。毫无疑问，个体的爱情行为会影响个体的关系满意度，而关系满意度的高低会让个体思考自己的爱情行为是否恰当。这就是说，爱情观念会影响一个人如何看待关系，而一段关系是否成功也会影响这个人对爱情的态度。简而言之，这三者是密不可分的。

下面简要概括有关各变量的关键结论。在中国当代青年中，游戏爱占比较小，他们的爱情以激情爱、友谊爱为主；随着时间的推移，关系更为成熟，友谊爱增多，占有爱减少。婚姻和爱情难以分离，爱情是步入婚姻的基础，深厚的爱情基础可以使婚姻满意度较高。婚姻后期情感变得复杂，成为友情、亲情和爱情的混合物，但爱情依然重要。

依恋程度高的伴侣更有可能有安全、稳定的关系。婚姻满意度高的伴侣依赖程度分布均匀，个体差异大，但亲近程度一致，均比较高，双方会通过表达爱意、积极沟通等方式培养依恋关系。

虽然当代女性的地位有所提升，但是在所有群体类别中，女性一般为低权力者，更多男性是关系中的核心人物，是决策制定者、经济承担者，扮演着照顾、呵护女性的角色，而且男女双方都认可男性高权力的模式，这与中国传统的"男主外，女主内"的家庭模式有关。

爆发冲突的原因有多种，观点不一致、对方特质和环境因素都可能引发冲突。冲突是关系中难以避免的因素，良好的冲突应对方式为问题解决型应对方式，暂时冷静和适当关注情绪也有利于解决冲突，完全回避和过度解读都会激化矛盾。冲突积累且无法解决会导致关系破裂，此时社会支持、自我坚强和迎接新关系都有利于走出关系破裂的阴影。面对冲突，关系中的人们可以通过共同活动、精神支持、物质支持、表达与沟通、接纳彼此的不完美等方法进行有效的关系调适，为爱情保温。

在性观念上，人们较为接受婚前性行为，对无性婚姻、开放性关系、婚外性行为和性爱分离整体持反对态度。男性更认可自身的性欲望，性态度较为开放，更有可能发生婚外性行为。

个体特征和环境影响都与关系状态有关。女性更加敏感，在乎感觉，情绪感受强；男性则更加偏向于问题解决，对关系中的问题不敏锐，在关系中更主动。在当代爱情中，经济是一个重要因素，但不是

第12章 可乘明月,看花江船:中国人的爱情与婚姻

绝对因素,人们普遍低估自己的社会经济地位。环境影响主要有家庭系统影响和社会影响。家庭系统中的孩子和父母都有可能产生积极、中性或消极的影响,培养良好的亲子关系,明确核心家庭与原生家庭的界限将提高关系满意度。在社会环境中,自身生命节奏与社会快节奏的冲突、催婚压力、没有合适的伴侣等都是当代青年面临的问题,给他们带来了一定压力。

梳理研究内容,可以得出一些关于建立恋爱关系或亲密关系的建议:

(1)男性单身者可适当减少自我经济设限,对爱情保持更为开放的态度。

(2)建立恋爱关系时,除了关注对方的特质,更重要的是思考对方是否同自己匹配,尤其是双方的爱情故事是否匹配,高契合度才能获得高满意度的爱情。

(3)在恋爱关系中,如果角色地位差距过大,一方过于强势、专断,另一方一味奉献、顺从,关系平衡容易被打破,关系也更脆弱。

(4)在恋爱关系中,女性会着眼于自身的外形,对自己的长相不满意,但这其实并不是男性眼里的缺点;同样,男性着眼于物质条件,但这也没有成为女性眼里的缺点。男性和女性都应该对自己更加宽容,更加接纳自己。

(5)女性需要学会正确表达自己的需求,而男性需要明白情绪抚慰是解决关系冲突的法则。

(6)亲密关系中难免有冲突,可以积极沟通、短暂冷静、直面问题,但不要采用完全回避的策略,因为这可能导致矛盾累积,引发关系破裂。

虽然本研究结合质性研究方法和量化研究方法，揭示了当代中国青年爱情的基本面貌，但仍有值得改进之处，如未来可对"LGBT+"群体开展深入的质性研究。本研究初步探究了单身者、恋爱者、已婚者、离婚者这四类群体，后期可针对不同群体进行问题细化。针对本研究挖掘出的与爱情相关的文化因素、地域因素等，可增加更多的本地调查，关注性、权力、原生家庭在爱情中的作用。

参考文献

Burger, J. M.（2014）.*人格心理学*.陈会昌，译.北京：中国轻工业出版社，133—136.

Strauss, A., & Corbin, J.（1998）.*质性研究概论*.徐宗国，译.台北：巨流图书公司.

艾丽丽.（2012）.*爱情与亲情冲突困境——父母在子女择偶过程中的干预及影响研究*.曲阜师范大学硕士学位论文.

边防.（2015）."酷儿地理学"视角下中国同性恋空间演化与变迁研究［J］.*中国性科学*，*3*，110—117.

蔡晓红.（2007）.*婚姻家庭与人的发展问题研究*.北京：中国文史出版社.

查德怀.（2013）.单身现象的心理学解析.*科技视界*，*35*，398—399.

常进锋.（2016）.当代青年"单身潮"的特点及成因分析.*山西青年职业学院学报*，*29*（2），7—10.

陈少华.（2008）.*情绪心理学*.广州：暨南大学出版社.

池丽萍.（2016）.中国人婚姻与幸福感的关系：事实描述与理论检验.*首都师范大学学报（社会科学版）*，*1*，145—156.

方旭东.（2016）.过度单身：一项时间社会学的探索.*中国青年研究*，*10*，76—82.

费涓洪，等.（1995）.*改革开放中的上海郊区妇女*.上海：社会科学出版社.

冯霞.（2008）.*大学生成人依恋、社会支持与其主观幸福感影响研究*.华中师范大学硕士学位论文.

韩琼.（2016）.*人际情绪调节能力对大学生恋爱质量的影响*.曲阜师范大学硕士学位论文.

侯娟，蔡蓉，方晓义.（2010）.夫妻依恋风格、婚姻归因与婚姻质量的关系.*应用心理学*，*16*(01)，42—54.

黄碧祺.（2012）.她们为何单身？——以市场经济为背景的原因探析.*青年探索, 2*, 82—86.

黄婷婷, 刘莉倩, 王大华, 张文海.（2016）.经济地位和计量地位：社会地位比较对主观幸福感的影响及其年龄差异.*心理学报, 48*(09), 1163—1174.

黄盈盈, 潘绥铭.（2013）.中国少年的多元社会性别与性取向——基于2010年14—17岁全国总人口的随机抽样调查.*中国青年研究, 6*, 57—63.

黄悦波, 刘亚宁.（2008）.法治权威：利维坦的福音.*云南大学学报（法学版）, 21*(1), 22—26.

贾晓姣.（2017）.*青少年幸福感的代际传递*.山西大学硕士学位论文.

贾晓明.（2003）.学习建立亲密关系：大学生恋爱心理分析.*中国青年研究, 6*, 67—69.

李慧波.（2012）.*新中国十七年（1949—1966）北京市婚姻文化嬗变研究*.首都师范大学硕士学位论文.

李培红, 刘志龙, 李丹萍.（2006）.成人依恋的研究综述.*沿海企业与科技, 3*, 178—179.

李然.（2013）.*我国婚姻家庭关系现状及发展走向*.河北师范大学硕士学位论文.

李涛.（2014）.*二十一世纪初年（2001—2012）中国婚姻文化嬗变研究*.首都师范大学硕士学位论文.

李同归, 加藤和生.（2006）.成人依恋的测量：亲密关系经历量表（ECR）中文版.*心理学报, 3*, 399—406.

李银河.（1989）.当代中国人的择偶标准.*中国社会科学, 4*, 4—14.

李志刚.（2007）.扎根理论方法在科学研究中的运用分析.*青岛大学学报, 4*, 90—94.

刘炳福.（1996）.*上海当代婚姻家庭*.上海：三联书店.

刘举.（2016）.父母之命、媒妁之言主导汉代婚姻缔结的文化解析.*当代旅游（学术版）*, 37—40.

刘明华, 于增照, 张北川, 史同新, 李秀芳, 李洋, 王燕飞, 朱明泉.（2015）.中国同性爱者, 同性性行为者和相关女性群体人口数值估测.*中国性科学, 3*, 117—121.

刘燊.（2013）.性别角色对大学生同性恋态度、爱情态度的影响.*中国健康心理学杂志, 21*(10), 1589—1592.

刘晓明, 曾天德.（2015）.大学生成人依恋与爱情态度：自我效能感的中介作用.*安庆师范学院学报（社会科学版）, 4*, 133—137.

参考文献

刘泽文，崔萌，韩易静．（2014）．青年恋人的成人依恋、冲突解决行为与亲密关系满意度．*中国心理卫生杂志，28*（8），597—601.

卢家楣，孙俊才，刘伟．（2008）．诱发负性情绪时人际情绪调节与个体情绪调节对前瞻记忆的影响．*心理学报，12*，1258—1265.

马荟．（2013）．*当代中国婚姻法与婚姻家庭研究*．山东大学硕士学位论文．

毛燕凌．（2009）．社会学视野下的单身女性——对单身女性的质性研究．*理论界，6*，181—183.

孟沛欣，郑日昌．（2004）．西方绘画评定的进展．*中国心理卫生杂志，18*（2），100—102.

钱铭怡，王易平，章晓云，朱松．（2003）．十五年来中国女性择偶标准的变化．*北京大学学报（哲学社会科学版），40*（5），121—128.

秦季飞．（1995）．武汉地区大学生的择偶标准．*青年研究，11*，47—54.

邱莎莎．（2010）．*成人依恋、亲密关系动机与大学生亲密关系质量的相关研究*．陕西师范大学硕士学位论文．

上野千鹤子．（2004）．*近代家庭的形成和终结*．吴咏梅，译．北京：商务印书馆．

沈崇麟，等．（1987）．试论婚姻的"门当户对"问题．*中国婚姻家庭研究*．刘英，等，译．北京：社会科学文献出版社．

苏理云，柳洋，彭相武．（2015）．中国各省离婚率的空间聚集及时空格局演变分析．*人口研究，39*（06），74—84.

苏彦捷，高鹏．（2005）．亲密关系伴侣在冲突中的行为及其归因．*北京大学学报（哲学社会科学版），42*（4），122—130.

孙晋华．（2007）．女博士愁嫁——社会交换视野下的婚恋观分析．*人才开发，3*，18.

唐利平，黄希庭．（2005）．择偶观的进化论取向述评．*西南师范大学学报（人文社会科学版），03*，43—48.

田瑞琪．（2004）．*大学生成人依恋的测量及相关人格研究*．上海师范大学硕士学位论文．

汪小强．（2012）．*高校大学生恋爱观研究*．安徽农业大学硕士学位论文．

王存同，余姣．（2013）．中国婚姻满意度水平及影响因素的实证分析．*妇女研究论丛，1*，25—32.

王庆福，王郁茗．（2003）．性别、性别角色取向与爱情观及爱情关系的分析研究．*中山医学杂志，14*，71—82.

王智波，李长洪.（2014）.婚姻匹配结构与主观幸福感——来自中国大样本微观数据的实证研究.*南方人口*, *29*（04），10—22.

威廉·古德，陈一筠.（1993）.世界各地离婚模式的变化.*社会学研究*, *3*, 105—116.

魏晓娟.（2003）.*欺负卷入儿童的自我概念及人际冲突解决策略研究*.西南师范大学硕士学位论文.

伍麟，刘天元.（2019）.我真的是婚恋"困难户"吗？——大龄单身女博士婚恋偏好研究.*研究生教育研究*, *4*, 69—75.

夏春秋.（2018）.单身亚文化：青年亚文化景观的多维透视.*山东青年政治学院学报*, *34*（06），41—45.

肖水源，杨德森.（1987）.社会支持对身心健康的影响.*中国心理卫生杂志*, *04*, 183—187.

肖水源.（1994）.《社会支持评定量表》的理论基础与研究应用.*临床精神医学杂志*, *2*, 98—100.

徐安琪，叶文振.（2002）.婚姻质量：婚姻稳定的主要预测指标.*上海社会科学院学术季刊*, *4*, 103—112.

徐安琪.（1997）.上海女性择偶行为的现状和变迁.*妇女研究论丛*, *4*, 21—27.

徐海东.（2016）.家庭认同的代际差异与变迁趋势探究.*青年研究*, *2*, 49—57.

许琪，邱泽奇，李建新.（2015）.真的有"七年之痒"吗？——中国夫妻的离婚模式及其变迁趋势研究.*社会学研究*, *30*（05），216—241+246.

严文华.（2019）.*透过心理图画看中学生*.上海：华东师范大学出版社.

阎云翔，倪顺江.（2016）.中国城市青年中的父母干预型离婚与个体化.*国际社会科学杂志（中文版）*, *33*（01），143—157.

杨善华.（1988）.城市青年的婚姻观念.*青年研究*, *4*, 29—36.

杨善华.（2011）.中国当代城市家庭变迁与家庭凝聚力.*北京大学学报（哲学社会科学版）*, *48*（02），150—158.

杨洋，白艳晶，徐清刚.（2008）.爱情态度量表（LAS）中文版在中国内地大学生中适用结果分析.*齐齐哈尔医学院学报*, *29*（23），2824—2826.

杨吟秋.（2007）.*成人依恋风格和婚姻质量的关系*.首都师范大学硕士学位论文.

庾泳，肖水源，向莹.（2010）.同性恋态度量表的构建及其信度、效度检验.*中国临床心理学杂志*, *18*（2），174—176.

袁立新，卢声达.（2002）.性别角色与心理健康的相关研究.健康心理学杂志，10（6），470—471.

袁正，李玲.（2017）.婚姻与幸福感：基于 WVS 的中国微观数据.中国经济问题，1，24—35.

张巍.（2014）.大都市单身青年"婚恋焦虑"现象调查及成因分析.当代青年研究，6，112—116.

张兴慧，董爱波，王耘.（2015）.母亲与子女主观幸福感的代际传递：教养方式的中介作用.中国临床心理学杂志，23（01），163—165.

张艳红，胡修银.（2009）.西方主观幸福感测量之新进展.现代企业教育，2，184—185.

张志学.（1990）.家庭系统理论的发展与现状.心理学探新，1，31—34.

赵晶，潘聪绒，申腊梅.（2008）.大学生一般自我效能感与人际信任的关系研究.济南职业学院学报，70，69—72.

赵香华.（2014）.绘画治疗，解读心灵的"锁钥".心理技术与应用，1，53—56.

赵玉芳，黄金华，陈冰.（2019）.主观社会阶层对主观幸福感的影响：安全感与社会支持的作用.西南大学学报（社会科学版），45（03），106—112.

中国人民大学中国调查与数据中心综合社会调查项目.（2009）.中国综合社会调查报告.北京：中国社会出版社.

主超文.（2017）.马克思恩格斯家庭观的中国化研究.辽宁工业大学硕士学位论文.

Adler, N. E., Epel, E. S., Castellazzo, G., & Ickovics, J. R.（2000）. Relationship of subjective and objective social status with psychological and physiological functioning: Preliminary data in healthy white women. *Health Psychological Association*, 19（6）, 586—592.

Ahrons, C. R.（1980）. Redefining the divorced family: A conceptual framework. *Social Work*, 25（6）, 437—441.

Ainsworth, M. D. S.（1985）. Attachment across the life span. *Bulletin of the New York Academy of Medicine*,（61）, 792—812.

Amirkhan, J. H.（1990）. A factor analytically derived measure of coping: The coping strategy indicator. *Journal of Personality and Social Psychology*, 59（5）, 1066—1074.

Andrews, F. M., & Withey, S. B.（1976）. *Social indicators of well-being. America's perception of life quality*. New York: Plenum.

Aron, A., Fisher, H. E., Strong, G., Acevedo, B., Riela, S., & Tsapelas, I. (2008). Falling in love. In S. Sprecher, A. Wenzel, & J. Harvey (Eds.), *Handbook of relationship initiation* (pp. 315—336). New York, NY: Psychology Press.

Badgett, M. V. L. (2009). *Best practices for asking questions about sexual orientation on surveys*. UC Los Angeles: The Williams Institute.

Bartholomew, K., & Horowitz, L. M. (1991). Attachment styles among young adults: A test of a four-category model. *Journal of Personality and Social Psychology, 61* (2), 226—244.

Bartky, S. L. (1990). *Femininity and domination: Studies in the phenomenology of oppression*. New York, NY: Routledge.

Baumeister, R. F., Reynolds, T., Winegard, B., & Vohs, K. D. (2017). Competing for love: Applying sexual economics theory to mating contests. *Journal of Economic Psychology, 63*, 230—241.

Bellavia, G., & Murrary, S. (2003). Did I do that? Self-esteem-related difference in reactions to romantic partners' moods. *Personal Relationships, 10*, 77—95.

Berry, D. S. (2000). Attractiveness, attraction, and sexual selection: Evolutionary perspectives on the form and function of physical attractiveness. In M. P. Zanna (Ed.), *Advances in experimental social psychology* (Vol. 32, pp. 273—342). San Diego, CA: Academic Press.

Berscheid, E. (2010). Love in the fourth dimension. *Annual Review of Psychology, 61*, 1—25.

Bowlby, J. (1973). *Attachment and loss: Volume I: Attachment*. New York: Basic Books.

Bowlby, J. (1980). *Attachment and loss*. New York: Basic Books.

Bradbury, T. N., Fincham, F. D., & Beach, S. R. H. (2000). Research on the nature and determinants of marital satisfaction: A decade in review. *Journal of Marriage and Family, 62* (4), 964—980.

Bradt, J. O. (1989). Becoming parents: Families with young children. *The Changing Family Life Cycle: A Framework for Family Therapy, 2*, 235—254.

Brase, L. G., & Guy, C. E. (2004). The demographics of mate value and self-esteem. *Personality and Individual Differences, 36* (2), 471—484.

参考文献

Brassard, A., Lussier, Y., & Shaver, P. R. (2009). Attachment, perceived conflict, and couple satisfaction: Test of a mediational dyadic model. *Family Relations: An Interdisciplinary Journal of Applied Family Studies, 58* (5), 634—646.

Brennan, K. A., Clark, C. L., & Shaver, P. R. (1998). Self-report measurement of adult attachment: An integrative overview. In J. A. Simpson & W. S. Rholes (Eds.), *Attachment theory and close relationships* (pp. 46—76). New York, NY: Guilford Press.

Bucciarelli, A. (2016). The arts therapies: Approaches, goals, and integration in arts and health. In S. Clift & P. M. Camic (Eds.), *Oxford textbook of creative arts, health, and wellbeing: International perspectives on practice, policy and research* (pp. 271—279). New York, NY: Oxford University Press.

Burunat, E. (2016). Love is not an emotion. *Psychology, 7*, 1883—1910.

Buss, D. M. (1998). Sexual strategies theory: Historical origins and current status. *Journal of Sex Research, 35* (1), 19—31.

Buss, D. M. (2006). The evolution of love. *The New Psychology of Love, 1*, 65—86.

Carroll, J. S., Padilla-Walker, L. M., Nelson, L. J., Olson, C. D., Barry, C. M., & Madsen, S. D. (2008). Generation XXX: Pornography acceptance and use among emerging adults. *Journal of Adolescent Research, 23* (1), 6—30.

Carter, B., & McGoldrick, M. (1988). *The changing family life cycle: A framework for family therapy*, 2nd ed. New York, NY: Gardner Press.

Carter, E. A. (1978). *Transgenerational scripts and nuclear family stress: Theory and clinical implications*. Paper presented at the Georgetown family symposium.

Chasteen, A. L. (1994). "The world around me": The environment and single women. *Sex Roles, 31* (5—6), 309—328.

Chen, J. J., Liu, H. Y., & Xie, Z. M. (2010). *Effects of rural-urban return migration on women's family planning and reproductive health attitudes and behavior in rural China*. Oxford: Blackwell Publishing Ltd.

Chen, S. (1985). The one-child population policy, modernization, and the extended Chinese family. *Journal of Marriage and Family, 47*, 192—202.

Clark, M. S., & Monin, J. K. (2006). Giving and receiving communal responsiveness as love. In R. J. Sternberg & K. Weis (Eds.), *The new psychology of love* (pp. 200—221).

New Haven, CT: Yale University Press.

Cobb, R. J., Davila, J., & Bradbury, T. N. (2001). Attachment security and marital satisfaction: The role of positive perceptions and social support. *Personality and Social Psychology Bulletin, 27*, 1131—1143.

Collins, W. A., Welsh, D. P., & Furman, W. (2009). Adolescent romantic relationships. *Annual Review of Psychology, 60* (1), 631—652.

Coyle, E. F., Fulcher, M., & Trübutschek, D. (2016). Sissies, Mama's Boys, and Tomboys: Is children's gender nonconformity more acceptable when nonconforming traits are positive? *Archives of Sexual Behavior, 45* (7), 1827—1838.

Cruz, G. V. (2017). Love in cross-cultural perspective: Mozambique-France comparison. *Journal of Psychology in Africa, 27* (4), 334—337.

Czamanski-Cohen, J., & Weihs, K. L. (2016). The bodymind model: A platform for studying the mechanisms of change induced by art therapy. *The Arts in Psychotherapy, 51*, 63—71.

Davis, D., Shaver, P. R., & Vernon, M. L. (2003). Physical, emotional, and behavioral reactions to breaking up: The roles of gender, age, emotional involvement, and attachment style. *Personality and Social Psychology Bulletin, 29* (7), 871—884.

Dean, L., Meyer, I. H., Robinson, K., Sell, R. L., Sember, R., Silenzio, V. M. B., ... White, J. (2000). Lesbian, gay, bisexual, and transgender health: Findings and concerns. *Journal of the Gay and Lesbian Medical Association, 4* (3), 102—151.

Diener, E. (1984). Subjective well-being. *Psychological Bulletin, 95* (3), 542—575.

Doherty, W. J. (1981). Cognitive processes in intimate conflict: I. Extending attribution theory. *The American Journal of Family Therapy, 9* (1), 3—13.

Drigotas, S. M., Rusbult, C. E., & Verette, J. (1999). Level of commitment, mutuality of commitment, and couple well-being. *Personal Relationships, 6* (3), 389—409.

Dunbar, N. E. (2004). Theory in progress: Dyadic power theory: Constructing a communication-based theory of relational power. *Journal of Family Communication, 4* (3), 235—248.

Dush, C. M. K., & Amato, P. R. (2005). Consequences of relationship status and quality for subjective well-being. *Journal of Social and Personal Relationships, 22*

(5), 607—627.

Elaine Walster, G., Walster, W., & Berscheid, E. (1978). *Equity: Theory and research*. Boston: Allyn and Bacon.

Emery, R. E. (1994). *Renegotiating family relationships: Divorce, child custody, and mediation*. New York, NY: Guilford Press.

Endler, N. S., & Parker, J. D. (1990). Multidimensional assessment of coping: A critical evaluation. *Journal of Personality and Social Psychology, 58* (5), 844.

Endler, N. S., & Parker, J. D. (1994). Assessment of multidimensional coping: Task, emotion, and avoidance strategies. *Psychological Assessment, 6* (1), 50—60.

Feeney, J. A., & Noller, P. (1990). Attachment style as a predictor of adult romantic relationships. *Journal of Personality and Social Psychology, 58* (2), 281—291.

Fehr, B. (1994). Prototype-based assessment of laypeople's views of love. *Personal Relationships, 1* (4), 309—331.

Fincher, L. H. (2016). *Leftover women: The resurgence of gender inequality in China*. Zed Books.

Fiske, S. T. (1993). Controlling other people: The impact of power on stereotyping. *American Psychologist, 48* (6), 621—628.

Frederickson, B., & Roberts, T. (1997). Objectification theory. *Psychology of Women Quarterly, 22* (2), 623—636.

French, J., & Raven, B. (1959). The bases of social power. *University of Michigan, 5*, 150—167.

Galinsky, A. D., Magee, J. C., Gruenfeld, D. H., Whitson, J. A., & Liljenquist, K. A. (2008). Power reduces the press of the situation: Implications for creativity, conformity, and dissonance. *Journal of Personality and Social Psychology, 95* (6), 1450—1466.

Garofalo, R., Wolf, R. C., Kessel, S., Palfrey, S. J., & DuRant, R. H. (1998). The association between health risk behaviors and sexual orientation among a school-based sample of adolescents. *Pediatrics, 101*, 895—902.

Geary, D. C. (2000). Evolution and proximate expression of human paternal investment. *Psychological Bulletin, 126* (1), 55—77.

Glenn, N. D. (1990). Quantitative research on marital quality in the 1980s: A critical review. *Journal of Marriage and the Family, 52*（4）, 818—831.

Graham, J. M.（2011）. Measuring love in romantic relationships: A meta-analysis. *Journal of Social and Personal Relationships, 28*（6）, 748—771.

Hafiz, B., & Shaari, J. A. N.（2013）. Confirmatory factor analysis（CFA）of first order factor measurement model-ICT empowerment in Nigeria. *International Journal of Business Management and Administration, 2*（5）, 81—88.

Hammock, G., & Richardson, D. S.（2011）. Love attitudes and relationship experience. *The Journal of Social Psychology, 151*（5）, 608—624.

Harris, V. W., Skogrand, L., & Hatch, D.（2008）. Role of friendship, trust, and love in strong Latino marriages. *Marriage and Family Review, 44*（4）, 455—488.

Haslanger, S., & Haslanger, S. A.（2012）. On being objective and being objectified. In S. Haslanger, *Resisting reality: Social construction and social critique*（pp. 35—82）. Oxford: Oxford University Press.

Hatfield, E., & Walster, G. W.（1978）. *A new look at love*. Lantham, MA: University Press of America.

Hazan, C., & Shaver, P. R.（1987）. Romantic love conceptualized as an attachment process. *Journal of Personality and Social Psychology, 52*, 511—524.

Hazan, C., & Shaver, P. R.（1994）. Attachment as an organizational framework for research on close relationships. *Psychological Inquiry, 5*, 1—22.

Heenan, D.（2006）. Art as therapy: An effective way of promoting positive mental health? *Disability and Society, 21*（2）, 179—191.

Hendrick, C., & Hendrick, S.（1986）. A theory and method of love. *Journal of Personality and Social Psychology, 50*（2）, 392—402.

Hendrick, C., Hendrick, S. S., & Dicke, A.（1998）. The Love Attitudes Scale: Short Form. *Journal of Social and Personal Relationships, 15*（2）, 147—159.

Hendrick, C., Hendrick, S. S., & Reich, D. A.（2006）. The brief sexual attitudes scale. *Journal of Sex Research, 43*（1）, 76—86.

Hetherington, E., Cox, M., & Cox, R.（1975）. Beyond father absence: Conceptualization of divorce. In *Contemporary readings in child psychology*. New York: McGraw-Hill.

Hogan, S.（2016）. *Art therapy theories: A critical introduction*. Routledge.

Holmes, J. G., & Murray, S. L. (1996). Conflict in close relationships. In E. T. Higgins & A. W. Kruglanski (Eds.), *Social psychology: Handbook of basic principle* (pp. 622—654). New York: Guilford Press.

Holtzman, M. (2008). Defining family: Young adults' perceptions of the parent-child bond. *Journal of Family Communication, 8* (3), 167—185.

Hu, L. T., & Bentler, P. M. (1999). Cutoff criteria for fit indexes in covariance structure analysis: Conventional criteria versus new alternatives. *Structural Equation Modeling: A Multidisciplinary Journal, 6* (1), 1—55.

Hu, W., Sze, Y. T., Chen, H., & Fang, X. Y. (2015). Actor-partner analyses of the relationship between family-of-origin triangulation and marital satisfaction in Chinese couples. *Journal of Child and Family Studies, 7*, 2135—2146.

Huston, T. L., Caughlin, J. P., Houts, R. M., Smith, S. E., & George, L. J. (2001). The connubial crucible: Newlywed years as predictors of marital delight, distress, and divorce. *Journal of Personality and Social Psychology, 80*, 237—252.

Kasser, T., & Sharma, Y. S. (1999). Reproductive freedom, educational equality, and females' preference for resource-acquisition characteristics in mates. *Psychological Science, 10* (4), 374—377.

Kauth, M. R. (2000). *True nature: A theory of sexual attraction*. Springer Science & Business Media.

Keizer, R., & Komter, A. (2015). Are "equals" happier than "less equals"? A couple analysis of similarity and well-being. *Journal of Marriage and Family, 77* (4), 954—967.

Kelly, R. L. (1995). *The foraging spectrum: Diversity in hunter-gatherer lifeways*. Washington, DC: Smithsonian Institution Press.

Khan, A. U. (1971). "Mama's boy" syndrome. *American Journal of Psychiatry, 128* (6), 712—717.

Kierkegaard, S. (1947). Works of love. *Journal of Applied Physics, 56* (10), 2703—2707.

Kobak, R. R., & Sceery, A. (1988). Attachment in late adolescence: Working models, affect regulation, and representations of self and others. *Child Development, 59* (1), 135—146.

Kris, E. (1952). *Psychoanalytic explorations in art.* International Universities Press.

Kung, W. W., Hung, S. L., & Chan, C. L. W. (2004). How the socio-cultural context shapes women's divorce experience in Hong Kong. *Journal of Comparative Family Studies, 35* (1), 33—50.

Langlois, J. H., Kalakanis, L., Rubenstein, A. J., Larson, A., Hallam, M., & Smoot, M. (2000). Maxims or myths of beauty? A meta-analytic and theoretical review. *Psychological Bulletin, 126* (3), 390—423.

Lazarus, R. S. (2006). *Stress and emotion: A new synthesis.* Springer.

Lazarus, R. S., & Folkman, S. (1984). *Stress, appraisal, and coping.* Springer.

Le, B., Dove, N. L., Agnew, C. R., Korn, M. S., & Mutso, A. A. (2010). Predicting nonmarital romantic relationship dissolution: A meta-analytic synthesis. *Personal Relationships, 17* (3), 377—390.

Leary, M. R., & Baumeister, R. F. (2000). The nature and function of self-esteem: Sociometer theory. *Advances in Experimental Social Psychology, 32*, 1—62.

Lee, J. A. (1973). *The colors of love: An exploration of the ways of loving.* Don Mills, Ontario: New Press.

Legge, J. (1872). *The Chinese classics: With a translation, critical and exegetical notes, prolegomena, and copious indexes.* Legge.

Lehrer, E. L. (2008). Age at marriage and marital instability: Revisiting the becker-landes-michael hypothesis. *Journal of Population Economics, 21* (2), 463—484.

Lemay, E. P., & Ashmore, R. D. (2006). The relationship of social approval contingency to trait self-esteem: Cause, consequence, or moderator. *Journal of Research in Personality, 40* (2), 121—139.

Lemer, J. L., Salafia, E. H. B., & Benson, K. E. (2013). The relationship between college women's sexual attitudes and sexual activity: The mediating role of body image. *International Journal of Sexual Health, 25* (2), 104—114.

Leung, A. S. M. (2003). Feminism intransition: Chinese culture, ideology and the development of the women's movement in China. *Asia Pacific Journal of Management, 20* (3), 359—374.

Levey, A., & Lawson, W. (2018). Introduction to art therapy: Faith in the product.

Journal of Applied Arts and Health, 9（1）, 140—143.

Levinger, G.（1976）. A social psychological perspective on marital dissolution. *Journal of Social Issues, 32*（1）, 21—47.

Lewin, K.（1951）. Field theory in social science: Selected theoretical papers. *American Sociological Review, 16*（3）, 404.

Li, N. P., Bailey, J. M., Kenrick, D. T., & Linsenmeier, J. A. W.（2002）. The necessities and luxuries of mate preferences: Testing the tradeoffs. *Journal of Personality and Social Psychology, 82*（6）, 947—955.

Lin, S.（2003）. The association between adult attachment styles and conflict resolution in romantic relationships. *American Journal of Family Therapy, 31*（3）, 143—157.

Lo, M.-M.（1997）. *Mother's experience of divorce and children's post-divorce adjustment.* 香港大学学位论文, 10.

Locke, H. J., & Wallace, K. M.（1959）. Short marital-adjustment and prediction tests: Their reliability and validity. *Marriage and Family Living, 21*（3）, 251—255.

Loughnan, S., Haslam, N., Murnane, T., Vaes, J., Reynolds, C., & Suitner, C.（2010）. Objectification leads to depersonalization: The denial of mind and moral concern to objectified others. *European Journal of Social Psychology, 40*（5）, 709—717.

Love, A. B., & Holder, M. D.（2016）. Can romantic relationship quality mediate the relation between psychopathy and subjective well-being？ *Journal of Happiness Studies, 17*（6）, 2407—2429.

Luckey, E. B.（1966）. Number of years married as related to personality perception and marital satisfaction. *Journal of Marriage and Family, 28*（1）, 44—48.

Luster, S. S., Nelson, L. J., Poulsen, F. O., & Willoughby, B. J.（2013）. Emerging adult sexual attitudes and behaviors: Does shyness matter？ *Emerging Adulthood, 1*（3）, 185—195.

Lyngstad, T. H.（2004）. The impact of parents' and spouses' education on divorce rates in Norway. *Demographic Research, 10*, 121—142.

Ma, L., Turunen, J., & Rizzi, E.（2018）. Divorce Chinesestyle. *Journal of Marriage* and Family, 80 (5), 1287—1297.

Main, M., Kaplan, N., & Cassidy, J. (1985). Security in infancy, childhood, and adulthood: A move to the level of representation. *Monographs of the Society for Research in Child Development, 50* (1/2), 66—104.

Maslow, A. H. (1962). Deficiency motivation and growth motivation. In *Toward a psychology of being* (pp. 19—41). Princeton, NJ: Van Nostrand.

McGoldrick, M., Garcia Preto, N., & Carter, B. (2016). *The expanding family life cycle: Individual, family and social perspectives*. Pearson.

McNiff, S. (1998). Enlarging the vision of art therapy research. *Art Therapy, 15* (2), 86—92.

Mercado, E., & Hibel, L. C. (2017). I love you from the bottom of my hypothalamus: The role of stress physiology in romantic pair bond formation and maintenance. *Social and Personality Psychology Compass, 11* (2), 1—12.

Mickelson, K. D., Kessler, R. C., & Shaver, P. R. (1997). Adult attachment in a nationally representative sample. *Journal of Personality and Social Psychology, 73* (5), 1092—1096.

Mikulincer, M., & Arad, D. (1999). Attachment working models and cognitive openness in close relationships: A test of chronic and temporary accessibility effects. *Journal of Personality and Social Psychology, 77* (4), 710—725.

Mikulincer, M., & Shaver, P. R. (2007). *Attachment in adulthood: Structure, dynamics, and change*. New York, NY: Guilford Press.

Mikulincer, M., Florian, V., & Weller, A. (1993). Attachment styles, coping strategies, and posttraumatic psychological distress: The impact of the Gulf War in Israel. *Journal of Personality and Social Psychology, 64* (5), 817—826.

Mo, L. (2017). Trends in the divorce rate and its regional disparity in China. *Journal of Comparative Family Studies, 48* (4), 383—394.

Moriwaki, S. Y. (1974). The affect balance scale: A validity study with aged samples. *Journal of Gerontology, 29* (1), 73—78.

Muris, P., Meesters, C., Morren, M., & Moorman, L. (2004). Anger and hostility in adolescents: Relationships with self-reported attachment style and perceived parental rearing styles. *Journal of Psychosomatic Research, 57* (3), 257—264.

Murray, L. S., Holmes, G. J., Griffin, W. D., Bellavia, D., & Rose, P. (2001). The mismeasure of love: How self-doubt contaminates relationship beliefs. *Personality and Social Psychology Bulletin, 27* (4), 423—436.

Murray-Swank, N. A., Pargament, K. I., & Mahoney, A. (2005). At the crossroads of sexuality and spirituality: The sanctification of sex by college students. *International Journal for the Psychology of Religion, 15* (3), 199—219.

Mwambene, L. (2005). *Divorce in matrilineal customary law marriage in Malawi: A comparative analysis with the patrilineal customary law marriage in South Africa.* University of the Western Cape.

Myers, D. G., & Diener, E. (1995). Who is happy? *Psychological Science, 6* (1), 10—19.

Nobre, P. J., & Pinto-Gouveia, J. (2008). Cognitions, emotions, and sexual response: Analysis of the relationship among automatic thoughts, emotional responses, and sexual arousal. *Archives of Sexual Behavior, 37* (4), 652—661.

Nunnally, J. C., & Bernstein, I. H. (1994). *Psychometric theory (3rd ed.).* New York: McGraw-Hill.

Operario, D., & Fiske, S. T. (2005). Effects of trait dominance on powerholders' judgments of subordinates. *Social Cognition, 19* (2), 161—180.

Oster, G. D., & Gould Crone, P. (2004). *Using drawings in assessment and therapy: A guide for mental health professionals.* Taylor and Francis.

Overall, N. C., Fletcher, G. J. O., Simpson, J. A., & Fillo, J. (2015). Attachment insecurity, biased perceptions of romantic partners' negative emotions, and hostile relationship behavior. *Journal of Personality and Social Psychology, 108* (5), 730—749.

Parish, T. S., Dostal, J. W., & Parish, J. G. (1981). Evaluations of self and parents as a function of intactness of family and family happiness. *Adolescence, 16* (61), 203—210.

Popova, N. M. (2007). Art-therapy in theory and practice of humanistic education. *European Psychiatry, 22,* S212.

Pratto, F., Lee, I. C., Tan, J. Y., & Pitpitan, E. (2010). Power basis theory: A psycho-ecological approach to power. In D. Dunning (Ed.), *Social motivation* (pp. 191—222). New York, NY: Psychology Press.

Qian, Y., & Qian, Z. (2014). The gender divide in urban China: Singlehood and assortative mating by age and education. *Demographic Research, 31*, 1337—1364.

Reiss, I. L. (1964).The scaling of premarital sexual permissiveness. *Journal of Marriage and the Family, 26* (2), 188—198.

Rinehart, J. K., Yeater, E. A., Musci, R. J., Letourneau, E. J., & Lenberg, K. L. (2014). The role of ethnicity, sexual attitudes, and sexual behavior in sexual revictimization during the transition to emerging adulthood. *Child Maltreatment, 19* (3—4), 178—187.

Rollins, B. C., & Galligan, R. (1978). The developing child and marital satisfaction of parents. In R. M. Lerner & G. B. Spanier (Eds.), *Child influences on marital and family interaction: A life-span perspective* (pp.71—105). San Diego, CA: Academic Press.

Rosenberg, M. (1965). *Society and the adolescent self-image.* Princeton, NJ: Princeton University Press.

Rubin, Z. (1970). Measurement of romantic love. *Journal of Personality and Social Psychology, 16* (2), 265—273.

Rusbult, C. E. (1980). Commitment and satisfaction in romantic associations: A test of the investment model. *Journal of Experimental Social Psychology, 16* (2), 172—186.

Saewyc, E., Skay, C., Richens, K., Reis, E., Poon, C., & Murphy, A. (2006). Sexual orientation, sexual abuse, and HIV-risk behaviors among adolescents in the Pacific Northwest. *American Journal of Public Health, 96* (6), 1104—1110.

Salaff, J. W. (1976). Working daughters in the Hong Kong Chinese Family: Female filial piety or a transformation in the family power structure? *Journal of Social History, 9* (4), 439—465.

Sanders, S. A., Graham, C. A., Yarber, W. L., Crosby, R. A., Dodge, B., & Milhausen, R. R. (2006). Women who put condoms on male partners: Correlates of condom application. *American Journal of Health Behavior, 30* (5), 460—466.

Schoen, R. (1975). California divorce rates by age at first marriage and duration of first marriage. *Journal of Marriage and Family, 37* (3), 548—555.

Schuster, T. L., Kessler, R. C., & Aseltine, R. H. (1990). Supportive interactions, negative interactions, and depressed mood. *American Journal of Community Psychology, 18* (3), 423—438.

Sefcek, J., Brumbach, B., Vasquez, G., Phd, A., & Miller, G. (2006). The evolutionary psychology of human mate choice: How ecology, genes, fertility, and fashion influence mating behavior. *Journal of Psychology and Human Sexuality, 18* (2—3), 125—182.

Shanhua, Y. (2011). The change of urban families in contemporary China and family cohesion. *Journal of Peking University (Philosophy & Social Sciences), 2*, 150—158.

Shaver, P., Hazan, C., & Bradshaw, D. (1988). Love as attachment. In R. J. Sternberg & M. L. Barnes (Eds.), *The psychology of love* (pp. 68—99). New Haven, CT: Yale University Press.

Shu, X., Zhu, Y., & Zhang, Z. (2012). Patriarchy, resources, and specialization: Marital decision-making power in urban China. *Journal of Family Issues, 34* (7), 885—917.

Simpson, J. A., Gangestad, S. W., & Lerma, M. (1990). Perception of physical attractiveness: Mechanisms involved in the maintenance of romantic relationships. *Journal of Personality and Social Psychology, 59* (6), 1192—1201.

Singh, D. (1993a). Adaptive significance of female physical attractiveness: Role of waist-to-hip ratio. *Journal of Personality and Social Psychology, 65* (2), 293—307.

Singh, D. (1993b). Body shape and women's attractiveness: The critical role of waist-to-hip ratio. *Human Nature, 4* (3), 297—321.

Sperling, M. B., & Berman, W. H. (1994). *Attachment in adults: Clinical and developmental perspectives*. New York: Guilford Press.

Sternberg, B. R. J. (1998). *Love is a story: A new theory of relationships*. Oxford University Press.

Sternberg, K. (2013/2014). *Psychology of love 101*. New York: Springer Publishing Company.

Sternberg, R. J. (1986). A triangular theory of love. *Psychological Review, 93* (2), 119—135.

Sternberg, R. J. (1988). Triangular love. In R. J. Sternberg & M. Barnes (Eds.), *The psychology of love* (pp. 119—138). New Haven, CT: Yale University Press.

Stolk, Y., & Brotherton, P. (1981). Attitudes towards single women. *Sex Roles, 7* (1), 73—78.

Strauss, A. L. (1987). *Qualitative analysis for social scientists*. New York: Cambridge University Press.

Strauss, A., & Corbin, J. (1994). Grounded theory methodology. *Handbook of Qualitative Research, 17*, 273—285.

Thomas, D. L., & Kleber, J. E. (1981). Comment on "marital quality: A review of the seventies". *Journal of Marriage and the Family, 43* (4), 780—781.

Trivers, R. (1972). Parental investment and sexual selection. In B. Campbell (Ed.), *Sexual selection and the descent of man: 1871—1971* (pp. 136—179). Chicago, IL: Aldine.

Tropp, L. R., & Wright, S. C. (2001). Ingroup identification as the inclusion of ingroup in the self. *Personality and Social Psychology Bulletin, 27* (5), 585—600.

Tsui, A. S., Ashford, S. J., St. Clair, L., & Xin, K. R. (1995). Dealing with discrepant expectations: Response strategies and managerial effectiveness. *Academy of Management Journal, 38* (6), 1515—1543.

Vaupel, J. W., & Yashin, A. I. (1985). Heterogeneity's ruses: Some surprising effects of selection on population dynamics. *The American Statistician, 39* (3), 176—185.

Waite, L. J., & Lillard, L. A. (1991). Children and marital disruption. *American Journal of Sociology, 96* (4), 930—953.

Wang, Q., & Zhou, Q. (2010). China's divorce and remarriage rates: Trends and regional disparities. *Journal of Divorce and Remarriage, 51* (4), 257—267.

Weber, M. (1947). *The theory of social and economic organization*. New York: Oxford University Press.

Wilkinson, R. A., & Chilton, G. (2013). Positive art therapy: Linking positive psychology to art therapy theory, practice, and research. *Art Therapy, 30* (1), 4—11.

Wolff, M., Wells, B., Ventura-DiPersia, C., Renson, A., & Grov, C. (2017). Measuring sexual orientation: A review and critique of US data collection efforts and implications for health policy. *Journal of Se Research, 54* (4—5), 507—531.

Xu, A., Zhang, J., & Xia, Y. R. (2008). Impacts of parents' divorce on Chinese children. *Marriage & Family Review, 42*（3）, 91—119.

Xu, Q., Yu, J., & Qiu, Z.（2015）. The impact of children on divorce risk. *The Journal of Chinese Sociology, 2*（1）, 1.

Yan, Y.（2013）. Parent-driven divorce and individualisation among urban Chinese youth. *International Social Science Journal, 64*（213—214）, 317—330.

Yuan, X.（2019）. Family-of-origin triangulation and marital quality of Chinese couples: The mediating role of in-law relationships. *Journal of Comparative Family Studies, 50*（1）, 98—112.

Zhang, C., Fong, V. L., Yoshikawa, H., Way, N., Chen, X., & Lu, Z.（2019）. The rise of maternal grandmother child care in urban Chinese families. *Journal of Marriage and Family, 81*（5）, 1174—1191.

Zhang, C., Wang, X., & Zhang, D.（2014）. Urbanization, unemployment rate and China' rising divorce rate. *Chinese Journal of Population Resources and Environment, 12*（2）, 157—164.

附录

附录1 "第一财经"中国城市分级完整表（2017）

（包含338个地级市）

一线城市（4个）
北京市　上海市　广州市　深圳市
新一线城市（15个）
成都市　杭州市　武汉市　重庆市　南京市　天津市　苏州市　西安市　长沙市　沈阳市　青岛市　郑州市　大连市　东莞市　宁波市
二线城市（30个）
厦门市　福州市　无锡市　合肥市　昆明市　哈尔滨市　济南市　佛山市　长春市　温州市　石家庄市　南宁市　常州市　泉州市　南昌市　贵阳市　太原市　烟台市　嘉兴市　南通市　金华市　珠海市　惠州市　徐州市　海口市　乌鲁木齐市　绍兴市　中山市　台州市　兰州市
三线城市（70个）
潍坊市　保定市　镇江市　扬州市　桂林市　唐山市　三亚市　湖州市　呼和浩特市　廊坊市　洛阳市　威海市　盐城市　临沂市　江门市　汕头市　泰州市　漳州市　邯郸市　济宁市　芜湖市　淄博市　银川市　柳州市　绵阳市　湛江市　鞍山市　赣州市　大庆市　宜昌市　包头市　咸阳市　秦皇岛市　株洲市　莆田市　吉林市　淮安市　肇庆市　宁德市　衡阳市　南平市　连云港市　丹东市　丽江市　揭阳市　延边朝鲜族自治州　舟山市　九江市　龙岩市　沧州市　抚顺市　襄阳市　上饶市　营口市　三明市　蚌埠市　丽水市　岳阳市　清远市　荆州市　泰安市　衢州市　盘锦市　东营市　南阳市　马鞍山市　南充市　西宁市　孝感市　齐齐哈尔市

附录

续表

四线城市（90个）
乐山市　湘潭市　遵义市　宿迁市　新乡市　信阳市　滁州市　锦州市　潮州市　黄冈市　开封市　德阳市　德州市　梅州市　鄂尔多斯市　邢台市　茂名市　大理白族自治州　韶关市　商丘市　安庆市　黄石市　六安市　玉林市　宜春市　北海市　牡丹江市　张家口市　梧州市　日照市　咸宁市　常德市　佳木斯　红河哈尼族彝族自治州　黔东南苗族侗族自治州　阳江市　晋中市　渭南市　呼伦贝尔市　恩施土家族苗族自治州　河源市　郴州市　阜阳市　聊城市　大同市　宝鸡市　许昌市　赤峰市　运城市　安阳市　临汾市　宣城市　曲靖市　西双版纳傣族自治州　邵阳市　葫芦岛市　平顶山市　辽阳市　菏泽市　本溪市　驻马店市　汕尾市　焦作市　黄山市　怀化市　四平市　榆林市　十堰市　宜宾市　滨州市　抚州市　淮南市　周口市　黔南布依族苗族自治州　泸州市　玉溪市　眉山市　通化市　宿州市　枣庄市　内江市　遂宁市　吉安市　通辽市　景德镇市　阜新市　雅安市　铁岭市　承德市　娄底市

五线城市（129个）
克拉玛依市　长治市　永州市　绥化市　巴音郭楞蒙古自治州　拉萨市　云浮市　益阳市　百色市　资阳市　荆门市　松原市　凉山彝族自治州　达州市　伊犁哈萨克自治州　广安市　自贡市　汉中市　朝阳市　漯河市　钦州市　贵港市　安顺市　鄂州市　广元市　河池市　鹰潭市　乌兰察布市　铜陵市　昌吉回族自治州　衡水市　黔西南布依族苗族自治州　濮阳市　锡林郭勒盟　巴彦淖尔市　鸡西市　贺州市　防城港市　兴安盟　白山市　三门峡市　忻州市　双鸭山市楚雄彝族自治州　新余市　来宾市　淮北市　亳州市　湘西土家族苗族自治州　吕梁市　攀枝花市　晋城市　延安市　毕节市　张家界市　酒泉市　崇左市　萍乡市　乌海市　伊春市　六盘水市　随州市　德宏傣族景颇族自治州　池州市　黑河市　哈密市　文山壮族苗族自治州　阿坝藏族羌族自治州　天水市　辽源市　张掖市　铜仁市　鹤壁市　儋州市　保山市　安康市　白城市　巴中市　普洱市　鹤岗市　莱芜市　阳泉市　甘孜藏族自治州　嘉峪关市　白银市　临沧市　商洛市　阿克苏地区　海西蒙古族藏族自治州　大兴安岭地区　七台河市　朔州市　铜川市　定西市　迪庆藏族自治州　日喀则市　庆阳市　昭通市　喀什地区　怒江傈僳族自治州　海东市　阿勒泰地区　平凉市　石嘴山市　武威市　阿拉善盟　塔城地区　林芝市　金昌市　吴忠市　中卫市　陇南市　山南市　吐鲁番市　博尔塔拉蒙古自治州　临夏回族自治州　固原市　甘南藏族自治州　昌都市　阿里地区　海南藏族自治州　和田地区　克孜勒苏柯尔克孜自治州　海北藏族自治州　那曲地区　玉树藏族自治州　黄南藏族自治州　果洛藏族自治州　三沙市

附录2 "第一财经"城市分级的评价标准（2017）

城市商业魅力指数（权重）	计算内容（权重）	具体指标
商业资源集聚度（0.25）	大品牌青睐指数（0.34）	品牌门店总数、增长数；入驻品牌数量
	商业核心指数（0.33）	商业区实力；核心商圈实力
	基础商业指数（0.33）	餐饮门店数量；服装店、超市、便利店数量
城市枢纽性（0.20）	城际交通基础设施指数（0.25）	高铁站数量（含车次数量权重）；铁路可直达城市数；机场数量（含民航吞吐量权重）；民航国内可直达城市数；国际航线数；经过高速公路条数；公路3小时可直达城市数量
	交通联系度指数（0.25）	高铁城际往来班次联系度；民航城际往来航班联系度；公路城际往来联系度
	物流通达度指数（0.24）	各城市收发包裹、物流站点数量
	商业资源区域中心度指数（0.26）	基于企业关联网络的分析方法，计算城市中各商业品牌与区域内其他城市联系度的总和
城市人活跃度（0.17）	消费活跃度指数（0.40）	网购、海淘、外卖活跃度；观影频次
	不安分指数（0.24）	知乎用户、腾讯社交、小黄车骑行、智联招聘求职活跃度；TalkingData活跃设备数量；马蜂窝旅游记录意愿；亚马逊kindle阅读完成度

附录

续表

城市商业魅力指数（权重）	计算内容（权重）	具体指标
城市人活跃度（0.17）	夜间活跃度指数（0.36）	酒吧数量；滴滴夜间出行、TalkingData设备夜间活跃度；城市公共交通夜间活跃度；时光网影院夜间排片活跃度；NASA夜间灯光强度；夜间外卖消费金额
生活方式多样性（0.18）	消费多样性指数（0.39）	电影票房、虾米音乐全年付费总额；马蜂窝出游指数；星级酒店偏好度；淘宝消费多样性
	出门新鲜度指数（0.27）	餐饮整体多样性（综合餐厅总数及品类）；咖啡馆、运动场馆、书店、博物馆、电影院数量
	休闲丰富度指数（0.34）	咕咚总跑步公里数；亚马逊人均图书购买量；爱奇艺视频播放量占比、日均播放时长；虾米音乐日均播放时长、播放音乐类型多样性；马蜂窝境内外目的地总数
未来可塑性（0.20）	环境友好指数（0.15）	空气质量指数；高峰拥堵延时指数
	创业指数（0.22）	初创企业数量；融资规模；创业平台数量
	人才吸引力指数（0.24）	本科高校生源质量；求职热度；优秀本土公司数量；海归吸引力指数；毕业生吸引力指数
	消费成熟度指数（0.19）	消费升级品类消费额；商品信息关注度；会员用户指数
	城市规模与增长指数（0.20）	GDP总量及增长率；常住人口数量及增长率

附录3 区域内的城市分级

区域	分级	城市个数	城市
东北	1	1	沈阳市
东北	2	3	大连市、哈尔滨市、长春市
东北	3	3	鞍山市、大庆市、吉林市
东北	4	11	齐齐哈尔市、锦州市、盘锦市、佳木斯市、延边朝鲜自治州、营口市、牡丹江市、丹东市、抚顺市、松原市、通化市
东北	5	18	四平市、葫芦岛市、本溪市、铁岭市、辽阳市、白山市、黑河市、伊春市、双鸭山市、阜新市、白城市、朝阳市、绥化市、辽源市、鸡西市、鹤岗市、大兴安岭市、七台河市
华北	1	1	天津市
华北	2	3	石家庄市、太原市、保定市
华北	3	8	唐山市、呼和浩特市、廊坊市、邯郸市、沧州市、包头市、邢台市、秦皇岛市
华北	4	11	鄂尔多斯市、呼伦贝尔市、张家口市、运城市、赤峰市、晋中市、承德市、衡水市、通辽市、临汾市、大同市
华北	5	12	长治市、乌兰察布市、忻州市、锡林郭勒盟、晋城市、巴彦淖尔市、乌海市、吕梁市、兴安盟、阳泉市、朔州市、阿拉善盟
华东	1	6	杭州市、苏州市、南京市、青岛市、宁波市、无锡市
华东	2	16	厦门市、合肥市、福州市、济南市、温州市、常州市、泉州市、南昌市、南通市、金华市、徐州市、嘉兴市、烟台市、台州市、绍兴市、潍坊市

附 录

续表

区域	分级	城市个数	城　市
华东	3	25	镇江市、扬州市、临沂市、盐城市、泰州市、济宁市、湖州市、淄博市、芜湖市、漳州市、上饶市、莆田市、赣州市、淮安市、连云港市、威海市、九江市、宁德市、宿迁市、菏泽市、蚌埠市、铜陵市、阜阳市、滁州市、宜春市
华东	4	23	舟山市、泰安市、南平市、德州市、马鞍山市、龙岩市、聊城市、宿州市、衢州市、宣城市、丽水市、安庆市、三明市、枣庄市、淮南市、东营市、六安市、日照市、滨州市、吉安市、黄山市、抚州市、亳州市
华东	5	7	鹰潭市、景德镇市、萍乡市、新余市、池州市、淮北市、莱芜市
西北	1	1	西安市
西北	2	2	乌鲁木齐市、兰州市
西北	3	3	银川市、咸阳市、西宁市
西北	4	3	宝鸡市、渭南市、榆林市
西北	5	42	汉中市、酒泉市、天水市、克拉玛依市、延安市、海东市、安康市、定西市、吴忠市、张掖市、商洛市、陇南市、平凉市、庆阳市、伊犁哈萨克自治州、中卫市、铜川市、白银市、石嘴山市、武威市、固原市、昌吉回族自治州、巴音郭楞蒙古自治州、嘉峪关市、阿勒泰地区、海西蒙古族藏族自治州、塔城地区、海南藏族自治州、金昌市、哈密市、吐鲁番市、喀什地区、阿克苏地区、甘南藏族自治州、海北藏族自治州、临夏回族自治州、博尔塔拉蒙古自治州、玉树藏族自治州、黄南藏族自治州、和田地区、克孜勒苏柯尔克孜自治州、果洛藏族自治州
西南	1	2	成都市、重庆市
西南	2	2	昆明市、贵阳市
西南	3	4	绵阳市、遵义市、德阳市、曲靖市

续表

区域	分级	城市个数	城　　市
西南	4	16	南充市、乐山市、宜宾市、遂宁市、毕节市、大理白族自治州、黔东南苗族侗族自治州、安顺市、黔南布依族苗族自治州、泸州市、玉溪市、眉山市、丽江市、铜仁市、红河哈尼族彝族自治州、内江市
西南	5	30	拉萨市、广元市、六盘水市、达州市、广安市、保山市、自贡市、普洱市、黔西南布依族苗族自治州、临沧市、文山壮族苗族自治州、凉山彝族自治州、楚雄彝族自治州、西双版纳傣族自治州、雅安市、巴中市、攀枝花市、昭通市、林芝市、德宏傣族景颇族自治州、资阳市、甘孜藏族自治州、迪庆藏族自治州、阿坝藏族羌族自治州、日喀则市、昌都市、怒江傈僳族自治州、那曲地区、阿里地区、山南市
中南	1	4	武汉市、郑州市、长沙市、东莞市
中南	2	4	佛山市、南宁市、惠州市、中山市
中南	3	27	珠海市、海口市、洛阳市、汕头市、江门市、桂林市、三亚市、宜昌市、揭阳市、商丘市、柳州市、岳阳市、信阳市、株洲市、衡阳市、襄阳市、南阳市、湛江市、许昌市、新乡市、荆州市、驻马店市、湘潭市、肇庆市、潮州市、常德市、黄冈市
中南	4	26	孝感市、开封市、郴州市、安阳市、梅州市、周口市、平顶山市、清远市、焦作市、河源市、怀化市、益阳市、汕尾市、邵阳市、玉林市、韶关市、北海市、茂名市、阳江市、娄底市、咸宁市、十堰市、黄石市、濮阳市、永州市、漯河市
中南	5	19	荆门市、梧州市、云浮市、钦州市、百色市、贵港市、防城港市、鄂州市、三门峡市、鹤壁市、随州市、河池市、恩施土家族苗族自治州、张家界市、崇左市、湘西土家族苗族自治州、来宾市、贺州市、儋州市

附录4 问卷调查预备测试抽样城市

城　　市	分级	省份	区域	城　　市	分级	省份	区域
成都市	1	四川省	西南	清远市	4	广东省	中南
重庆市	1	重庆市	西南	焦作市	4	河南省	中南
大连市	2	辽宁省	东北	河源市	4	广东省	中南
哈尔滨市	2	黑龙江省	东北	怀化市	4	湖南省	中南
长春市	2	吉林省	东北	益阳市	4	湖南省	中南
唐山市	3	河北省	华北	汕尾市	4	广东省	中南
呼和浩特市	3	内蒙古自治区	华北	邵阳市	4	湖南省	中南
廊坊市	3	河北省	华北	玉林市	4	广西壮族自治区	中南
邯郸市	3	河北省	华北	韶关市	4	广东省	中南
沧州市	3	河北省	华北	北海市	4	广西壮族自治区	中南
包头市	3	内蒙古自治区	华北	茂名市	4	广东省	中南
邢台市	3	河北省	华北	阳江市	4	广东省	中南
秦皇岛市	3	河北省	华北	娄底市	4	湖南省	中南
孝感市	4	湖北省	中南	咸宁市	4	湖北省	中南
开封市	4	河南省	中南	十堰市	4	湖北省	中南
郴州市	4	湖南省	中南	黄石市	4	湖北省	中南
安阳市	4	河南省	中南	濮阳市	4	河南省	中南
梅州市	4	广东省	中南	永州市	4	湖南省	中南
周口市	4	河南省	中南	漯河市	4	河南省	中南
平顶山市	4	河南省	中南	汉中市	5	陕西省	西北

续表

城 市	分级	省份	区域	城 市	分级	省份	区域
酒泉市	5	甘肃省	西北	石嘴山市	5	宁夏回族自治区	西北
天水市	5	甘肃省	西北	武威市	5	甘肃省	西北
克拉玛依市	5	新疆维吾尔自治区	西北	固原市	5	宁夏回族自治区	西北
延安市	5	陕西省	西北	昌吉回族自治州	5	新疆维吾尔自治区	西北
海东市	5	青海省	西北	巴音郭楞蒙古自治州	5	新疆维吾尔自治区	西北
安康市	5	陕西省	西北	嘉峪关市	5	甘肃省	西北
定西市	5	甘肃省	西北	阿勒泰地区	5	新疆维吾尔自治区	西北
吴忠市	5	宁夏回族自治区	西北	海西蒙古族藏族自治州	5	青海省	西北
张掖市	5	甘肃省	西北	塔城地区	5	新疆维吾尔自治区	西北
商洛市	5	陕西省	西北	海南藏族自治州	5	青海省	西北
陇南市	5	甘肃省	西北	金昌市	5	甘肃省	西北
平凉市	5	甘肃省	西北	哈密市	5	新疆维吾尔自治区	西北
庆阳市	5	甘肃省	西北	吐鲁番市	5	新疆维吾尔自治区	西北
伊犁哈萨克自治州	5	新疆维吾尔自治区	西北	喀什地区	5	新疆维吾尔自治区	西北
中卫市	5	宁夏回族自治区	西北	阿克苏地区	5	新疆维吾尔自治区	西北
铜川市	5	陕西省	西北	甘南藏族自治州	5	甘肃省	西北
白银市	5	甘肃省	西北	海北藏族自治州	5	青海省	西北

续表

城市	分级	省份	区域	城市	分级	省份	区域
临夏回族自治州	5	甘肃省	西北	和田地区	5	新疆维吾尔自治区	西北
博尔塔拉蒙古自治州	5	新疆维吾尔自治区	西北	克孜勒苏柯尔克孜自治州	5	新疆维吾尔自治区	西北
玉树藏族自治州	5	青海省	西北	果洛藏族自治州	5	青海省	西北
黄南藏族自治州	5	青海省	西北				

附录5 问卷调查预备测试抽样细分表

区域	分级	未婚	有配偶	离婚丧偶	高中	大学专科	本科及以上
上海	必选	11	36	3	24	11	15
西南	1	5	22	3	17	7	6
东北	2	7	21	2	15	7	8
华北	3	6	22	2	18	7	5
中南	4	7	21	2	22	6	2
西北	5	7	21	2	19	8	3
区域	20—24岁	25—29岁	30—34岁	35—39岁	男	女	总数
上海	14	14	12	10	26	24	50
西南	8	6	6	10	15	15	30
东北	8	7	7	8	15	15	30
华北	9	8	6	7	15	15	30
中南	9	7	6	8	15	15	30
西北	7	7	7	9	16	14	30

附录 6　数据有缺失的城市列表

年龄和性别数据缺少或不全的地区	周口市、日照市、文山壮族苗族自治州、恩施土家族苗族自治州、海东市、林芝市、甘孜藏族自治州、迪庆藏族自治州、阿坝藏族羌族自治州、阿拉善盟、昌都市、海南藏族自治州、怒江傈僳族自治州、那曲地区、阿里地区、海北藏族自治州、山南市、玉树藏族自治州、黄南藏族自治州、三沙市、果洛藏族自治州
婚姻状况数据不全的地区	哈尔滨市、大庆市、齐齐哈尔市、佳木斯市、牡丹江市、黑河市、伊春市、绥化市、双鸭山市、鹤岗市、七台河市、大兴安岭地区
婚姻状况数据缺少的地区	海东市、林芝市、甘孜藏族自治州、昌都市、阿坝藏族羌族自治州、阿拉善盟、海南藏族自治州、那曲地区、阿里地区、海北藏族自治州、山南市、玉树藏族自治州、黄南藏族自治州、三沙市、果洛藏族自治州
受教育水平数据缺少的地区	海东市、林芝市、甘孜藏族自治州、阿坝藏族羌族自治州、阿拉善盟、阿勒泰地区、昌都市、海南藏族自治州、那曲地区、阿里地区、海北藏族自治州、山南市、玉树藏族自治州、黄南藏族自治州、三沙市、果洛藏族自治州

附录 7　各区域或城市的样本量

区域	分级	城市个数	样本量（人）	区域	分级	城市个数	样本量（人）
北京	必选	1	219	华东	4	23	266
广州	必选	1	221	华东	5	7	35
上海	必选	1	182	西北	1	1	28
深圳	必选	1	197	西北	2	2	22

续表

区域	分级	城市个数	样本量（人）	区域	分级	城市个数	样本量（人）
东北	1	1	27	西北	3	3	31
东北	2	3	83	西北	4	3	41
东北	3	3	37	西北	5	42	197
东北	4	11	99	西南	1	2	143
东北	5	18	119	西南	2	2	36
华北	1	1	43	西南	3	4	67
华北	2	3	85	西南	4	16	195
华北	3	8	146	西南	5	30	203
华北	4	11	134	中南	1	4	112
华北	5	12	76	中南	2	4	72
华东	1	6	167	中南	3	27	454
华东	2	16	343	中南	4	26	361
华东	3	25	411	中南	5	19	148

注：计算得到的结果经过四舍五入取整后，每层各类条件缺少的人数进行了手动调整，共缺少4人，故分别在北京、上海、广州和深圳各加1人。

附录 8 问卷调查抽样各条件具体人数

区域	分级	个数	未婚	有配偶	有过婚姻，目前不处在婚姻状态	高中	专科	本科及以上	20—24岁	25—29岁	30—34岁	35—39岁	男	女	各层总样本量
北京	必选	1	58	148	13	87	50	82	68	61	46	44	113	106	219
广州	必选	1	71	139	11	119	48	54	72	55	46	48	114	107	221
上海	必选	1	41	130	11	89	40	53	51	51	42	38	94	88	182
深圳	必选	1	77	118	2	114	45	38	62	57	41	37	106	91	197
东北	1	1	6	19	2	13	7	7	9	6	6	6	14	13	27
东北	2	33	18	58	7	42	8	23	25	18	18	22	42	41	83
东北	3	33	7	27	3	24	7	6	9	8	9	11	19	18	37
东北	4	11	18	72	9	64	22	13	24	22	24	29	50	49	99
东北	5	181	20	89	10	81	26	12	28	25	29	37	61	58	119
华北	1	1	9	31	3	23	9	11	14	11	9	9	23	20	43

续表

区域	分级	个数	未婚	有配偶	有过婚姻，目前不处在婚姻状态	高中	专科	本科及以上	20—24岁	25—29岁	30—34岁	35—39岁	男	女	各层总样本量
华北	2	3	20	60	5	48	21	16	28	21	17	19	42	43	85
华北	3	8	29	108	9	89	35	22	49	36	29	32	74	72	146
华北	4	11	27	99	8	90	29	15	35	32	29	38	68	66	134
华北	5	12	16	55	5	51	18	7	19	17	17	23	40	36	76
华东	1	6	37	120	10	87	42	38	52	40	37	38	85	82	167
华东	2	16	75	247	21	202	79	62	100	79	75	89	175	168	343
华东	3	25	78	304	29	275	86	50	115	90	95	111	210	201	411
华东	4	23	47	200	19	176	59	31	72	56	61	77	136	130	266
华东	5	7	7	26	2	22	8	5	10	7	8	10	18	17	35
西北	1	1	8	18	2	13	7	8	11	6	5	6	14	14	28
西北	2	2	5	15	2	10	6	6	7	4	5	6	11	11	22
西北	3	3	7	22	2	8	8	5	9	7	7	8	16	15	31
西北	4	3	8	30	3	28	9	4	13	9	8	11	21	20	41

续表

区域	分级	个数	未婚	有配偶	有过婚姻，目前不处在婚姻状态	高中	专科	本科及以上	20—24岁	25—29岁	30—34岁	35—39岁	男	女	各层总样本量
西北	5	42	43	138	16	124	51	22	54	43	43	57	102	95	197
西南	1	2	27	103	13	80	34	29	40	29	27	47	73	70	143
西南	2	2	8	25	3	17	9	10	10	8	8	10	18	18	36
西南	3	4	13	49	5	44	15	8	15	13	16	23	34	33	67
西南	4	16	37	140	18	131	43	21	47	39	45	64	99	96	195
西南	5	30	43	142	18	132	49	22	52	43	47	61	104	99	203
中南	1	4	34	72	6	59	29	24	40	26	22	24	58	54	112
中南	2	4	20	48	4	47	15	10	20	18	17	17	38	34	72
中南	3	27	104	318	32	318	86	50	136	100	95	123	232	222	454
中南	4	26	83	253	25	260	69	32	108	83	76	94	184	177	361
中南	5	19	32	104	12	105	30	13	40	34	34	40	77	71	148

注：计算得到的结果经过四舍五入取整后，每层各类条件缺少的人数进行手动调整，优先增加或减少未婚、本科及以上、20—24岁和女性的人数。

附录9　个体访谈抽样类别、地区和人数细分表

（单位：人）

	上海	北京	广州	深圳	青岛	石家庄	洛阳	南充	齐齐哈尔	哈密	男性	女性	总计
自愿单身	1	1	1	1	1	1	1	1	1	1	5	5	10
被动单身	1	1	1	1	1	1	1	1	1	1	5	5	10
失恋	1	1	1	1	1	1	1	1	1	1	5	5	10
离婚或丧偶	1	1	1	1	1	1	1	1	1	1	5	5	10
刚刚开始恋爱	1	1	2	1	2	1	1	2	1	1	6	7	13
热恋	2	1	1	1	1	2	1	1	2	1	7	6	13
谈婚论嫁	1	2	1	2	1	1	2	1	1	2	7	7	14
初婚	1	2	1	2	1	2	1	2	1	2	8	7	15
再婚	2	1	2	1	2	1	2	1	2	1	7	8	15
亲密关系遇到困难	1	1	1	1	1	1	1	1	1	1	5	5	10
总计	12	12	12	12	12	12	12	12	12	12	60	60	120

注：加粗框内人数为2的为一对正处在恋爱/婚姻关系中的恋人/夫妻。各个城市内部的参与者性别比不一定要完全均衡，但每个关系类别中的性别比需要与表格内一致。同时参与者总体的教育水平和年龄也不能太过集中于一个类别。和定量问卷一样，在抽样的过程中保持动态平衡。

附录10 质性研究中焦点小组访谈抽样细分表

城市类型	上海	北京	广州	深圳	青岛	石家庄	洛阳	南充	齐齐哈尔	哈密	总计（人）	组数
	特	特	特	特	一线	二线	三线	四线	四线	五线		
未婚	0	0	6	6	0	6	6	6	0	6	36	6
从未谈过恋爱			1	1		1	1	1		1		
曾谈过恋爱，现在单身			2	2		2	2	2		2		
刚刚开始恋爱			1	1		1	1	1		1		
热恋			1	1		1	1	1		1		
谈婚论嫁			1	1		1	1	1		1		
已婚	6	6	0	0	6	6	6	6	6	6	48	8
结婚时间1年以下	2	2			2	2	2	2	2	2		
结婚时间2—7年	2	2			2	2	2	2	2	2		

附录

续表

城市类型	上海	北京	广州	深圳	青岛	石家庄	洛阳	南充	齐齐哈尔	哈密	总计（人）	组数
	特	特	特	特	一线	二线	三线	四线	四线	五线		
结婚时间 7 年以上	2	2			2	2	2	2	2	2		
有过但现在没有婚姻关系	6	6	0	0	0	6	6	6	6	0	36	6
离婚且没有孩子	1	1				1	1	1	1			
离婚且有孩子	1	1				1	1	1	1			
离婚时间 5 年及以下	1	1					1	1	1			
离婚时间 5 年以上	1	1				1	1	1	1			
离婚后保持单身状态	1	1				1	1	1	1			
离婚后目前在恋爱关系中	1	1				1	1	1	1			

注：所有参与者年龄在 20—39 岁之间，总体数据不能太偏向某个年龄段。性别每个小组间不必保持完全平衡，但每个关系类别总人数需要保持男女人数一致。

附录 11　质性研究中已婚者的基本信息

编　号	性别	年龄	城市	城市地区和层级	婚姻类型	婚姻长度	孩子个数	受教育程度	主观经济水平
I_BJ03	女	36	北京	必选	初婚	13	1	本科	平均
I_BJ12	男	35	北京	必选	再婚	2.17	1	本科	平均
I_GZ04	女	25	广州	必选	初婚	2.58	1	高中	平均
I_HM03	女	39	哈密	西北5线	再婚	10.08	2	中专	平均
I_HM05	女	27	哈密	西北5线	初婚	4.17	1	高中	平均
I_LY05	女	26	洛阳	中南3线	初婚	0.58	0	本科	平均
I_LY10	男	37	洛阳	中南3线	初婚	7.17	1	大专	平均
I_NC07	男	39	南充	西南4线	再婚	10	0	大专	>平均
I_NC10	女	30	南充	西南4线	初婚	6	2	本科	平均
I_QQHE06	男	33	齐齐哈尔	东北4线	初婚	10	1	中专	<平均
I_QQHE08	女	37	齐齐哈尔	东北4线	初婚	10.67	1	中专	平均
I_QD05	男	37	青岛	华东1线	初婚	8.67	1	大专（成人教育）	平均
I_QD07	男	36	青岛	华东1线	初婚	9.58	1	大专	<平均
I_SH07	男	29	上海	必选	初婚	5.25	1	本科（成人教育）	平均
I_SZ12	女	39	深圳	必选	再婚	3.58	1	高中	>平均
I_SJZ02	女	38	石家庄	华北2线	再婚	10	2	大专	平均
I_SJZ05	男	26	石家庄	华北2线	初婚	3.25	1	大专（成人教育）	远<平均
G_BJ01	男	31	北京	必选	已婚	0.17	0	大专	平均
G_BJ02	女	32	北京	必选	已婚	8	1	中专	平均
G_BJ03	男	37	北京	必选	已婚	15	1	本科	平均
G_BJ04	女	30	北京	必选	已婚	0.83	0	大专	平均

续表

编号	性别	年龄	城市	城市地区和层级	婚姻类型	婚姻长度	孩子个数	受教育程度	主观经济水平
G_BJ05	男	28	北京	必选	已婚	3	1	大专	平均
G_BJ06	男	35	北京	必选	已婚	4.08	1	大专	平均
G_HM07	女	29	哈密	西北5线	已婚	1	1	高中	<平均
G_HM08	男	36	哈密	西北5线	已婚	15.33	1	职高	平均
G_HM09	女	28	哈密	西北5线	已婚	6.25	2	中专	平均
G_HM10	男	28	哈密	西北5线	已婚	9.5	2	高中	平均
G_HM11	女	34	哈密	西北5线	已婚	9.67	1	本科	平均
G_HM12	男	25	哈密	西北5线	已婚	0.25	0	大专	平均
G_LY13	女	29	洛阳	中南3线	已婚	3.5	1	高中	平均
G_LY14	男	35	洛阳	中南3线	已婚	5.25	1	本科(成人教育)	平均
G_LY15	女	25	洛阳	中南3线	已婚	0.75	1	大专(成人教育)	平均
G_LY16	男	33	洛阳	中南3线	已婚	9.58	2	大专	平均
G_LY17	女	33	洛阳	中南3线	已婚	8.17	2	大专	平均
G_LY18	男	27	洛阳	中南3线	已婚	2	0	中专	平均
G_NC07	男	39	南充	西南4线	已婚	12.33	2	高中	平均
G_NC08	女	24	南充	西南4线	已婚	1.67	1	大专(成人教育)	>平均
G_NC09	男	34	南充	西南4线	已婚	1.17	0	中专	<平均
G_NC10	女	28	南充	西南4线	已婚	6.58	1	中专	平均
G_NC11	男	27	南充	西南4线	已婚	1.83	0	中专	平均
G_NC12	女	32	南充	西南4线	已婚	16.17	1	大专(成人教育)	<平均
G_QQHE01	男	34	齐齐哈尔	东北4线	已婚	6.08	1	高中	平均
G_QQHE02	女	39	齐齐哈尔	东北4线	已婚	17	1	中专	平均

续表

编 号	性别	年龄	城市	城市地区和层级	婚姻类型	婚姻长度	孩子个数	受教育程度	主观经济水平
G_QQHE03	男	23	齐齐哈尔	东北4线	已婚	0.42	0	大专	平均
G_QQHE04	女	36	齐齐哈尔	东北4线	已婚	6.17	1	大专(成人教育)	<平均
G_QQHE05	男	38	齐齐哈尔	东北4线	已婚	16	1	中专	平均
G_QQHE06	女	22	齐齐哈尔	东北4线	已婚	1.17	0	大专	<平均
G_QD01	男	31	青岛	华东1线	已婚	2.83	1	职高	<平均
G_QD02	女	31	青岛	华东1线	已婚	4	1	本科(成人教育)	平均
G_QD03	女	36	青岛	华东1线	已婚	7.17	2	本科	平均
G_QD04	男	25	青岛	华东1线	已婚	1.75	1	本科	平均
G_QD05	女	28	青岛	华东1线	已婚	1	0	大专	平均
G_QD06	男	38	青岛	华东1线	已婚	9.42	0	本科	平均
G_SH01	男	39	上海	必选	已婚	14	1	高中	>平均
G_SH02	女	34	上海	必选	已婚	11.58	1	本科	平均
G_SH03	男	28	上海	必选	已婚	3.17	0	大专	平均
G_SH04	女	29	上海	必选	已婚	3.25	1	本科	>平均
G_SH05	男	28	上海	必选	已婚	0.42	0	本科	>平均
G_SH06	女	24	上海	必选	已婚	0.08	0	本科(成人教育)	平均
G_SJZ13	男	31	石家庄	华北2线	已婚	1.33	1	大专	>平均
G_SJZ14	女	28	石家庄	华北2线	已婚	1	1	大专	<平均
G_SJZ15	男	24	石家庄	华北2线	已婚	2.08	1	高中	平均
G_SJZ16	女	37	石家庄	华北2线	已婚	12	1	中专	平均
G_SJZ17	男	37	石家庄	华北2线	已婚	12	1	大专(成人教育)	平均
G_SJZ18	女	25	石家庄	华北2线	已婚	0.5	0	大专(成人教育)	>平均

附录12　质性研究中成对夫妻的基本信息

编　码	性别	年龄	受教育程度	初婚/再婚	结婚时长	含税年收入
I_SH02	男	29	本科	再婚	2年	17万
I_SH04	女	32	本科			15万
I_GZ09	男	30	本科	再婚	3年	14万
I_GZ10	女	33	本科			25万
I_SZ07	男	31	本科	初婚	5年2个月	30万
I_SZ08	女	30	本科			12万
I_NC01	女	33	中专	初婚	11年	2万
I_NC02	男	38	大专			3万
I_LY08	男	31	中专	再婚	3个月	4万
I_LY09	女	29	大专			3万
I_HM01	男	31	中专	初婚	5年	10万
I_HM02	女	30	中专			7万
I_BJ05	女	28	硕士	初婚	2年	22万
I_BJ06	男	28	本科			30万
I_SJZ03	男	29	大专	初婚	1年	8万
I_SJZ04	女	24	大专			4万
I_QD09	女	39	大专	再婚	4年	10万
I_QD10	男	33	本科			20万
I_QQHE09	男	39	高中	再婚	11年	7万
I_QQHE10	女	39	高中			7万

附录13 质性研究中离婚者的基本信息

编码	城市	城市地区和分层级	性别	年龄	离婚时长（年）	上一段婚姻时长（年）	婚前情感长度（年）	是否有孩子	受教育程度	含税年收入（万元）
I_SH05	上海	必选	女	28	1	1	1	否	研究生	20
I_NC06	南充	西南4线	男	27	1	2	0.2	否	本科	10
I_GZ08	广州	必选	女	33	1	7	1	否	本科	8
I_BJ02	北京	必选	男	31	2	5	0.2	是	本科	20
I_SZ04	深圳	必选	男	38	2	7	7	是	本科	15
I_QQHE04	齐齐哈尔	东北4线	女	39	2	14	0.4	是	高中	3.5
I_SJZ09	石家庄	华北2线	男	39	0.25	1	0.5	否	中专	10
I_LY11	洛阳	中南3线	女	39	3	3	1	否	大专	8
I_QD12	青岛	华东1线	女	37	2	12	2	是	本科	5
I_HM08	哈密	西北5线	女	38	0.8	1	8	否	大专	80
G_SH07	上海	必选	男	28	3	3	1	是	大专	30
G_SH08	上海	必选	女	35	5	4	6	是	本科	80
G_SH09	上海	必选	男	33	10	2	1	否	本科	30
G_SH10	上海	必选	女	30	0.3	1	3	否	本科	13.5

续表

编码	城市	城市地区和层级	性别	年龄	离婚时长（年）	上一段婚姻时长（年）	婚前情感长度（年）	是否有孩子	受教育程度	含税年收入（万元）
G_SH11	上海	必选	男	38	6.2	3	2	否	高中	20
G_SH12	上海	必选	女	28	1	2	2	否	本科	12
G_NC13	南充	西南4线	男	26	2	2	1	否	中专	14
G_NC14	南充	西南4线	女	29	2	7	5	是	高中	7
G_NC15	南充	西南4线	男	28	1	0.5	1.5	否	高中	6
G_NC16	南充	西南4线	女	38	7	1	0.5	是	大专	10
G_NC17	南充	西南4线	男	31	6	4	0	是	高中	10
G_NC18	南充	西南4线	女	39	4	8	1	是	大专	8
G_BJ07	北京	必选	男	30	1	3	1.5	否	本科	20
G_BJ08	北京	必选	女	31	0.25	6	0.1	是	本科	30
G_BJ09	北京	必选	男	37	8	3	3	否	本科	12
G_BJ10	北京	必选	女	36	2	7	3	是	大专	20
G_BJ11	北京	必选	男	27	1	3	1	否	高中	10
G_BJ12	北京	必选	女	28	5	2	2	否	大专	10
G_QQHE07	齐齐哈尔	东北4线	男	39	2	8	2	是	大专	8
G_QQHE08	齐齐哈尔	东北4线	女	29	6	1	2	是	本科	30

续表

编码	城市	城市地区和层级	性别	年龄	离婚时长（年）	上一段婚姻时长（年）	婚前情感长度（年）	是否有孩子	受教育程度	含税年收入（万元）
G_QQHE09	齐齐哈尔	东北4线	男	38	3	7	2	是	中专	8
G_QQHE10	齐齐哈尔	东北4线	女	33	2	9	1	否	中专	3
G_QQHE11	齐齐哈尔	东北4线	男	38	6	2	1	否	本科	5
G_QQHE12	齐齐哈尔	东北4线	女	36	2	10	2	是	中专	5
G_SJZ07	石家庄	华北2线	女	29	1	10	1	否	高中	15
G_SJZ08	石家庄	华北2线	男	24	1	0.8	0.5	是	中专	7
G_SJZ09	石家庄	华北2线	女	29	2	2	5	是	大专	3
G_SJZ10	石家庄	华北2线	男	38	2	7	1	是	本科	10
G_SJZ11	石家庄	华北2线	女	39	6	7	1	是	本科	4
G_SJZ12	石家庄	华北2线	男	33	5	2	1	否	大专	10
G_LY07	洛阳	中南3线	男	25	1.5	2.5	0.5	否	本科	8
G_LY08	洛阳	中南3线	女	32	3	10	1	是	本科	6
G_LY09	洛阳	中南3线	男	33	6	9	1	是	高中	8
G_LY10	洛阳	中南3线	女	28	5	3	1	是	大专	5
G_LY11	洛阳	中南3线	男	39	2	14	2	是	高中	9
G_LY12	洛阳	中南3线	女	36	8	3	1	是	本科	8

附录 14　质性研究中恋爱者的基本信息

编码	性别	年龄	城市	城市地区和层级	恋爱经历（段）	恋爱时长（年）	受教育程度	含税年收入（万）	主观经济水平
I_SH06	男	27	上海	必选	3	0.5	大专	12	平均
I_SH08	女	31	上海	必选	2	1.25	大学本科	12	平均
I_SH12	女	25	上海	必选	5	0.25	大学本科	15	<平均
I_SJZ06	女	31	石家庄	华北2线	2	0.5	大专	9.6	平均
I_SJZ12	男	27	石家庄	华北2线	4	0.58	大学本科	12	平均
I_BJ04	男	30	北京	必选	4	1.08	中专	12	平均
I_BJ08	女	33	北京	必选	3	0.17	中专	14	平均
I_GZ02	男	25	广州	必选	8	3	大专	5	<平均
I_GZ07	男	31	广州	必选	2	4	大学本科	10	平均
I_GZ12	女	39	广州	必选	3	8	大专	12	平均
I_HM04	男	29	哈密	西北5线	4	0.75	大专	6	平均
I_HM11	女	26	哈密	西北5线	2	0.25	大专	4	平均
I_LY01	男	24	洛阳	中南3线	1	0.33	中专	3	<平均

续表

编码	性别	年龄	城市	城市地区和层级	恋爱经历（段）	恋爱时长（年）	受教育程度	含税年收入（万）	主观经济水平
I_LY07	女	26	洛阳	中南3线	3	2	大专	6	平均
I_NC05	女	25	南充	西南4线	7	7.75	高中	3	平均
I_NC09	男	23	南充	西南4线	2	3.5	中专	8	<平均
I_QQHE07	男	25	齐齐哈尔	东北4线	2	3.5	大专	6	平均
I_QQHE12	男	26	齐齐哈尔	东北4线	5	2.08	大学本科	0	>平均
I_QD03	女	22	青岛	华东1线	3	1.17	中专	6	<平均
I_QD11	女	24	青岛	华东1线	3	3.33	大专	7	平均
I_SZ02	男	29	深圳	必选	3	0.25	大专	10	平均
I_SZ10	女	26	深圳	必选	1	0.33	高中	10	平均
I_SZ11	男	30	深圳	必选	3	2.08	大专	18	平均
G_GZ03	男	33	广州	必选	3	0.58	大学本科	15	<平均
G_GZ04	女	38	广州	必选	2	0.17	大学本科	24	平均
G_GZ05	男	34	广州	必选	2	2.25	大学本科	20	>平均
G_HM01	女	23	哈密	西北5线	3	4.42	大学本科	0	远<平均
G_HM02	男	24	哈密	西北5线	5	0.33	大专	10	>平均

续表

编码	性别	年龄	城市	城市地区和层级	恋爱经历（段）	恋爱时长（年）	受教育程度	含税年收入（万）	主观经济水平
G_HM06	男	26	哈密	西北5线	1	1.83	大专	8	平均
G_SJZ02	男	29	石家庄	华北2线	2	0.25	大专	5	平均
G_SJZ03	女	30	石家庄	华北2线	2	1	大学本科	10	平均
G_SJZ05	女	29	石家庄	华北2线	1	3	大学本科	5	平均
G_SJZ06	男	22	石家庄	华北2线	3	2.75	大专	2	平均
G_LY01	女	25	洛阳	中南3线	4	0.33	大专	2	远<平均
G_LY02	男	29	洛阳	中南3线	1	2.92	高中	10	平均
G_LY03	女	20	洛阳	中南3线	4	0.08	中专	1	平均
G_NC01	女	34	南充	西南4线	2	3.42	大专	3	>平均
G_NC05	女	36	南充	西南4线	3	0.17	大专	7	中等
G_NC06	男	20	南充	西南4线	3	1.67	大学本科	2	>平均
G_SZ02	男	26	深圳	必选	3	0.67	大学本科	28	中等
G_SZ03	女	31	深圳	必选	3	0.83	高中	10	平均
G_SZ04	男	33	深圳	必选	2	2.25	大专	25	平均

注：在编号中，"I"代表参与者来自个体访谈；"G"代表参与者来自焦点小组访谈。

附录 15　质性研究中成对恋人的基本信息

编　码	性别	年龄	受教育程度	居住城市	恋爱时长	关系满意度
I_SH01	男	22	本科	上海	3 年 4 个月	10
I_SH03	女	22	本科			8
I_NC04	男	22	大专	南充	1 个月	9
I_NC03	女	21	大专			8
I_GZ05	男	22	中专	广州	1 个月	8
I_GZ06	女	30	本科			7
I_BJ09	男	26	大专	北京	2 年 7 个月	8
I_BJ10	女	27	大专			9
I_SZ05	男	24	大专	深圳	4 年	7
I_SZ06	女	24	大专			10
I_QQHE01	男	25	大专	齐齐哈尔	6 年	10
I_QQHE02	女	26	大专			10
I_SJZ08	男	30	大专	石家庄	1 年 6 个月	9
I_SJZ07	女	26	大专			9
I_LY06	男	25	大专	洛阳	2 年 6 个月	8
I_LY05	女	22	大专			7
I_QD01	男	24	技校	青岛	4 个月	8
I_QD02	女	22	大专			6
I_HM09	男	31	本科	哈密	5 年	10
I_HM10	女	27	本科			9

附录 16　质性研究中单身者的基本信息

类别	编码	性别	年龄	城市	城市地区和类型	受教育程度	含税年收入（万）	主观经济水平
理想爱人的追寻者	I_SH09	女	25	上海	必选	大专在读	12	平均
	I_SH11	男	23	上海	必选	本科在读	3.6	平均
	G_NC02	男	29	南充	西南四线	本科毕业	8	高
	I_GZ01	男	23	广州	必选	本科毕业	5	低
	I_GZ03	女	37	广州	必选	本科毕业	20	高
	G_GZ02	女	29	广州	必选	本科毕业	14	高
	I_BJ01	女	26	北京	必选	本科毕业	10	平均
	I_BJ07	男	34	北京	必选	大专毕业	15	低
	I_SZ01	男	28	深圳	必选	大专毕业	10	平均
	I_SZ03	女	37	深圳	必选	高中毕业	8	平均
	G_SZ05	女	23	深圳	必选	大专毕业	15	平均
	G_SZ06	男	37	深圳	必选	中专毕业	8	低
	I_SJZ01	男	32	石家庄	华北二线	大专毕业	6	平均
	G_SJZ01	男	34	石家庄	华北二线	高中毕业	5	低
	G_SJZ04	女	29	石家庄	华北二线	大专毕业	5	低
	I_LY02	女	22	洛阳	中南三线	大专毕业	1	平均
	I_LY12	男	30	洛阳	中南三线	大专毕业	6	高
	G_LY04	男	34	洛阳	中南三线	高中毕业	6	平均
	G_LY05	女	30	洛阳	中南三线	本科毕业	5	平均
	I_HM07	女	31	哈密	西北五线	大专毕业	5	平均
	G_HM04	男	23	哈密	西北五线	大专毕业	5	平均

续表

类别	编码	性别	年龄	城市	城市地区和类型	受教育程度	含税年收入（万）	主观经济水平
习惯单身的自由者	I_SH10	男	32	上海	必选	本科毕业	15	平均
	I_NC08	女	35	南充	西南四线	高中毕业	5	平均
	I_NC11	女	32	南充	西南四线	本科毕业	10	平均
	G_NC03	女	21	南充	西南四线	中专毕业	4	平均
	G_NC04	男	30	南充	西南四线	中专毕业	5	平均
	G_GZ01	男	23	广州	必选	本科毕业	10	平均
	G_GZ06	女	21	广州	必选	大专在读	7	平均
	I_BJ11	女	35	北京	必选	本科毕业	20	平均
	G_SZ01	女	34	深圳	必选	大专毕业	18	低
	I_QQHE03	男	34	齐齐哈尔	东北四线	高中毕业	4	平均
	I_QQHE11	女	22	齐齐哈尔	东北四线	本科在读	**2.4**	平均
	I_SJZ10	女	29	石家庄	华北二线	本科毕业	4.5	平均
	G_LY06	男	39	洛阳	中南三线	本科毕业	7	平均
	I_QD08	男	26	青岛	华东一线	大专毕业	9	平均
	I_HM12	女	22	哈密	西北五线	大专在读	**1.2**	平均
	G_HM03	女	21	哈密	西北五线	本科毕业	2	低
	G_HM05	女	31	哈密	西北五线	中专毕业	6	平均
尚未恋爱的空白者	I_NC12	男	22	南充	西南四线	高中毕业	**2.4**	高
	I_GZ11	男	35	广州	必选	本科毕业	8	平均
	I_SZ09	女	25	深圳	必选	大专毕业	12	高
	I_QQHE05	男	23	齐齐哈尔	东北四线	本科在读	**2.4**	平均
	I_SJZ11	女	21	石家庄	华北二线	本科在读	**2.04**	平均
	I_LY03	男	22	洛阳	中南三线	大专毕业	**1.1**	平均
	I_QD04	男	33	青岛	华东一线	本科毕业	6	平均
	I_QD06	女	29	青岛	华东一线	大专毕业	4	低
	I_HM06	男	21	哈密	西北五线	大专毕业	**3**	平均

注：无经济收入者的含税年收入信息为月花销的年总和，数字已加粗

后记

  这样一个大型社会调查项目的完成和出版,非个人之力所及,必然是各方面合作的结果,因而非常感谢以下各方的支持!

  天然钻石协会(Diamond Producers Association,DPA)作为委托方为本研究提供了资金支持,使得全国性的调查能够实施和完成。在研究过程中,委托方与学术项目组定期沟通,了解进展,帮助学术项目组解决遇到的困难,同时非常尊重学术的独立性,给予项目组足够的学术空间。

  作为委托方的执行者,百比赫广告上海有限公司帮助协调各方资源。问卷网帮助收集问卷数据,按要求联络潜在的质性研究参与者。在项目执行过程中,各方有多次联席会议,沟通和解决所遇到的问题和困难。

  华东师范大学文科院为项目协议的签订提供了具体的指导和法务方面的管理,并监督项目实施和结题。学校财务处管理和监控项目经费的使用。

  最为可敬的是学术研究团队。在8个月的时间里,整个研究团队完成了似乎不可能完成的任务:确定研究主题,明确研究变量,细化研究设计,确定抽样方案,完成问卷设计,设计访谈提纲,进行预备测试和预备访谈，确定最终版问卷，确定正式版访谈提纲。在全国 10 个城市完成 120 人的深度个体访谈和 120 人的焦点小组访谈，访谈录音共计 12490 分钟；完成 263.4755 万字访谈资料的分析；完成 5513 份问卷数据的分析；撰写 34 万余字的调查报告。每一部分的分析都是一点一点完成的。过程文件有几百份，最终版本的报告也达几十份。研究团队包括：严文华、胡婷、黄承仕、陈岚、金若水、吴璇、董凤然、周星月、孙笑颖、李思贤、叶艺、余小曼、文若霏。从 2019 年 3 月份开始，他们当中的大部分人没有休过劳动节、暑假、国庆节和周末。每一周项目组雷打不动开研讨会，项目负责人每周都会布置新任务，所有人都勇于面对挑战，在项目中收获颇多。这是一个跨学科的项目组，项目组成员分别来自心理学、社会学和传播学等专业，在项目进行过程中碰撞出很多思想的火花。他们也刚好处于研究参与者的年龄阶段，一方面他们深入分析研究资料，另一方面他们借助深度访谈、研究数据，更深入地思考爱情和婚姻这些主题。他们富有创造力和想象力，也有吃苦精神和科研素养。这个项目的完成，他们功不可没。

另外，感谢项目顾问。这个项目从开始至今，项目组请教了全国各领域的专家和学者，在此不一一列出他们的名字。特别要感谢其中两位：在问卷编制和数据统计方面，我们请教了华东师范大学心理与认知科学学院的文剑冰博士，他不仅给我们提供了专业建议，帮助我们解决在数据分析和问卷编制方面遇到的困难，而且急我们所急，和我们一起加班加点到深夜；在"LGBT+"群体的问卷方面，我们请教了华东师范大学社会发展学院的魏伟教授，他不仅给我们提供了研究"LGBT+"群体的思路和国内外最新研究进展，而且提供了相关的资源。

后记

最后,感谢华东师范大学心理与认知科学学院郝宁副院长、上海教育出版社金亚静编辑,是他们的力促和鼎力相助,使得本书得以出版。

这个项目结束了,但我们对中国人爱情和婚姻的思考远未结束。在研究中,我们有幸和全国 10 个城市的 240 个参与者深度接触,包含 85 个家庭(其中有 10 对夫妻)、46 个离婚或丧偶家庭、62 个恋爱者(其中有 10 对恋人)、47 位单身者。同时,得到 5089 份有效问卷。行走于全国 10 个城市之际,这些既具有深度又具有代表性和典型性的数据、资料带给我们复杂的情感体验——震撼、惊讶、温暖、羡慕、难过、困惑和不解,也让我们进一步思考不同城市之间的差异,不同性别的人对待爱情和婚姻的差异,高满意度爱情和婚姻的秘诀,低满意度爱情和婚姻的形成原因。我们希望这个研究的结果能对大家有所启发,让中国人的爱情更加顺利和甜蜜,让中国人的婚姻更加美满和稳定。

期待有更多学者关注这方面的研究。希望类似的全国性大型研究项目定期进行。

所有研究都是遗憾的艺术,本研究也存在很多不足和缺憾,希望得到读者的批评和指正。

严文华

2020 年金秋于丽娃河畔

图书在版编目（CIP）数据

婚恋大数据：当代中国青年的爱情观念与行为调查报告 / 严文华等著. — 上海：上海教育出版社，2021.9
（俊秀青年书系 / 郝宁主编）
ISBN 978-7-5720-1103-0

Ⅰ.①婚… Ⅱ.①严… Ⅲ.①爱情 – 调查报告 – 中国 Ⅳ.①D669.1

中国版本图书馆CIP数据核字(2021)第199248号

责任编辑　金亚静　徐凤娇
封面设计　闻人印画

俊秀青年书系
郝　宁　主编
Hunlian Da Shuju: Dangdai Zhongguo Qingnian De Aiqing Guannian Yu Xingwei Diaocha Baogao
婚恋大数据：当代中国青年的爱情观念与行为调查报告
严文华　胡　婷　等著

出版发行	上海教育出版社有限公司	
官　　网	www.seph.com.cn	
地　　址	上海市闵行区号景路159弄C座	
邮　　编	201101	
印　　刷	上海展强印刷有限公司	
开　　本	890×1240　1/32　印张 17.875　插页 4	
字　　数	460 千字	
版　　次	2022年7月第1版	
印　　次	2022年7月第1次印刷	
书　　号	ISBN 978-7-5720-1103-0/B·0030	
定　　价	98.00 元	

如发现质量问题，读者可向本社调换　电话：021-64373213